여러분의 합격을 응원하는
해커스공무원의 특별 혜택

JN401768

FREE 공무원 국어 특강

해커스공무원(gosi.Hackers.com) 접속 후 로그인 ▶ 상단의 [무료강좌] 클릭하여 이용

해커스공무원 온라인 단과강의 20% 할인쿠폰

F576E62B6A6BE4ZU

해커스공무원(gosi.Hackers.com) 접속 후 로그인 ▶ 상단의 [나의 강의실] 클릭 ▶
좌측의 [쿠폰등록] 클릭 ▶ 위 쿠폰번호 입력 후 이용

* 등록 후 7일간 사용 가능(ID당 1회에 한해 등록 가능)

합격예측 온라인 모의고사 응시권 + 해설강의 수강권

44DCCB56F9BDE3DF

해커스공무원(gosi.Hackers.com) 접속 후 로그인 ▶ 상단의 [나의 강의실] 클릭 ▶
좌측의 [쿠폰등록] 클릭 ▶ 위 쿠폰번호 입력 후 이용

* ID당 1회에 한해 등록 가능

해커스 매일국어 어플 이용권

E35MNJZR9EJKQ2O4

구글 플레이스토어/애플 앱스토어에서 [해커스 매일국어] 검색 ▶
어플 다운로드 ▶ 어플 이용 시 노출되는 쿠폰 입력란 클릭 ▶ 위 쿠폰번호 입력 후 이용

▲ 매일국어 어플 바로가기

* 등록 후 30일간 사용 가능(ID당 1회에 한해 등록 가능)
* 해당 자료는 [해커스공무원 국어 기본서] 교재 내용으로 제공되는 자료로, 공무원 시험 대비에 도움이 되는 유용한 자료입니다.

쿠폰 이용 관련 문의 **1588-4055**

단기 합격을 위한 해커스공무원 커리큘럼

입문
탄탄한 기본기와 핵심 개념 완성!
누구나 이해하기 쉬운 개념 설명과 풍부한 예시로 부담없이 쌩기초 다지기
TIP 베이스가 있다면 **기본 단계**부터!

▼

기본+심화
필수 개념 학습으로 이론 완성!
반드시 알아야 할 기본 개념과 문제풀이 전략을 학습하고
심화 개념 학습으로 고득점을 위한 응용력 다지기

▼

기출+예상 문제풀이
문제풀이로 집중 학습하고 실력 업그레이드!
기출문제의 유형과 출제 의도를 이해하고 최신 출제 경향을 반영한
예상문제를 풀어보며 본인의 취약영역을 파악 및 보완하기

▼

동형모의고사
동형모의고사로 실전력 강화!
실제 시험과 같은 형태의 실전모의고사를 풀어보며 실전감각 극대화

▼

마무리
시험 직전 실전 시뮬레이션!
각 과목별 시험에 출제되는 내용들을 최종 점검하며 실전 완성

PASS

* 커리큘럼 및 세부 일정은 상이할 수 있으며, 자세한 사항은 해커스공무원 사이트에서 확인하세요.

단계별 교재 확인 및 수강신청은 여기서!
gosi.Hackers.com

해커스공무원
혜원국어
적중 여신의
[구조적]
비문학 독해

해커스공무원

공무원 시험 전문 해커스공무원
gosi.Hackers.com

"천재보다 중요한 건 꾸준함입니다.
매일 조금씩 나아가는 당신의 노력이 결국 합격의 문을 엽니다."

— 익명의 명언, 알버트 아인슈타인의 정신을 빌려

국어 지문을 다 읽었는데도 '왜 이게 답이지?' 싶은 순간 혼란스럽고 억울한 마음, 누구보다 잘 압니다.
"공부한 만큼 점수가 안 나와요." "국어는 그냥 감으로 찍는 것 같아요." 많은 수험생들이 이렇게 말합니다.

이 책은 그 막막함을 '구조'로 바꿔주는 안내서입니다. 지문을 덩어리로 읽고, 핵심 문장을 먼저 파악하고, 선지를 비교할 수 있는 기준을 갖는 법. 바로 그것이 실전에서 점수로 이어지는 독해의 기술입니다.

변화된 공무원 국어 시험은 단순한 암기가 아니라, 논리적 독해력을 요구합니다. 특히 비문학 지문은 점점 더 긴 분량과 복잡한 논리 구조로 출제되어, 단순히 읽는 습관만으로는 고득점을 기대하기 어렵습니다.

하지만 많은 수험생들이 지문을 끝까지 읽고도 '답이 왜 이것인지' 판단이 서지 않거나, 시간 부족으로 지문 전체를 읽지 못하는 어려움을 겪습니다. 이는 독해 실력의 문제가 아니라, 시험에 맞는 구조적 읽기 방식이 훈련되지 않았기 때문입니다.

이 책은 공무원 시험에 특화된 '구조적 독해법'을 통해, ① 지문을 읽는 시야를 넓히고, ② 정보 간의 관계를 파악하고, ③ 선지를 정확하게 판단할 수 있도록 도와주는 실전 훈련서입니다.

『해커스공무원 혜원국어 적중여신의 구조적 비문학 독해』는 이런 수험생에게 꼭 필요합니다.
- 지문을 끝까지 읽어도 선지를 정확히 고르지 못하는 수험생
    → 읽기와 정답 선택 사이의 연결고리를 잡아드립니다.
- 국어 공부를 오래 했지만 점수가 늘지 않는 수험생
    → 반복 학습이 아니라, 전략적 접근이 필요한 시점입니다.
- 시간 안배에 실패해 지문을 다 못 읽는 수험생
    → 구조를 먼저 파악하고 핵심을 짚는 훈련이 해답입니다.
- '감으로 푸는 국어'를 벗어나고 싶은 모든 수험생
    → 국어에도 '공식'이 있습니다. 구조적 독해법이 그 해답입니다.
- 처음 국어를 공부하는 초시생
    → 처음부터 제대로 읽는 방법을 훈련한다면, 시행착오는 줄어듭니다.

읽고, 분석하고, 판단하는 전 과정을 체계화함으로써, '국어는 운'이라는 인식을 깨고 누구나 실력을 쌓아갈 수 있다는 메시지를 담았습니다. 이제 독해는 감각이 아니라, 훈련입니다.

당신이 지금 이 책을 펼쳤다는 건, 혼자 고민만 하지 않고 '바꿔보기로' 마음먹었다는 뜻입니다.
그 첫걸음이 결국, 당신을 합격이라는 목표에 더 가깝게 데려다줄 겁니다. 그 길을 함께 걷겠습니다.

2025년 7월
고혜원

목차

이 책의 구성과 활용법   6
직렬별 비문학 독해 출제 경향   8
비문학 독해 만점 대비 필수 용어   12

PART 1 내용 일치

Day 01   내용 일치 유형   20

Day 02   기출 + 실전 문제로 독해 비법 익히기   34

Day 03   기출 + 실전 문제로 독해 비법 익히기   46

Day 04   기출 + 실전 문제로 독해 비법 익히기   58

PART 2 내용 추론

Day 05   내용 추론 유형   72

Day 06   기출 + 실전 문제로 독해 비법 익히기   86

Day 07   기출 + 실전 문제로 독해 비법 익히기   98

Day 08   기출 + 실전 문제로 독해 비법 익히기   110

PART 3 주제 찾기

Day 09   주제 찾기 유형   124

Day 10   기출 + 실전 문제로 독해 비법 익히기   136

Day 11   기출 + 실전 문제로 독해 비법 익히기   148

Day 12   기출 + 실전 문제로 독해 비법 익히기   160

PART 4 내용 전개 방식

Day 13   내용 전개 방식 유형   174

Day 14   기출 + 실전 문제로 독해 비법 익히기   186

Day 15   기출 + 실전 문제로 독해 비법 익히기   198

해커스공무원 혜원국어 **적중 여신의 구조적 비문학 독해**

PART 5 논리적 배열

Day 16   논리적 배열 유형   212

Day 17   기출 + 실전 문제로 독해 비법 익히기   222

PART 6 빈칸 추론

Day 18   빈칸 추론 유형   242

Day 19   기출 + 실전 문제로 독해 비법 익히기   256

PART 7 추론 심화

Day 20   추론 심화 유형   274

PART 8 화법과 작문

Day 21   화법과 작문 유형   296

[부록] 낯선 기출 1~20회   318

이 책의 구성과 활용법

① 21일 동안 8개의 독해 대표 유형으로 신유형 완전 정복!

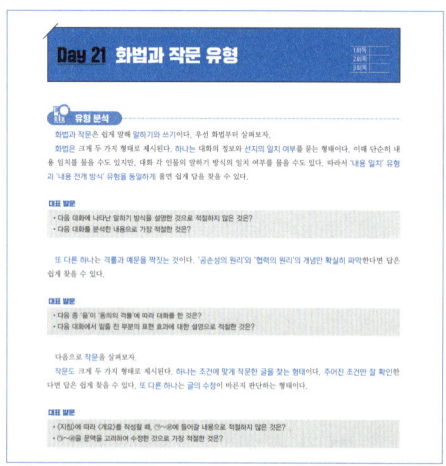

독해형으로 출제되는 9급 공무원 국어 시험의 출제 기조에 대비하기 위하여 반드시 학습해야 할 8개의 영역만 담았습니다.

매일 1개의 Day를 학습하며 21일 동안 비문학 독해 실력을 완성하세요. 독해력이 약한 수험생이라면 여러 번 회독하며 독해 실력을 키우는 것을 추천합니다.

② 단계별 학습을 독해 구조적 독해 실력 상승!

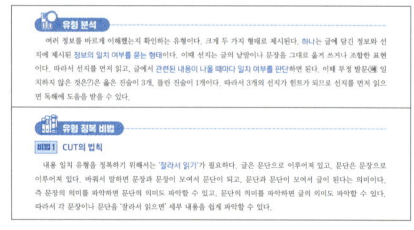

유형 분석과 정복 비법

각 유형별 출제 경향과 대표 질문 유형을 수록하여 유형별 특징을 파악할 수 있고, 독해 유형의 정복 비법을 제시하여 구조적으로 지문을 읽고 문제를 푸는 방법을 읽힐 수 있습니다.

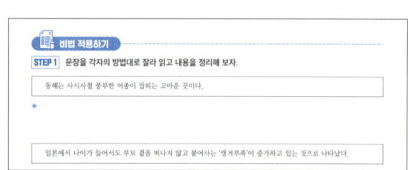

비법 적용하기

앞에서 배운 독해 비법을 바로 적용하고, 한 문장 → 한 문단 → 지문 전체로 독해 스킬을 확장해가며 구조적 독해 스킬을 완성할 수 있습니다.

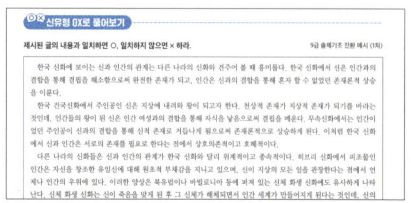

신유형 OX로 풀어보기

출제 기조가 변화된 시험 유형과 딱 맞는 지문과 선지로 구성된 OX 문제를 풀어보며 낯선 유형도 쉽게 정복할 수 있습니다.

해커스공무원 혜원국어 **적중 여신의 구조적 비문학 독해**

③ 기출+실전 문제로 구조적 독해 스킬 완성!

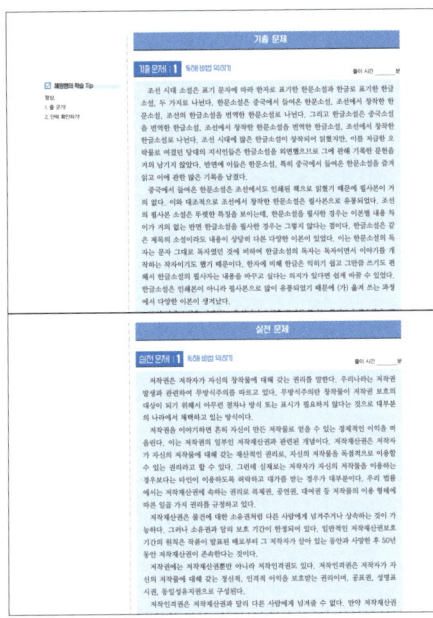

기출 문제와 실전 문제도 각 지문을 구조화하며 비법을 적용하고, 단계별 학습법에 따라 문제도 풀며 독해 스킬을 완성할 수 있습니다.

단계별 학습법

- **1단계** 지문에 밑줄, ○, △, ( ), < > 등을 표시하며 읽는다.
- **2단계** 문제를 푼다.
- **3단계** 채점한다.
- **4단계** 맞힌 문제는 정확히 알고 풀었는지, 틀린 문제는 왜 틀렸는지 반드시 점검하도록 한다.
  가능하다면 강의(해커스)와 함께하길 강추한다.
- **5단계** 이해가 되지 않는 부분은 ★ 표시를 해 두었다가 주말에 반드시 다시 확인한다.
- **6단계** 1~5단계를 다시 실천하되, 시간을 측정하여 기록한다.
- **7단계** 1~5단계를 다시 실천하되, 6단계보다 시간을 앞당기도록 노력한다.

④ 낯선 기출을 풀며 실전 감각 극대화!

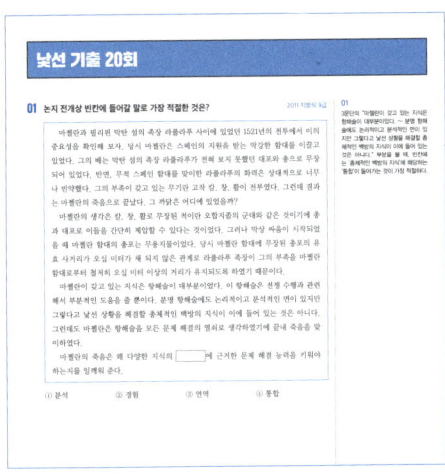

생소한 기출 문제들을 실전처럼 풀어보며 시험에 철저하게 대비할 수 있습니다.

직렬별 비문학 독해 출제 경향

■ 국가직

☆9급, (문제 번호)

	2025년	2024년	2023년	2022년	2021년
유형 1. (내용 일치)	☆(4)	☆(17)	☆(14)	☆(9), ☆(11)	
유형 2. (내용 추론)	☆(9), ☆(11), ☆(13), ☆(14)	☆(8), ☆(10), ☆(16)	☆(11), ☆(18), ☆(19), ☆(20)	☆(10), ☆(13)	☆(10), ☆(12), ☆(14), ☆(20)
유형 3. (주제 찾기)	☆(7)				
유형 4. (내용 전개 방식)					
유형 5. (논리적 배열)	☆(6)	☆(1), ☆(12)	☆(4)	☆(8), ☆(15)	
유형 6. (빈칸 추론)	☆(3)	☆(19), ☆(20)	☆(8)	☆(17)	
유형 7. (추론 심화)	☆(15), ☆(16), ☆(17), ☆(18), ☆(19)		☆(13)	☆(20)	
유형 8. (화법과 작문)	☆(1), ☆(2), ☆(5), ☆(20)	☆(2), ☆(5), ☆(18)	☆(1), ☆(2), ☆(16)	☆(4)	☆(9)

1. 전체 문항이 비문학 독해 유형으로 변화하였다.
2. '유형 2'에 대한 출제 비중이 꾸준히 높게 출제되고 있다.
3. '유형 7' 추론 심화의 비중이 압도적으로 높아졌으므로, 논리 추론 유형에 대한 확실한 대비가 필요하다.
4. 다른 직렬에 비해 '유형 8'의 출제 비중이 높은 편이며, 앞으로도 그 비중이 높아질 것으로 예상된다.

■ 지방직

☆9급, ★7급, (문제 번호)

	2024년	2023년	2022년	2021년
유형 1. (내용 일치)	☆(3), ☆(14)	★(11), ★(12), ★(13)	☆(3) ★(2), ★(12)	☆(11)
유형 2. (내용 추론)	☆(4), ☆(7) ★(20)	☆(15), ☆(17), ☆(18), ☆(19), ☆(20) ★(19), ★(20)	☆(9), ☆(17) ★(11), ★(17)	☆(8), ☆(13), ☆(14), ☆(20) ★(4), ★(9), ★(13), ★(14), ★(16), ★(19), ★(20)
유형 3. (주제 찾기)	☆(13) ★(5), ★(19)	☆(6)	☆(11)	☆(12)
유형 4. (내용 전개 방식)	☆(19) ★(17)		☆(8) ★(1), ★(3), ★(4)	★(12), ★(17)
유형 5. (논리적 배열)	☆(17) ★(4)	☆(2) ★(5)	☆(4), ☆(7) ★(16)	
유형 6. (빈칸 추론)	☆(10) ★(14), ★(18)	☆(8) ★(17), ★(18)	★(13), ★(18)	☆(16), ☆(19)
유형 7. (추론 심화)			☆(19), ☆(20) ★(19), ★(20)	
유형 8. (화법과 작문)	☆(11), ☆(12), ☆(20) ★(1), ★(2), ★(6), ★(7)	☆(1), ☆(7), ☆(11) ★(1), ★(2), ★(6)		★(11)

1. 국가직과 마찬가지로 국어 전체 문제에서 독해가 차지하는 비중이 최근 3년 동안 꾸준히 증가해 왔다.
2. 2023년에 '유형 8'의 비중이 늘었음도 주목할 만하다.
3. 2024년과 2023년 시험에서는 '유형 7'이 출제되지 않았다. 그러나 2022년에는 '유형 7'이 두 문제가 출제되었다. 시험의 난도는 '유형 7'의 출제 여부로 갈릴 것 같다. 따라서 논리 추론 유형의 확실한 대비가 필요하다.
4. 다른 직렬과 달리 '유형 6'의 경우 선지가 '문장'보다는 '단어' 형태로 제시되는 경향을 보인다.

직렬별 비문학 독해 출제 경향

■ 군무원

☆9급, ★7급, (문제 번호)

	2024년	2023년	2022년	2021년
유형 1. (내용 일치)	☆(19) ★(10), ★(14)	★(19)	★(20), ★(21), ★(25)	
유형 2. (내용 추론)		☆(22)	☆(21) ★(18)	☆(17)
유형 3. (주제 찾기)	☆(25) ★(18)	☆(10), ☆(21) ★(3), ★(9), ★(21)	☆(10) ★(9), ★(10), ★(16)	☆(25) ★(13)
유형 4. (내용 전개 방식)	☆(23) ★(16)	★(20)	☆(17)	★(3)
유형 5. (논리적 배열)	☆(17), ☆(20)	☆(13)	☆(18) ★(2), ★(7), ★(13)	☆(16) ★(24)
유형 6. (빈칸 추론)	☆(11), ☆(14), ☆(15), ☆(24),	☆(20), ☆(25) ★(6)	☆(11) ★(5)	☆(6), ☆(8)
유형 7. (추론 심화)			☆(8)	
유형 8. (화법과 작문)			★(7)	

1. 다른 직렬과 달리 '유형 3', '유형 4'가 매해 출제되고 있다. 특히 7급의 경우 '유형 3'이 2년 연속 3문제가 출제되었다.
2. 다른 직렬의 경우 독해 문제에서 '유형 1'과 '유형 2'가 차지하는 비중이 크다. 그러나 군무원의 경우, 어느 한 영역에 집중되기보다는 전 영역에서 골고루 출제되는 편이다.
3. '유형 5'는 다른 유형과 함께 묶여 출제되는 경향이 있다. 주로 '유형 1'이나 '유형 4'와 묶인다. '유형 5'가 4년 연속으로 출제되고 있기 때문에, 2025년에도 '유형 5'에 대한 대비가 필요하다.
4. '유형 6'의 비중이 크게 증가했으므로 '유형 6'에 대한 대비가 필요하다.

■ 국회직

☆9급, ★8급, (문제 번호)

	2024년	2023년	2022년
유형 1. (내용 일치)	★(6), ★(12), ★(22)	★(11), ★(21)	☆(13), ☆(18), ☆(20) ★(9), ★(19)
유형 2. (내용 추론)	★(8), ★(9), ★(13), ★(23), ★(24), ★(25)	★(4), ★(6), ★(8), ★(12), ★(17), ★(24)	☆(16) ★(6), ★(7)
유형 3. (주제 찾기)		☆(9), ☆(18)	★(13)
유형 4. (내용 전개 방식)	★(11)	★(23)	☆(9) ★(12)
유형 5. (논리적 배열)	★(10)	★(10), ☆(8), ☆(14)	☆(11) ★(11)
유형 6. (빈칸 추론)		★(7), ★(20), ☆(15)	☆(7), ☆(12)
유형 7. (추론 심화)			☆(15) ★(5), ★(18)
유형 8. (화법과 작문)			

1. '국회직'은 다른 직렬에 비해 지문의 길이가 긴 편이다. 시험장에서 당황하지 않으려면, 평소 읽는 연습을 통해 긴 지문에 익숙해질 필요가 있다.
2. 9급보다는 8급의 독해 비중이 높은 편이다. 9급 역시 매해 독해 비중이 늘고 있다는 점에서, 국회직을 준비한다면 독해에 대한 대비가 필요하다.
3. 2년 연속으로 '유형 2'의 비중이 크게 증가했다.
4. '유형 6'의 경우, 선지에서 첫 단락을 두 개 정도로 추릴 수 있는 형태로 많이 제시된다.

비문학 독해 만점 대비 필수 용어

■ 문제를 풀기 위해 알아야 할 용어

발문 ● 다음 글의 주제로 가장 적절한 것은?　　　　　　　　　　　　　　　　　　　　2019 경찰 1차

지문 ●
> 옛 학자는 반드시 스승이 있었으니, 스승이라 하는 것은 도(道)를 전하고 학업(學業)을 주고 의혹을 풀어 주기 위한 것이다. 사람이 나면서부터 아는 것이 아닐진대 누가 능히 의혹이 없을 수 있으리오. 의혹하면서 스승을 따르지 않는다면 그 의혹된 것은 끝내 풀리지 않는다. 나보다 먼저 나서 그 도(道)를 듣기를 진실로 나보다 먼저라면 내 좇아서 이를 스승으로 할 것이요, 나보다 뒤에 났다 하더라도 그 도(道)를 듣기를 또한 나보다 먼저라고 하면 내 좇아서 이를 스승으로 할 것이다. 나는 도(道)를 스승으로 하거니, 어찌 그 나이의 나보다 먼저 나고 뒤에 남을 개의(介意)하랴! 이렇기 때문에 귀한 것도 없고 천한 것도 없으며, 나이 많은 것도 없고 적은 것도 없는 것이요, 도(道)가 있는 곳이 스승이 있는 곳이다.

선지 ●
① 스승은 도(道)를 전하고 의혹을 풀어 주는 사람이다.
② 도(道)가 있는 사람이면 나이에 관계없이 스승으로 삼을 수 있다.
③ 의혹되는 바가 있으면 스승을 좇아서 그 의혹된 것을 풀어야 한다.
④ 나보다 먼저 난 이가 도(道)를 듣지 못했다면 그는 생이지지자(生而知之者)가 아니다.

발문	'문제'를 말한다. 물음표가 붙은 그 문장을 '발문'이라고 한다.
지문	'본문'을 말한다. 내용이 담긴 부분을 '지문'이라고 한다.
선지	'선택지'를 말한다. 정답으로 골라야 하는 선택지들을 '선지'라고 한다.
단락	'문단'으로도 부른다. 하나의 단락에는 '하나의 생각'이 담긴다. 따라서 단락이 바뀌었다는 것은 생각, 즉 '화제'가 바뀌었다는 의미이다.
화제	'이야깃거리'로도 부른다. 글의 주제를 표현하기 위한 소재로, 주제(중심 내용)와 밀접한 관련을 갖는다. 넓은 의미에서 '주제'와 거의 같은 의미로 쓰인다. 화제를 찾기 위해서는 지문에 자주 나오는 핵심어를 찾고, 앞뒤 맥락을 통해 그 의미를 파악하면 된다.
주제	'중심 내용'으로도 부른다. 글을 쓴 목적과 관련이 있다. 설명문이라면, 설명하고 있는 '무엇'이 주제가 될 것이다. 논설문이라면, 주장하고 있는 '무엇'이 주제가 될 것이다. 글의 주제는 주로 글의 맨 앞이나 맨 끝에 제시된다.

■ 발문 용어

용어 이해
사전적 의미는 "사리를 분별하여 해석함."이다. 발문에서 '이해'를 묻는다면, '사실적 독해'와 '추론적 독해'를 합한 말 정도로 생각하면 된다. '유형 1'과 '유형 2'가 섞여 있는 경우 발문에 '이해'가 나오는 경향이 있다.

기출
2021 지방직 7급
다음 글에 대한 **이해**로 적절하지 않은 것은?

2020 국가직 7급
다음 글에 대한 **이해**로 가장 적절한 것은?

해결 팁 발문에서 '이해'를 묻는다면, 가장 먼저 선지를 읽는다. 선지를 통해 글에서 다룰 내용들을 살핀다. 선지에서 다룬 내용이 지문에 나온다면, 해당 부분은 좀 더 집중해서 꼼꼼하게 읽을 필요가 있다.

용어 추론
사전적 의미는 "미루어 생각하여 논함."이다. 지문의 내용을 근거로 지문에서 생략된 내용을 미루어 짐작한다는 의미 정도로 생각하면 된다. '유형 2'의 대표적인 형태이다.

기출
2021 지방직 7급
다음 글에서 **추론**한 내용으로 적절하지 않은 것은?

2021 국가직 9급
다음 글에서 **추론**한 내용으로 적절하지 않은 것은??

해결 팁 지문에 주어진 내용뿐만 아니라 생략된 내용까지 알아야 하기 때문에, 비교적 어렵게 느껴질 수 있다. 올바른 추론을 위해서는 앞뒤 문맥을 바탕으로 내용을 정확하게 읽는 게 중요하다. 정확하게 읽지 않고, 대충 이런 내용일 것이라고 짐작하면서 글을 읽는다면 매력적인 오답 선지를 고를 수 있으니 주의가 필요하다.

비문학 독해 만점 대비 필수 용어

용어 견해
'견해'는 쉽게 말해 무엇에 대한 '생각'을 의미한다. 선지가 단순히 글쓴이의 견해와 일치하는 내용인지 아닌지를 파악하는 '유형 1'의 형태로 출제될 수도 있고, 글쓴이의 견해를 비판하거나 적용하는 '유형 2'의 형태로 출제될 수도 있다. 또 글쓴이의 견해 자체를 묻는 '유형 3'의 형태로 출제될 가능성도 있다.

기출
2021 지방직 9급
글쓴이의 견해에 부합하는 대응으로 가장 적절한 것은?

2020 지방직 7급
㉠과 ㉡에 대한 글쓴이의 견해로 적절하지 않은 것은?

해결 팁 글쓴이의 견해를 이해하거나 비판하는 발문이라면, 지문을 읽으면서 '견해'가 나오는 부분에 기호를 사용하여 표시할 필요가 있다.

용어 관점
'관점'은 '견해'와 비슷하지만, 차이가 있다. '견해'가 생각 그 자체를 의미한다면, '관점'은 대상을 보는 입장, 시각, 위치의 의미를 포함한다. 두 개 이상의 관점이 제시될 경우에는 관점들을 비교하거나 적용하는 문제가 자주 출제된다.

기출
2021 경찰 1차
다음 글에 나타난 매쿨루언의 관점과 가장 거리가 먼 것은?

해결 팁 지문에 두 개 이상의 관점이 제시되어 있고, 선지에도 그 관점이 제시되어 있다면 90% 이상은 두 관점을 비교하는 문제이다. 따라서 글을 읽을 때 각각의 관점에 해당하는 내용을 다른 기호로 표시하면서 읽을 필요가 있다. 만약 절충의 관점이 맨 나중에 제시된다면, 글쓴이의 생각, 즉 글쓴이의 관점일 가능성이 크다.

| 용어 | 부합 |

'부합'은 꼭 들어맞는다는 의미로, 발문에 '부합'이 나온다면 '일치'로 이해해도 무방하다. '글쓴이의 견해', '글쓴이의 입장'과의 일치 여부를 물을 때 '일치'보다는 '부합'을 쓰는 경우가 많다. 따라서 '유형 1'이나 '유형 2'의 형태로 출제될 수도 있으나, '유형 3'의 형태로 출제될 수도 있다.

| 기출 |

2020 국가직 9급
글쓴이의 견해에 부합하지 않는 것은?

2019 지방직 9급
다음 글쓴이의 입장에 부합하는 것은?

| 해결 팁 | 글쓴이의 견해나 입장에 부합하는지를 알기 위해서는 글쓴이의 견해나 입장이 무엇인지 파악해야 한다. 견해나 입장을 파악하기 위해서는 글의 맨 앞이나 맨 뒤를 주의 깊게 살펴야 한다.

| 용어 | 사례 |

'사례'는 '예시'라는 의미이다. 주로 '유형 2'의 형태로 출제되지만, 최근에는 '유형 6'의 형태로도 출제되고 있다. 이 경우에는 형태만 '유형 6'이지, 사실상 '유형 2'처럼 풀면 된다.

| 기출 |

2021 국가직 9급
다음 글의 사례로 적절하지 않은 것은?

2021 국가직 9급
하버마스의 주장에 부합하는 사례로 가장 적절한 것은?

| 해결 팁 | 특정 이론, 관점, 법칙을 제시할 때 많이 활용된다. 따라서 발문에서 '사례'를 묻는다면, 지문에 나온 특정 이론, 관점, 법칙에 부합하는 것을 고르면 된다. 특히 '유형 6'의 경우에는 빈칸 앞뒤의 부분만 읽어도 답을 찾을 수 있기에, 지문만 잘 이해하면 어렵지 않게 풀 수 있다. 다만, '부합하는 사례'를 물을 수도 있고, '비판하는 사례'를 물을 수도 있다. 발문을 제대로 읽지 않으면 매력적인 선지에 빠져 오답을 선택할 수도 있다. 따라서 발문을 꼼꼼하게 읽을 필요가 있다.

비문학 독해 만점 대비 필수 용어

용어   전개 방식
주로 '글의 전개 방식'이라는 표현으로 제시된다. '전개'는 내용을 진전시켜 펴 나간다는 의미이다. '서술 방식', '설명 방식' 등의 표현으로도 쓰이며, '유형 4'를 대표하는 발문이다.

기출
2021 군무원 7급
다음 설명문의 **전개 방식**으로 옳은 것은?

2020 국가직 9급
다음에서 제시한 글의 **전개 방식**의 예로 가장 적절한 것은?

해결 팁   사용된 전개 방식 하나를 고르는 발문이라면, 글을 관통하는 가장 큰 전개 방식 하나만 고르면 된다. 한편, 사용되지 않은 전개 방식을 고르는 발문이라면 선지를 먼저 읽고, 글을 읽으면서 사용된 전개 방식을 제거하는 식으로 문제를 풀면 된다. 공무원 시험의 지문은 설명문인 경우가 많다. 따라서 정보 전달에 유용한 '정의', '비교', '분류', '예시', '인용' 등의 '전개 방식'이 자주 나오는데, 글의 유형별로 자주 나오는 전개 방식을 알아두는 것이 도움이 된다.

용어   논리적 순서
'논리적'이라는 의미는 '이치에 맞는' 정도로 이해하면 된다. 사실상 글의 자연스러운 배열 순서를 찾는 '유형 5'의 대표 발문이다. 다른 직렬에서는 발문에 '배열'이라는 용어가 나타나는 게 흔하지만, 군무원과 국회직에서는 유독 발문이 '논리적 순서'로 출제된다.

기출
2021 군무원 7급
다음 글을 **논리적 순서**에 맞게 나열한 것은?

2020 국회직 8급
(가)~(라)를 **논리적 순서**에 맞게 나열한 것은?

해결 팁   선지를 보고 첫 번째 문장(문단)이 무엇인지 힌트를 얻을 수 있다. 지시어나 접속사를 활용하여 앞뒤 문장(문단)의 꼬리잡기를 한다면, 어렵지 않게 문제를 풀 수 있다. '그러나'로 시작하는 문장(문단)이라면, 바로 앞에는 상반되는 내용이 올 것이다. '예를 들면'이나 '예컨대', '가령' 등으로 시작하는 문장(문단)이라면, 바로 앞에는 특정 이론, 관점, 법칙 등에 해당하는 내용이 올 것이다.

| 용어 | 접속어 |

'접속'은 잇는다는 의미이고, '어'는 말이라는 의미이다. 즉 '접속어'는 '잇는 말'로, 단어와 단어, 구절과 구절, 문장과 문장을 이어 주는 구실을 하는 문장 성분을 이른다. 접속사나 접속 부사 등으로도 표현된다. 앞뒤 내용이 어떤 의미 관계를 가지고 이어져 있는지를 묻는 '유형 6'의 발문으로 출제된다. '접속어'는 앞뒤 문장(문단)을 잇는다는 점에서 '유형 5'와도 관련이 있다.

| 기출 |

2021 군무원 9급
아래 글의 (㉠)과 (㉡)에 들어갈 가장 적절한 접속어로 옳은 것은?

2020 서울시 9급
<보기>의 ㉠에 들어갈 접속 부사로 가장 옳은 것은?

| 해결 팁 | 앞뒤 문장이 어떤 관계를 가지고 있는지 파악한 후에, 그에 맞는 적절한 접속어를 집어넣으면 된다. 적절한 접속어를 집어넣기 위해서는 개별 접속사의 의미를 확실히 알 필요가 있다. 의미 관계를 파악하기 어렵다면, 주어진 선지를 대입하는 것도 한 방법이다. 대입했을 때 자연스럽지 않은 선지부터 걸러내면 된다.

| 용어 | 통일성 |

사전적 의미는 "다양한 요소들이 있으면서도 전체가 하나로서 파악되는 성질"이다. 독해 문제에서 '통일성'은 '하나의 주제로 통일'을 의미한다. 따라서 통일성을 고려한다는 것은 곧 주제에서 벗어나지 않도록 한다는 의미이다. 주로 '유형 6'의 형태로 출제된다.

| 기출 |

2021 지방직 9급
글의 통일성을 고려할 때 (가)에 들어갈 말로 가장 적절한 것은?

2020 국가직 9급
글의 통일성을 고려할 때 ㉠에 들어갈 문장으로 가장 적절한 것은?

| 해결 팁 | 발문에 '통일성'이라는 용어가 들어갔다고 해서 긴장할 필요가 없다. 사실상 빈칸에 들어갈 적절한 말을 묻는 유형과 다르지 않다. 빈칸에 들어갈 적절한 말은 곧 주제에 어긋나지 않은 내용일 것이다. 따라서 흐름상 가장 자연스러운 말을 선지에서 고르면 된다.

공무원 시험 전문 해커스공무원
gosi.Hackers.com

해커스공무원 혜원국어 적중 여신의 구조적 비문학 독해

PART 1
내용 일치

Day 1 내용 일치 유형
Day 2 기출 + 실전 문제로 독해 비법 익히기
Day 3 기출 + 실전 문제로 독해 비법 익히기
Day 4 기출 + 실전 문제로 독해 비법 익히기

Day 01 내용 일치 유형

1회독
2회독
3회독

 유형 분석

여러 정보를 바르게 이해했는지 확인하는 유형이다. 크게 두 가지 형태로 제시된다. 하나는 글에 담긴 정보와 선지에 제시된 정보의 일치 여부를 묻는 형태이다. 이때 선지는 글의 낱말이나 문장을 그대로 옮겨 쓰거나 조합한 표현이다. 따라서 선지를 먼저 읽고, 글에서 관련된 내용이 나올 때마다 일치 여부를 판단하면 된다. 이때 부정 발문(예 일치하지 않은 것은?)은 옳은 진술이 3개, 틀린 진술이 1개이다. 따라서 3개의 선지가 힌트가 되므로 선지를 먼저 읽으면 독해에 도움을 받을 수 있다.

대표 발문
- 제시된 글의 내용과 부합하지 않는 것은?
- 제시된 글의 내용을 통해 알 수 있는 것으로 적절한 것은?

또 다른 하나는 선지의 정보가 글에 제시되어 있는지 묻는 형태이다. 이때 선지는 글의 문장을 그대로 옮기지 않고, 상위 개념의 형태로 제시되는 것이 일반적이다. 따라서 평소에 글의 내용을 단순히 읽기보다는 요약하고 정리하면서 읽는 훈련이 필요하다.

대표 발문
- 다음 글에서 알 수 없는 것은?
- 다음 글에서 확인할 수 있는 것은?

유형 정복 비법

비법 1 CUT의 법칙

　내용 일치 유형을 정복하기 위해서는 '잘라서 읽기'가 필요하다. 글은 문단으로 이루어져 있고, 문단은 문장으로 이루어져 있다. 바꿔서 말하면 문장과 문장이 모여서 문단이 되고, 문단과 문단이 모여서 글이 된다는 의미이다. 즉 문장의 의미를 파악하면 문단의 의미도 파악할 수 있고, 문단의 의미를 파악하면 글의 의미도 파악할 수 있다. 따라서 각 문장이나 문단을 '잘라서 읽으면' 세부 내용을 쉽게 파악할 수 있다.

　각 문장 단위로 잘라서 읽을 수도 있지만, '개념', '특징', '예시', '장점', '단점', '배경', '유래'처럼 의미 단위별로 잘라서 읽으면 글의 내용을 더 기억하기 쉽다.

　구체적인 방법으로는 '개념어에 동그라미 치기(1)', '수식어에 괄호 치기(2)', '표지 확인하기(3)'가 있다.

1. 개념어에 동그라미 치기

　지문의 정보와 선지의 내용이 일치하는지를 물을 때, 주로 주어나 목적어는 개념어일 가능성이 크다. 따라서 개념어에 동그라미 친 후, 개념어를 중심으로 글의 내용을 정리하며 읽을 필요가 있다.

　만약 개념어가 두 개 이상이라면 둘을 비교, 대조하는 선지가 나올 가능성이 크다. 따라서 개념어가 두 개 이상일 경우에는 각기 다른 기호로 표시하고, 각각의 특징을 정리하면서 읽어 나갈 필요가 있다.

2. 수식어에 괄호 치기

　수식어는 개념어를 더 잘 설명하기 위해 넣은 것이다. 따라서 수식어에는 개념어와 관련된 정보가 포함되어 있음의 기억하자. 예를 들어, '아름다운 그녀가 노래를 한다'라는 문장은 '그녀가 노래를 한다.' 외에도 '그녀가 아름답다'라는 정보도 포함하고 있다.

3. 표지 확인하기

　'왜냐하면'은 이유를 나타내는 표지이고, '가령'은 예시를 나타내는 표지이다. 또 '그러나'는 앞의 내용과 상반되는 진술이 제시됨을 나타내는 표지이다. 각각의 표지를 통해 문장이나 문단이 어떤 역할을 하는지 쉽게 알아차릴 수 있다. 따라서 표지만 보고도 이어질 내용을 짐작할 수 있다.

STEP 1 문장을 각자의 방법대로 잘라 읽고 내용을 정리해 보자.

> 동해는 사시사철 풍부한 어종이 잡히는 고마운 곳이다.

➡

> 일본에서 나이가 들어서도 부모 곁을 떠나지 않고 붙어사는 '캥거루족'이 증가하고 있는 것으로 나타났다.

➡

> 북한말에는 남한에서 사용하는 말과 형태는 같으나 의미가 다르게 사용되는 단어가 많다. '동무, 인민' 등의 단어가 남한에서와는 다른 의미로 사용된다는 사실은 널리 알려져 있는 일이거니와, 가령 '아가씨' 같은 말도 좋은 의미로는 사용되지 않고 봉건사상이 담긴 부정적인 의미가 첨가되어 사용된다.

➡

STEP 2 잘 잘라서 읽었는지 확인해 보자.

똑같이 할 필요는 없다. 잘라서 읽기를 통해 내용을 이해했으면 그걸로 충분하다. 잘라서 읽기만 했을 뿐인데, 글의 내용을 한눈에 정리할 수 있게 되었는가?

> ⓓ동해는 사시사철 풍부한 어종이 잡히는 고마운 곳이다.

➡ **동해의 특징**: 사시사철 풍부한 어종이 잡힌다.

일본에서 (나이가 들어서도 부모 곁을 떠나지 않고 붙어사는) 캥거루족이 증가하고 있는 것으로 나타났다.

➡ **일본 사회의 특징**: 캥거루족이 증가하고 있다.
➡ **캥거루족의 개념**: 나이가 들어서도 부모 곁을 떠나지 않고 붙어사는 형태

북한말에는 남한에서 사용하는 말과 형태는 같으나 의미가 다르게 사용되는 단어가 많다. '동무, 인민' 등의 단어가 남한에서와는 다른 의미로 사용된다는 사실은 널리 알려져 있는 일이거니와, 가령 '아가씨' 같은 말도 좋은 의미로는 사용되지 않고 봉건사상이 담긴 부정적인 의미가 첨가되어 사용된다.

➡ **북한말의 특징**: 남한말과 형태가 같은 단어가 서로 다른 의미로 쓰이는 경우가 많다.
➡ **남북한에서 형태는 같으나 다른 의미로 쓰이는 단어의 예시**: 동무, 인민, 아가씨

STEP 3 이번에는 'STEP 2'를 모방해서 잘라 읽기를 해 보자.

인간은 편견에서 완전히 벗어날 수 없다. 인간은 분명히 이성적 판단의 기능을 가진 존재들이지만 감정적 충동에서 완전히 벗어날 수 없는 존재들이기 때문이다.

➡

일상생활에서 우리가 희소하다고 말할 때에는 사용할 수 있는 양이 절대적으로 적은 상태를 의미한다. 예를 들어, 서울에는 차가 너무 많고 강원도 사북에는 희소하다고 말한다.

➡

리히텐슈타인은 색이나 묘사 방법 같은 형식적 요소들 때문에 만화에 관심을 갖게 되었다. 만화가 세계를 '어떻게' 재현하는지에 주목한 것이다. 예를 들어 만화가 전쟁을 다룰 경우, 전쟁의 공포와 고통은 밝고 경쾌한 만화의 양식으로 인해 드러나지 않게 된다.

➡

> 정약용은 사고 작용과 같은 본질적 요소가 기술에 있어야 함을 주장했다. 그리고 기술의 효용과 결과로서 작업 편리, 노력 경감, 생산량 증가, 품질 향상, 작업 속도 증가 등을 제시함으로써, 기술을 '손을 움직여서 행하는 재주' 혹은 '만드는 일과 관련된 지식' 정도로 보았던 고대·중세적 입장에서 벗어나 기술에 대한 근대적 견해와 입장을 나타냈다.

➡

> 이제 우리는 대중 매체와 인터넷을 통해 더 많은 사람들을 만난다. 이들과의 만남은 실제적인 갈등도 없고 상처도 없는 만남이다. 인터넷이나 대중 매체를 통한 이러한 커뮤니케이션은 지극히 일방적이다. 상대방에 집중하는 것 같지만 실상 자기중심적이다. 이러한 비인격적인 만남이 지속되면 이기적인 커뮤니케이션의 습성이 일상화되고 굳어질 위험이 있다.

➡

STEP 4 잘 잘라서 읽었는지 확인해 보자.

> [1]인간은 편견에서 완전히 벗어날 수 없다. [2]인간은 분명히 이성적 판단의 기능을 가진 존재들이지만 감정적 충동에서 완전히 벗어날 수 없는 존재들이기[3]때문이다.

➡ [1]인간의 한계: 인간은 편견에서 완전히 벗어날 수 없다.
➡ [2]인간 존재의 특징: 이성적 판단의 기능을 가진 존재들이지만 감정적 충동에서 완전히 벗어날 수 없는 존재들이다.
➡ [3]인간이 편견에서 완전히 벗어날 수 없는 이유: 인간은 분명히 이성적 판단의 기능을 가진 존재들이지만 감정적 충동에서 완전히 벗어날 수 없는 존재들이기 때문이다.

> 일상생활에서 우리가 희소하다고 말할 때에는 사용할 수 있는 양이 절대적으로 적은 상태를 의미한다. 예를 들어, 서울에는 차가 너무 많고 강원도 사북에는 희소하다고 말한다.

➡ 일상생활에서 '희소하다'의 의미: 사용할 수 있는 양이 절대적으로 적다.
➡ '희소하다'의 예시: 강원도에서의 '차'(서울과 대조)

> 리히텐슈타인은 (색이나 묘사 방법 같은) 형식적 요소들 때문에 만화에 관심을 갖게 되었다. 만화가 세계를 '어떻게' 재현하는지에 주목한 것이다. 예를 들어 만화가 전쟁을 다룰 경우, 전쟁의 공포와 고통은 밝고 경쾌한 만화의 양식으로 인해 드러나지 않게 된다.

➔ 리히텐슈타인이 만화에 관심을 갖게 된 이유: 색이나 묘사 방법 같은 형식적 요소를 통해, 만화가 세계를 '어떻게' 재현하는지 주목했기 때문에.
➔ 만화 양식의 특징(문제점, 한계점): 전쟁의 공포와 고통은 밝고 경쾌한 만화의 양식으로 인해 드러나지 않게 된다.

> 정약용은 [1]사고 작용과 같은 본질적 요소가 기술에 있어야 함을 주장했다. 그리고 [2]기술의 효용과 결과로서 작업 편리, 노력 경감, 생산량 증가, 품질 향상, 작업 속도 증가 등을 제시함으로써, [3]기술을 ('손으로 움직여서 행하는 재주' 혹은 '만드는 일과 관련된 지식' 정도로 보았던) 고대·중세적 입장에서 벗어나 /[4]기술에 대한 근대적 견해와 입장을 나타냈다.

➔ [1]기술에 대한 정약용의 주장: 사고 작용과 같은 본질적 요소가 기술에 있어야 한다.
➔ [2]정약용이 생각한 기술의 효용과 결과: 작업 편리, 노력 경감, 생산량 증가, 품질 향상, 작업 속도 증가 등
➔ [3]기술에 대한 고대·중세적 입장: '손을 움직여서 행하는 재주' 혹은 '만드는 일과 관련된 지식'
➔ [4]기술에 대해 고대·중세적 입장과 정약용의 입장은 달랐다. → 기술에 '사고'를 더하여 '기술의 활용'을 높일 수 있다고 생각함.

> 이제 우리는 대중 매체와 인터넷을 통해 더 많은 사람들을 만난다. 이들과의 [1]만남은 실제적인 갈등도 없고 상처도 없는 만남이다. [2]인터넷이나 대중 매체를 통한 이러한 커뮤니케이션은 지극히 일방적이다. 상대방에 집중하는 것 같지만 실상 자기중심적이다. 이러한 [3]비인격적인 만남이 지속되면 이기적인 커뮤니케이션의 습성이 일상화되고 굳어질 위험이 있다.

➔ [1]대중 매체와 인터넷을 통한 만남의 특징: 실제적인 갈등도 없고 상처도 없다.
➔ [2]인터넷이나 대중 매체를 통한 커뮤니케이션의 특징: 일방적이다. 자기중심적이다.
➔ [3]대중 매체와 인터넷을 통한 만남의 위험성(문제점, 단점): 이기적인 커뮤니케이션의 습성이 일상화되고 굳어질 위험이 있다.

STEP 5 이번에는 조금 더 긴 문장을 잘라 읽어 보자.

> 인터넷이 있는 곳이면 어디나 악플이 있기 마련이지만, 한국은 정도가 심하다. 악플러들 가운데는 피해의식과 열등감에 시달리는 이들이 많다고 한다. 그들에게 악플의 즐거움은 무엇인가. 자신이 올린 글 한 줄에 다른 사람들이 동요하는 모습을 보면서 자기 효능감(self-efficacy)을 맛볼 수 있다. 아무에게도 영향력을 행사하지 못하고 자신의 삶과 환경을 통제하지도 못하면서 무력감에 시달리는 사람일수록 공격적인 발설로 자기 효능감을 느끼려 한다.

➡

> 그런데 자기 효능감은 상대방의 반응에 좌우된다. 마구 욕을 퍼부었는데 상대방이 별로 개의치 않는다면, 계속할 마음이 사라질 것이다. 무시당했다는 생각에 오히려 자괴감에 빠질 수도 있다. 개인주의가 안착된 사회에서는 자신을 향한 비판에 대해 '그건 너의 생각'이라면서 넘겨 버리는 사람들이 많다. 말도 안 되는 욕설이나 험담이 날아오면 제정신이 아닌 사람의 소행으로 웃어넘기거나 법적인 조치를 취할 것이다.

➡

> 개인주의는 여러 속성을 지니고 있지만, 자신의 존재 가치를 스스로 매긴다는 긍정적 측면이 있다. 한국에는 그런 의미에서의 개인주의가 뿌리내리지 못했다. 남에 대해 신경을 너무 곤두세운다. 그것은 두 가지 차원으로 나뉘는데, 한편으로 타인에게 필요 이상의 관심을 보이면서 참견하고 타인의 영역을 침범한다. 다른 한편으로 자기에 대한 타인의 평가와 반응에 너무 예민하다. 이 두 가지 특성이 인터넷 공간에서 맞물려 악플을 양산한다. 우선 다른 사람들에게 너무 쉽게 험담을 늘어놓고 당사자에게 악담을 던진다. 그렇게 악을 올리면 상대방이 발끈하거나 움츠러든다. 이따금 일파만파로 사회가 요동을 치기도 한다. 악플러 입장에서는 재미가 쏠쏠하다. 예상했던 피드백을 즉각적으로 받으면서 자기 효능감을 맛볼 수 있기 때문이다.

➡

STEP 6 잘 잘라서 읽었는지 확인해 보자.

> 인터넷이 있는 곳이면 어디나 악플이 있기 마련이지만, 한국은 정도가 심하다. [1]악플러들 가운데는 피해의식과 열등감에 시달리는 이들이 많다고 한다. [2]그들에게 악플의 즐거움은 무엇인가. 자신이 올린 글 한 줄에 다른 사람들이 동요하는 모습을 보면서 자기 효능감(self-efficacy)을 맛볼 수 있다. [3]아무에게도 영향력을 행사하지 못하고 자신의 삶과 환경을 통제하지도 못하면서 무력감에 시달리는 사람일수록 공격적인 발설로 자기 효능감을 느끼려 한다.

➡ [1]악플러들의 특징: 피해의식과 열등감에 시달리는 이들이 많다.
➡ [2]악플러들의 즐거움: 다른 사람들이 자신의 악플에 동요하는 모습을 보면서 느끼는 자기 효능감
➡ [3]공격적인 악플러들의 특징
   ① 아무에게도 영향력을 행사하지 못함. 자신의 삶과 환경을 통제하지 못하면서 무력감에 시달림.
   ② 공격적인 발설로 자기 효능감을 느끼려 함.

> 그런데 자기 효능감은 상대방의 반응에 좌우된다. 마구 욕을 퍼부었는데 상대방이 별로 개의치 않는다면, 계속할 마음이 사라질 것이다. 무시당했다는 생각에 오히려 자괴감에 빠질 수도 있다. 개인주의가 안착된 사회에서는 자신을 향한 비판에 대해 '그건 너의 생각'이라면서 넘겨 버리는 사람들이 많다. 말도 안 되는 욕설이나 험담이 날아오면 제정신이 아닌 사람의 소행으로 웃어넘기거나 법적인 조치를 취할 것이다.

➡ 자기 효능감의 특징: 상대방의 반응에 따라 좌우된다.
➡ 개인주의가 안착된 사회의 특징: 자신을 향한 비판에 대해 '그건 너의 생각'이라면서 넘겨 버리는 사람들이 많다.

> [1]개인주의는 여러 속성을 지니고 있지만, 자신의 존재 가치를 스스로 매긴다는 긍정적 측면이 있다. [2]한국에는 그런 의미에서의 개인주의가 뿌리내리지 못했다. 남에 대해 신경을 너무 곤두세운다. [3]그것은 두 가지 차원으로 나뉘는데, 한편으로 타인에게 필요 이상의 관심을 보이면서 참견하고 타인의 영역을 침범한다. 다른 한편으로 자기에 대한 타인의 평가와 반응에 너무 예민하다. 이 [4]두 가지 특성이 인터넷 공간에서 맞물려 악플을 양산한다. 우선 다른 사람들에게 너무 쉽게 험담을 늘어놓고 당사자에게 악담을 던진다. 그렇게 악을 올리면 상대방이 발끈하거나 움츠러든다. 이따금 일파만파로 사회가 요동을 치기도 한다. 악플러 입장에서는 재미가 쏠쏠하다. 예상했던 피드백을 즉각적으로 받으면서 자기 효능감을 맛볼 수 있기 때문이다.

➡ [1]개인주의의 긍정적 측면: 자신의 존재 가치를 스스로 매긴다.
➡ [2]한국 사회의 특징: 남에 대해 신경을 곤두세운다.(=개인주의가 뿌리내리지 못했다.=자신의 존재 가치를 스스로 매기지 않는다.)
➡ [3]한국 사회에서 '남'에 대해 신경을 곤두세우는 유형
   ① 타인에게 참견하고 타인의 영역을 침범한다.
   ② 타인의 평가와 반응에 너무 예민하다.
➡ [4]한국 사회에서 악플을 다는 사람이 많은 이유: 남에 대해 신경을 너무 곤두세우기 때문에.(=개인주의가 뿌리내리지 못했기 때문에.)

STEP 7 'STEP 5'의 문장들은 2021년 지방직 9급 시험에 출제된 하나의 지문을 3개로 나눠 놓은 것이다. 내용을 모두 파악했기 때문에 어렵지 않게 문제를 해결할 수 있을 것이다. 2021년 지방직 9급의 문제를 풀어 보자.

제시된 글의 내용과 부합하지 않는 것은?　　　　　　　　　　　　　　　　　　　　　　　　　2021 지방직 9급

ⓐ「인터넷이 있는 곳이면 어디나 악플이 있기 마련이지만」, 한국은 정도가 심하다. 악플러들 가운데는 피해 의식과 열등감에 시달리는 이들이 많다고 한다. 그들에게 악플의 즐거움은 무엇인가. 자신이 올린 글 한 줄에 다른 사람들이 동요하는 모습을 보면서 자기 효능감(self-efficacy)을 맛볼 수 있다. ⓑ「아무에게도 영향력을 행사하지 못하고 자신의 삶과 환경을 통제하지도 못하면서」ⓒ「무력감에 시달리는 사람일수록 공격적인 발설로 자기 효능감을 느끼려 한다.」

그런데 자기 효능감은 상대방의 반응에 좌우된다. ⓓ「마구 욕을 퍼부었는데 상대방이 별로 개의치 않는다면, 계속할 마음이 사라질 것이다.」 무시당했다는 생각에 오히려 자괴감에 빠질 수도 있다. 개인주의가 안착된 사회에서는 자신을 향한 비판에 대해 '그건 너의 생각'이라면서 넘겨 버리는 사람들이 많다. 말도 안 되는 욕설이나 험담이 날아오면 제정신이 아닌 사람의 소행으로 ⓔ「웃어넘기거나 법적인 조치를 취할」 것이다.

ⓕ「개인주의는 여러 속성을 지니고 있지만, 자신의 존재 가치를 스스로 매긴다는 긍정적 측면이 있다.」 한국에는 그런 의미에서의 개인주의가 뿌리내리지 못했다. 남에 대해 신경을 너무 곤두세운다. 그것은 두 가지 차원으로 나뉘는데, 한편으로 타인에게 필요 이상의 관심을 보이면서 참견하고 타인의 영역을 침범한다. 다른 한편으로 자기에 대한 타인의 평가와 반응에 너무 예민하다. 이 두 가지 특성이 인터넷 공간에서 맞물려 악플을 양산한다. 우선 다른 사람들에게 너무 쉽게 험담을 늘어놓고 당사자에게 악담을 던진다. 그렇게 약을 올리면 상대방이 발끈하거나 움츠러든다. 이따금 일파만파로 사회가 요동을 치기도 한다. ⓖ「악플러 입장에서는 재미가 쏠쏠하다. 예상했던 피드백을 즉각적으로 받으면서 자기 효능감을 맛볼 수 있기 때문이다.」

① 악플러는 자신의 말에 타인이 동요하는 것을 보면서 자기 효능감을 느낀다.
② 개인주의자는 악플에 무반응함으로써 악플러를 자괴감에 빠지게 할 수 있다.
③ 자신의 삶을 잘 통제하는 악플러일수록 타인을 더욱 엄격한 잣대로 비판한다.
④ 한국에서 악플이 양산되는 것은 한국인들이 타인에 대해 신경을 많이 쓰는 것과 관계가 있다.

ⓐ '~기 마련이다.'는 '~는 당연하다.'라는 의미이다. 따라서 '~기 마련이다.'가 나오면 글쓴이는 '~' 부분에 나오는 사실이나 의견에 대해 인정하고 있다는 의미이다.
ⓑ 'A이고 B도 못하다.'는 'A'와 'B' 모두를 못한다는 의미이다. 곧 'A도 못하고, B도 못한다.'라는 의미이다.
ⓒ 'A일수록 B이다.'는 'A'의 정도가 더하거나 덜하게 되는 조건이 되면, 'B'가 된다는 의미이다. 따라서 'A'는 조건이고, 'B'는 결과에 해당한다.
ⓓ 'A이면, B일 것이다.'는 'A'라는 조건(상황)이 주어지면, 'B'라는 결과(반응)가 나타날 것이라는 의미이다.
ⓔ 'A이거나 B'는 'A 또는 B'라는 의미이다.
ⓕ 'A는 B지만, C이다.'는 'A는 B도 맞지만, C이다.'라는 의미이다. A에 대해 B와 C를 모두 긍정하고 있는 표현은 맞지만 글쓴이의 초점은 B보다는 C일 가능성이 크다.
ⓖ 'A이다. B이기 때문이다.'에서 B는 A에 대한 원인, 까닭이다. '왜냐하면'을 추가하면 의미가 더 명확해진다. 즉 'A이다. 왜냐하면 B이기 때문이다.'로 보면 된다. '때문이다'라는 표현이 있다면, 'A' 뒤에 '왜냐하면'을 넣어 보자.

[정답] ③

STEP 8 표로 구조화하면 해당 내용을 찾기 더 쉽다. 'STEP 7'의 지문을 표로 구조화하면 다음과 같다. 괄호 속에 알맞은 말을 넣어라.

★ 한국 사회에서 악플의 정도가 심한 이유

1문단		한국에서 유독 ( )의 정도가 심하다.
	악플을 다는 사람들의 특징	ⓐ 피해의식과 열등감에 시달리는 사람 ⓑ 아무에게도 영향력을 행사하지 못하는 사람 ⓒ 자신의 삶과 환경을 ( )하지도 못하면서 무력감에 시달리는 사람
	악플을 다는 이유	악플에 동요하는 모습을 보면서 ( )을 맛볼 수 있다.
2문단	자기 효능감의 특징	상대방의 반응에 좌우된다. 따라서 '상대방의 반응 × → 지속 ×, ( )에 빠진다.'
	( )가 안착된 사회의 특징	자신을 향한 비판에 연연하지 않는다.
3문단	개인주의의 긍정적 측면	자신의 존재 가치를 스스로 매긴다.
	한국 사회의 특징	남에 대해 신경을 곤두세운다. → 유형 ① 타인에게 관심·참견 　　　② 타인의 평가와 반응에 예민
	한국에서 악플이 유독 심한 이유	한국 사회가 ( )에 대해 신경을 곤두세우기 때문에 악플러들은 즉각적인 자기 효능감을 맛볼 수 있다.

[정답] 악플, 통제, 자기 효능감, 자괴감, 개인주의, 남(타인)

신유형 OX로 풀어보기

제시된 글의 내용과 일치하면 ○, 일치하지 않으면 × 하라.

9급 출제기조 전환 예시 (1차)

> 한국 신화에 보이는 신과 인간의 관계는 다른 나라의 신화와 견주어 볼 때 흥미롭다. 한국 신화에서 신은 인간과의 결합을 통해 결핍을 해소함으로써 완전한 존재가 되고, 인간은 신과의 결합을 통해 혼자 할 수 없었던 존재론적 상승을 이룬다.
>
> 한국 건국신화에서 주인공인 신은 지상에 내려와 왕이 되고자 한다. 천상적 존재가 지상적 존재가 되기를 바라는 것인데, 인간들의 왕이 된 신은 인간 여성과의 결합을 통해 자식을 낳음으로써 결핍을 메운다. 무속신화에서는 인간이었던 주인공이 신과의 결합을 통해 신적 존재로 거듭나게 됨으로써 존재론적으로 상승하게 된다. 이처럼 한국 신화에서 신과 인간은 서로의 존재를 필요로 한다는 점에서 상호의존적이고 호혜적이다.
>
> 다른 나라의 신화들은 신과 인간의 관계가 한국 신화와 달리 위계적이고 종속적이다. 히브리 신화에서 피조물인 인간은 자신을 창조한 유일신에 대해 원초적 부채감을 지니고 있으며, 신이 지상의 모든 일을 관장한다는 점에서 언제나 인간의 우위에 있다. 이러한 양상은 북유럽이나 바빌로니아 등에 퍼져 있는 신체 화생 신화에도 유사하게 나타난다. 신체 화생 신화는 신이 죽음을 맞게 된 후 그 신체가 해체되면서 인간 세계가 만들어지게 된다는 것인데, 신의 희생 덕분에 인간 세계가 만들어질 수 있었다는 점에서 인간은 신에게 철저히 종속되어 있다.

(1) 한국 무속신화에서 신은 인간을 위해 지상에 내려와 왕이 된다. ○ | ×

(2) 한국 건국신화에서 신은 인간과의 결합을 통해 완전한 존재가 된다. ○ | ×

(3) 한국 신화에 보이는 신과 인간의 관계는 신체 화생 신화에 보이는 신과 인간의 관계와 유사하다. ○ | ×

(4) 히브리 신화에서 신과 인간의 관계는 위계적이다. ○ | ×

손글씨 해설

> 한국 신화에 보이는 신과 인간의 관계는 다른 나라의 신화와 견주어 볼 때 흥미롭다. 한국 신화에서 신은 인간과의 결합을 통해 결핍을 해소함으로써 완전한 존재가 되고, 인간은 신과의 결합을 통해 혼자 할 수 없었던 존재론적 상승을 이룬다.
>
> 한국 건국신화에서 주인공인 신은 지상에 내려와 왕이 되고자 한다. 천상적 존재가 지상적 존재가 되기를 바라는 것인데, 인간들의 왕이 된 신은 인간 여성과의 결합을 통해 자식을 낳음으로써 결핍을 메운다. 무속신화에서는 인간이었던 주인공이 신과의 결합을 통해 신적 존재로 거듭나게 됨으로써 존재론적으로 상승하게 된다. 이처럼 한국 신화에서 신과 인간은 서로의 존재를 필요로 한다는 점에서 상호의존적이고 호혜적이다.
>
> 다른 나라의 신화들은 신과 인간의 관계가 한국 신화와 달리 위계적이고 종속적이다. 히브리 신화에서 피조물인 인간은 자신을 창조한 유일신에 대해 원초적 부채감을 지니고 있으며, 신이 지상의 모든 일을 관장한다는 점에서 언제나 인간의 우위에 있다. 이러한 양상은 북유럽이나 바빌로니아 등에 퍼져 있는 신체 화생 신화에도 유사하게 나타난다. 신체 화생 신화는 신이 죽음을 맞게 된 후 그 신체가 해체되면서 인간 세계가 만들어지게 된다는 것인데, 신의 희생 덕분에 인간 세계가 만들어질 수 있었다는 점에서 인간은 신에게 철저히 종속되어 있다.

(1) 한국 무속신화에서 신은 인간을 위해 지상에 내려와 왕이 된다. ◯ / ⊗

▶ 2문단에서 "한국 건국신화에서 주인공인 신은 지상에 내려와 왕이 되고자 한다." 부분을 볼 때, 한국 무속신화에서 신이 지상에 내려와 왕이 된다는 이해는 적절하다. 그러나 그 이유가 틀렸다. '인간을 위해서' 내려왔다는 내용은 제시된 글을 통해 알 수 없다.

(2) 한국 건국신화에서 신은 인간과의 결합을 통해 완전한 존재가 된다. ◉ / ✕

▶ 2문단의 "인간들의 왕이 된 신은 인간 여성과의 결합을 통해 자식을 낳음으로써 결핍을 메운다." 부분을 통해 알 수 있다.

(3) 한국 신화에 보이는 신과 인간의 관계는 신체 화생 신화에 보이는 신과 인간의 관계와 유사하다. ◯ / ⊗

▶ 한국 신화에 보이는 신과 인간의 관계는 '상호의존적이고 호혜적'이다. 한편, '신체 화생 신화'에서는 신이 인간을 위해 희생적이라는 점에서 각각의 관계는 서로 다르다.
   ※ 원문의 선지에서 서술어는 '유사하다' 대신 '다르다'로, 해당 선지는 옳은 선지였다.

(4) 히브리 신화에서 신과 인간의 관계는 위계적이다. ◉ / ✕

▶ 3문단의 "히브리 신화에서 ~ 신이 지상의 모든 일을 관장한다는 점에서 언제나 인간의 우위에 있다." 부분을 통해 알 수 있다.

신유형 OX로 풀어보기

제시된 글의 내용과 일치하면 ○, 일치하지 않으면 × 하라.

9급 출제기조 전환 예시 (1차)

> 이육사의 시에는 시인의 길과 투사의 길을 동시에 걸었던 작가의 면모가 고스란히 담겨 있다. 가령, 「절정」은 크게 두 부분으로 나누어지는데, 투사가 처한 냉엄한 현실적 조건이 3개의 연에 걸쳐 먼저 제시된 후, 시인이 품고 있는 인간과 역사에 대한 희망이 마지막 연에 제시된다.
>
> 우선, 투사 이육사가 처한 상황은 대단히 위태로워 보인다. 그는 "매운 계절의 채찍에 갈겨 / 마침내 북방으로 휩쓸려" 왔고, "서릿발 칼날진 그 위에 서" 바라본 세상은 "하늘도 그만 지쳐 끝난 고원"이어서 가냘픈 희망을 품는 것조차 불가능해 보인다. 이러한 상황은 "한발 제겨디딜 곳조차 없다"는 데에 이르러 극한에 도달하게 된다. 여기서 그는 더 이상 피할 수 없는 존재의 위기를 깨닫게 되는데, 이때 시인 이육사가 나서면서 시는 반전의 계기를 마련한다.
>
> 마지막 4연에서 시인은 3연까지 치달아 온 극한의 위기를 담담히 대면한 채, "이러매 눈감아 생각해" 보면서 현실을 새롭게 규정한다. 여기서 눈을 감는 행위는 외면이나 도피가 아니라 피할 수 없는 현실적 조건을 새롭게 반성함으로써 현실의 진정한 면모와 마주하려는 적극적인 행위로 읽힌다. 이는 다음 행, "겨울은 강철로 된 무지갠가보다"라는 시구로 이어지면서 현실에 대한 새로운 성찰로 마무리된다. 이 마지막 구절은 인간과 역사에 대한 희망을 놓지 않으려는 시인의 안간힘으로 보인다.

(1) 「절정」은 시의 구성이 두 부분으로 나누어지면서 투사와 시인이 반목과 화해를 거듭한다. ○ | ×

(2) 「절정」에는 냉엄한 현실에 절망하는 시인의 면모와 인간과 역사에 대한 희망을 놓지 않으려는 투사의 면모가 동시에 담겨 있다. ○ | ×

(3) 「절정」에서 시인은 투사가 처한 현실적 조건을 외면하지 않고 새롭게 인식한다. ○ | ×

(4) 「절정」에는 투사가 처한 극한의 상황이 뚜렷한 계절의 변화로 드러난다. ○ | ×

손글씨 해설

이육사의 시에는 시인의 길과 투사의 길을 동시에 걸었던 작가의 면모가 고스란히 담겨 있다. 가령, 「절정」은 크게 [(1) 근거]
↳ 반목은 갈등인데, 갈등은 X
두 부분으로 나누어지는데, 투사가 처한 냉엄한 현실적 조건이 3개의 연에 걸쳐 먼저 제시된 후, 시인이 품고 있는
[(2) 근거]
인간과 역사에 대한 희망이 마지막 연에 제시된다.
희망과 절망은 반대되는 의미!
우선, 투사 이육사가 처한 상황은 대단히 위태로워 보인다. 그는 "매운 계절의 채찍에 갈겨 / 마침내 북방으로 휩쓸려" 왔고, "서릿발 칼날진 그 위에 서" 바라본 세상은 "하늘도 그만 지쳐 끝난 고원"이어서 가냘픈 희망을 품는 것조차 불가능해 보인다. 이러한 상황은 "한발 제겨디딜 곳조차 없다"는 데에 이르러 극한에 도달하게 된다. 여기서 그는 더 이상 피할 수 없는 존재의 위기를 깨닫게 되는데, 이때 시인 이육사가 나서면서 시는 반전의 계기를 마련한다.

마지막 4연에서 시인은 3연까지 치달아 온 극한의 위기를 담담히 대면한 채, "이러매 눈감아 생각해" 보면서 현실을 새롭게 규정한다. 여기서 눈을 감는 행위는 외면이나 도피가 아니라 피할 수 없는 현실적 조건을 새롭게 반성함으로
[(3) 근거]
= 새롭게 인식한다.
써 현실의 진정한 면모와 마주하려는 적극적인 행위로 읽힌다. 이는 다음 행, "겨울은 강철로 된 무지갠가보다"라
[(4) 근거 - 계절]
는 시구로 이어지면서 현실에 대한 새로운 성찰로 마무리된다. 이 마지막 구절은 인간과 역사에 대한 희망을 놓지 않으려는 시인의 안간힘으로 보인다.

(1) 「절정」은 시의 구성이 두 부분으로 나누어지면서 투사와 시인이 반목과 화해를 거듭한다. ○ⓧ
▶ 1문단의 "「절정」은 크게 두 부분으로 나누어지는데" 부분을 볼 때, 시의 구성이 두 부분으로 나누어진다는 이해는 옳다. 그러나 투사와 시인이 반목과 화해를 거듭한다는 이해는 적절하지 않다.

(2) 「절정」에는 냉엄한 현실에 절망하는 시인의 면모와 인간과 역사에 대한 희망을 놓지 않으려는 투사의 면모가 동시에 담겨 있다. ○ⓧ
▶ 냉엄한 현실은 등장하지만, 그 현실에 절망하는 모습은 드러나지 않는다.

(3) 「절정」에서 시인은 투사가 처한 현실적 조건을 외면하지 않고 새롭게 인식한다. ⓞ×
▶ 3문단의 "마지막 4연에서 시인은 3연까지 치달아 온 극한의 위기를 담담히 대면한 채, '이러매 눈감아 생각해' 보면서 현실을 새롭게 규정한다." 부분을 볼 때, 적절한 이해이다.

(4) 「절정」에는 투사가 처한 극한의 상황이 뚜렷한 계절의 변화로 드러난다. ○ⓧ
▶ '겨울'이라는 하나의 계절만 제시된다는 점에서, 계절의 변화가 뚜렷하다는 이해는 적절하지 않다.

Day 02 기출 + 실전 문제로 **독해 비법 익히기**

1회독
2회독
3회독

기출 문제

혜원쌤의 독해 공식
단락의 '첫 문장'과 '마지막 문장'에 집중해! 일반적으로, '첫 문장'이 더 중요해!

기출 문제 | 1 독해 비법 익히기

풀이 시간 _____ 분

조선시대 기록을 보면 오늘날 급성전염병에 속하는 병들의 다양한 명칭을 확인할 수 있는데, 전염성, 고통의 정도, 질병의 원인, 몸에 나타난 증상 등 작명의 과정에서 주목한 바는 각기 달랐다.

예를 들어, '역병(疫病)'은 사람이 고된 일을 치르듯[役] 병에 걸려 매우 고통스러운 상태를 말한다. '여역(癘疫)'이란 말은 힘들다[疫]는 뜻에다가 사납다[癘]는 의미가 더해져 있다. 현재의 성홍열로 추정되는 '당독역(唐毒疫)'은 오랑캐처럼 사납고[唐], 독을 먹은 듯 고통스럽다[毒]는 의미가 들어가 있다. '염병(染病)'은 전염성에 주목한 이름이고, 마찬가지로 '윤행괴질(輪行怪疾)' 역시 수레가 여기저기 옮겨 다니듯 한다는 뜻으로 질병의 전염성을 크게 강조한 이름이다.

'시기병(時氣病)'이란 특정 시기의 좋지 못한 기운으로 인해 생기는 전염병을 말하는데, 질병의 원인으로 나쁜 대기를 들고 있는 것이다. '온역(溫疫)'에 들어 있는 '온(溫)'은 이 병을 일으키는 계절적 원인을 가리킨다. 이밖에 '두창(痘瘡)'이나 '마진(痲疹)' 따위의 병명은 피부에 발진이 생기고 그 모양이 콩 또는 삼씨 모양인 것을 강조한 말이다.

01 01 다음 진술이 바르면 ○, 바르지 않으면 ×에 표시하라.

(1) 병들의 명칭과 관련된 조선 시대의 기록이 남겨져 있다. ○ | ×
(2) '윤행괴질(輪行怪疾)'은 수레에 밟혀 생긴 병을 이르는 말이다. ○ | ×
(3) 제시된 글에서 '정의'와 '예시'의 전개 방식을 모두 확인할 수 있다. ○ | ×

[정답]
01 (1) ○
　 (2) ×
　 (3) ○

02 제시된 글의 내용을 표로 정리한 것이다. 빈칸에 알맞은 말을 넣으시오.

★ 조선 시대 병명(病名)의 작명법

기준	구체적인 사례	
전염성	① 염병(染病) ② 윤행괴질(輪行怪疾)	
	염병(染病)	(　　　)에 주목한 이름
	윤행괴질(輪行怪疾)	수레가 여기저기 옮겨 다니듯 한다는 뜻
고통의 정도	① 역병(疫病) ② 여역(癘疫) ③ 당독역(唐毒疫)	
	(　　)	사람이 고된 일을 치르듯[役] 병에 걸려 매우 고통스러운 상태
	여역(癘疫)	힘들다[疫]는 뜻에다가 사납다[癘]는 의미가 더해짐.
	당독역(唐毒疫)	(　　　)처럼 사납고[唐], 독을 먹은 듯 고통스럽다[毒]는 의미
질병의 원인	① 시기병(時氣病) ② 온역(溫疫)	
	시기병(時氣病)	질병의 원인으로 나쁜 대기를 둠.
	온역(溫疫)	질병의 원인으로 (　　　) 원인을 둠.
몸에 나타난 증상	① 두창(痘瘡) ② 마진(痲疹)	
	두창(痘瘡)	발진이 생기고 그것이 '콩' 모양임.
	마진(痲疹)	발진이 생기고 그것이 '(　　　)' 모양임.

03 제시된 글을 이해한 내용으로 적절하지 않은 것은?

9급 출제기조 전환 예시(2차)

① '온역'은 질병의 원인에 주목하여 붙여진 이름이다.
② '역병'은 질병의 전염성에 주목하여 붙여진 이름이다.
③ '당독역'은 질병의 고통스러운 정도에 주목하여 붙여진 이름이다.
④ '마진'은 질병으로 인해 몸에 나타난 증상에 주목하여 붙여진 이름이다.

03

질병의 이름이 붙여진 여러 이유를 1문단의 "전염성, 고통의 정도, 질병의 원인, 몸에 나타난 증상 등 작명의 과정에서 주목한 바는 각기 달랐다." 부분에서 확인할 수 있다.

2문단에서 "'역병(疫病)'은 사람이 고된 일을 치르듯[役] 병에 걸려 매우 고통스러운 상태를 말한다."라고 하였다. 이를 볼 때, '역병'이라는 이름은 '고통의 정도'와 관련해서 붙여진 것이다. 따라서 질병의 전염성에 주목하여 붙여진 이름이라는 이해는 적절하지 않다.

오답체크

① 3문단의 "'온역(溫疫)'에 들어 있는 '온(溫)'은 이 병을 일으키는 계절적 원인을 가리킨다." 부분을 통해 알 수 있다.
③ 2문단의 "현재의 성홍열로 추정되는 '당독역(唐毒疫)'은 오랑캐처럼 사납고[唐], 독을 먹은 듯 고통스럽다[毒]는 의미가 들어가 있다." 부분을 통해 알 수 있다.
④ 3문단의 "'마진(痲疹)' 따위의 병명은 피부에 발진이 생기고 그 모양이 콩 또는 삼씨 모양인 것을 강조한 말이다." 부분을 통해 알 수 있다.

[정답]
02 전염성, 역병(疫病), 오랑캐, 계절적, 삼씨
03 ②

혜원쌤의 학습 Tip

인물 제시 후 '그'
⇒ 인물 = 그

기출 문제 | 2 독해 비법 익히기

풀이 시간 _____ 분

A가 주장한 다중지능이론은 기존 지능이론의 대안으로 제시되었다. 그는 기존 지능이론이 언어지능이나 논리수학지능 등 인간의 인지 능력에만 초점을 맞추고 있다고 비판하면서 이뿐 아니라 신체와 정서, 대인 관계의 능력까지 포괄한 총체적 지능 개념을 창안해 냈다. 다중지능이론은 뇌과학 연구에 일정 부분 영향을 받았는데, 뇌과학 연구에 따르면 인간의 좌뇌는 분석적, 논리적 능력을 담당하고, 우뇌는 창조적, 감성적 능력을 담당한다. 다중지능이론에서는 좌뇌의 능력에만 초점을 둔 기존의 지능 검사에 대해 반쪽짜리 검사라고 혹평한다.

그런데 다중지능이론에 대해 비판적인 연구자들은 다음과 같은 점들을 지적한다. 우선, 다중지능이론에서 주장하는 새로운 지능의 종류들이 기존 지능이론에서 주목했던 지능의 종류들과 상호 독립적일 수 있는가 하는 점이다. 그들에 따르면, 전자는 후자의 하위 영역에 속해 있고, 둘 사이에는 유의미한 상관관계가 있으므로 서로 독립적일 수 없으며, 따라서 '다중'이라는 개념이 성립하지 않는다. 다음으로, 다중지능을 정확하게 측정할 수 있는 도구가 만들어질 수 있겠는가 하는 점이다. 지능이라는 말이 측정 가능한 인지 능력을 전제하는 것이기 때문에, 그들은 다중지능이론이 설정한 새로운 종류의 지능들을 정확하게 측정할 수 있는 도구가 만들어지기는 어려울 것이라 주장한다.

01 다음 진술이 바르면 ○, 바르지 않으면 ×에 표시하라.

(1) 기존 지능이론은 분석적·논리적 능력 측정에 초점을 맞추었다. ○ | ×

(2) 다중지능이론을 주장한 연구자들은 기존의 지능 검사가 완전하지 않다고 생각하였다. ○ | ×

(3) 지능에 대한 다양한 견해를 절충하고 있다. ○ | ×

[정답]
01 (1) ○
(2) ○
(3) ×

02 제시된 글의 내용을 표로 정리한 것이다. 빈칸에 알맞은 말을 넣으시오.

★ 다중지능이론과 그에 대한 비판

1문단	• (　　) 이론의 등장 이유
	　- 기존 지능 검사에 대한 대안·비판
	
	  | 기존 지능이론 | 다중지능이론 |
	  | --- | --- |
	  | 인간의 인지 능력 | 인간의 (　　)에 신체와 정서, 대인 관계의 능력까지 포괄한 총체적 지능 |

2문단	• 다중지능 이론에 대한 비판·한계 　① 새로운 지능의 종류들이 기존 지능이론에서 주목했던 지능이 유의미한 상관관계가 있으므로 서로 (　　)일 수 없다. 　② 다중지능이론이 설정한 새로운 종류의 지능들을 정확하게 측정할 수 있는 (　　)가 만들어지기는 어렵다.

03 제시된 글을 이해한 내용으로 가장 적절한 것은?

2024 국가직 9급

① 논리수학지능은 다중지능이론의 지능 개념에 포함되지 않는다.
② 대인 관계의 능력과 관련된 지능을 정확하게 측정할 수 있는 도구의 개발 가능성에 대해 회의적인 사람들이 있다.
③ 다중지능이론에서는 인간의 우뇌에서 담당하는 능력과 관련된 지능보다 좌뇌에서 담당하는 능력과 관련된 지능에 더 많이 주목한다.
④ 다중지능이론에 대해 비판적인 연구자들은 인간의 모든 지능 영역들이 상호 독립적이라는 이유에서 '다중' 개념이 성립하지 않는다고 주장한다.

03

'대인 관계의 능력'은 다중지능이론에서 지능으로 다루는 영역이다. 2문단에서 다중지능이론에 대해 비판적인 연구자들의 지적을 제시하고 있는데, 두 번째 지적 "다중 지능을 정확하게 측정할 수 있는 도구가 만들어질 수 있겠는가 하는 점이다."를 볼 때, ②는 적절한 이해이다.

오답체크

① 1문단을 볼 때, '다중지능이론'은 기존 지능이론에서 다루고 있는 영역에 더하여, 신체와 정서, 대인 관계의 능력까지 포함한 개념이다. 따라서 기존 지능이론의 영역이던 '논리수학지능' 역시 다중지능이론의 지능 개념에 포함된다고 봐야 한다.

③ 1문단의 "다중지능이론에서는 좌뇌의 능력에만 초점을 둔 기존의 지능 검사에 대해 반쪽짜리 검사라고 혹평한다." 부분을 볼 때, 적절하지 않은 이해이다.

④ 2문단의 "다중지능이론에서 주장하는 새로운 지능의 종류들이 기존 지능이론에서 주목했던 지능의 종류들과 상호 독립적일 수 있는가 하는 점이다."를 볼 때, 적절하지 않은 이해이다.

[정답]
02 다중지능, 인지능력, 독립적, 도구
03 ②

기출 문제 | 3 독해 비법 익히기

풀이 시간 _____ 분

　전 세계를 대표하는 항공기인 보잉과 에어버스의 중요한 차이점은 자동조종시스템의 활용 정도에 있다. 보잉의 경우, 조종사가 대개 항공기를 조종간으로 직접 통제한다. 조종간은 비행기의 날개와 물리적으로 연결되어 있어서 어떤 상황에서도 조종사가 조작한 대로 반응한다. 이와 다르게 에어버스는 조종간 대신 사이드스틱을 설치하여 컴퓨터가 조종사의 행동을 제한하거나 조종에 개입할 수 있게 설계되었다. 보잉에서는 조종사가 항공기를 통제할 수 있는 전권을 가지지만 에어버스에서는 컴퓨터가 조종사의 조작을 감시하고 제한한다.
　보잉과 에어버스의 이러한 차이는 기계를 다루는 인간을 바라보는 관점이 서로 다른 데서 비롯된다. 보잉사를 창립한 윌리엄 보잉의 철학은 "비행기를 통제하는 최종 권한은 언제나 조종사에게 있다."이다. 시스템은 불안정하고 완벽하지 않기 때문에 컴퓨터가 조종사의 판단보다 우선시될 수 없다는 것이다. 반면 에어버스의 아버지라고 불리는 베테유는 "인간은 실수할 수 있는 존재"라고 전제한다. 베테유는 이런 자신의 신념을 토대로 에어버스를 설계함으로써 조종사의 모든 조작을 컴퓨터가 모니터링하고 제한하게 만든 것이다.

01 다음 진술이 바르면 O, 바르지 않으면 ×에 표시하라.

(1) 자동조종시스템의 활용 정도가 더 낮은 것은 에어버스이다.　　　　　　　　　　O | ×

(2) 보잉은 조종사의 판단을 컴퓨터보다 우선시했다.　　　　　　　　　　　　　　O | ×

(3) 차이점을 중심으로 두 대상을 설명하고 있다.　　　　　　　　　　　　　　　　O | ×

[정답]
01 (1) ×
　　(2) O
　　(3) O

02 제시된 글의 내용을 표로 정리한 것이다. 빈칸에 알맞은 말을 넣으시오.

★ 보잉과 에어버스의 차이점

	보잉	에어버스
(　　　　)의 활용 정도	(　　　)가 항공기를 직접 통제	(　　　)가 조종사의 조작을 감시하고 제한
기계를 다루는 (　　　)을 바라보는 관점	윌리엄 보잉: 시스템은 불안정하고 완벽하지 않다.	베테유: (　　　)은 실수할 수 있는 존재이다.

03 제시된 글을 이해한 내용으로 가장 적절한 것은?

2023 국가직 9급

① 보잉은 시스템의 불완전성을, 에어버스는 인간의 실수 가능성을 고려하여 설계되었다.
② 베테유는 인간이 실수할 수 있는 존재라고 보지만 윌리엄 보잉은 그렇지 않다고 본다.
③ 에어버스의 조종사는 항공기 운항에서 자동조종시스템을 통제하고 조작한다.
④ 보잉의 조종사는 자동조종시스템을 사용하지 않고 항공기를 조종한다.

03

2문단의 "보잉사를 창립한 윌리엄 보잉의 철학은 ~ 시스템은 불안정하고 완벽하지 않기 때문에 컴퓨터가 조종사의 판단보다 우선시될 수 없다는 것이다."와 "반면 에어버스의 아버지라고 불리는 베테유는 "인간은 실수할 수 있는 존재"라고 전제한다."를 볼 때, 적절한 이해이다.

오답체크

② 베테유가 인간이 실수할 수 있는 존재라고 본 것은 맞다. 그러나 보잉이 그렇지 않다고 봤는지는 알 수가 없다.
③ 에어버스의 '조종사'가 아닌 '컴퓨터'가 항공기 운항에서 자동조종시스템을 통제하고 조작한다.
④ 자동조종시스템의 활용 정도에서 차이가 있을 뿐, 보잉의 조종사도 자동조종시스템을 사용하여 항공기를 조종한다.

[정답]
02 자동조종시스템, 조종사, 컴퓨터, 인간, 인간
03 ①

실전 문제

실전 문제 | 1 독해 비법 익히기

풀이 시간 _____ 분

　　ᵃ「프레임(frame)은 영화와 사진 등의 시각 매체에서 화면 영역과 화면 밖의 영역을 구분하는 경계로서의 틀을 말한다.」 ᵇ「카메라로 대상을 포착하는 행위는 현실의 특정한 부분만을 떼어 내 프레임에 담는 것으로, ᶜ「찍는 사람의 의도와 메시지」를 내포한다.」 그런데 문, 창, 기둥, 거울 등 주로 사각형이나 원형의 형태를 갖는 물체들을 이용하여 프레임안에 또다른 프레임을 만드는 경우가 있다. 이런 기법을 '이중 프레이밍', 그리고 ᵈ「안에 있는 프레임을 '이차 프레임'이라 칭한다.」
　　ᵉ「이차 프레임의 일반적인 기능은 크게 세 가지로 구분할 수 있다.」 먼저, 화면 안의 인물이나 물체에 대한 시선 유도 기능이다. 대상을 틀로 에워싸기 때문에 시각적으로 강조하는 효과가 있으며, 대상이 작거나 구도의 중심에서 벗어나 있을 때도 존재감을 부각하기가 용이하다. 또한 프레임 내 프레임이 많을수록 화면이 다층적으로 되어, 자칫 밋밋해질 수 있는 화면에 깊이감과 입체감이 부여된다. 광고의 경우, 설득력을 높이기 위해 이차 프레임 안에 상품을 위치시켜 주목을 받게 하는 사례들이 있다.
　　다음으로, 이차 프레임은 작품의 주제나 내용을 암시하기도 한다. 이차 프레임은 시각적으로 내부의 대상을 외부와 분리하는데, 이는 곧잘 심리적 단절로 이어져 구속, 소외, 고립 따위를 환기한다. 그리고 이차 프레임 내부의 대상과 외부의 대상 사이에는 정서적 거리감이 조성(造成)되기도 한다. 어떤 영화들은 작중 인물을 문이나 창을 통해 반복적으로 보여 주면서, 그가 세상으로부터 격리된 상황을 암시하거나 불안감, 소외감 같은 인물의 내면을 시각화하기도 한다.
　　ᶠ「마지막으로, 이차 프레임은 '이야기 속 이야기'인 액자형 서사 구조를 지시하는 기능을 하기도 한다.」 ᵍ「일례로, 어떤 영화는 작중 인물의 현실 이야기와 그의 상상에 따른 이야기로 구성되는데, 카메라는 이차 프레임으로 사용된 창을 비추어 한 이야기의 공간에서 다른 이야기의 공간으로 들어가거나 빠져나온다.」

ⓐ 'A는 B를 말한다.'는 A의 개념을 B에서 설명하고 있다는 의미이다. '말한다' 자리에 '이른다' 등이 올 때도 마찬가지이다.

ⓑ 'A는 B를 내포한다.'는 A에는 B의 특성이나 뜻이 담겨 있다는 의미이다.

ⓒ 'A와 B'는 'A 그리고 B'라는 의미로, 나열할 때 사용한다.

ⓓ 'A는 B라(로) 칭한다.'는 'A를 부르는 이름이 B이다.'라는 의미이다.

ⓔ 'A는 크게 B 가지로 구분할 수 있다.'에서 B에 나오는 숫자는 뒤에 나열될 숫자이기도 하다. 따라서 B의 수에 따라 뒤에 올 내용을 예측해 볼 수 있다. 만약 두 개 이상의 문단이라면, B의 숫자만큼 문단이 구성될 수 있다.

ⓕ '먼저 A, 다음으로 B, 마지막으로 C'는 'A, B, C'를 나열한 것으로, 한 단락 안에서 나열되는 경우도 있지만, 각각 한 단락에서 그 특징을 설명하는 경우도 있다. 주로 '구분'이나 '분류'의 전개 방식에서 쓰인다.

ⓖ 'A. 일례로 B'에서 '일례'는 '하나의 보기'나 '한 가지 실제 예'라는 의미이다. 따라서 B는 결국 A에 대한 보기나 실제 예시일 것이다.

01 다음 진술이 바르면 ○, 바르지 않으면 ×에 표시하라.

(1) 찍는 사람의 의도에 따라 프레임을 달리 한다. ○ | ×

(2) 이중 프레이밍 기법을 활용하면, 화면에 깊이감과 입체감을 부여할 수 있다. ○ | ×

(3) 하나의 프레임만으로는 작품의 주제나 내용을 암시할 수 없다. ○ | ×

02 제시된 글의 내용을 표로 정리한 것이다. 빈칸에 알맞은 말을 넣으시오.

★ 이차 프레임

프레임의 ( )	시각 매체에서 화면 영역과 화면 밖의 영역을 구분하는 경계로서의 틀
이차 프레임의 개념	(　　　　　)에서 안에 있는 프레임 ↳ 프레임 안에 또 다른 프레임을 만드는 기법
이차 프레임의 기능	기능 1. (　　　) ㉠ 시각적으로 강조하는 효과 ㉡ 존재감을 부각하기에 용이 ㉢ (　　　)이 많을수록 깊이감과 입체감 부여 대표적인 예: 광고 기능 2. 작품의 주제나 내용 암시 ㉠ 시각적으로 내·외부 분리 → 심리적 단절 ㉡ 정서적 (　　　) 조성 대표적인 예: 영화에서 격리된 상황, 소외감 같은 내면을 시각화 기능 3. (　　　) 서사 구조를 지시 대표적인 예: 영화에서 창문을 통해 (　　　) 공간의 이동

03 제시된 글의 내용과 일치하지 않는 것은?

① 이차 프레임 내에 또 다른 프레임을 만들 수도 있다.
② 이차 프레임의 시각적 효과는 심리적 효과로 이어지기도 한다.
③ 이차 프레임 내부의 인물과 외부의 인물 사이에는 일체감이 형성된다.
④ 이차 프레임은 액자형 서사 구조의 영화에서 이야기 전환을 알리는 데 쓰이기도 한다.

03

선지에 '이차 프레임'이 반복된다. 따라서 '이차프레임'의 개념과 기능을 중심으로 글을 읽어 나간다.

3문단의 "이차 프레임 내부의 대상과 외부의 대상 사이에는 정서적 거리감이 조성(造成)되기도 한다."를 볼 때, 이차 프레임 내부의 인물과 외부의 인물 사이에는 '일체감'이 아니라 '거리감'이 형성될 것이다.

오답체크

① 2문단의 "프레임 내 프레임이 많을수록"을 통해 이차 프레임 내에 또 다른 프레임을 만들 수도 있음을 알 수 있다.
② 3문단의 "이차 프레임은 시각적으로 내부의 대상을 외부와 분리하는데, 이는 곧잘 심리적 단절로 이어져 구속, 소외, 고립 따위를 환기한다.", "어떤 영화들은 작중 인물을 문이나 창을 통해 반복적으로 보여주면서, 그가 세상으로부터 격리된 상황을 암시하거나 불안감, 소외감 같은 인물의 내면을 시각화하기도 한다."를 통해 알 수 있다.
④ 4문단의 "카메라는 이차 프레임으로 사용된 창을 비추어 한 이야기의 공간에서 다른 이야기의 공간으로 들어가거나 빠져나온다."를 통해 알 수 있다.

[정답]

01 (1) ○
　　(2) ○
　　(3) ×
02 개념, 이중 프레이밍, 시선 유도, 프레임, 거리감, 액자형, 이야기
03 ③

실전 문제 | 2 독해 비법 익히기

풀이 시간 _____ 분

서양 건축 예술의 역사는 성당 건축을 빼놓고는 이해할 수 없다. 여러 시대에 걸쳐 유럽의 성당은 다양한 양식으로 변화해 왔다. 하지만 그 기본은 바실리카 형식에서 크게 벗어나지 않았다. 평면도상 긴 직사각형 모양을 하고 있는 이 형식은 고대 로마 제국 시대에서 비롯된 것으로 원래는 시장이나 재판소와 같은 공공 건축물에 쓰였던 것이다. 4세기경부터 출현한 바실리카식 성당은 이후 평면 형태의 부분적 변화를 겪으면서 중세 시대에 절정을 이루었다.

바실리카식 성당의 평면을 살펴보면, 초기에는 동서 방향으로 긴 직사각형의 모습을 하고 있다. 서쪽 끝 부분에는 일반인들의 출입구와 현관이 있는 나르텍스가 있다. 나르텍스를 지나면 일반 신자들이 예배에 참여하는 네이브가 있고, 네이브의 양 옆에는 복도로 활용되는 아일이 붙어 있다. 동쪽 끝 부분에는 신성한 제단이 자리한 앱스가 있는데, 이곳은 오직 성직자만이 들어갈 수 있다. 이처럼 나르텍스로부터 네이브와 아일을 거쳐 앱스에 이르는 공간은 세속에서 신의 영역에 이르기까지의 위계를 보여 준다.

시간이 흐르면서 성직자의 위상이 점차 높아지고 종교 의식이 확대됨에 따라 예배를 진행하기 위한 추가적인 공간이 필요하게 되었다. 이때부터 건물은 더욱 웅대하고 화려해졌는데, 네이브의 폭도 넓어지고 나르텍스에서 앱스까지의 길이도 늘어 났으며 건물의 높이도 높아졌다.

절정기의 바실리카식 성당은 외부에서 보면 기둥이나 창 등을 통해 하늘을 향한 수직선이 강조된 인상을 준다. 이는 신에게 가까이 가려는 인간의 욕망이 표현된 것이다. 출입구 쪽의 외벽과 기둥에는 신이나 성인의 모습을 새겨 넣기도 하고, 실내의 벽과 천장에는 천국과 지옥 이야기 등을 담은 그림을 채워 넣기도 하였다.

01 다음 진술이 바르면 ○, 바르지 않으면 ×에 표시하라.

(1) 서양 건축 예술은 성당 건축과 밀접한 관련이 있다. ○ | ×
(2) 성당의 원래 역할은 시장이나 재판소였다. ○ | ×
(3) 성직자의 위상이 높아짐에 따라 성당 건물도 더 커지고 더 화려해졌다. ○ | ×

[정답]
01 (1) ○
   (2) ×
   (3) ○

02 제시된 글의 내용을 표로 정리한 것이다. 빈칸에 알맞은 말을 넣으시오.

★ 바실리카식 성당

바실리카식 성당의 특징	① 유럽 성당의 기본 형식 ② 평면도상 긴 직사각형 모양 ③ 고대 로마 제국 시대에 (　　　)에 쓰였던 형식 ④ (　　　)에 출현해 변화를 겪으면서 중세 시대에 절정을 이룸.
바실리카식 성당의 평면 구조	(　) • 동서 방향으로 긴 직사각형 모습 西　나르텍스 → 네이브 → (　) → 앱스　東 세속　　　　　　　　　　　　　　　　　　신 ↓ (　　　)의 위상이 높아지면서 건물이 웅대하고 화려해졌다. 절정기 │ 외부 │ (　　　) │ 수직선이 강조된 인상 → 신에게 가까이 가려는 인간의 욕망 표출 │ 종교적 그림을 채워 넣음.

03 제시된 글의 내용과 일치하지 않는 것은?

① 바실리카식 성당은 4세기경에 출현한 이후로 부분적인 변화를 겪었다.
② 바실리카식 성당은 종교적 기능을 가진 로마 시대의 건축에서 유래했다.
③ 바실리카식 성당은 성직자의 위상이 높아지면서 웅대해지고 화려해졌다.
④ 바실리카식 성당은 실내의 벽과 천장을 종교적 예술 작품으로 장식하였다.

03

선지에 '바실리카식 성당'이 반복된다. 따라서 '바실리카식 성당'의 유래, 시대별 특징을 중심으로 글을 읽어 나간다.

1문단의 "이 형식은 고대 로마 제국 시대에서 비롯된 것으로"를 볼 때, 로마 시대의 건축에서 유래했다는 설명은 옳다. 그러나 바로 이어서 "원래는 시장이나 재판소와 같은 공공 건축물에 쓰였던 것이다."라고 하였다. 따라서 '종교적 기능'이 아닌 '공공적 기능'을 가진 로마 시대의 건축에서 유래한 것이다.

오답체크

① 1문단의 "4세기경부터 출현한 바실리카식 성당은 이후 평면 형태의 부분적 변화를 겪으면서 중세 시대에 절정을 이루었다."를 통해 알 수 있다.
③ 3문단의 "시간이 흐르면서 성직자의 위상이 점차 높아지고 ~ 이때부터 건물은 더욱 웅대하고 화려해졌는데"를 통해 알 수 있다.
④ 4문단의 "실내의 벽과 천장에는 천국과 지옥 이야기 등을 담은 그림을 채워 넣기도 하였다."를 통해 알 수 있다.

[정답]

02 공공 건축물, 4세기경, 초기, 아일, 성직자, 내부
03 ②

실전 문제 | 3 독해 비법 익히기

풀이 시간 _____ 분

　사람들은 음악을 소리로써 무언가를 표현하는 언어에 비유하곤 한다. '음악은 언어다.'라는 말에 담겨진 다양한 의미는 오랜 역사를 통해 여러 관점에서 연구되었다. 언어가 어떤 내용을 전달하는 것처럼 음악도 무언가를 표현한다고 여겼고 이런 점에서 특히 '음악은 감정을 표현하는 언어다.'라는 측면이 부각되었다.
　16세기 르네상스 시대에 들어서면서 고대 그리스 철학자들이 중시했던 음악의 도덕적·윤리적 작용보다는 음악이 지닌 감정적 효과에 관심을 가지기 시작했으며 이는 언어, 즉 가사를 통해 사람의 마음 상태나 사물 혹은 환경 등을 음악적으로 잘 묘사하려는 구체적인 시도들로 나타났다. 시인과 음악가들의 문예 모임인 피렌체의 카메라타는 고대 그리스 비극에서처럼 연극과 음악이 결합된 예술을 지향했다. 이를 위해서는 음악이 가사의 내용을 잘 전달할 수 있어야 했다. 그래서 이전까지의 여러 성부가 동시에 서로 다른 리듬으로 노래하는 다성 음악 양식은 그에 적합하지 않다고 여겼다. 그 대신 그들은 가사를 잘 전달할 수 있는 단선율 노래인 모노디 양식을 고안하였다. 이는 후에 오페라의 탄생에 영향을 주었으며 당시 음악에서 가사와 그것이 나타내는 감정의 표현에 대한 관심이 증대되었음을 보여주는 것이었다.

01 다음 진술이 바르면 ○, 바르지 않으면 ×에 표시하라.

(1) 고대 그리스 비극은 연극과 음악이 결합된 예술이다. ○ | ×

(2) 오페라는 고대 그리스 시대에 탄생한 장르이다. ○ | ×

(3) 카메라타는 음악이 가사의 내용을 잘 전달할 수 있도록 새로운 양식을 고안하였다.
○ | ×

[정답]
01 (1) ○
　　(2) ×
　　(3) ○

02 제시된 글의 내용을 표로 정리한 것이다. 빈칸에 알맞은 말을 넣으시오.

★ 시대별 음악에 대한 생각

1문단	음악과 언어의 공통점: 어떤 내용(=)을 전달(=)한다.	
2문단	시대별 음악에 대한 생각	
	( )	음악의 도덕적·( ) 작용을 중시하였다.
	16세기 르네상스	① 음악이 지닌 감정적 효과에 관심을 두었다. → ( )를 통해 마음, 환경 등을 묘사하려 함. ② 카메라타는 연극과 음악이 결합된 예술을 지향하였다. 음악이 가사의 내용을 잘 전달할 수 있어야 했기에 다성 음악보다는 단선율인 모노디 양식을 고안하였다. → ( )의 탄생에 영향을 주었다.

03 제시된 글의 내용과 일치하지 않는 것은?

① 음악에는 인간의 감정이나 의사를 전달하는 기능이 있다.
② 다성 음악 양식은 내용 전달 목적의 노래에서 효과적이다.
③ 르네상스 음악은 인간의 마음을 가사로 전달하고자 하였다.
④ 음악의 도덕적 기능을 중시한 것은 고대 그리스 철학자들이다.

03

선지에 '음악'이 반복된다. 따라서 '음악'의 기능, 시대별 관점을 중심으로 글을 읽어 나간다.

2문단에서 여러 성부가 동시에 서로 다른 리듬으로 노래하는 다성 음악 양식은 가사의 내용을 전달하는 데 적합하지 않다고 했으므로, 다성 음악 양식이 내용 전달의 노래에서 효과적이라는 ②는 제시된 글의 내용과 일치하지 않는다.

오답체크

① 1문단에서 언어가 어떤 내용을 전달하는 것처럼 음악도 무언가를 표현한다고 여겼다는 설명이 있고, 2문단에서 16세기 르네상스 시대 이후 사람들은 음악이 지닌 감정적 효과에 관심을 갖기 시작했다고 했다.

③ 2문단에 르네상스 시대에는 가사를 통해 사람의 마음 상태나 사물, 혹은 환경 등을 음악적으로 잘 묘사하려는 구체적인 시도가 나타났다는 언급이 있다.

④ 2문단에서 고대 그리스 철학자들은 음악의 도덕적·윤리적 작용을 중시했다는 언급이 있다.

[정답]

02 무언가, 표현, 고대 그리스, 윤리적, 가사, 오페라
03 ②

Day 03 기출 + 실전 문제로 **독해 비법 익히기**

1회독
2회독
3회독

기출 문제

기출 문제 | 1 독해 비법 익히기

풀이 시간 _____ 분

'저작권'이란 인간의 사상이나 감정을 창의적으로 표현한 저작물을 보호하기 위해 저작자에게 부여한 권리를 말한다. 저작물은 '인간의 사상 또는 감정을 표현한 창작물'이며 저작자란 '저작 행위를 통해 저작물을 창작해 낸 사람'을 가리킨다. 그러므로 숨겨져 있던 다른 사람의 저작물을 발견했거나 발굴해 낸 사람, 저작물 작성을 의뢰한 사람, 저작에 관한 아이디어나 조언을 한 사람, 저작을 하는 동안 옆에서 도와주었거나 자료를 제공한 사람 등은 저작자가 될 수 없다. 저작물에는 1차적 저작물뿐만 아니라 2차적 저작물과 편집 저작물도 포함되어 있으므로 2차적 저작물 또는 편집 저작물의 작성자 또한 저작자가 된다.

저작권 보호와 관련하여 "거인의 어깨 위 ㉠ 난쟁이는 거인보다 멀리 볼 수 있다."라는 말이 있다. '거인'이란 현재의 저작자들보다 앞서 창작 활동을 통해 저작물을 남긴 선배 저작자를 가리키는 것인데, 이 말은 창작자는 다른 사람이 만들어 놓은 저작물을 모방하거나 인용할 수밖에 없다는 점을 강조한 것이다. 다만, 난쟁이가 거인의 어깨 위에 올라서는 특권을 누리기 위해서는 거인으로부터 허락을 받아야 하거나 거인에게 그에 따르는 대가를 지불해야 한다는 뜻도 내포하고 있다는 사실을 잊지 말아야 할 것이다.

창작물을 저작한 사람에게 저작권이라는 권리를 부여해서 보호하는 이유는 '저작물은 문화 발전의 원동력이 되므로 좋은 저작물이 많이 나와야 그 사회가 문화적으로 풍요로워질 수 있기 때문'이라고 할 수 있다. 그런데 만일 저작자에게 아무런 권리를 부여하지 않는다면 저작자가 장기간 노력해서 창작한 저작물을 누구든지 아무런 대가를 치르지 않고도 마음대로 이용하게 될 것이므로, ㉡ <u>저작자로서는 창작 행위를 계속하지 않을 가능성이 높다.</u>

01 다음 진술이 바르면 ○, 바르지 않으면 ×에 표시하라.

(1) 숨겨져 있던 윤동주의 시를 발견한 사람은 그 작품의 저작자가 된다. ○ | ×
(2) ㉠은 맥락상 '현재의 저작자'를 의미한다. ○ | ×
(3) 맥락상 ㉡은 '저작자로서는 창작 행위를 계속할 가능성이 높다.'로 고쳐야 한다. ○ | ×

[정답]
01 (1) ×
　　(2) ○
　　(3) ×

02 제시된 글의 내용을 표로 정리한 것이다. 빈칸에 알맞은 말을 넣으시오.

★ 저작권을 보호하는 이유

	저작권, 저작물, 저작자의 개념	
1문단	저작권	인간의 사상이나 감정을 창의적으로 표현한 저작물을 보호하기 위해 저작자에게 부여한 권리
	( )	인간의 사상 또는 감정을 표현한 창작물
	저작자	**저작자가 되는 경우** ① 저작 행위를 통해 저작물을 창작해 낸 사람 ② 2차적 저작물 또는 ( ) 저작물의 작성자 — **( )가 될 수 없는 경우** ① 타인의 저작물을 발견했거나 발굴해 낸 사람 ② 저작물 작성을 의뢰한 사람 ③ 저작에 관한 아이디어나 조언을 한 사람 ④ 저작을 하는 동안 옆에서 도와주었거나 자료를 제공한 사람
2문단	• "거인의 어깨 위 난쟁이는 거인보다 멀리 볼 수 있다."의 의미 ① 창작자는 타인의 저작물을 모방하거나 인용할 수밖에 없다. ② 다만, 그 특권을 누리기 위해서는 거인으로부터 허락을 받아야 하거나 거인에게 그에 따르는 대가를 지불해야 한다. ※ '( )'은 '선배 저작자'를 가리킨다.	
3문단	• 저작자에게 저작권을 부여하는 이유 ① 저작물은 ( )의 원동력이 된다. ② 좋은 저작물이 많이 나와야 그 사회가 문화적으로 풍요로워질 수 있다. ③ 저작권을 부여하여 보호하지 않는다면, 저작자는 창작 행위를 계속하지 않을 것이다.	

03 제시된 글에서 알 수 있는 내용이 아닌 것은?

2024 지방직 9급

① 저작물의 개념과 저작자의 정의
② 1차적 저작물과 2차적 저작물의 차이
③ 저작물에 대해 창작자가 지녀야 할 태도
④ 저작권을 보호해야 하는 이유

03

1문단에서 '2차 저작권'을 언급하고는 있다. 그러나 1차 저작물과 2차 저작물의 차이를 다룬 것이 아니라, '저작물'에 2차 저작물도 포함됨을 다루고 있을 뿐이다. 따라서 제시된 글에서는 '1차적 저작물과 2차적 저작물의 차이'에 대하는 알 수 없다.

오답체크

① 1문단의 "저작물은 '인간의 사상 또는 감정을 표현한 창작물'이며 저작자란 '저작 행위를 통해 저작물을 창작해 낸 사람'을 가리킨다." 부분에서 확인할 수 있다.
③ 2문단의 "다만, 난쟁이가 거인의 어깨 위에 올라서는 특권을 누리기 위해서는 거인으로부터 허락을 받아야 하거나 거인에게 그에 따르는 대가를 지불해야 한다는 뜻도 내포하고 있다는 사실을 잊지 말아야 할 것이다." 부분에서 짐작할 수 있다.
④ 3문단의 "창작물을 저작한 사람에게 저작권이라는 권리를 부여해서 보호하는 이유는 '저작물은 문화 발전의 원동력이 되므로 좋은 저작물이 많이 나와야 그 사회가 문화적으로 풍요로워질 수 있기 때문'이라고 할 수 있다." 부분에서 확인할 수 있다.

[정답]
02 저작물, 편집, 저작자, 거인, 문화 발전
03 ②

구조확인!

1. 두 단락 구성
2. 두 번째 단락
   반면에
   → '대조'

기출 문제 | 2 독해 비법 익히기

풀이 시간 _____ 분

⒜「미국의 어머니들은 자녀와 함께 놀이를 할 때 특정 사물에 초점을 맞추고 그 사물의 속성을 아이들에게 가르친다.」 사물의 속성 자체에 관심을 기울이도록 훈련받은 아이들은 스스로 독립적인 행동을 하도록 교육받는다. 미국에서는 아이들에게 의사소통을 가르칠 때 ⒝「자신의 생각을 분명하게 표현하고 말하는 사람의 입장에서 대화에 임해야 하며,」 ⒞「대화 과정에서 오해가 발생하면 그것은 말하는 사람의 잘못이라고 강조한다.」

⒟「반면에 일본의 어머니들은 대상의 '감정'에 특별히 신경을 써서 가르친다.」 ⒠「특히 자녀가 말을 안 들을 때에 그러하다.」 ⒡「예를 들어 "네가 밥을 안 먹으면, 고생한 농부 아저씨가 얼마나 슬프겠니?", "인형을 그렇게 던져 버리다니, 저 인형이 울잖아. 담장도 아파하잖아."」 같은 말들로 꾸중하는 모습을 자주 볼 수 있다. 다른 사람과의 관계에 초점을 맞춘 훈련을 받은 아이들은 ⒢「자신의 생각을 드러내기보다는 행동에 영향을 받는 다른 사람들의 감정을 미리 예측하도록 교육받는다.」 곧 일본에서는 아이들에게 듣는 사람의 입장에서 말할 것을 강조한다.

ⓐ 'A는 B할 때 C한다.'는 'B할 때 C하는 것이 A의 경향이다.'라는 의미이다.
ⓑ 'A하며, B'는 'A 그리고 B'라는 의미로, A와 B를 나열할 때 쓴다.
ⓒ 'A하면, B라고 C한다.'는 'A가 조건일 때, B라고 C한다.'라는 의미이다. C 자리에는 주로 '강조한다', '생각한다', '여긴다' 등의 서술어가 온다.
ⓓ 'A 반면에 B'는 'A와 달리 B'라는 의미이다. '반면에'가 문장과 문장 사이에 쓰여, 두 문장을 이어 줄 수도 있지만 주로 단락과 단락 사이에 쓰여, 두 단락을 이어 줄 때가 많다. 따라서 '반면에'로 단락이 시작한다면, 바로 앞 단락과 상반되는 내용임을 짐작할 수 있다.
ⓔ 'A 특히 B'에서 A의 서술에 대한 보충으로 구체적 상황인 B를 든 것이다.
ⓕ '예를 들어 A, B, C'는 앞의 내용의 구체적인 예시로 A, B, C를 든 것이다.
ⓖ 'A는 B보다는 C'의 글자 그대로의 의미는 'B < C'의 의미이지만, 비교하는 내용이라면 'A는 C'의 의미로 해석해도 무방하다.

01 다음 진술이 바르면 ○, 바르지 않으면 ×에 표시하라.

(1) 미국 어머니들은 독립적인 행동을 하도록 교육한다. ○ | ×

(2) 일본 어머니들과 달리, 미국 어머니들은 아이들을 꾸중하지 않는다. ○ | ×

(3) 중심 화제의 문제점을 제시하고 있다. ○ | ×

02 제시된 글의 내용을 표로 정리한 것이다. 빈칸에 알맞은 말을 넣으시오.

★ 미국과 일본 어머니들 간의 교육 내용 및 방식의 차이

	1문단	2문단
교육 주체	( ) 어머니들	일본 어머니들
교육 중점	사물의 속성 자체에 관심	대상의 ( )에 관심
교육 내용	① ( )의 생각을 분명하게 표현한다. ② 말하는 사람의 입장에서 대화에 임해야 한다. ③ 대화 과정에서 ( )가 발생하면 말하는 사람의 잘못이다.	① 자신의 생각을 드러내지 않는다. ② 다른 사람의 감정을 ( )하도록 교육받는다. ③ 듣는 사람의 입장에서 말할 것을 강조한다.

03 제시된 글의 내용과 부합하는 것은?

2021 지방직 9급

① 미국의 어머니는 듣는 사람의 입장, 일본의 어머니는 말하는 사람의 입장을 강조한다.

② 일본의 어머니는 사물의 속성을 아는 것이 관계를 아는 것보다 더 중요하다고 생각한다.

③ 미국의 어머니는 어떤 일을 있는 그대로 보지 말고 이면에 있는 감정을 읽어야 한다고 생각한다.

④ 미국의 어머니는 자녀가 독립적인 행동을 하도록 교육하며, 일본의 어머니는 자녀가 타인의 감정을 예측하도록 교육한다.

03

선지에 '미국의 어머니'와 '일본의 어머니'가 반복된다. 따라서 둘의 차이점에 초점을 맞춰 글을 읽어 나간다.

1문단에서 미국의 자녀들은 어머니에게 독립적인 행동을 하도록 교육받는다고 하였다. 또 2문단에서 일본의 자녀들은 어머니에게 다른 사람들의 감정을 미리 예측하도록 교육받는다고 하였다. 따라서 제시된 글의 내용에 부합하는 것은 ④이다.

오답체크

① 듣는 사람의 입장을 강조한 사람은 '일본의 어머니'이고, 말하는 사람의 입장을 강조한 사람은 '미국의 어머니'이다.

② 제시된 글의 2문단의 내용을 고려할 때, '일본의 어머니'는 '관계를 아는 것'을 더 중요하다고 생각함을 알 수 있다. 따라서 사물의 속성을 아는 게 더 중요하다는 것은 제시된 글의 내용에 부합하지 않는다.

③ 감정을 읽어야 한다고 생각하는 사람은 '미국의 어머니'가 아니라 '일본의 어머니'이다.

[정답]
01 (1) ○
   (2) ×
   (3) ×
02 미국, 자신, 오해, 감정, 예측
03 ④

기출 문제 | 3 독해 비법 익히기

몽유록(夢遊錄)은 '꿈에서 놀다 온 기록'이라는 뜻으로, 어떤 인물이 꿈에서 과거의 역사적 인물을 만나 특정 사건에 대한 견해를 듣고 현실로 돌아온다는 특징이 있다. 이때 꿈을 꾼 인물인 몽유자의 역할에 따라 몽유록을 참여자형과 방관자형으로 구분할 수 있다. 참여자형에서는 몽유자가 꿈에서 만난 인물들의 모임에 초대를 받고 토론과 시연에 직접 참여한다. 방관자형에서는 몽유자가 인물들의 모임을 엿볼 뿐 직접 그 모임에 참여하지는 않는다. 16~17세기에 창작되었던 몽유록에는 참여자형이 많다. 참여자형에서는 몽유자와 꿈속 인물들이 동질적인 이념을 공유하고 현실의 고통스러운 문제에 대해 의견을 나누며 비판적 목소리를 낸다. 그러나 주로 17세기 이후에 창작된 방관자형에서는 몽유자가 꿈속 인물들과 함께 현실을 비판하는 것이 아니라 구경꾼의 위치에 서 있다. 이 시기의 몽유록이 통속적이고 허구적인 성격으로 변모하는 것은 ㉠ 몽유자의 역할 변화와 무관하지 않다.

01 다음 진술이 바르면 ○, 바르지 않으면 ×에 표시하라.

(1) 방관자형에서는 몽유자가 현실 비판적 목소리를 냈다. [○ | ×]

(2) 17세기 이후 창작된 몽유록은 통속적이고 허구적 성격을 지닌다. [○ | ×]

(3) ㉠은 맥락을 고려할 때, '몽유자의 역할 변화와 무관하다.'로 바꿔야 한다. [○ | ×]

[정답]
01 (1) ×
　 (2) ○
　 (3) ×

02 제시된 글의 내용을 표로 정리한 것이다. 빈칸에 알맞은 말을 넣으시오.

★ 몽유자의 역할에 따른 몽유록의 분류

개념	'( )에서 놀다 온 기록'이라는 뜻
특징	어떤 인물이 꿈에서 과거의 역사적 인물을 만나 특정 사건에 대한 견해를 듣고 현실로 돌아온다.
분류	기준: ( )의 역할

참여자형	( )
• 모임에 직접 참여함. 　- 동질적 이념을 공유함. 　- ( ) 목소리를 냄. • 16~17세기에 많다.	• 모임에 직접 참여하지 않음. • ( ) 이후에 많다. 　- 몽유록이 통속적이고 허구적인 성격으로 변모한 것과 관련이 있다.

03 제시된 글의 내용과 부합하지 않는 것은?

2023 국가직 9급

① 몽유자가 꿈속 인물들의 모임에 직접 참여하는지, 참여하지 않는지에 따라 몽유록의 유형을 나눌 수 있다.
② 17세기보다 나중 시기의 몽유록에서는 몽유자가 현실을 비판하는 경향이 강하게 나타난다.
③ 몽유자가 모임의 구경꾼 역할을 하는 몽유록은 통속적이고 허구적인 성격이 강하다.
④ 몽유자가 꿈속 인물들과 함께 현실을 비판하는 몽유록은 참여자형에 해당한다.

03

"17세기 이후에 ~ 현실을 비판하는 것이 아니라 구경꾼의 위치에 서 있었다. 이 시기의 몽유록이 통속적이고 허구적인 성격으로 변모하는 것은"을 볼 때, 17세기보다 나중 시기의 몽유록에서는 몽유자가 현실을 비판하는 경향이 '강해지는 것'이 아니라 '약해졌을 것'이라 짐작할 수 있다.

오답체크
① "참여자형에서는 ~ 직접 참여한다. 방관자형에서는 ~ 직접 그 모임에 참여하지는 않는다."를 통해 알 수 있다.
③ "17세기 이후에 ~ 현실을 비판하는 것이 아니라 구경꾼의 위치에 서 있었다. 이 시기의 몽유록이 통속적이고 허구적인 성격으로 변모하는 것은"을 통해 알 수 있다.
④ "참여자형에서는 몽유자가 꿈에서 만난 인물들의 모임에 초대를 받고 토론과 시연에 직접 참여한다.", "참여자형에서는 몽유자와 꿈속 인물들이 동질적인 이념을 공유하고 현실의 고통스러운 문제에 대해 의견을 나누며 비판적인 목소리를 낸다."를 통해 알 수 있다.

[정답]
02 꿈, 몽유자, 비판적, 방관자형, 17세기
03 ②

실전 문제

실전 문제 | 1 독해 비법 익히기

풀이 시간 _____ 분

> 혜원쌤의 학습 Tip
> A 즉 B
> ⇒ A=B
> A와 B 문장의 의미가 같다.

우리는 일상에서 '약자를 돕는 것은 옳다'와 같은 도덕적 판단을 한다. 이렇게 구체적 행위에 대한 도덕적 판단 문제를 다루는 것이 규범 윤리학이라면, 옳음의 의미 문제, 도덕적 진리의 존재 문제 등과 같이 규범 윤리학에서 사용하는 개념과 원칙에 대해 다루는 것은 메타 윤리학이다. 메타 윤리학에서 도덕 실재론과 정서주의는 '옳음'과 '옳지 않음'의 의미를 이해하는 방식과 도덕적 진리의 존재 여부에 대해 상반된 주장을 펼친다.

도덕 실재론에서는 도덕적 판단과 도덕적 진리를 과학적 판단 및 과학적 진리와 마찬가지라고 본다. 즉 과학적 판단이 '참' 또는 '거짓'을 판정할 수 있는 명제를 나타내고 이때 참으로 판정된 명제를 과학적 진리라고 부르는 것처럼, 도덕적 판단도 참 또는 거짓으로 판정할 수 있는 명제를 나타내고 참으로 판정된 명제가 곧 도덕적 진리라고 규정하는 것이다. 그런데 도덕 실재론에서 주장하듯, '도둑질은 옳지 않다'가 도덕적 진리라면, 그것이 참임을 판정하기 위해서는 도덕적으로 옳지 않음이라는 객관적으로 실재하는 성질을 도둑질에서 찾아낼 수 있어야 한다.

한편 정서주의에서는 어떤 도덕적 행위에 대해 도덕적으로 옳음이나 도덕적으로 옳지 않음이라는 성질은 객관적으로 존재하지 않는 것이고 도덕적 판단도 참 또는 거짓으로 판정되는 명제를 나타내지 않는다. 따라서 정서주의에서는 '옳다' 혹은 '옳지 않다'는 도덕적 판단을 내리지만 도덕 실재론과 달리 과학적 진리와 같은 도덕적 진리는 없다는 입장을 보인다. 그렇다면 정서주의에서는 옳음이나 옳지 않음의 의미를 무엇으로 볼까? 도둑질과 같은 구체적인 행위에 대한 감정과 태도가 곧 옳음과 옳지 않음이라고 한다. 즉 '도둑질은 옳다'는 판단은 도둑질에 대한 승인 감정을 표현한 것이고, '도둑질은 옳지 않다'는 판단은 도둑질에 대한 부인 감정을 표현한 것으로 이해한다.

01 다음 진술이 바르면 ○, 바르지 않으면 ×에 표시하라.

(1) 규범 윤리학에는 메타 윤리학이 있다. ○ | ×

(2) 도덕 실재론에서는 '도덕적 진리'가 존재한다고 본다. ○ | ×

(3) 정서주의는 '옳다', '옳지 않다'와 같은 판단이 객관적으로 가능하다고 본다. ○ | ×

[정답]
01 (1) ×
 (2) ○
 (3) ×

02 제시된 글의 내용을 표로 정리한 것이다. 빈칸에 알맞은 말을 넣으시오.

★ '도덕적 실재론'과 '정서주의'

		( ) 윤리학	메타 윤리학
1문단	개념	구체적 행위에 대한 도덕적 판단 문제를 다루는 것	윤리학에서 사용하는 개념과 원칙에 대해 다루는 것
	종류		① 도덕 실재론 ② ( )

• 도덕적 실재론과 정서주의가 상반된 주장을 펼치는 부분
① '옳음'과 '옳지 않음'의 의미를 이해하는 방식
② ( )의 존재 여부

		도덕적 실재론	정서주의
2문단	도덕적 판단	내린다.	
3문단	도덕적 진리	있다. → '참으로 판정된 명제'가 도덕적 진리이다.	( ). → '옳음'과 '옳지 않음'은 행위에 대한 감정과 태도이다. | 옳음 | 옳지 않음 | |---|---| | ( ) 감정 | 부인 감정 |

03 제시된 글에 대한 이해로 적절하지 않은 것은?

① 메타 윤리학은 규범 윤리학에서 사용하는 개념과 원칙 자체에 대해 연구한다.
② 정서주의에 따르면, 과학적 진리와 마찬가지의 도덕적 진리는 존재하지 않는다.
③ 도덕 실재론과 정서주의는 '옳음'과 '옳지 않음'의 의미를 이해하는 방식이 다르다.
④ 도덕 실재론에 따르면, 도덕적 판단은 승인 감정에 의해 '옳음'의 태도를 표현한다.

03
선지에 '도덕 실재론'과 '정서주의'가 반복된다. 따라서 각각의 입장을 정리하면서 글을 읽어 나간다.

3문단의 "즉 '도둑질은 옳다'는 판단은 도둑질에 대한 승인 감정을 표현한 것이고"를 볼 때, 승인 감정에 의해 '옳음'의 태도를 표현하는 것은 '도덕 실재론'이 아니라 '정서주의'의 입장이다.

오답체크
① 1문단의 "규범 윤리학에서 사용하는 개념과 원칙에 대해 다루는 것은 메타윤리학이다."를 통해 알 수 있다.
② 3문단의 "정서주의에서는 ~ 도덕 실재론과 달리 과학적 진리와 같은 도덕적 진리는 없다는 입장을 보인다."를 통해 알 수 있다.
③ 1문단의 "메타 윤리학에서 도덕 실재론과 정서주의는 '옳음'과 '옳지 않음'의 의미를 이해하는 방식 ~ 에 대해 상반된 주장을 펼친다."를 통해 알 수 있다.

[정답]
02 규범, 정서주의, 도덕적 진리, 없다, 승인
03 ④

실전 문제 | 2 독해 비법 익히기

풀이 시간 _____ 분

습도에는 절대습도와 상대습도가 있는데, 불쾌지수를 따질 때의 습도는 상대습도를 말한다. 절대습도는 말 그대로 일정한 부피의 공기 중에 포함되어 있는 수증기의 양을 말하고, 상대습도란 상대적인 습도, 즉 현재 온도의 포화수증기량에 대한 대기 중의 수증기량을 백분위로 나타낸 것이다. 일기예보에서 말하는 습도는 상대습도이다. 쾌적한 실내를 위해서는 상대습도를 40~60%로 유지하는 것이 좋다. 포화수증기량이 많아지거나 대기 중 수증기량이 적어질수록 상대습도는 낮아진다. 포화수증기량은 온도에 따라 높아지게 마련이므로, 공기를 가열하면 포화수증기량을 늘릴 수 있고, 이에 따라 상대습도를 줄일 수 있다. 또한 공기 중의 습기를 직접 제거해도 상대습도를 낮출 수 있다. 제습기는 이러한 방식으로 상대습도를 조절하여 공기를 쾌적하게 한다.

공기 중의 습기를 제거하는 방식에는 냉각식과 건조식이 있다. 건조식은 화학물질인 흡습제를 이용하는 방식인데, 가정에서 사용하는 제습제품과 같이 공기 중의 습기를 직접 흡수하거나 흡착시킨다. 흡습제가 습기를 더 이상 흡수하지 못하면 흡습제를 다시 가열해서 이때 분리되는 습기를 제습기 바깥으로 내보내면 흡습제를 다시 사용할 수 있다. 이러한 방식은 밀폐된 공간에서 소량의 수분을 제거하는 데 유용하다. 흡습제에는 수분을 흡착하는 능력이 뛰어난 다공성 물질인 실리카겔, 알루미나겔, 몰레큘러시브, 염화칼슘 등이 있다.

냉각식 제습기는 공기 중의 수증기를 물로 응축시켜 습기를 조절한다. 수증기를 응축시키기 위해서는 이슬점 이하로 공기의 온도를 내려야 한다. 때문에 냉각식 제습기는 냉각을 위해 에어컨과 같이 냉매를 이용한다. 프레온 냉매는 여러 종류가 있는데, 제습기에는 R-22가 사용된다. 습한 공기를 팬으로 빨아들인 뒤 냉매를 이용한 냉각장치로 통과시킨다. 냉각장치를 통과하면 공기의 온도가 낮아지고, 공기가 이슬점에 도달해 수증기가 물로 변해 냉각관에 맺혀 물통에 떨어져 모인다. 찬물을 담은 컵의 표면에 물방울이 맺히는 것과 같은 원리인 셈이다. 습기가 제거된 건조한 공기는 응축기를 거쳐 다시 데워진 후에 실내로 방출된다. 상대습도가 높을수록 공기 중의 수증기가 물로 변하기 쉬워 제습에 효과적이다.

01 다음 진술이 바르면 ○, 바르지 않으면 ×에 표시하라.

(1) 뉴스에서 불쾌지수를 말했다면, 이는 상대 습도에 따른 것이다. ○ | ×

(2) 염화칼슘을 활용하여 습기를 제거할 수 있다. ○ | ×

(3) 상대 습도가 낮으면 낮을수록 실내가 쾌적하다. ○ | ×

[정답]
01 (1) ○
   (2) ○
   (3) ×

02 제시된 글의 내용을 표로 정리한 것이다. 빈칸에 알맞은 말을 넣으시오.

★ 습도의 종류와 제습 방식

1문단	• 습도의 종류		
	( )	일정한 부피의 공기 중에 포함되어 있는 수증기의 양	
	상대습도	① 상대적인 습도 ② 현재 온도의 ( )에 대한 대기 중의 수증기량을 백분위로 나타낸 것 ③ ( )를 따질 때의 습도 ④ 일기예보에서 말하는 습도	
2문단	• 공기 중의 습기 제거 방식		
		건조식	( )
	개념	( )를 이용해 습기를 직접 흡수·흡착하여 제거하는 방식	수증기를 물로 응축시켜 습기를 조절하는 방식
3문단	특징	① 흡습제로 다공성 물질을 사용한다. ② ( )된 공간에서 소량의 수분을 제거하는 데 유용하다.	① 냉각을 위해 냉매를 사용한다. ② ( )가 높을수록 제습에 효과적이다.

03 제시된 글의 내용과 일치하지 않는 것은?

① 상대습도는 포화수증기량에 따라 달라진다.
② 냉각식 제습기는 발열과 냉각이 동시에 일어난다.
③ 일기예보에서 말하는 습도는 불쾌지수와 관련이 있다.
④ 건조식 제습기는 밀폐된 공간의 습기를 제거할 때 적합하다.

03
선지에 '건조식 제습기'와 '냉각식 제습기'가 나와 있다. 따라서 각각의 특징을 정리하면서 읽어 나간다. 또 드러나 있지는 않지만, '절대습도'와 '상대습도'의 특징도 묻고 있다. 마찬가지로 각각의 특징을 정리하면서 읽어 나간다.

3문단에서 냉각식 제습기는 냉각이 일어난 후에 발열이 일어나는 순차적 체계를 지니고 있다고 했다. 따라서 발열과 냉각이 동시에 일어난다는 것은 제시된 글의 내용과 일치하지 않는다.

오답체크

① 1문단의 "상대습도란 상대적인 습도, 즉 현재 온도의 포화수증기량에 대한 대기 중의 수증기량을 백분위로 나타낸 것이다."와 "포화 수증기량이 많아지거나 대기 중 수증기량이 적어질수록 상대습도는 낮아진다."를 통해 알 수 있다.
③ 1문단의 "불쾌지수를 따질 때의 습도는 상대습도를 말한다."와 "일기예보에서 말하는 습도는 상대습도이다."를 통해 알 수 있다.
④ 2문단의 "밀폐된 공간에서 소량의 수분을 제거하는 데 유용하다."를 통해 알 수 있다.

[정답]
02 절대습도, 포화수증기량, 불쾌지수, 냉각식, 흡습제, 밀폐, 상대습도
03 ②

실전 문제 | 3 독해 비법 익히기

풀이 시간 _____ 분

20세기 들어서기 전에 이미 영화는 두 가지 주요한 방향으로 발전하기 시작했는데, 그것은 곧 사실주의와 형식주의이다. 1890년대 중반 프랑스의 뤼미에르 형제는 '열차의 도착'이라는 영화를 통해 관객들을 매혹시켰는데, 그 이유는 영화에 그들의 실생활을 거의 비슷하게 옮겨 놓은 것처럼 보였기 때문이다. 거의 같은 시기에 조르주 멜리에스는 순수한 상상의 사건인 기발한 이야기와 트릭 촬영을 혼합시켜 '달세계 여행'이라는 판타지 영화를 만들었다. 이들은 각각 사실주의와 형식주의 영화의 전통적 창시자라 할 수 있다.

대체로 사실주의 영화는 현실 세계에서 소재를 선택하되, 왜곡을 최소화하여 현실 세계의 모습을 그대로 재현하고자 한다. 주된 관심은 형식이나 테크닉이 아니라 오히려 내용이다. 사실주의 영화에서 관객은 영화의 스타일을 눈치를 챌 수 없다. 이 계열의 감독들은 영상을 어떻게 조작할 것인가보다는 오히려 무엇을 보여 줄 것인가에 더 많은 관심을 갖고 있기 때문이다. 따라서 영상을 편집하고 조작하기보다는 현실을 드러내는 것을 중시하며, 극단적인 사실주의 영화는 실제 사건과 사람을 촬영하는 다큐멘터리를 지향하기도 한다. '영상이 지나치게 아름다우면, 그것은 잘못된 것이다.'라는 말은 현실 세계 그대로의 사실적 재현을 가장 우위에 놓는 사실주의 영화의 암묵적 전제로 통용된다. 그렇다고 해서 사실주의 영화에 예술적인 기교가 없다는 것은 아니다. 왜냐하면 사실주의 영화일수록 기교를 숨기는 기술이 뛰어나기 때문이다.

반면, 형식주의 영화는 스타일 면에서 화려하다. 형식주의 영화는 현실에 대한 주관적 경험을 표현하는 데 관심을 기울인다. 정신적이고 심리적인 진실의 표현에 가장 큰 관심을 두는 형식주의자들은 물질세계의 표면을 왜곡시킴으로써 이것을 가장 잘 전달할 수 있다고 여긴다. 때문에 현실의 소재를 의도적으로 왜곡하고 사건의 이미지를 조작한다. 이런 스타일의 가장 극단적인 예는 아방가르드 영화에서 찾아볼 수 있다. 이와 같은 영화 중에는 색, 선, 형태로만 표현된, 완전히 추상적인 것도 있다.

01 다음 진술이 바르면 ○, 바르지 않으면 ×에 표시하라.

(1) 19세기에는 사실주의 영화가, 20세기에는 형식주의 영화가 인기를 끌었다. ○ | ×
(2) 사실주의 영화는 영상을 편집하거나 조작하지 않는다. ○ | ×
(3) 아방가르드 영화는 형식주의 영화이다. ○ | ×

[정답]
01 (1) ×
 (2) ×
 (3) ○

02 제시된 글의 내용을 표로 정리한 것이다. 빈칸에 알맞은 말을 넣으시오.

★ 사실주의 영화와 형식주의 영화

1문단	영화는 '(　　　)'와 '형식주의'의 두 방향으로 발전했다.		
2문단	사실주의와 형식주의의 차이점		

		사실주의	형식주의
3문단	창시자	(　　　　)	조르주 멜리에스
	영화 소재	현실 세계	(　　)에 대한 주관적 경험
	표현 방법	왜곡을 최소화, 현실 세계를 그대로 재현	현실의 소재를 의도적으로 왜곡하고 조작하여 제시
	주된 관심	내용	① (　　　), 테크닉 ② (　　　)인 경험의 표현
	감독의 관심사	무엇을 보여 줄 것인가 → 현실을 드러내는 것을 중시	영상을 어떻게 조작할 것인가 → 영상의 편집과 조작을 중시
	극단적인 예	(　　　　)	아방가르드 영화

03 제시된 글에서 알 수 있는 내용으로 적절하지 않은 것은?

① 사실주의 영화는 형식보다 내용을 중시한다.
② 뤼미에르 형제는 사실주의 영화를 제작했다.
③ 형식주의 영화는 비현실적인 소재를 활용한다.
④ 형식주의 영화는 소재에 대한 주관적인 표현에 관심을 갖는다.

03
선지에 '사실주의'와 '형식주의'가 나와 있다. 따라서 각각의 특징을 정리하면서 읽어 나간다.

형식주의와 사실주의 모두 소재는 '현실'에서 찾는다.

오답체크
① 2문단에서 '사실주의'에 대해 "주된 관심은 형식이나 테크닉이 아니라 오히려 내용이다."라고 말하고 있다. 따라서 사실주의 영화에서 형식보다 내용을 중시함을 알 수 있다.
② 1문단에서 '뤼미에르 형제'가 사실주의 영화의 창시자라고 하였기 때문에, 뤼미에르 형제는 사실주의 영화를 제작했음을 알 수 있다.
④ 형식주의 영화의 '소재'는 현실이다. 3문단에서 "형식주의 영화는 현실에 대한 주관적 경험을 표현하는 데 관심을 기울인다."라고 하였다. 따라서 형식주의 영화는 소재에 대한 주관적인 표현에 관심을 가진다는 것을 알 수 있다.

[정답]
02 사실주의, 뤼미에르 형제, 현실, 형식, 주관적, 다큐멘터리
03 ③

Day 04 기출 + 실전 문제로 독해 비법 익히기

기출 문제

기출 문제 | 1 독해 비법 익히기

풀이 시간 _____ 분

김삿갓으로 알려진 김병연의 집안은 ㉠ 그의 할아버지인 김익순이 죄를 짓고 사형당하기 전까지 괜찮은 편이었다. 김병연의 5대조 할아버지 김시태가 경종 초에 신임사화에 연루되었지만, 영조가 즉위한 뒤 ㉡ 그것이 조작된 것임이 밝혀지고 명예가 회복되었다. 김익순은 김시태의 후광을 입어 여러 관직에 나아갔다. 1811년 ㉢ 그가 선천 부사로 재직 중일 때 홍경래의 난이 일어났다. 이때 그는 반란군에게 항복했을 뿐만 아니라, 반란이 수습될 무렵에는 반란군 장수의 목을 베어 왔다는 거짓 보고까지 했다.

㉣ 김익순의 이러한 행적이 드러나 결국 ㉤ 그는 모든 재산이 몰수되고 사형을 당했다. 이후 김병연은 대역죄로 사형당한 인물의 후손이라는 오명을 쓰고 살아갈 수밖에 없었다. 그가 당대의 주류 세력과 관계를 맺지 못한 것도 이 때문이었다. 그는 20세 전후로 부모가 모두 숨지자 자신의 신세를 한탄하며 세상을 떠돌게 되었다.

01 다음 진술이 바르면 ○, 바르지 않으면 ×에 표시하라.

(1) ㉠과 ㉢의 '그'는 동일한 인물이다. ○ | ×
(2) ㉡은 '신임사화에 연루된 일'을 의미한다. ○ | ×
(3) ㉣과 ㉤의 '그'는 동일한 인물이다. ○ | ×

[정답]
01 (1) ×
(2) ○
(3) ○

02 제시된 글의 내용을 표로 정리한 것이다. 빈칸에 알맞은 말을 넣으시오.

★ 김삿갓의 가계와 그가 세상을 떠돌게 된 이유

김시태	① (　　　)의 5대조 할아버지 ② 경종 초에 신임사화에 연루되었다가, 영조 즉위 후에 명예가 회복됨.
김익순	① 김병연의 (　　　) ② (　　　)의 후광에 입어 여러 관직에 나아감. ③ 홍경래의 난이 일어났을 때 반란군에 항복했을 뿐 아니라, (　　　)까지 함. ④ ③의 행적이 드러나 모든 재산이 몰수되고 사형을 당함.
(　　)	① 대역죄인의 후손이라서, 당대 주류 세력과 관계를 맺지 못함. ② 20세 전후로 부모가 모두 숨짐. ③ 자신의 신세를 한탄하며 세상을 떠돌았음.

03 제시된 글을 이해한 내용으로 가장 적절한 것은?　　　2025 지방직 9급

① 김시태의 후손은 아무도 관직에 나아가지 못했다.
② 김익순은 김시태의 죄상이 드러나 재산이 몰수되었다.
③ 김병연은 자신의 조상이 신임사화에 연루되어 세상을 떠돌게 되었다.
④ 김병연은 대역죄인의 후손이어서 당대 주류 세력과 관계를 맺을 수 없었다.

03
"김병연은 대역죄로 사형당한 인물의 후손이라는 오명을 쓰고 살아갈 수밖에 없었다. 그가 당대의 주류 세력과 관계를 맺지 못한 것도 이 때문이었다." 부분을 통해 알 수 있다.

오답체크
① "김병연의 5대조 할아버지 김시태가 경종 초에 신임사화에 연루되었지만, 영조가 즉위한 뒤 그것이 조작된 것임이 밝혀지고 명예가 회복되었다. 김익순은 김시태의 후광을 입어 여러 관직에 나아갔다." 부분을 볼 때, 적절하지 않은 이해이다.
② "김익순은 ~ 반란군에게 항복했을 뿐만 아니라, 반란이 수습될 무렵에는 반란군 장수의 목을 베어 왔다는 거짓 보고까지 했다. 김익순의 이러한 행적이 드러나 결국 그는 모든 재산이 몰수되고 사형을 당했다" 부분을 볼 때, 김익순의 재산이 몰수된 것은 홍경래의 난 때 그의 행적 때문이다.
③ "김병연의 5대조 할아버지 김시태가 경종 초에 신임사화에 연루되었지만, 영조가 즉위한 뒤 그것이 조작된 것임이 밝혀지고 명예가 회복되었다."와 "그는 20세 전후로 부모가 모두 숨지자 자신의 신세를 한탄하며 세상을 떠돌게 되었다." 부분을 볼 때, 자신의 조상이 신임사화에 연루된 것과 그가 세상을 떠돌게 된 것은 관계가 없다.

[정답]
02 김병연(김삿갓), 할아버지, 김시태, 거짓 보고, 김병연(김삿갓)
03 ④

기출 문제

기출 문제 | 2 독해 비법 익히기

풀이 시간 _____ 분

『삼국사기』는 본기 28권, 지 9권, 표 3권, 열전 10권의 체제로 되어 있다. 이 중 열전은 전체 분량의 5분의 1을 차지하며, 수록된 인물은 86명으로, 신라인이 가장 많고, 백제인이 가장 적다. 수록 인물의 배치에는 원칙이 있는데, 앞부분에는 명장, 명신, 학자 등을 수록했고, 다음으로 관직에 있지는 않았으나 기릴 만한 사람을 실었다.

반신(叛臣)의 경우 열전의 끝부분에 배치되어 있다. 이들을 수록한 까닭은 왕을 죽인 부정적 행적을 드러내어 반면교사로 삼는 데에 있었으나, 그 목적에 부합하지 않는 내용이 있어 흥미롭다. 가령 고구려의 연개소문은 반신이지만, 당나라에 당당히 대적한 민족적 영웅의 모습도 포함되어 있다. 흔히 『삼국사기』에 대해, 신라 정통론에 기반해 있으며, 유교적 사관에 따라 당시의 지배 질서를 공고히 하고자 했다고 평가한다. 하지만 연개소문의 사례에서 볼 수 있듯 『삼국사기』는 기존 평가와 달리 다면적이고 중층적인 역사 텍스트라고 할 수 있다.

01 다음 진술이 바르면 ○, 바르지 않으면 ×에 표시하라.

(1) 『삼국사기』에서 전체 분량의 가장 많은 부분을 차지한 것은 본기이다. ○ | ×

(2) 『삼국사기』의 기존 평가는 고구려 정통론에 토대를 둔다는 것이다. ○ | ×

(3) 사례를 들어 독자의 이해를 돕고 있다. ○ | ×

[정답]
01 (1) ○
   (2) ×
   (3) ○

02 제시된 글의 내용을 표로 정리한 것이다. 빈칸에 알맞은 말을 넣으시오.

★ 『삼국사기』에 대한 새로운 평가

『(　　)』 체제	본기 28권, 지 9권, 표 3권, 열전 10권
(　　)의 특징	• 전체 분량의 1/5을 차지함. • 수록된 인물: 86명 • 열전의 배치 　┌ 앞부분: 명장, 명신, 학자 등 　├ 중간: 관직에 있지는 않았으나 기릴 만한 사람 　└ 끝부분: 반신(叛臣)
반신(叛臣)	• 배치 자리: 열전의 (　)부분 • 수록 목적: 왕을 죽인 부정적 행적을 드러내어 (　　)로 삼기 위함. ＊고구려의 연개소문(예외) 　 -(　　)이지만, 민족적 영웅의 모습도 포함되어 있음.

• '연개소문'의 민족적 영웅의 모습도 포함한 것을 바탕으로, 『삼국사기』에 대한 새로운 평가

기존의 평가	• 신라 정통론에 기반 • 당시의 지배 질서를 공고히 하고자 했다.
새로운 평가	'(　　)'을 볼 때, 다면적이고 중층적인 역사 텍스트이다.

03 제시된 글을 이해한 내용으로 가장 적절한 것은?

2023 지방직 9급

① 『삼국사기』 열전에 고구려인과 백제인도 수록되었다는 점은 이 책이 신라 정통론을 계승하지 않았다는 것을 보여준다.
② 『삼국사기』 열전에 수록된 반신 중에는 이 책에 대한 기존 평가를 다르게 할 수 있는 사례가 있다.
③ 『삼국사기』 열전에는 기릴 만한 업적이 있더라도 관직에 오르지 못한 사람은 수록되지 않았다.
④ 『삼국사기』의 체제 중에서 열전이 가장 많은 권수를 차지한다.

03

2문단의 "연개소문의 사례에서 볼 수 있듯 『삼국사기』는 기존 평가와 달리 다면적이고 중층적인 역사 텍스트라고 할 수 있다." 부분을 볼 때, 적절한 이해는 ②이다.

오답체크

① 2문단의 "흔히 『삼국사기』에 대해, 신라 정통론에 기반해 있으며" 부분을 볼 때, 적절하지 않은 이해이다.
③ 1문단의 "관직에 있지는 않았으나 기릴 만한 사람을 실었다." 부분을 볼 때, 적절하지 않은 이해이다.
④ 1문단의 "『삼국사기』는 본기 28권, 지 9권, 표 3권, 열전 10권의 체제로 되어 있다." 부분을 볼 때, 가장 많은 권수를 차지하는 것은 '본기'이다.

[정답]
02 삼국사기, 열전, 끝, 반면교사, 반신, 연개소문
03 ②

기출 문제 | 3 독해 비법 익히기

풀이 시간 _____ 분

혜원쌤의 학습 Tip
A 그러나 B
→ 역접(서로 반대)
→ B를 강조

그동안 자본주의 경제 체제는 고용 관계를 기반으로 근로 기준법, 노동 3권을 보장하여 노사가 힘의 균형을 이루는 산업 민주주의를 추구해 왔다. 그러나 플랫폼 노동은 상시 고용, 사업장 출퇴근, 8시간 정규 노동 등을 중심으로 구축된 표준적 고용관계를 해체시키고, 노동법과 사회 복지가 적용되기 어려운 비정형 노동을 확대시키고 있다.

플랫폼 기업 측에서는, 플랫폼은 일종의 중개이므로 자신들은 정보 서비스를 제공하는 것이지 플랫폼 노동자를 직접 통제하는 것은 아니라고 주장한다. 플랫폼 노동자는 노동 제공 여부를 스스로 결정할 수 있고 업무 시간도 조정할 수 있으므로 독립적인 계약으로 보아야 한다는 것이다.

그러나 플랫폼 노동자들은 어느 정도 업무의 자주성을 갖지만, 동시에 플랫폼의 통제도 받고 있다고 봐야 한다. 플랫폼에서 일할 때 노동 과정에 대해, 플랫폼 기업은 보상 메커니즘과 업무 설계를 통해 노동자들이 자연스럽게 업무를 수행하도록 만들기 때문이다.

플랫폼은 접근성, 편리성, 저렴한 가격, 일자리 창출 등의 장점이 있고, 참가자가 많을수록 네트워크 효과로 생태계가 구축되어 다양한 사업 모델을 개발할 수 있다. 이러한 플랫폼 경제가 새로운 성장의 기회가 되어 경제를 발전시키기 위해서라도, 사회 복지와 노동법의 사각지대에 방치된 플랫폼 노동에 대해 정부 차원의 플랫폼 노동에 대한 정의, 노동 기본권 부여, 사회 안전망 마련 등이 절실하다. 사용자 책임을 회피하려는 기업들이 플랫폼 노동을 악용할 수 있기 때문이다.

플랫폼 기업이 신기술과 사업 모델 혁신으로 경제를 발전시키고 고용을 창출한다면 환영하겠다. 그러나 앱과 인터넷으로 노동을 매개하는 형식만 바뀔 뿐 기존 사업과 별 차이 없이 중간 착취와 불안정 노동을 지속한다면 이는 ⓞ 지양되어야 한다. 플랫폼 노동이 새로운 중간 착취로 이용되지 않도록 사회적 통제와 제도 보완이 필요하다.

01 다음 진술이 바르면 ○, 바르지 않으면 ×에 표시하라.

(1) 비정형 노동은 노동법과 사회 복지 적용이 어렵다. ○ | ×
(2) 플랫폼은 접근성, 편리성, 저렴한 가격, 일자리 창출 등의 장점이 있다. ○ | ×
(3) ⓞ을 '지향해야 한다.'로 수정해야 한다. ○ | ×

[정답]
01 (1) ○
   (2) ○
   (3) ×

02 제시된 글의 내용을 표로 정리한 것이다. 빈칸에 알맞은 말을 넣으시오.

★ 플랫폼 노동

1문단	'플랫폼 노동'의 문제점	① 표준적 고용 관계를 해체시킨다. ② (　　　　　)을 확대시키고 있다. 　└ 특징: 노동법과 사회 복지 적용이 어려움.
2문단	'플랫폼 기업'의 주장	① 플랫폼 노동자를 직접 통제하지 않는다. ② 플랫폼 노동자는 독립적인 계약이다.
	주장의 근거	① 플랫폼은 일종의 중개이다. ② 노동 제공 여부를 스스로 결정할 수 있고, 업무 시간을 조정할 수 있다.
3문단	주장에 대한 반론	자주성을 갖지만, 동시에 (　　)도 받고 있다.
	반론의 근거	(　　　　)과 업무 설계를 통해 노동자들이 자연스럽게 업무를 수행하도록 만든다.
4문단	주장	(　　　　　)의 장점 ① 접근성 ② 편리성 ③ 저렴한 가격 ④ 일자리 창출 ⑤ 네트워크 효과 → 다양한 사업 모델 개발 가능 정부 차원의 제도 보완이 필요하다.
	이유	기업의 악용 가능성 때문이다.
5문단	입장	• 환영: 신기술과 사업 모델 혁신으로 경제를 발전, 고용 창출 • 지양: 중간 착취와 불안정 노동
	주장	• 목적: 새로운 중간 착취로 이용되지 않도록 • 주장: (　　　　)와 제도 보완이 필요하다.

03 제시된 글의 내용을 이해한 것으로 옳지 않은 것은?

2020 국회직 9급

① 플랫폼 노동자는 업무의 자주성을 갖는 동시에 플랫폼의 통제도 받는다.
② 플랫폼 노동자는 사회복지와 노동법의 사각지대에 놓여 있다.
③ 플랫폼 노동의 긍정적 정착을 위한 사회적 책임이 필요하다.
④ 플랫폼 기업은 보상 메커니즘을 통해 노동의 독립성을 보장한다.
⑤ 플랫폼의 장점을 활용해 다양한 사업모델을 개발할 수 있다.

03

'플랫폼 노동'에 대한 글쓴이의 생각을 중심으로 글이 전개되고 있다. 따라서 글쓴이의 생각을 정리하면서 글을 읽어 나간다.

3문단의 "그러나 플랫폼 노동자들은 어느 정도 업무의 자주성을 갖지만, 동시에 플랫폼의 통제도 받고 있다고 봐야 한다. ~ 플랫폼 기업은 보상 메커니즘과 업무설계를 통해 노동자들이 자연스럽게 업무를 수행하도록 만들기 때문이다."를 볼 때, '독립성을 보장한다는 이해는 적절하지 않다. 오히려 보상 메커니즘을 통해 노동자를 통제한다고 봐야 한다.

오답체크

① 3문단의 "그러나 플랫폼 노동자들은 어느 정도 업무의 자주성을 갖지만, 동시에 플랫폼의 통제도 받고 있다고 봐야 한다."를 통해 확인할 수 있다.
② 4문단의 "사회 복지와 노동법의 사각지대에 방치된 플랫폼 노동에 대해"를 통해 확인할 수 있다.
③ 4문단의 "플랫폼 경제가 새로운 성장의 기회가 되어 경제를 발전시키기 위해서라도, 사회 복지와 노동법의 사각지대에 방치된 플랫폼 노동에 대해 정부 차원의 플랫폼 노동에 대한 정의, 노동 기본권 부여, 사회 안전망 마련 등이 절실하다."와 마지막 문단의 "플랫폼 노동이 새로운 중간 착취로 이용되지 않도록 사회적 통제와 제도 보완이 필요하다."를 통해 확인할 수 있다.
⑤ 4문단의 "플랫폼은 접근성, 편리성, 저렴한 가격, 일자리 창출 등의 장점이 있고, 참가자가 많을수록 네트워크 효과로 생태계가 구축되어 다양한 사업 모델을 개발할 수 있다."를 통해 확인할 수 있다.

[정답]
02 비정형 노동, 통제, 보상 메커니즘, 플랫폼, 사회적 통제
03 ④

실전 문제

실전 문제 | 1 독해 비법 익히기

풀이 시간 _____ 분

ⓐ「'지방'은 몸을 구성하는 주요 성분이다. 또한 지방은 우리 몸의 에너지원이 되기도 하는데」, ⓑ「탄수화물과 단백질은 1g당 4kcal의 열량을 내는 데 비해 지방은 9kcal의 열량을 낸다.」 ⓒ「'체지방'은 섭취한 영양분 중 쓰고 남은 영양분을 지방의 형태로 몸 안에 축적해 놓은 것을 지칭하는 용어이다.」 체지방은 지방 조직을 이루는 지방세포에 축적되며, ⓓ「피부 밑에 위치하는 피하 지방과 내장 기관 주위에 위치하는 내장 지방으로 나뉜다.」 이 체지방은 ⓔ「내장 보호와 체온 조절 기능을 할 뿐 아니라 필요시 분해되어 에너지를 만들기도 한다.」

체지방이 과잉 축적된 상태인 비만은 여러 가지 질병을 유발할 수 있으므로 ⓕ「건강을 유지하기 위해서는 체지방을 조절해야 한다.」 이때 활용할 수 있는 ⓖ「지수가 체중에서 체지방이 차지하는 비율인 '체지방률'이다.」 체지방률은 남성의 경우 15~20%, 여성의 경우 20~25%를 표준으로 삼고, 남성은 25% 이상, 여성은 30% 이상을 비만으로 판정한다.

ⓐ 'A는 B이다. 또한 (A는) C이다.'는 'A는 B이면서, C이다.'라는 의미이다. 즉 B와 C는 모두 A에 대한 설명이다. 주어가 'A는'으로 동일하기 때문에, 뒤에 나오는 'A'는 생략될 수 있다.

ⓑ 'A는 B인 데 비해 C는 D이다.'는 A와 C의 차이점을 드러내는 표현이다. 따라서 A와 C는 서로 다른 대상이지만, B와 D는 비슷하거나 동일한 대상으로 주로 더 '높다/낮다', '많다/적다' 등의 정도 반의어가 오는 경우가 많다.

ⓒ 'A는 B를 지칭하는 용어이다.'는 'A의 의미는 B이다.'라는 의미이다. 개념을 '정의'할 때 주로 사용하는 표현이다.

ⓓ 'A는 B와 C로 나뉜다.'는 'A는 B와 C로 분류할 수 있다.'라는 의미이다. 즉 'A'의 하위 항목으로 'B'와 'C'를 둘 수 있다.

ⓔ 'A뿐만 아니라 B'는 'A도 맞고, B도'라는 의미로 결국 'A와 B 둘 다'를 뜻한다.

ⓕ 'A를 하기 위해서는 B를 해야 한다.'는 'A라는 결과를 얻기 위해서는 B가 필요하다.'라는 의미이다. 따라서 A에는 목적, B에는 목적을 위한 수단에 해당하는 말이 온다.

ⓖ 'A인 B이다.'는 'A = B'로 이해하면 된다.

---

01 다음 진술이 바르면 ○, 바르지 않으면 ×에 표시하라.

(1) 그램당 지방이 탄수화물과 단백질보다 더 많은 열량을 낸다.   [○ | ×]

(2) 지방과 체지방 모두 에너지원으로 쓰인다.   [○ | ×]

(3) 체지방률이 25%인 사람을 비만으로 판정했다면, 그 사람의 성별은 여성일 것이다.   [○ | ×]

[정답]
01 (1) ○
　　(2) ○
　　(3) ×

02 제시된 글의 내용을 표로 정리한 것이다. 빈칸에 알맞은 말을 넣으시오.

★ 체지방의 개념과 특징

1문단	( )의 특징	① 몸을 구성하는 주요 성분 ② 우리 몸의 에너지원이 되기도 함. ③ 탄수화물이나 단백질보다 열량이 ( ).		
	체지방의 개념과 특징	( )	섭취한 영양분 중 쓰고 남은 영양분을 지방의 형태로 몸 안에 축적해 놓은 것	
		종류		피하 지방	내장 지방
			( )	피부 밑	내장 기관 주위
		특징	지방 조직을 이루는 지방세포에 축적됨.	
		기능	① 내장 보호 ② 체온 조절 ③ 분해되어 에너지를 만들기도 함.	
2문단	체지방률의 개념과 특징	※ 체지방 조절이 필요한 이유 - ( )은 여러 질병을 유발할 수 있어 건강 유지를 위해 └ 체지방이 과잉 축적된 상태		
		개념	체중에서 ( )이 차지하는 비율	
		특징	비만을 판단할 때 활용할 수 있음.	
		체지방률의 개념과 특징		남성	여성
			( )	15~20%	20~25%
			비만 판정	25% 이상	30% 이상

03 제시된 글을 이해한 내용으로 적절하지 않은 것은?

① 지방과 탄수화물은 단백질에 비해 열량이 높다.
② 체지방률은 판정 기준치가 성별에 따라 다르다.
③ 체지방은 피하지방과 내장지방으로 나눌 수 있다.
④ 비만은 인체에 체지방이 과잉 축적된 상태를 말한다.

03
'지방'과 '체지방'의 개념이나 특징을 중심으로 글이 전개되고 있다. 주요 개념의 특징을 정리하면서 글을 읽어 나간다.

1문단의 "탄수화물과 단백질은 1g당 4kcal의 열량을 내는 데 비해 지방은 9kcal의 열량을 낸다."를 볼 때, '지방'이 '탄수화물과 단백질'보다 열량이 높다고 해야 옳은 이해이다.

오답체크
② 2문단의 "체지방률은 ~ 남성은 25% 이상, 여성은 30% 이상을 비만으로 판정한다."를 통해 알 수 있다.
③ 1문단의 "체지방은 ~ 피부 밑에 위치하는 피하 지방과 내장 기관 주위에 위치하는 내장 지방으로 나뉜다."를 통해 알 수 있다.
④ 2문단의 "체지방이 과잉 축적된 상태인 비만"를 통해 알 수 있다.

[정답]
02 지방, 높음, 개념, 위치, 비만, 체지방, 표준
03 ①

실전 문제 | 2 독해 비법 익히기

풀이 시간 _____ 분

> 고대 그리스인들은 '정의(正義)'를 우선적으로 '조화(調和)'로 받아들였다. '調'와 '和'는 여러 가지 것들이 서로 잘 어울리는 것을 뜻하기 때문에 정의는 바로 그런 의미를 갖게 된다. 더 나아가 그들은 대립자들의 조화가 정의를 가져온다고 생각했다. 고대 그리스인들은 이 세계가 어둠과 밝음, 어른과 아이 등과 같은 대립자들로 구성되어 있다고 보고, 이들 사이에는 항상 갈등과 투쟁이 있다고 생각했다. 이것들이 어떻게 조화를 이루느냐에 대한 그들의 고민이, 정의 개념이 등장하게 된 기본적인 맥락이다.
>
> 아낙시만드로스가 말한 '우주의 질서'는 조화로서의 정의 개념을 반영하고 있다. 그는 우주를 구성하는 물, 불, 공기, 흙이라는 원소들이 비슷한 힘을 가지고 서로 역동적으로 작용하여 정의가 이루어진다고 생각했다. 그에 따르면 힘의 균형이 깨지면 우주의 질서가 무너지게 되는데, 그것이 불의(不義)이다. 그런데 아낙시만드로스는 불의가 그 상태에 머물러 있지 않기 때문에 이전에 미약했던 것들은 강해지고 막강했던 것들은 약해져서 다시 우주의 질서가 돌아온다고 보았고, 이것이 곧 우주가 정의를 되찾는 것이라고 설명했다. 히포크라테스의 '건강' 개념에도 조화로서의 정의 개념이 반영되어 있다. 그에게 건강은 몸 전체를 이루고 있는 부분들 사이의 조화였다. 히포크라테스 의학의 요점은 병이 났을 때의 치유 방법에 있다기보다는 식이요법을 통한 예방에 있다. 식이요법이란 몸의 조화를 잃지 않게 하는 것이다. 건강을 잃는다는 것, 즉 병을 얻는다는 것은 몸의 조화를 잃어버리는 것이다. 그렇게 조화를 잃어버리지 않도록 하는 것이 바로 몸의 정의를 찾는 것이다.

01 다음 진술이 바르면 ○, 바르지 않으면 ×에 표시하라.

(1) 고대 그리스인들은 대립자들 사이에는 항상 갈등과 투쟁이 있다고 생각하였다. [○ | ×]
(2) 아낙시만드로스는 한번 정의가 깨지면 회복하기 힘들다고 생각했다. [○ | ×]
(3) 히포크라테스는 건강하다는 것을, 몸 전체를 이루는 부분들이 조화를 이룬 상태로 보았다. [○ | ×]

[정답]
01 (1) ○
　 (2) ×
　 (3) ○

02 제시된 글의 내용을 표로 정리한 것이다. 빈칸에 알맞은 말을 넣으시오.

★ 고대 그리스인의 '정의'

1문단	고대 그리스인	대립자들의 (　　　　) ↳ 어둠과 밝음, 어른과 아이			
2문단	다양한 분야에 적용된 양상	학자	분야	정의(조화)	불의 (부조화)
		아낙시만드로스	우주	• '우주의 질서'가 정의 　우주를 구성하는 원소들이 힘의 균형(질서)을 이루고 있는 상태 → (　　　)는 균형이 깨진 상태	(　　)의 질서가 무너짐
		(　　　　)	의학	• '건강'이 정의 　몸의 조화를 잃어버리지 않도록 하는 것 → 치유보다 (　　　)을 중시함	병을 얻음

03 제시된 글을 이해한 내용으로 적절하지 않은 것은?

① 히포크라테스는 질병을 치료하는 것보다는 그 예방을 중시했다.
② 아낙시만드로스는 우주의 질서가 무너진 것을 불의라고 규정했다.
③ 고대 그리스인들은 대립자들의 정의에서 조화가 비롯된다고 생각했다.
④ 히포크라테스는 몸 전체를 이루고 있는 부분들 사이의 조화를 건강이라고 보았다.

03
고대 그리스인들이 생각했던 '정의'의 의미와 다양한 분야에 적용된 양상을 구체적으로 보여 주고 있다. '정의'가 핵심어이기 때문에, 각각이 생각한 '정의'의 의미를 중심으로 글을 읽어 나간다.
1문단의 "그들(고대 그리스인들)은 대립자들의 조화가 정의를 가져온다고 생각했다."를 볼 때, '대립자들의 정의에서 조화'가 비롯되는 게 아니라 '대립자들의 조화에서 정의'가 비롯되는 것이다.

오답체크
① 2문단의 "히포크라테스 의학의 요점은 ~ 예방에 있다."를 통해 알 수 있다.
② 2문단의 "그(아낙시만드로스)에 따르면 힘의 균형이 깨지면 우주의 질서가 무너지게 되는데, 그것이 불의(不義)이다."를 통해 알 수 있다.
④ 2문단의 "그(히포크라테스)에게 건강은 몸 전체를 이루고 있는 부분들 사이의 조화였다."를 통해 알 수 있다.

[정답]
02 조화(調和), 불의, 우주, 히포크라테스, 예방
03 ③

실전 문제 | 3 독해 비법 익히기

풀이 시간 _____ 분

편견이란 고정 관념을 토대로 어떤 사회 구성원에 대해 갖고 있는 부정적인 태도를 말한다. 이러한 편견은 선천적으로 타고나는 것이 아니라 주로 학습의 결과로 발생하는데, 그 원인은 세 가지로 지적할 수 있다. 먼저 정치·경제적 갈등 또는 경쟁을 들 수 있다. 이것은 편견이 직업, 적당한 주택, 좋은 학교, 그리고 기타 바람직한 생산물에 대한 경쟁으로부터 유발되고, 이러한 경쟁이 지속됨에 따라 이에 관계된 집단의 구성원들은 상대방을 점점 더 부정적인 시각으로 보게 된다는 것이다. 결국 그들은 상대방을 적대시하게 되고, 자신의 집단을 도덕적으로 더 우수하다고 생각하게 된다. 이는 자신들과 상대방과의 경계선을 더 확고하게 하는 결과를 가져오게 된다.

사람들은 외부적 원인이 아니라, 성격적인 원인 때문에 편견을 가질 수 있다. '권위주의 성격'을 가진 사람은 자신의 신념에 지나치게 경직되어 있고, 자기 자신이나 타인이 나약한 것을 참지 못한다. 또한 지나칠 정도로 권위를 중시하며, 타인에게 가혹하고 의심이 많다. 이러한 성격적인 특징이 편견을 유발할 수 있다.

마지막으로 사회 규범에 대한 동조를 들 수 있다. 많은 사람들이 다양한 편견을 부모의 무릎에서 학습하게 된다. 또한 사람들은 문화의 규범과 사회의 구체적 편견에 동조하기도 한다. 이러한 동조 현상에서 편견이 발생하기도 한다.

편견의 구체적인 원인이 무엇이든 간에 그것은 대체로 인간 생활에 부정적인 영향을 미치는 동기가 된다. 그러므로 편견을 감소시키고 그것의 영향을 없애는 것은 아주 중요한 과제이다. 편견을 줄이기 위해서는 먼저 가정, 학교 그리고 사회에서 편견을 타파하도록 학습시켜야 한다. 아동들은 편견과 이에 관련된 반응들을 부모, 교사, 그리고 친구들로부터 습득한다. 그러므로 부모나 교사들이 아동들을 편견 속에서 훈육하지 않아야 하며, 타인에 대해 좀 더 긍정적인 견해를 갖도록 교육해야 한다.

다음으로는 다른 집단과의 접촉 빈도를 높여서 편견을 감소시키는 방법을 들 수 있다. 다른 집단 사람과의 접촉을 증가시키는 것은 친밀감 및 인식의 유사성을 높이고, 편견과 일치하지 않는 정보를 경험하게 하여 편견을 타파하는 효과적인 수단이 될 수 있다.

01 다음 진술이 바르면 ○, 바르지 않으면 ×에 표시하라.

(1) 상대방을 긍정적인 시선으로 보는 것도 '편견'이다. ○ | ×
(2) 편견은 개인의 내부적 원인에 의해 발생할 수도 있다. ○ | ×
(3) 편견을 타파하기 위해서는 양육자들의 훈육 태도가 중요하다. ○ | ×

[정답]
01 (1) ×
   (2) ○
   (3) ○

02 제시된 글의 내용을 표로 정리한 것이다. 빈칸에 알맞은 말을 넣으시오.

★ 편견의 원인과 해결 방법

1문단	( )	고정 관념을 토대로 어떤 ( )에 대해 갖고 있는 부정적인 태도
	특징	주로 ( )의 결과로 발생
2문단	( )	① 정치·경제적 갈등 또는 경쟁(사회적)
3문단		② ( ) 성격(개인적)
		③ 사회 규범에 대한 동조
4문단	문제점	인간 생활에 부정적인 영향을 미치는 동기가 됨. → ( )을 감소시키고, 편견의 영향을 없애는 것이 중요하다.
5문단	( ) 방법	① 교육 ② 다른 집단과의 접촉 증가

03 제시된 글을 이해한 내용으로 적절한 것은?

① 편견이 있는 사람은 자신을 부정적으로 인식한다.
② 사람들은 선천적으로 편견의 속성을 지니고 있다.
③ 편견은 개인뿐만 아니라 집단적인 원인으로도 발생한다.
④ 내적 요인에 의해서 발생한 편견은 자신의 권위를 약화시킨다.

03

'편견'의 개념과 원인 그리고 해결 방법을 다루고 있는 글이다. 따라서 각각의 내용을 정리하면서 글을 읽어 나간다.

1문단에서는 편견을 '집단적인 원인'에 의해 발생함을 말하고 있다. 또 2문단의 "성격적인 원인 때문에 편견을 가질 수 있다."를 볼 때, '편견'이 개인적인 원인으로도 발생함을 알 수 있다. 따라서 편견은 개인뿐만 아니라 집단적인 원인으로도 발생한다는 이해는 적절하다.

오답체크
① 1문단에 '편견'을 "고정 관념을 토대로 어떤 사회 구성원에 대해 갖고 있는 부정적인 태도"라고 정의하고 있다. 따라서 편견은 '자신'이 아닌 '타인'에 대한 부정적 인식이다.
② 1문단과 4문단에서 '편견'은 학습된다고 하였다. 따라서 선천적이라는 이해는 적절하지 않다.
④ 2문단에서 편견이 발생하는 내적인 요인으로 '권위주의적 성격'을 들고 있다. 권위주의적인 성격의 사람일수록 편견을 가질 수 있다고 말하고 있을 뿐, 편견이 권위를 약화시킨다는 언급은 하지 않았다.

[정답]
02 개념, 사회 구성원, 학습, 원인, 권위주의적, 편견, 해결
03 ③

공무원 시험 전문 해커스공무원
gosi.Hackers.com

해커스공무원 혜원국어 적중 여신의 구조적 비문학 독해

PART 2
내용 추론

Day 5   내용 추론 유형
Day 6   기출 + 실전 문제로 독해 비법 익히기
Day 7   기출 + 실전 문제로 독해 비법 익히기
Day 8   기출 + 실전 문제로 독해 비법 익히기

Day 05 내용 추론 유형

유형 분석

주어진 글에 담긴 여러 정보들 속에 숨겨져 있는 정보들까지 찾아낼 수 있는지를 확인하는 유형이다. 내용 일치 유형과 비슷하지만, **숨어 있는 정보까지 찾아내야 한다**는 점에서 보다 세밀한 읽기를 요한다. 선지는 숨겨진 정보만을 묻는 경우도 있지만, 내용 일치 자체를 묻는 선지가 섞여 있는 경우도 있다. 따라서 선지에 제시된 **추론의 내용이 타당한지 판단**하면서 글을 읽으면 된다.

대표 발문

- 다음 글을 이해한 내용으로 가장 적절한 것은?
- 다음 글에서 추론한 내용으로 가장 적절한 것은?

유형 정복 비법

비법 2 CUT+α의 법칙

글의 내용 추론은 글의 내용 이해를 바탕으로 한다. 따라서 내용 추론 유형을 정복하기 위해서는 '내용 일치 유형'과 마찬가지로 '잘라서 읽기'를 통해 세부 내용을 파악할 필요가 있다. 차이가 있다면, '내용 추론 유형'은 파악한 세부 내용들을 조합하여, 글 속에 표면적으로 드러나지 않은, 숨어 있는 정보들을 찾아내면 된다.

'내용 일치 유형'과 마찬가지로 '개념어에 동그라미 치기', '수식어에 괄호 치기', '표지 확인하기' 등의 방법을 사용하면 된다.

비법 적용하기

STEP 1 문장을 각자의 방법대로 잘라 읽고 내용을 정리해 보자. 그리고 가능하다면, 숨겨진 정보까지 찾아내 보자.

> 조선은 양·천이라는 법적 구분 아래 사회 구성원은 상급 신분층인 양반 계층, 의관·역관과 같은 기술관이나 서얼 등의 중인 계층, 양인 중 수가 가장 많았던 평민 계층, 노비가 주류인 천민 계층으로 나뉘었다.

➜

> 중국에서 제도를 빌려 왔지만 우리의 성씨 제도는 그들과 달리 성(姓)과 본관(本貫)으로 구성되어 있다. 중국에서는 성씨가 같으면 동족이지만 우리는 원칙적으로 성씨가 같아도 본관이 다르면 남남이다. 따라서 성씨 그 자체보다도 본관에 더 중요한 의미가 있다.

➜

> 화폐란 지폐나 동전, 수표, 신용 카드 등의 형태로 된 지불 수단이다. 과거에는 주로 상품과 상품을 직접 맞바꿔 거래했으나 오늘날에는 화폐를 이용해서 재화와 서비스 등의 생산물뿐만 아니라 노동력이나 토지 등과 같은 생산 요소까지 거래한다.

➜

STEP 2 잘 잘라서 읽었는지 확인해 보자.

조선은 양·천이라는 법적 구분 아래 사회 구성원은 ¹상급 신분층인 양반 계층, ²(의관·역관과 같은) 기술관이나 서얼 등의 중인 계층, ³양인 중 수가 가장 많았던 평민 계층, ⁴노비가 주류인 천민 계층으로 나뉘었다.

➡ ¹양반 계층은 가장 상급 계층이었다.
➡ ²중인 계층에는 의관, 역관, 서얼 등이 있었다.
➡ 의관과 역관은 기술관으로 묶을 수 있다.
➡ ³평민 계층에는 양인이 있다.
➡ ⁴천민 계층에는 노비가 있다. — 양반, 중인, 평민, 천민
➡ 조선의 사회 구성원은 네 계층으로 나뉘었다.

¹중국에서 제도를 빌려 왔지만 ²우리의 성씨 제도는 그들과 달리 성(姓)과 본관(本貫)으로 구성되어 있다. ³중국에서는 성씨가 같으면 동족이지만 우리는 원칙적으로 성씨가 같아도 본관이 다르면 남남이다. 따라서 ⁴성씨 그 자체보다도 본관에 더 중요한 의미가 있다.

➡ ¹성씨 제도의 유래: 중국
➡ 중국과 우리나라 성씨 제도의 차이점: ①²중국과 달리 우리나라는 성과 본관으로 이루어져 있다.
　　　　　　　　　　　　　　　　　②⁴중국과 달리 우리나라에서는 본관이 성씨보다 더 중요했다.
➡ 성씨에 대한 ³중국인들의 생각: 성씨가 같으면 동족이다.
➡ 성씨에 대한 우리나라 사람들의 생각: 성씨가 같아도 본관이 다르면 남이다.

화폐란 지폐나 동전, 수표, 신용 카드 등의 형태로 된 지불 수단이다. 과거에는 주로 상품과 상품을 직접 맞바꿔 거래했으나 오늘날에는 화폐를 이용해서 재화와 서비스 등의 생산물뿐만 아니라 노동력이나 토지 등과 같은 생산 요소까지 거래한다. — 눈에 보이지 않는 것

➡ 화폐의 개념: 지폐나 동전, 수표, 신용 카드 등의 형태로 된 지불 수단
➡ 화폐로 거래하는 품목의 변화
➡ 오늘날의 특징: 화폐로 눈에 보이지 않는 것들도 거래할 수 있다.

STEP 3 이번에는 'STEP 2'를 모방해서 잘라 읽기를 해 보자.

도시에서는 관찰하기 힘들지만 시골의 밤하늘에서는 가끔 유성이 나타난다. 우주 공간을 떠도는 암석이 유성체라면, 이 암석이 지구 중력에 이끌려서 대기권에 진입하면 유성이 된다. 유성은 대기와의 마찰로 빛을 내며 녹게 되고, 그 남은 덩어리가 땅에 떨어져 운석이 된다.

➜

아테네의 직접 민주주의는 적은 인구의 작은 도시 국가였기에 가능하였다. 그리스인들은 그리스 전역, 이탈리아 남부와 시실리, 지중해의 다른 해안으로 퍼져 나갔지만 그들은 통일된 정부를 두려 하거나 제국을 만들려 하지 않았다. 어디를 가든 그들은 도시 국가 형태의 폴리스를 만들었고, 어느 폴리스도 도시 국가 이상으로 커 나가지 않았다.

➜

일반적으로 한 국가에는 하나의 중앙은행이 있는데, 우리나라의 중앙은행은 1950년 6월에 창립된 한국은행이다. 중앙은행은 일반 은행이 사람들에게 예금을 지급하지 못하는 상황을 막기 위해 예금의 일정 부분을 강제로 맡기게 하고, 맨 마지막에 일반 은행에 돈을 빌려 주는 역할을 한다.

➜

빅데이터는 그 규모가 매우 큰 데이터를 말하는데, 이는 단순히 데이터의 양이 매우 많다는 것뿐 아니라 데이터의 복잡성이 매우 높다는 의미도 내포되어 있다. 데이터의 복잡성이 높다는 말은 데이터의 구성 항목이 많고 그 항목들의 연결 고리가 함께 수록되어 있다는 것을 의미한다. 데이터의 복잡성이 높으면 다양한 파생 정보를 끌어낼 수 있다.

➡

유아기부터 노년기에 이르기까지 누구나 겪게 되는 기본적인 욕구에 대해서는 보편적 복지를 제공하는 것이 사회 통합적 차원에서 바람직하다. 이러한 경우에 해당하는 것으로 대표적으로 의료 서비스와 보육 서비스가 있다. 부자이건 가난한 사람이건 건강하게 살고 싶은 욕구가 있고, 아동들도 질 좋은 보육을 받고 싶은 욕구가 있다. 또한 우리나라에서 보편적 보육 서비스는 저출산 문제를 해결하는 가장 현실적인 방안이 될 수 있다.

➡

STEP 4 잘 잘라서 읽었는지 확인해 보자.

도시에서는 관찰하기 힘들지만 시골의 밤하늘에서는 가끔 유성이 나타난다. 우주 공간을 떠도는 암석이 유성체라면, 이 암석이 지구 중력에 이끌려서 대기권에 진입하면 유성이 된다. 유성은 대기와의 마찰로 빛을 내며 녹게 되고, 그 남은 덩어리가 땅에 떨어져 운석이 된다.
└ 마찰이 없으면 녹지 않을 것이다.

➡ 운석이 만들어지는 과정: 유성체 → 유성 → 운석
➡ 유성이 녹는 이유: 대기와의 마찰 때문에
➡ 지구에 대기가 없다면, 더 많은 운석이 발견될 것이다.

아테네의 직접 민주주의는 적은 인구의 작은 도시 국가였기에 가능하였다. 그리스인들은 그리스 전역, 이탈리아 남부와 시실리, 지중해의 다른 해안으로 퍼져 나갔지만 그들은 통일된 정부를 두려 하거나 제국을 만들려 하지 않았다. 어디를 가든 그들은 도시 국가 형태의 폴리스를 만들었고, 어느 폴리스도 도시 국가 이상으로 커 나가지 않았다.

➡ 아테네에 직접 민주주의가 가능했던 이유: 적은 인구의 도시 국가였기 때문에
➡ 폴리스가 있었던 지역: 그리스 전역, 이탈리아 남부와 시실리, 지중해의 다른 해안 등

일반적으로 한 국가에는 하나의 중앙은행이 있는데, ¹우리나라의 중앙은행은 1950년 6월에 창립된 한국은행이다. 중앙은행은 일반 은행이 사람들에게 예금을 지급하지 못하는 상황을 막기 위해 ²예금의 일정 부분을 강제로 맡기게 하고, ³맨 마지막에 일반 은행에 돈을 빌려 주는 역할을 한다.

➡ ¹우리나라의 중앙은행: 1950년 6월 창립된 한국은행
➡ 중앙은행의 역할: 예금의 일정 부분을 ²강제로 맡고, 맨 마지막에 ³은행에 돈을 빌려줌.
➡ 일반 은행과 중앙은행의 관계: ²일반 은행은 예금의 일정 금액을 중앙은행에 맡겨야 한다.

> [1]빅데이터는 그 규모가 매우 큰 데이터를 말하는데, 이는 [2]단순히 데이터의 양이 매우 많다는 것뿐 아니라 데이터의 복잡성이 매우 높다는 의미도 내포되어 있다. [3]데이터의 복잡성이 높다는 말은 [4]데이터의 구성 항목이 많고 그 항목들의 연결 고리가 함께 수록되어 있다는 것을 의미한다. 데이터의 복잡성이 높으면 다양한 파생 정보를 끌어낼 수 있다.

➡ [1]빅데이터의 의미: 규모가 매우 큰 데이터
➡ 빅데이터의 특징 1: 빅데이터를 구성하는 [2]데이터의 양은 매우 많다.
➡ 빅데이터의 특징 2: 빅데이터를 구성하는 [3]데이터의 복잡성은 매우 높다.
➡ 데이터의 복잡성이 높다는 말의 의미: [4]데이터의 구성 항목이 많고 그 항목들의 연결 고리가 함께 수록되어 있다.
➡ 복잡성이 높은 데이터의 특징: 다양한 파생 정보를 끌어낼 수 있다.

> 유아기부터 노년기에 이르기까지 [1]누구나 겪게 되는 기본적인 욕구에 대해서는 보편적 복지를 제공하는 것이 [2]사회 통합적 차원에서 바람직하다. 이러한 경우에 해당하는 것으로 대표적으로 의료 서비스와 보육 서비스가 있다. 부자이건 가난한 사람이건 [3]건강하게 살고 싶은 욕구가 있고, 아동들도 질 좋은 보육을 받고 싶은 욕구가 있다. 또한 우리 나라에서 보편적 보육 서비스는 저출산 문제를 해결하는 가장 현실적인 방안이 될 수 있다.
> → 의료 서비스 → 보육 서비스
> → 보육 서비스
> 우리나라는 저출산 문제를 겪는다.

➡ [1]보편적 복지를 제공하는 것이 바람직한 경우: 누구나 겪게 되는 기본적인 욕구에 대해서
➡ 기본적 욕구에 대해 보편적 복지를 실시해야 하는 이유: [2]사회 통합적 차원에서
➡ 보편적 복지를 제공하는 것이 바람직한 경우의 구체적인 예: 의료 서비스, 보육 서비스
➡ 의료 서비스 분야에 보편적 복지를 실시해야 하는 이유: 부자이건 가난한 사람이건 [3]건강하게 살고 싶은 욕구가 있다.
➡ 보육 서비스 분야에 보편적 복지를 실시해야 하는 이유 1: 아동들도 질 좋은 보육을 받고 싶은 욕구가 있다.
➡ 보육 서비스 분야에 보편적 복지를 실시해야 하는 이유 2: 저출산 문제를 해결하는 현실적인 방안이다.
➡ 우리나라는 저출산 문제를 겪고 있다.

STEP 5 이번에는 조금 더 긴 문장을 잘라 읽어 보자.

> 포도주는 유럽 문명을 대표하는 술이자 동시에 음료수다. 우리는 대개 포도주를 취하기 위해 마시는 술로만 생각하기 쉬우나 유럽에서는 물 대신 마시는 '음료수'로서의 역할이 크다. 유럽의 많은 지역에서는 물이 워낙 안 좋아서 맨 물을 그냥 마시면 위험하기 때문에 제조 과정에서 안전성이 보장된 포도주나 맥주를 마시는 것이다. 이런 용도로 일상적으로 마시는 식사용 포도주로는 당연히 고급 포도주와는 다른 저렴한 포도주가 쓰이며, 술이 약한 사람들은 여기에 물을 섞어서 마시기도 한다.

➡

> 소비의 확대와 함께, 포도주의 생산을 다른 지역으로 확산시키려는 노력도 계속되어 왔다. 포도주 생산의 확산에서 가장 큰 문제는 포도 재배가 추운 북쪽 지역으로 확대되기 힘들다는 점이다. 자연 상태에서는 포도가 자라는 북방한계가 이탈리아 정도에서 멈춰야 했지만, 중세 유럽에서 수도원마다 온갖 노력을 기울인 결과 포도 재배가 상당히 북쪽까지 올라갔다. 대체로 대서양의 루아르강 하구로부터 크림반도와 조지아를 잇는 선이 상업적으로 포도를 재배할 수 있는 북방한계선이다.

➡

> 적정한 기온은 포도주 생산 가능 여부뿐 아니라 생산된 포도주의 질을 결정하는 중요한 요인이다. 너무 추운 지역이나 너무 더운 지역에서는 포도주의 품질이 떨어질 수밖에 없다. 추운 지역에서는 포도에 당분이 너무 적어서 그것으로 포도주를 담그면 신맛이 강하게 된다. 반면 너무 더운 지역에서는 섬세한 맛이 부족해서 '흐물거리는' 포도주가 생산된다(그 대신 이를 잘 활용하면 포르토나 셰리처럼 도수를 높인 고급 포도주를 만들 수 있다). 그러므로 고급 포도주 주요 생산지는 보르도나 부르고뉴처럼 너무 덥지도 않고 너무 춥지도 않은 곳이다. 다만 달콤한 백포도주의 경우는 샤토 디켐(Château d'Yquem)처럼 뜨거운 여름 날씨가 지속하는 곳에서 명품이 만들어진다.

➡

> 포도주의 수요는 전 유럽적인 데 비해 생산은 이처럼 지리적으로 제한됐기 때문에 포도주는 일찍부터 원거리 무역 품목이 됐고, 언제나 고가품 취급을 받았다. 그런데 한 가지 기억해야 할 점은 이렇게 수출되는 고급 포도주는 오래된 포도주가 아니라 바로 그해에 만든 술이라는 점이다. 우리는 포도주는 오래될수록 좋아진다고 믿는 경향이 있지만, 대부분의 백포도주 혹은 중급 이하 적포도주는 시간이 지날수록 오히려 품질이 떨어진다. 시간이 흐를수록 품질이 개선되는 것은 일부 고급 적포도주에만 한정된 이야기이며, 그나마 포도주를 병에 담아 코르크 마개를 끼워 보관한 이후의 일이다.

➡

STEP 6 잘 잘라서 읽었는지 확인해 보자.

> ¹포도주는 유럽 문명을 대표하는 술이자 동시에 음료수다. ²우리는 대개 포도주를 취하기 위해 마시는 술로만 생각하기 쉬우나 유럽에서는 물 대신 마시는 '음료수'로서의 역할이 크다. 유럽의 많은 지역에서는 물이 워낙 안 좋아서 맨 물을 그냥 마시면 위험하기 때문에 제조 과정에서 안전성이 보장된 포도주나 맥주를 마시는 것이다. 이런 용도로 일상적으로 마시는 ³식사용 포도주로는 당연히 고급 포도주와는 다른 저렴한 포도주가 쓰이며, 술이 약한 사람들은 여기에 물을 섞어서 마시기도 한다.
> └ 저렴한 포도주

➡ ¹포도주의 특징: 유럽 문명을 대표하는 술이자 동시에 음료수이다.
➡ ²포도주에 대한 우리와 유럽 사람들의 인식 차이: 우리나라는 술로 생각하지만, 유럽에서는 음료수 역할이 크다.
➡ 유럽에서 포도주나 맥주를 많이 마시는 이유: 유럽의 많은 지역의 물이 안 좋기 때문에
➡ 가격별 포도주의 쓰임: ³식사용으로는 저렴한 포도주가 쓰인다.

> ¹소비의 확대와 함께, 포도주의 생산을 다른 지역으로 확산시키려는 노력도 계속되어 왔다. 포도주 생산의 확산에서 가장 큰 문제는 ²포도 재배가 추운 북쪽 지역으로 확대되기 힘들다는 점이다. ³자연 상태에서는 포도가 자라는 북방 한계가 이탈리아 정도에서 멈춰야 했지만, 중세 유럽에서 수도원마다 온갖 노력을 기울인 결과 포도 재배가 ⁴상당히 북쪽까지 올라갔다. 대체로 (대서양의 루아르강 하구로부터 크림반도와 조지아를 잇는 선)이 상업적으로 포도를 재배할 수 있는 북방 한계선이다.

➡ 포도주 생산 지역 확산시키려고 노력한 이유: ¹포도주의 소비가 확대되었기 때문에
➡ ²포도 재배의 특징: 추운 북쪽에서는 자라기 힘들다.
➡ ³자연 상태의 포도가 자라는 북방 한계선: 이탈리아 정도
➡ ⁴상업적으로 포도를 재배할 수 있는 북방 한계선: (대서양의 루아르강 하구로부터 크림반도와 조지아를 잇는 선)
➡ 중세 유럽 시기 포도 재배의 북방 한계선이 올라갔다.

> [1]적정한 기온은 포도주 생산 가능 여부뿐 아니라 생산된 포도주의 질을 결정하는 중요한 요인이다. 너무 추운 지역이나 너무 더운 지역에서는 포도주의 품질이 떨어질 수밖에 없다. [2]추운 지역에서는 포도에 당분이 너무 적어서 그것으로 포도주를 담그면 신맛이 강하게 된다. 반면 [3]너무 더운 지역에서는 섬세한 맛이 부족해서 '흐물거리는' 포도주가 생산된다(그 대신 이를 잘 활용하면 포르토나 셰리처럼 도수를 높인 고급 포도주를 만들 수 있다). 그러므로 고급 포도주 주요 생산지는 (보르도나 부르고뉴)처럼 너무 덥지도 않고 너무 춥지도 않은 곳이다. 다만 달콤한 백포도주의 경우는 [4]샤토 디켐(Château d'Yquem)처럼 뜨거운 여름 날씨가 지속하는 곳에서 명품이 만들어진다.

➡ [1]포도주와 기온의 관계: 포도주 생산 가능 여부와 포도주의 질을 결정한다.
➡ [2]추운 지역에서 자란 포도로 만든 포도주의 특징: 당분이 적어서 신맛이 강하다.
➡ [3]더운 지역에서 자란 포도로 만든 포도주의 특징: 섬세한 맛이 부족하다. 잘 활용하면 도수를 높인 고급 포도주를 만들 수 있다.
➡ 고급 포도주의 주요 생산지: (보르도, 부르고뉴)
➡ 고급 포도주의 주요 생산지의 환경: 너무 덥지도 않고 너무 춥지도 않은 곳이다.
➡ [4]더운 지역에서도 만들어지는 고급 포도주: 샤토 디켐
➡ [4]달콤한 백포도주(예: 샤토 디켐)의 특징: 뜨거운 여름 날씨가 지속하는 곳에서 명품이 만들어진다.

> 포도주의 수요는 전 유럽적인 데 비해 생산은 이처럼 지리적으로 제한됐기 때문에 포도주는 [1]일찍부터 원거리 무역 품목이 됐고, 언제나 고가품 취급을 받았다. 그런데 한 가지 기억해야 할 점은 이렇게 [2]수출되는 고급 포도주는 오래된 포도주가 아니라 바로 그해에 만든 술이라는 점이다. [3]우리는 포도주는 오래될수록 좋아진다고 믿는 경향이 있지만, 대부분의 백포도주 혹은 중급 이하 적포도주는 시간이 지날수록 오히려 품질이 떨어진다. [4]시간이 흐를수록 품질이 개선되는 것은 일부 고급 적포도주에만 한정된 이야기이며, 그나마 포도주를 병에 담아 코르크 마개를 끼워 보관한 이후의 일이다.

➡ [1]포도주의 특징: 원거리 무역 품목이 됐고, 고가품 취급을 받았다.
➡ [2]수출되는 고급 포도주의 특징: 그해 만든 술
➡ 포도주에 대한 사람들의 통념: [3]오래될수록 좋아진다.
➡ 포도주의 품질과 시간의 관계: 대부분의 백포도주, 중급 이하의 적포도주는 시간이 지날수록 품질이 떨어진다. 예외는 일부 고급 적포도주뿐이다.
➡ 일부 고급 적포도주가 시간이 흐를수록 품질이 [4]개선된 시기: 포도주를 병에 담아 코르크 마개를 끼워 보관한 이후

STEP 7 'STEP 5'의 문장들은 2021년 지방직 9급 시험에 출제된 지문을 4개로 나눠 놓은 것이다. 내용을 모두 파악했기 때문에 어렵지 않게 문제를 해결할 수 있을 것이다. 2021년 지방직 9급의 문제를 풀어 보자.

제시된 글에서 추론할 수 있는 것은? 2021 지방직 9급

ⓐ「포도주는 유럽 문명을 대표하는 술이자 동시에 음료수다.」 우리는 대개 포도주를 취하기 위해 마시는 술로만 생각하기 쉬우나 유럽에서는 물 대신 마시는 '음료수'로서의 역할이 크다. ⓑ「유럽의 많은 지역에서는 물이 워낙 안 좋아서 맨 물을 그냥 마시면 위험하기 때문에 제조 과정에서 안전성이 보장된 포도주나 맥주를 마시는 것이다.」 이런 용도로 일상적으로 마시는 식사용 포도주로는 당연히 고급 포도주와는 다른 저렴한 포도주가 쓰이며, 술이 약한 사람들은 여기에 물을 섞어서 마시기도 한다.

소비의 확대와 함께, 포도주의 생산을 다른 지역으로 확산시키려는 노력도 계속되어 왔다. 포도주 생산의 확산에서 가장 큰 문제는 포도 재배가 추운 북쪽 지역으로 확대되기 힘들다는 점이다. 자연 상태에서는 포도가 자라는 북방 한계가 이탈리아 정도에서 멈춰야 했지만, 중세 유럽에서 수도원마다 온갖 노력을 기울인 결과 포도 재배가 상당히 북쪽까지 올라갔다. 대체로 대서양의 루아르강 하구로부터 크림반도와 조지아를 잇는 선이 상업적으로 포도를 재배할 수 있는 북방한계선이다.

ⓒ「적정한 기온은 포도주 생산 가능 여부뿐 아니라 생산된 포도주의 질을 결정하는 중요한 요인이다.」 너무 추운 지역이나 너무 더운 지역에서는 포도주의 품질이 떨어질 수밖에 없다. ⓓ「추운 지역에서는 포도에 당분이 너무 적어서 그것으로 포도주를 담그면 신맛이 강하게 된다. 반면 너무 더운 지역에서는 섬세한 맛이 부족해서 '흐물거리는' 포도주가 생산된다(그 대신 이를 잘 활용하면 포르토나 셰리처럼 도수를 높인 고급 포도주를 만들 수 있다). 그러므로 고급 포도주 주요 생산지는 보르도나 부르고뉴처럼 너무 덥지도 않고 너무 춥지도 않은 곳이다.」 ⓔ「다만 달콤한 백포도주의 경우는 샤토 디켐(Château d'Yquem)처럼 뜨거운 여름 날씨가 지속하는 곳에서 명품이 만들어진다.」

포도주의 수요는 전 유럽적인 데 비해 생산은 이처럼 지리적으로 제한됐기 때문에 포도주는 일찍부터 원거리 무역 품목이 됐고, 언제나 고가품 취급을 받았다. 그런데 한 가지 기억해야 할 점은 이렇게 수출되는 ⓕ「고급 포도주는 오래된 포도주가 아니라 바로 그해에 만든 술이라는 점이다.」 우리는 포도주는 오래될수록 좋아진다고 믿는 경향이 있지만, 대부분의 백포도주 혹은 중급 이하 적포도주는 시간이 지날수록 오히려 품질이 떨어진다. ⓖ「시간이 흐를수록 품질이 개선되는 것은 일부 고급 적포도주에만 한정된 이야기이며, 그나마 포도주를 병에 담아 코르크 마개를 끼워 보관한 이후의 일이다.」

① 고급 포도주는 모두 너무 덥지도 춥지도 않은 곳에서 재배된 포도로 만들어졌다.
② 루아르강 하구로부터 크림반도와 조지아를 잇는 선은 이탈리아보다 남쪽에 있을 것이다.
③ 유럽에서 일상적으로 마시는 식사용 포도주는 저렴한 포도주거나 고급 포도주에 물을 섞은 것이다.
④ 병에 담겨 코르크 마개를 끼운 고급 백포도주는 보관 기간에 비례하여 품질이 개선되지는 않을 것이다.

ⓐ 'A는 B이자 (동시에) C이다.'는 'A는 B이면서, C이기도 하다.'라는 의미이다. 따라서 A가 B와 C의 특징을 모두 가지고 있다는 의미이다.
ⓑ 'A여서 B 때문에 C한다.'는 'A이기 때문에 B이다. 그리고 B 때문에 C이다.'라는 의미이다. 결국 B는 A의 결과이면서, 다시 C의 원인(까닭)이기도 하다.
ⓒ 'A는 B뿐만 아니라 C를 결정한다.'는 A가 B와 C를 모두 결정한다는 의미이다.
ⓓ 'A. 그러므로 B.'에서 A는 B의 이유나 원인, 근거이다. 그리고 B는 A의 결과, 주장이다.
ⓔ 'A. 다만 B'는 'A가 일반적이지만, B는 예외이다.'라는 의미이다.
ⓕ 'A는 B가 아니라 C'에서 B와 C가 같이 제시되어 있지만, 글쓴이의 초점은 C이다. 결국 'A는 C이다.'로 봐도 무방하다.
ⓖ 'A. 그나마 B.'는 'A인데, A마저도 B이다.'라는 의미이다.

[정답] ④

신유형 OX로 풀어보기

제시된 글의 내용으로 추론할 수 있으면 O, 추론할 수 없으면 × 하라.　　　　　　　　　　　　　9급 출제기조 전환 예시 (1차)

　　'크로노토프'는 그리스어로 시간과 공간을 뜻하는 두 단어를 결합한 것으로, 시공간을 통합적으로 이해하기 위한 개념이다. 크로노토프의 관점에서 보면 고소설과 근대소설의 차이를 명확하게 파악할 수 있다.
　　고소설에는 돌아가야 할 곳으로서의 원점이 존재한다. 그것은 영웅소설에서라면 중세의 인륜이 원형대로 보존된 세계이고, 가정소설에서라면 가장을 중심으로 가족 구성원들이 평화롭게 공존하는 가정이다. 고소설에서 주인공은 적대자에 의해 원점에서 분리되어 고난을 겪는다. 그들의 목표는 상실한 원점을 회복하는 것, 즉 그곳에서 향유했던 이상적 상태로 돌아가는 것이다. 주인공과 적대자 사이의 갈등이 전개되는 시간을 서사적 현재라 한다면, 주인공이 도달해야 할 종결점은 새로운 미래가 아니라 다시 도래할 과거로서의 미래이다. 이러한 시공간의 배열을 '회귀의 크로노토프'라고 한다.
　　근대소설 「무정」은 회귀의 크로노토프를 부정한다. 이것은 주인공인 이형식과 박영채의 시간 경험을 통해 확인된다. 형식은 고아지만 이상적인 고향의 기억을 갖고 있다. 그것은 박 진사의 집에서 영채와 함께하던 때의 기억이다. 이는 영채도 마찬가지기에, 그들에게 박 진사의 집으로 표상되는 유년의 과거는 이상적 원점의 구실을 한다. 박 진사의 죽음은 그들에게 고향의 상실을 상징한다. 두 사람의 결합이 이상적 상태의 고향을 회복할 수 있는 유일한 방법이겠지만, 그들은 끝내 결합하지 못한다. 형식은 새 시대의 새 인물이 되어야 한다고 생각하며 과거로의 복귀를 거부한다.

(1) 가정소설은 가족 구성원들이 평화롭게 공존하는 결말을 통해 상실했던 원점으로의 복귀를 거부한다.　　　　O | X

(2) 영웅소설의 주인공과 「무정」의 이형식은 그들의 이상적 원점을 상실했다는 공통점을 가지고 있다.　　　　O | X

(3) 고소설과 달리 「무정」은 회귀의 크로노토프를 부정한다.　　　　O | X

(4) 「무정」에서 이형식이 박영채와 결합했다면 새로운 미래로서의 종결점에 도달할 수 있었을 것이다.　　　　O | X

손글씨 해설

'크로노토프'는 그리스어로 시간과 공간을 뜻하는 두 단어를 결합한 것으로, 시공간을 통합적으로 이해하기 위한 개념이다. 크로노토프의 관점에서 보면 고소설과 근대소설의 차이를 명확하게 파악할 수 있다.

<u>고소설에는 돌아가야 할 곳으로서의 원점이 존재한다.</u> 그것은 영웅소설에서라면 중세의 인륜이 원형대로 보존된
(1) 근거, (3) 근거   = 원점으로 복귀한다.
세계이고, 가정소설에서라면 가장을 중심으로 가족 구성원들이 평화롭게 공존하는 가정이다. <u>고소설에서 주인공은</u>
                                                                                                    (2) 근거
<u>적대자에 의해 원점에서 분리되어 고난을 겪는다.</u> 그들의 목표는 상실한 원점을 회복하는 것, 즉 그곳에서 향유했던
        → 이상적 원점 상실
이상적 상태로 돌아가는 것이다. 주인공과 적대자 사이의 갈등이 전개되는 시간을 서사적 현재라 한다면, 주인공이 도달해야 할 종결점은 새로운 미래가 아니라 다시 도래할 과거로서의 미래이다. 이러한 시공간의 배열을 '회귀의 크로노토프'라고 한다.

<u>근대소설 「무정」은 회귀의 크로노토프를 ⓑ정한다.</u> 이것은 주인공인 이형식과 박영채의 시간 경험을 통해 확인된
                              (3) 근거
다. 형식은 고아지만 이상적인 고향의 기억을 갖고 있다. 그것은 박 진사의 집에서 영채와 함께하던 때의 기억이다. 이는 영채도 마찬가지기에, <u>그들에게 박 진사의 집으로 표상되는 유년의 과거는 이상적 원점의 구실을 한다. 박 진</u>
                                                            (2) 근거
<u>사의 죽음은 그들에게 고향의 상실을 상징한다.</u> 두 사람의 결합이 이상적 상태의 고향을 회복할 수 있는 유일한 방법
       → 이상적 원점 상실   (4) 근거
이겠지만, <u>그들은 끝내 결합하지 못한다.</u> 형식은 새 시대의 새 인물이 되어야 한다고 생각하며 과거로의 복귀를 거부
         → 결합했다면 반대였을 것!
한다.

---

(1) 가정소설은 가족 구성원들이 평화롭게 공존하는 결말을 통해 상실했던 원점으로의 복귀를 거부한다. ○ⓧ

▶ 2문단에서 "고소설에는 돌아가야 할 곳으로서의 원점이 존재한다."라고 하였다. 따라서 고소설인 '가정소설'은 상실했던 원점으로의 복귀를 거부한다는 추론은 적절하지 않다.

(2) 영웅소설의 주인공과 「무정」의 이형식은 그들의 이상적 원점을 상실했다는 공통점을 가지고 있다. ⓞⅩ

▶ 2문단의 "고소설에서 주인공은 적대자에 의해 원점에서 분리되어 고난을 겪는다."와 3문단의 "그들에게 박 진사의 집으로 표상되는 유년의 과거는 이상적 원점의 구실을 한다. 박 진사의 죽음은 그들에게 고향의 상실을 상징한다." 부분을 볼 때, 그들의 이상적 원점을 상실했다는 공통점을 가지고 있다는 추론은 적절하다.

(3) 고소설과 달리 「무정」은 회귀의 크로노토프를 부정한다. ⓞⅩ

▶ 2문단의 내용을 볼 때, 고소설은 회귀의 크로노토프를 따르고 있음을 추론할 수 있다. 그런데 3문단에서 "근대소설 「무정」은 회귀의 크로노토프를 부정한다."라고 하였다. 이를 볼 때, 고소설과 달리 「무정」은 회귀의 크로노토프를 부정한다는 것을 추론할 수 있다.
  ※ 원문의 선지는 '「무정」과 고소설은 회귀의 크로노토프를 부정한다는 점에서 공통적이다.'로, 해당 선지는 틀린 선지였다.

(4) 「무정」에서 이형식이 박영채와 결합했다면 새로운 미래로서의 종결점에 도달할 수 있었을 것이다. ○ⓧ

▶ 3문단의 "두 사람의 결합이 이상적 상태의 고향을 회복할 수 있는 유일한 방법이겠지만" 부분을 볼 때, '새로운 미래로서의 종결점에 도달할 수 있었을 것'이라는 추론은 적절하지 않다.

Day 06 기출 + 실전 문제로 **독해 비법 익히기**

1회독
2회독
3회독

기출 문제

기출 문제 | 1 독해 비법 익히기

풀이 시간 _____ 분

> ✓ **혜원쌤의 학습 Tip**
> 항상,
> 1. 줄 긋기!
> 2. 단락 확인하기!

　조선 시대 소설은 표기 문자에 따라 한자로 표기한 한문소설과 한글로 표기한 한글소설, 두 가지로 나뉜다. 한문소설은 중국에서 들여온 한문소설, 조선에서 창작한 한문소설, 조선의 한글소설을 번역한 한문소설로 나뉜다. 그리고 한글소설은 중국소설을 번역한 한글소설, 조선에서 창작한 한문소설을 번역한 한글소설, 조선에서 창작한 한글소설로 나뉜다. 조선 시대에 많은 한글소설이 창작되어 읽혔지만, 이를 저급한 오락물로 여겼던 당대의 지식인들은 한글소설을 외면했으므로 그에 관해 기록한 문헌을 거의 남기지 않았다. 반면에 이들은 한문소설, 특히 중국에서 들여온 한문소설을 즐겨 읽고 이에 관한 많은 기록을 남겼다.

　중국에서 들여온 한문소설은 조선에서도 인쇄된 책으로 읽혔기 때문에 필사본이 거의 없다. 이와 대조적으로 조선에서 창작한 한문소설은 필사본으로 유통되었다. 조선의 필사본 소설은 뚜렷한 특징을 보이는데, 한문소설을 필사한 경우는 이본별 내용 차이가 거의 없는 반면 한글소설을 필사한 경우는 그렇지 않다는 점이다. 한글소설은 같은 제목의 소설이라도 내용이 상당히 다른 다양한 이본이 있었다. 이는 한문소설의 독자는 문자 그대로 독자였던 것에 비하여 한글소설의 독자는 독자이면서 이야기를 개작하는 작자이기도 했기 때문이다. 한자에 비해 한글은 익히기 쉽고 그만큼 쓰기도 편해서 한글소설의 필사자는 내용을 바꾸고 싶다는 의지가 있다면 쉽게 바꿀 수 있었다. 한글소설은 인쇄본이 아니라 필사본으로 많이 유통되었기 때문에 (가)옮겨 쓰는 과정에서 다양한 이본이 생겨났다.

　조선 시대 소설을 이해하는 데 있어서 소설을 표기한 문자는 무엇보다 중요하다. 표기 문자는 소설의 종류를 나누는 기준이 되었을 뿐만 아니라, 소설의 감상 및 유통, 이본 생산에 직접적인 영향을 미쳤다.

01 다음 진술이 바르면 ○, 바르지 않으면 ×에 표시하라.

(1) (가)는 '필사하다'라는 의미이다. ○ | ×
(2) 조선 시대에 한글로도 소설이 창작되었다. ○ | ×
(3) 중국에서 들여온 소설을 한문 소설이라고 불렀다. ○ | ×

[정답]
01 (1) ○
　　(2) ○
　　(3) ×

02 제시된 글의 내용을 표로 정리한 것이다. 빈칸에 알맞은 말을 넣으시오.

★ 표기에 따른 조선 시대 소설의 분류

1문단

- 조선 시대 소설의 종류

	한문소설	한글소설
개념	한자로 표기한 것	(　　)로 표기한 것
종류	① 한문소설은 중국에서 들여온 것 ② 조선에서 창작한 것 ③ 조선의 한글소설을 번역한 것	① 중국소설을 번역한 것 ② 조선에서 창작한 한문소설을 번역한 것 ③ 조선에서 창작한 것

- 조선 시대 한문소설과 한글 소설의 인식

한문소설	한글소설
당대 지식인들이 즐겨 읽어 관련된 기록을 많이 남김.	저급한 (　　)로 여김. 당대 지식인들은 외면하여 기록을 거의 남기지 않음.

2문단

- 중국에서 들여온 한문소설과 조선에서 창작한 한문소설의 차이점

(　　)에서 들여온 한문소설	조선에서 창작한 한문소설
인쇄된 책으로 읽혀 필사본이 거의 없음.	필사본으로 유통됨.

- 조선의 (　　) 소설의 특징

한문소설	한글소설
이본별 내용 차이가 거의 없음.	다양한 이본이 있음.

- 한글소설에 이본이 많은 이유
  ① 한글소설의 독자는 독자이면서 이야기를 개작하는 작자이기도 함.
  ② 한글이 한자에 비하여 익히기 쉽고 그만큼 쓰기도 편함.
  ③ 한글소설은 인쇄본이 아닌 필사본으로 유통되었음.

3문단

- 조선 시대 소설을 이해하는 데 소설을 표기한 (　　)가 중요한 이유
  ① 소설 종류를 나누는 기준이 됨.
  ② 소설의 감상 및 유통, 이본 생산에 직접적인 영향을 미쳤음.

03 제시된 글에서 추론한 내용으로 가장 적절한 것은?

2025 국가직 9급

① 조선 시대의 소설은 한글소설보다 한문소설의 종류가 훨씬 다양했다.
② 조선 시대의 지식인들은 조선에서 창작한 한문소설을 저급한 오락물로 여겼다.
③ 한자로 필사할 때보다 한글로 필사할 때 필사자의 의견이 반영되어 개작되기 쉬웠다.
④ 조선의 필사본 소설 중 한문소설을 필사한 것은 소수였고 한글소설을 필사한 것이 대부분이었다.

03

2문단의 "한문소설을 필사한 경우는 이본별 내용 차이가 거의 없는 반면 한글소설을 필사한 경우는 그렇지 않다는 점이다. ~ 이는 한문소설의 독자는 문자 그대로 독자였던 것에 비하여 한글소설의 독자는 독자이면서 이야기를 개작하는 작자이기도 했기 때문이다. 한자에 비해 한글은 익히기 쉽고 그만큼 쓰기도 편해서 한글소설의 필사자는 내용을 바꾸고 싶다는 의지가 있다면 쉽게 바꿀 수 있었다." 부분을 통해 추론할 수 있다.

오답체크

① 제시된 글의 내용을 통해서는 한글소설과 한문소설 중 어떤 소설의 종류가 더 다양했는지 확인할 수 없다. 필사 과정에서 '한글소설'의 이본이 많이 생겨났다고 하였기 때문에, '이본'의 경우만 떼어보더라도 '한글소설'이 더 다양했다고 볼 수 있다.
② 1문단의 "조선 시대에 많은 한글소설이 창작되어 읽혔지만, 이를 저급한 오락물로 여겼던 당대의 지식인들은" 부분을 볼 때, 적절하지 않은 추론이다.
④ 2문단의 "이와 대조적으로 조선에서 창작한 한문소설은 필사본으로 유통되었다." 부분을 볼 때, 적절하지 않은 추론이다.

[정답]

02 한글, 오락물, 중국, 필사본, 문자
03 ③

기출 문제 | 2 독해 비법 익히기

> 진화 개념에 대해 흔히 오해되는 측면이 있다. 첫째, 인간의 행동은 철저하게 유전적으로 결정되어 있다는 생각이다. 그런데 진화 이론이 유전자 결정론을 주장하는 것은 아니다. 인간의 행동은 유전적인 적응 성향과 이러한 적응 성향을 발달시키고 활성화되게 하는 환경으로부터의 입력이 상호작용한 결과이다.
>
> 둘째, 현재 인간의 마음이나 행동 체계는 오랜 진화 과정에 의한 최적의 적응 방식이라는 생각이다. 그것이 항상 맞는 것은 아니다. 가령 구석기시대의 적응 방식을 오늘날 인간이 지니고 있어 생기는 문제점이 있다. 원시시대에 사용하던 인지적 전략 등이 현재 그대로 남아 있기 때문에 문제가 생길 수 있는 것이다. 우리가 복잡한 상황에 적응하는 데는 원시시대의 적응 방식이 부적절한 경우가 있을 수 있다.

01 다음 진술이 바르면 ○, 바르지 않으면 ×에 표시하라.

(1) 진화를 거치면서 인간은 최적의 적응 방식을 갖게 되었다. [○ | ×]

(2) 유전자가 인간의 행동을 결정짓는 사례는 글쓴이의 주장을 강화한다. [○ | ×]

[정답]
01 (1) ×
   (2) ×

02 제시된 글의 내용을 표로 정리한 것이다. 빈칸에 알맞은 말을 넣으시오.

★ 진화의 개념에 대한 오해

	오해	(　　)의 생각
1문단	인간의 행동은 (　　)으로 결정된다.	인간의 행동은 '유전적 성향'과 '(　　)'의 상호작용의 결과이다.
2문단	인간의 마음이나 행동 체계는 오랜 진화 과정에 의한 (　　)의 적응 방식이다.	(　　)의 적응 방식이 부적절한 경우가 있을 수 있다.

03 제시된 글에서 추론한 내용으로 가장 적절한 것은?　　2024 국가직 9급

① 인간의 행동은 환경의 영향으로, 마음은 유전의 영향으로 결정된다.
② 우리에게 주어진 상황의 복잡한 정도가 클수록 인지적 전략의 최적화가 이루어진다.
③ 같은 조상을 둔 후손이라도 환경에서 얻은 정보가 다르면 행동은 다르게 나타날 수 있다.
④ 조상의 유전적 성향보다 조상이 살았던 과거 환경이 인간의 진화 방향을 우선적으로 결정한다.

03

글쓴이는 첫 번째 오해로 '인간의 행동은 철저하게 유전적으로 결정되어 있다는 생각'을 들고 있다. 이에 대해 글쓴이는 "인간의 행동은 유전적인 적응 성향과 이러한 적응 성향을 발달시키고 활성화되게 하는 환경으로부터의 입력이 상호작용한 결과이다."라고 하였다. 이를 볼 때, 같은 조상을 둔 후손(유전)이라도 환경에서 얻은 정보가 다르면 행동(환경과 상호작용한 결과)이 다르게 나타날 수 있음을 추론할 수 있다.

오답체크

① 제시된 글을 통해 인간의 행동이 '환경'과 상호작용한 결과라는 것은 확인할 수 있다. 그러나 마음이 유전의 영향으로 결정되는지는 제시된 내용만으로는 추론할 수 없다.
② 2문단에서 "우리가 복잡한 상황에 적응하는 데는 원시시대의 적응 방식이 부적절한 경우가 있을 수 있다."라고 하였다. 이는 ②의 추론 내용과는 정반대되는 입장이다.
④ 1문단에서 "인간의 행동은 유전적인 적응 성향과 이러한 적응 성향을 발달시키고 활성화되게 하는 환경으로부터의 입력이 상호작용한 결과이다."라고 하였다. 이는 둘이 서로 유전과 환경이 모두 영향을 미친다는 의미이지, 어느 하나가 우선적으로 영향을 준다는 의미는 아니다. 따라서 적절하지 않은 추론이다.

[정답]
02 글쓴이, 유전적, 환경, 최적, 원시시대
03 ③

기출 문제 | 3 독해 비법 익히기

> 한글은 소리를 나타내는 표음문자여서 한국어 문장을 읽는 데 학습해야 할 글자가 적지만, 한자는 음과 상관없이 일정한 뜻을 나타내는 표의문자여서 한문을 읽는 데 익혀야 할 글자 수가 훨씬 많다. 이러한 번거로움에도 한글과 달리 한자가 갖는 장점이 있다. 한글에서는 동음이의어, 즉 형태와 음이 같은데 뜻이 다른 단어가 많아 글자만으로 의미를 파악하지 못하는 경우가 많다. 하지만 한자는 그렇지 않다. 예컨대, 한글로 '사고'라고만 쓰면 '뜻밖에 발생한 사건'인지 '생각하고 궁리함'인지 구별할 수 없다. 한자로 전자는 '事故', 후자는 '思考'로 표기한다. 그런데 한자는 문맥에 따라 같은 글자가 다른 뜻으로 쓰이지는 않지만 다른 문장성분으로 사용되기도 해 혼란을 야기한다. 가령 '愛人'은 문맥에 따라 '愛'가 '人'을 수식하는 관형어일 때도, '人'을 목적어로 삼는 서술어일 때도 있는 것이다.

01 다음 진술이 바르면 ○, 바르지 않으면 ×에 표시하라.

(1) 대표적인 표음문자로는 한글이 있다. ○ | ×

(2) 표의문자는 문맥에 따라 같은 글자가 다른 뜻으로 쓰인다. ○ | ×

(3) 한국어와 중국어의 문장 성분의 개수는 동일하다. ○ | ×

[정답]
01 (1) ○
　 (2) ×
　 (3) ×

02 제시된 글의 내용을 표로 정리한 것이다. 빈칸에 알맞은 말을 넣으시오.

★ 한글과 한자의 장점과 단점

	한글 → ( )문자	한자 → ( )문자
장점	• 학습해야 할 글자가 적다.	• ( )에 따라 같은 글자가 다른 뜻으로 쓰이지는 않는다.
단점	• ( )가 많아서, 글자만으로 의미를 파악하지 못하는 경우가 많다.	• 익혀야 할 글자 수가 훨씬 많다. • 같은 글자가 다른 문장성분으로 쓰여 혼란을 야기한다. 예 '愛人'의 '愛' 1) ( ) 2) 서술어

03 제시된 글에서 추론한 내용으로 적절하지 않은 것은?

2023 지방직 9급

① 한문은 한국어 문장보다 문장성분이 복잡하다.
② '淨水'가 문맥상 '깨끗하게 한 물'일 때 '淨'은 '水'를 수식한다.
③ '愛人'에서 '愛'의 문장성분이 바뀌더라도 '愛'는 동음이의어가 아니다.
④ '의사'만으로는 '병을 고치는 사람'인지 '의로운 지사'인지 구별할 수 없다.

03
제시된 글의 내용만으로는 한문과 한국어 문장 중 어느 문장 성분이 더 복잡한지는 알 수가 없다.

오답체크
② "가령 '愛人'은 문맥에 따라 '愛'가 '人'을 수식하는 관형어일 때도" 부분을 볼 때, 적절한 추론이다.
③ 동음이의어는 표음 문자인 '한글'이 가진 한계이다. 따라서 한문의 경우에는 동음이의어가 아니다.
④ 제시된 글에서 "한글에서는 동음이의어, 즉 형태와 음이 같은데 뜻이 다른 단어가 많아 글자만으로 의미를 파악하지 못하는 경우가 많다."라고 하였다. 따라서 한글 '의사'만으로는 동음이의어 중 어떤 의미로 쓰였지 구별할 수 없다.

[정답]
02 표음, 동음이의어, 표의, 문맥, 관형어
03 ①

실전 문제

실전 문제 | 1 독해 비법 익히기

풀이 시간 _____ 분

저작권은 저작자가 자신의 창작물에 대해 갖는 권리를 말한다. 우리나라는 저작권 발생과 관련하여 무방식주의를 따르고 있다. 무방식주의란 창작물이 저작권 보호의 대상이 되기 위해서 아무런 절차나 방식 또는 표시가 필요하지 않다는 것으로 대부분의 나라에서 채택하고 있는 방식이다.

저작권을 이야기하면 흔히 자신이 만든 저작물로 얻을 수 있는 경제적인 이익을 떠올린다. 이는 저작권의 일부인 저작재산권과 관련된 개념이다. 저작재산권은 저작자가 자신의 저작물에 대해 갖는 재산적인 권리로, 자신의 저작물을 독점적으로 이용할 수 있는 권리라고 할 수 있다. 그런데 실제로는 저작자가 자신의 저작물을 이용하는 경우보다는 타인이 이용하도록 허락하고 대가를 받는 경우가 대부분이다. 우리 법률에서는 저작재산권에 속하는 권리로 복제권, 공연권, 대여권 등 저작물의 이용 형태에 따른 일곱 가지 권리를 규정하고 있다.

저작재산권은 물건에 대한 소유권처럼 다른 사람에게 넘겨주거나 상속하는 것이 가능하다. 그러나 소유권과 달리 보호 기간이 한정되어 있다. 일반적인 저작재산권보호 기간의 원칙은 작품이 발표된 때로부터 그 저작자가 살아 있는 동안과 사망한 후 50년 동안 저작재산권이 존속한다는 것이다.

저작권에는 저작재산권뿐만 아니라 저작인격권도 있다. 저작인격권은 저작자가 자신의 저작물에 대해 갖는 정신적, 인격적 이익을 보호받는 권리이며, 공표권, 성명표시권, 동일성유지권으로 구성된다.

저작인격권은 저작재산권과 달리 다른 사람에게 넘겨줄 수 없다. 만약 저작재산권을 상속받은 사람이라도 저작인격권까지 넘겨받은 것은 아니다. 저작인격권이 저작자에게만 속하므로 저작자가 사망하면 저작인격권이 소멸되는 것이 당연해 보이지만, 법률에서는 저작권자가 사망한 후에도 그의 저작인격권을 침해할 행위를 해서는 안 된다고 규정하고 있다.

01 다음 진술이 바르면 ○, 바르지 않으면 ×에 표시하라.

(1) 대부분의 나라에서는 아무런 절차나 방식 없이도 창작물은 저작권 보호의 대상이 된다. [○ | ×]

(2) 저작권 중에는 타인에게 양도할 수 있는 것이 있고, 그럴 수 없는 것이 있다. [○ | ×]

(3) 저작인격권 침해에 대해서 법률에서 규정하고 있다. [○ | ×]

[정답]
01 (1) ○
   (2) ○
   (3) ○

02 제시된 글의 내용을 표로 정리한 것이다. 빈칸에 알맞은 말을 넣으시오.

★ 저작권의 개념과 종류

1문단	개념	( )가 자신의 창작물에 대해 갖는 권리 * 우리나라: 저작권 보호의 대상이 되기 위해 ( )나 방식 또는 표시가 따로 필요하지 않다. → 무방식주의	
2문단	종류		저작재산권	( )
3문단		개념	• 저작자가 자신의 저작물에 대해 갖는 재산적인 권리 • 자신의 저작물을 ( )으로 이용할 수 있는 권리	저작자가 자신의 저작물에 대해 갖는 정신적, 인격적 이익을 보호받는 권리
4문단		특징	① 자신보다는 타인이 이용하는 경우가 多 ② 양도나 ( )이 가능함. → 기간은 한정: 사후 50년	양도나 상속이 ( )함.
5문단		권리	복제권, 공연권, 대여권 등 ( )가지	공표권, 성명표시권, 동일성유지권

03 제시된 글을 이해한 내용으로 적절하지 않은 것은?

① 우리나라에서는 별도의 절차 없이도 창작물이 저작권의 보호 대상이 될 수 있다.
② 저작재산권에 속한 권리의 종류가 저작인격권에 속한 권리의 종류보다 더 많다.
③ 저작인격권은 가족에게는 넘겨줄 수 있지만 그 이외의 사람에게는 넘겨줄 수 없다.
④ 저작재산권과 저작인격권은 동일한 창작물에 대해서도 소유한 사람이 다를 수 있다.

03
선지에 '저작재산권'과 '저작인격권'이 반복되고 있다. 따라서 각각의 특성을 정리하면서 글을 읽어 나간다.

5문단에서 "저작인격권은 저작재산권과 달리 다른 사람에게 넘겨줄 수 없다."라고 하였다. '가족'도 '다른 사람'의 범주에 들어간다. 따라서 가족에게는 넘겨줄 수 있다는 이해는 적절하지 않다.

오답체크

① 1문단에서 우리나라는 '무방식주의'를 따르고 있다고 했다. '무방식주의'는 창작물이 저작권 보호의 대상이 되기 위해서 아무런 절차나 방식 또는 표시가 필요하지 않다. 따라서 우리나라에서는 별도의 절차 없이도 창작물이 저작권의 보호 대상이 될 수 있다고 추론할 수 있다.

② 2문단에서 저작재산권에 속한 권리는 "복제권, 공연권, 대여권 등 저작물의 이용 형태에 따른 일곱 가지 권리를 규정하고 있다."라고 하였다. 한편, 4문단에서 저작인격권에 속한 권리는 "공표권, 성명 표시권, 동일성유지권으로 구성된다."라고 하였다. 따라서 저작재산권에 속한 권리의 종류가 저작인격권에 속한 권리의 종류보다 더 많다는 이해는 옳다.

④ 3문단에서 '저작재산권'은 다른 사람에게 넘겨주거나 상속이 가능하다고 했다. 그런데 마지막 문단에서 '저작인격권'은 다른 사람에게 넘겨줄 수 없다고 하였다. 따라서 저작재산권만 타인에게 넘겨줬다고 가정할 때, 동일한 창작물에 대해서도 소유한 사람이 다를 수 있다고 추론할 수 있다.

[정답]
02 저작자, 절차, 저작인격권, 독점적, 상속, 불가능, 7
03 ③

실전 문제 | 2 독해 비법 익히기

풀이 시간 _____ 분

레드오션은 존재하는 모든 산업을 뜻하며 이미 세상에 알려진 시장 공간이다. 블루오션은 현재 존재하지 않는 모든 산업을 나타내는 미지의 시장 공간이다. 레드오션에서는 산업 간의 경계선이 명확하게 그어져 있고 경영자는 이를 받아들이고 그 게임의 법칙 또한 알고 있다. 기업들은 기존 수요에서 보다 큰 점유율을 얻기 위해 경쟁자를 능가하려 애쓴다. 시장 참가자 수가 늘어남에 따라 수익과 성장에 대한 기대치는 낮아진다. 애써 개발한 상품은 흔한 일상품이 되고 목을 죄는 경쟁으로 시장은 유혈의 바다로 변한다. 이와는 대조적으로 블루오션은 미개척 시장 공간으로 새로운 수요 창출과 고수익 성장을 향한 기회로 정의된다. 블루오션은 기존 산업의 경계선 밖에서 완전히 새롭게 창출되기도 하고 기존 산업을 확장하여 만들기도 한다. 블루오션에서는 게임의 규칙이 정해지지 않았기 때문에 경쟁과는 무관하다.

레드오션에서는 경쟁자를 능가하기 위해 붉은 바다를 잘 헤쳐 나가는 것이 중요하다. 공급이 수요를 초과하는 대부분 산업의 경우 축소되는 시장 공간에서 점유율 경쟁이 필요한 것이 사실이다. 그러나 점유율에서 우위를 점한다고 하더라도 지속적으로 높은 실적을 내기는 어렵다. 기업은 이러한 한계를 뛰어넘어야 한다. 그리고 수익과 성장의 새로운 기회를 잡기 위해 블루오션을 창출해야 한다. 그러나 아쉽게도 블루오션은 항해 지도에 잘 나타나 있지 않다. 지난 20년간 절대적 영향력을 미친 기업의 경영 전략 포커스는 경쟁을 바탕으로 한 레드오션이었다. 그 결과 우리는 경제 구조 분석에서부터 원가 절감, 품질의 차별화, 경쟁자 벤치마킹 등 여러 가지 효과적인 기술로 레드오션에서 경쟁하는 방법을 배워 왔다. 블루오션 창출은 가치 혁신의 패러다임 전환 없이는 실제 전략으로 추구하기에는 위험 부담이 커서 단순히 희망 사항으로만 머무를 가능성이 있다.

블루오션이란 용어는 분명 새로운 것이지만 블루오션 자체가 과거에 존재하지 않았던 것은 아니다. 그럼에도 불구하고 지금까지의 전략적 사고의 최우선 초점은 레드오션 전략이었다. 이제는 레드오션이냐 블루오션이냐 결론을 내려야 한다. 세계 시장에서 살아남기 위해서는 경쟁사를 이기는 데 포커스를 맞추지 말고 기업의 가치를 비약적으로 증대시키고 비용을 절감함으로써 시장 경쟁에서 자유로워지고 이를 통해 새로운 시장 공간을 창출하는 비즈니스 세계의 탁월한 힘을 발휘해야 할 때다.

01 다음 진술이 바르면 ○, 바르지 않으면 ×에 표시하라.

(1) 레드오션과 달리 블루오션은 산업 간의 경계선이 명확하지 않다. [○ | ×]
(2) 블루오션은 레드오션보다는 위험 부담이 크다. [○ | ×]
(3) 블루오션이라는 경제적 용어는 과거에 존재하지 않았던 것이다. [○ | ×]

[정답]
01 (1) ○
　　(2) ○
　　(3) ○

02 제시된 글의 내용을 표로 정리한 것이다. 빈칸에 알맞은 말을 넣으시오.

★ 블루오션으로 패러다임의 전환 요구

		( )	블루오션
1문단	개념	존재하는 모든 산업을 뜻하며 이미 세상에 알려진 시장 공간	현재 존재하지 않는 모든 산업을 나타내는 ( )의 시장 공간
2문단	특징	① 산업 간의 ( )이 명확함. ② 게임의 규칙이 정해짐.	① 경계선이 명확하지 않음. → 창출, 확장 ② 게임의 규칙이 안 정해짐. → ( )과 무관
	한계	점유율 경쟁이 필요함. → 지속적인 우위 어려움	실제 전략으로 추구하기에는 위험 부담이 큼.
3문단		• 블루오션 자체는 과거부터 존재했다. → 주장: 기업이 살아남기 위해서는 레드오션에서 ( )으로의 전환이 필요하다.	

03 제시된 글에 대한 이해로 적절하지 않은 것은?

① 블루오션은 21세기에 새롭게 등장한 경영 전략이다.
② 기업도 레드오션에서 블루오션으로 전환될 수도 있다.
③ 시간이 지나면 블루오션도 레드오션으로 바뀔 수가 있다.
④ 블루오션의 초기에는 해당 영역의 시장을 독차지할 수 있다.

03

선지에 '블루오션'과 '레드오션'이 반복되고 있다. 따라서 각각의 특성을 정리하면서 글을 읽어 나간다.

3문단에서 "블루오션이란 용어는 분명 새로운 것이지만 블루오션 자체가 과거에 존재하지 않았던 것은 아니다."라고 하였다. 즉 '용어' 자체는 새롭게 등장한 것이지만, '경영 전략' 자체는 예전부터 존재했던 것이다. 따라서 21세기에 새롭게 등장한 경영 전략이라는 이해는 적절하지 않다.

오답체크

② 글쓴이는 3문단에서 지금까지는 레드오션 전략을 최우선으로 생각했지만, 이제는 선택이 필요하다고 말하고 있다. 이를 볼 때, 기업도 충분히 레드오션에서 블루오션으로 전환될 수도 있음을 짐작할 수 있다.
③ '레드오션'은 '이미 세상에 알려진 시장 공간'이고, '블루오션'은 '미지의 시장 공간'이다. 따라서 '블루오션'이라고 하더라도 일단 세상에 알려지고 얼마의 시간이 지나면 '레드오션'이 될 수밖에 없다.
④ 1문단에서 "블루오션에서는 게임의 규칙이 정해지지 않았기 때문에 경쟁과 무관하다."라고 하였다. 경쟁과 무관하다는 의미는 초기에는 경쟁 상대가 없다는 의미이기 때문에, 해당 영역의 시장을 독차지할 수 있다는 이해는 적절하다.

[정답]

02 레드오션, 미지, 경계선, 경쟁, 블루오션
03 ①

실전 문제 | 3 독해 비법 익히기

풀이 시간 _____ 분

　미학자 뒤프렌은 예술 작품은 감상자의 미적 지각이 시작될 때 비로소 미적 대상이 된다고 생각했다. 그는 미적 지각과 미적 대상의 관계에 주목하여, 감상자가 현전(現前), 표상(表象), 반성(反省)이라는 미적 지각의 단계를 거치면서 미적 대상을 점점 더 심오하게 이해한다고 보았다.

　뒤프렌에 따르면 현전은 감상자가 작품의 감각적 특징에 신체적으로 반응하면서 주목하는 단계이다. 즉 색채, 명암, 질감 등에 매료되어 눈이 커지거나 고개를 내미는 등의 신체적 자세를 취하는 상태를 의미한다. 이렇듯 현전은 감상자가 예술 작품을 '감각적 소재'로 인식하게 한다. 그런 의미에서 현전은 미적 대상의 의미를 막연하게 파악하는 수준에 머무른다.

　현전의 막연함은 표상을 통해 해소되기 시작한다고 그는 말한다. 표상은 작품을 상상력으로 지각하는 단계이다. 상상력은 감상자가 현전에서 파악한 것에 시공간적 내용과 구체적 상황을 추가해 풍부한 이미지를 떠올리는 것이다. 이러한 지각은 감상자가 작품을 특정 대상이나 현실이 묘사된 '재현된 세계'로 이해하게 한다. 예를 들어 푸른색이라는 감각물에 눈동자가 커지면서 주목하는 것이 현전이라면, 푸른색을 보고 '가을날 오후 한적한 시골의 맑고 넓은 창공'이라는 세계를 떠올리는 것이 표상이다. 하지만 표상은 환상을 만들게 된다.

　표상이 만든 환상은 반성을 통해 극복된다고 뒤프렌은 생각했다. 반성에는 비평적 반성과 공감적 반성이 있다. 비평적 반성은 구도, 원근법, 형태 묘사와 같은 기법, 예술가의 제작 의도 등을 객관적으로 분석하여 상상력이 만든 감상자의 표상이 타당한 것인지를 검증하는 것이다. 비평적 반성을 통해 감상자는 작품의 의미를 표상의 단계보다 더 잘 이해할 수 있게 된다. 그러나 뒤프렌은 비평적 반성만으로는 작품에 대한 이해가 피상적 수준에 그친다고 보았다. 객관적인 분석만을 하다 보면 작품 속에 담긴 내면적 의미까지는 이해하지 못한다는 것이다. 따라서 그는 감상자의 미적지각은 공감적 반성을 통해 완성된다고 하였다. 공감적 반성은 작품이 자아내는 내면적 의미를 감상자가 정서적으로 느끼면서 감동을 얻는 단계이다. 이 감동은 작품의 내면적 의미가 진실하다는 것을 확신하면서 정서적으로 공감하는 것이기도 하다. 이는 감상자가 예술가의 감정이 '표현된 세계'를 파악하는 것이면서, 그 세계와 자신의 내면세계가 일치함을 느끼는 것이다. 이를 두고 뒤프렌은 감상자가 작품의 의미를 진심으로 받아들이면서 비로소 작품 속에 직접 참여하는 것이라고 설명했다.

01 **다음 진술이 바르면 ○, 바르지 않으면 ×에 표시하라.**

(1) 뒤프렌은 '현전'이나 '표상' 단계를 거치지 않고도 미적 대상에 대한 심오한 이해가 가능하다고 보았다. ○ | ×

(2) 뒤프렌은 반성을 둘로 나누고 둘 중에 미적 지각에 있어서 공감적 반성이 더 중요하다고 생각했다. ○ | ×

(3) 뒤프렌의 생각이 지닌 역사적 의의를 제시하고 있다. ○ | ×

[정답]
01 (1) ×
　 (2) ○
　 (3) ×

02 제시된 글의 내용을 표로 정리한 것이다. 빈칸에 알맞은 말을 넣으시오.

★ 뒤프렌이 생각한 예술 작품의 감상 단계

뒤프렌	① 감상자의 미적 자각이 시작될 때, 예술 작품은 미적 대상이 된다. ② 미적 지각과 (　　　)의 관계에 주목 ③ 미적 지각 단계를 거치면서 미적 대상을 점점 이해한다고 봄. · 미적 지각 단계: 현전(現前), (　　　), 반성(反省) ④ 미적 지각 (　　)별 특징		
	현전	⊙ 감상자가 작품의 감각적 특징에 신체적으로 반응하며 주목하는 단계 ⓒ 감상자가 예술 작품을 '감각적 소재'로 인식하게 함. ⓒ 미적 대상의 의미를 막연하게 파악하는 수준에 머무름. → '(　　　)'(으)로 해소됨.		
	표상	⊙ 작품을 상상력으로 지각하는 단계 ⓒ 감상자가 작품을 특정 대상이나 현실이 묘사된 '재현된 세계'로 이해하게 함. ⓒ 환상을 만듦. → '(　　　)'을/를 통해 극복됨.		
	반성	· 반성의 종류		
		(　　) 반성	공감적 반성
		객관적인 분석으로 감상자의 표상이 타당한지 검증하는 것 → 한계: 작품의 내면적 의미까지는 이해하지 못함.	감상자가 작품의 의미를 진심으로 받아들이면서 비로소 작품 속에 직접 참여하는 것 → 미적 지각은 (　　　)을/를 통해 완성된다.

03 제시된 글에 대한 이해로 적절하지 않은 것은?

① 감상자가 작품의 의미를 진심으로 받아들일 때 감동을 얻을 수 있다.
② 상상력이 만든 환상은 객관적인 작품 분석을 통해 그 타당성이 검증된다.
③ 시공간적인 내용을 덧붙임으로써 감상자는 작품 속에 직접 참여하게 된다.
④ 예술가의 제작 의도에 대한 파악만으로는 작품의 내면적 의미를 이해할 수 없다.

03

지문에 '단계'가 나와 있다. 이 경우에는 단계별 특징을 중심으로 글을 읽어나간다.

3문단에 따르면, 시공간적인 내용을 덧붙이는 것은 상상력에 의한 '표상'의 지각단계이다. 그리고 4문단에 따르면 감상자가 작품 속에 직접 참여하는 것은 '공감적 반성'의 지각 단계이다. 따라서 시공간적인 내용을 덧붙임으로써 감상자는 작품 속에 직접 참여하게 된다는 이해는 적절하지 않다.

오답체크

① 4문단에서 공감적 반성에서 작품의 의미를 진심으로 받아들이면서 감동을 얻는다고 하였기 때문에 올바른 이해이다.
② 3문단에서 객관적인 작품 분석을 통해 상상력이 만든 표상을 검증한다고 하였고, 3문단에서 표상의 상상력은 환상으로 이어진다고 하였으므로 올바른 이해이다.
④ 3문단에서 예술가의 제작 의도를 파악하는 비평적 반성만으로는 작품의 내면적 의미를 이해할 수 없다고 하였으므로 올바른 이해이다.

[정답]

02 미적 대상, 표상(表象), 단계, 표상, 반성, 비평적, 공감적 반성
03 ③

Day 07 기출 + 실전 문제로 **독해 비법 익히기**

기출 문제

기출 문제 | 1 독해 비법 익히기

풀이 시간 _____ 분

오늘날 인터넷과 디지털 미디어를 통해 '온라인'에서의 '비대면' 접촉에 의한 상호 관계가 급속도로 확장되고 있다. 반대로 '오프라인'이나 '대면'이라는 용어는 물리적 실체감이 있는 아날로그적 접촉을 가리킨다. 우리는 온라인과 오프라인을 함께 경험할 수도 있고, 이러한 이분법적인 용어로 명료하게 ㉠<u>나뉘지</u> 않는 활동들도 많다. 예를 들어 누군가와 만나서 대화하는 중에 문자를 주고받음으로써 대면 상호작용과 온라인 상호작용을 동시에 할 수 있다.

한편 오프라인 대면 상호작용에서보다 온라인 비대면 상호작용에서 만난 사람들에게 더 끈끈한 유대감을 느끼기도 한다. 또, 서로 관계를 형성하고 유지할 때 아날로그 상호작용 수단과 디지털 상호작용 수단을 동시에 활용할 수도 있다. 이처럼 오늘날과 같은 초연결 사회에서 우리의 경험은 비대면 혹은 대면, 온라인 혹은 오프라인 같은 이분법적 범주로 온전히 분리되지 않는다. 상호작용 양식들이 서로 겹치거나 교차하는 현상들을 이해하고자 할 때 이분법적인 범주는 심각한 한계를 지닌다.

01 다음 진술이 바르면 ○, 바르지 않으면 ×에 표시하라.

(1) 온라인 비대면 상호작용의 증가는 인간의 유대감에 부정적인 영향을 끼친다. ○ | ×

(2) 오늘날에는 아날로그 상호작용 수단과 디지털 상호작용 수단을 동시에 활용하기도 한다. ○ | ×

(3) ㉠과 바꿔 쓸 수 있는 유사한 표현은 '분리되지'이다. ○ | ×

[정답]
01 (1) ×
 (2) ○
 (3) ○

02 제시된 글의 내용을 표로 정리한 것이다. 빈칸에 알맞은 말을 넣으시오.

★ 온라인 비대면 상호작용

1문단	• 현상 　– (　　　) 접촉에 의한 상호 관계가 확장되고 있다. • 문제 제기 　– '오프라인'과 '온라인', '대면'과 '비대면'은 (　　)인 용어이다. 그런데 현실에서는 온라인과 오프라인의 분리가 명확하지 않은 활동이 많다. 　　예 대화하는 중에 문자를 주고받음으로써 대면 상호작용과 온라인 상호작용을 (　　)에 할 수 있다.
2문단	• 온라인 비대면 상호작용의 특징 　① 오프라인보다 더 끈끈한 (　　)을 가짐. 　② (　　) 형성과 유지 시 아날로그 상호작용 수단과 디지털 상호작용 수단을 동시에 활용함. 　이를 볼 때, 우리의 경험은 비대면 혹은 대면, 온라인 혹은 오프라인 같은 이분법적 범주로 온전히 분리되지 않는다. • 글쓴이의 생각 　– 현상들을 이해하고자 할 때 이분법적인 이해는 (　　)를 지닌다.

03 제시된 글에서 추론한 내용으로 적절하지 않은 것은?

2024 국가직 9급

① 이분법적 시각으로는 상호작용 양식이 교차하는 양상을 이해하기 어렵다.
② 비대면 온라인 상호작용으로는 사람들 간에 깊은 유대 관계를 형성할 수 없다.
③ 온라인 비대면 활동과 오프라인 대면 활동이 온전히 분리되어 있는 것은 아니다.
④ 오늘날에는 대면 상호작용 중에도 디지털 수단에 의한 상호 관계가 이루어질 수 있다.

03

2문단에서 "온라인 비대면 작용에서 만난 사람들에게 더 끈끈한 유대감을 느끼기도 한다."라고 하였다. 이를 볼 때, 비대면 온라인 상호작용으로는 사람들 간에 깊은 유대 관계를 형성할 수 없다는 추론은 적절하지 않다.

오답체크

① 2문단의 "상호작용 양식들이 서로 겹치거나 교차하는 현상들을 이해하고자 할 때 이분법적인 범주는 심각한 한계를 지닌다." 부분을 통해 추론할 수 있다.

③ 2문단의 "오늘날과 같은 초연결 사회에서 우리의 경험은 비대면 혹은 대면, 온라인 혹은 오프라인 같은 이분법적 범주로 온전히 분리되지 않는다." 부분을 통해 추론할 수 있다.

④ 1문단의 "예를 들어 누군가와 만나서 대화하는 중에 문자를 주고받음으로써 대면 상호작용과 온라인 상호작용을 동시에 할 수 있다." 부분을 통해 추론할 수 있다.

[정답]
02 온라인 비대면, 이분법적, 동시, 유대감, 관계, 한계
03 ②

기출 문제 | 2 독해 비법 익히기

> 영문자와 달리 한글은 여러 가지 자모를 조합하여 글자를 만들기 때문에 다양한 인코딩(encoding)을 생각할 수 있으며 그만큼 그동안 많은 논의가 있었다. 한글의 코딩 방식, 다시 말해 컴퓨터에서의 한글 구현 방식은 크게 '조합형'과 '완성형'으로 구분할 수 있다. 조합형은 한글의 모든 자모(ㄱ, ㄴ, ㅏ, ㅓ …)에다 일련의 코드를 할당하고, 이를 불러와 조합하여 글자를 구현하는 방식임에 반해, 완성형은 이미 만들어진 글자(가, 각, 간, 갈 …) 자체에다 각각의 코드를 할당하여 그 글자를 불러오는 방식이다.
>
> 조합형으로는 한글의 구성 원리에 따라 19개의 초성, 21개의 중성, 그리고 28개의 종성을 조합하여 나올 수 있는 11,172자를 표현할 수 있다. 초기 완성형에서는 실제로 우리가 주로 사용하는 2,350개의 글자만을 코드에 반영하여 사용하였기 때문에 자주 사용하지 않는 '뜀', '헿', '뷁'과 같은 글자는 쓸 수 없었다. 이를 보완하기 위해 '확장 완성형'이 나왔고 이어서 '유니코드 2.0'이 개발되었다. 유니코드 2.0은 조합형에서 구현할 수 있는 11,172자 모두를 포함하고 있으며, 각각의 자모 또한 포함하여 조합까지 할 수 있다.

01 다음 진술이 바르면 ○, 바르지 않으면 ×에 표시하라.

(1) 한글은 자모를 조합하여 글자를 만든다. ○ | ×

(2) 조합형과 유니코드 2.0 둘 다 한글 초성, 중성, 종성을 조합하여 나올 수 있는 글자를 표현할 수 있다. ○ | ×

(3) 유니코드 2.0은 모든 자모에다 일련의 코드를 할당하고, 이를 불러와 조합하여 글자를 구현한 방식이다. ○ | ×

[정답]
01 (1) ○
　 (2) ○
　 (3) ×

02 제시된 글의 내용을 표로 정리한 것이다. 빈칸에 알맞은 말을 넣으시오.

★ 한글의 코딩 방식(= 컴퓨터에서의 한글 구현 방식)

	( )	완성형		
글자 ( ) 방식	한글의 모든 ( )에다 일련의 코드를 할당하고, 이를 불러와 조합하는 방식	이미 만들어진 ( ) 자체에다 각각의 코드를 할당하여 그 글자를 불러오는 방식		
글자수	한글의 초성, 중성, 종성을 조합하여 나올 수 있는 11,172자	초기 완성형	주로 사용하는 2,350개의 글자만 반영 → ( ): 자주 사용하지 않는 글자는 쓸 수 없었다.	
		확장 완성형	( )을 보완한 것	
		유니코드 2.0	( )에서 구현할 수 있는 11,172자 모두를 포함	

03 제시된 글을 통해 추론한 생각으로 적절하지 않은 것은?

2020 국가직 7급

① '뚐', '헇', '뷁'과 같은 글자를 쓰려면 조합형 방식을 사용할 수밖에 없겠군.
② 유니코드 2.0을 사용하면 조합형 방식을 사용해 만들 수 있는 글자를 모두 표현할 수 있겠군.
③ 한글과 달리 영문자를 인코딩할 때에는 완성형 방식의 한계에 대해 고민할 필요가 없겠군.
④ 컴퓨터로 글자를 입력하기 전에 이미 컴퓨터에는 한글 자모나 글자 각각에 코드가 할당되어 있겠군.

03

컴퓨터에서 한글을 구현하는 방식인 '조합형'과 '완성형'을 중심으로 글이 전개되고 있다. 따라서 각각의 특징을 정리하면서 글을 읽는다.

2문단의 "초기 완성형에서는 ~ '뚐', '헇', '뷁'과 같은 글자는 쓸 수 없었다. 이를 보완하기 위해 '확장 완성형'이 나왔고 이어서 '유니코드 2.0'이 개발되었다. 유니코드 2.0은 조합형에서 구현할 수 있는 11,172자 모두를 포함하고 있으며, 각각의 자모 또한 포함하여 조합까지 할 수 있다."라고 하였다. '완성형' 방식에서도 '뚐', '헇', '뷁'과 같은 글자를 쓸 수 있게 되었다고 했기 때문에, 조합형 방식을 사용할 수밖에 없다는 추론은 적절하지 않다.

오답체크

② 2문단의 "유니코드 2.0은 조합형에서 구현할 수 있는 11,172자 모두를 포함하고 있으며"를 통해 추론할 수 있다.
③ 1문단에서 '완성형'은 "이미 만들어진 글자(가, 각, 간, 갈 …) 자체에다 각각의 코드를 할당하여 그 글자를 불러오는 방식이다."라고 하였다. 다시 말해 한글이 '초성+중성+종성'으로 결합한다는 점에서 한계가 있는 것이다. 따라서 여러 가지 자모를 조합하지 않는 영문자의 경우에는 완성형 방식의 한계에 대해 고민할 필요가 없을 것이다.
④ 1문단의 "조합형은 한글의 모든 자모(ㄱ, ㄴ, ㅏ, ㅓ …)에다 일련의 코드를 할당하고, 이를 불러와 조합하여 글자를 구현하는 방식임에 반해, 완성형은 이미 만들어진 글자(가, 각, 간, 갈 …) 자체에다 각각의 코드를 할당하여 그 글자를 불러오는 방식이다."를 통해 한글 자모나 글자 각각에 코드가 할당되어 있음을 추론할 수 있다.

[정답]

02 조합형, 구현, 자모, 글자, 한계, 초기 완성형, 조합형
03 ①

기출 문제 | 3 독해 비법 익히기

> 자신의 신념과 일치하는 정보를 받아들이고 그렇지 않은 정보는 무시하는 경향을 확증 편향(confirmation bias)이라 한다. 자신의 믿음이나 견해와 일치하는 정보는 수용하고 그에 반대되는 정보는 무시하거나 부정하는 심리 경향이다. 사회 심리학자인 로버트 치알디니는 자신이 가진 기존의 견해와 일치하는 정보는 두 가지 이점을 가지고 있다고 한다. 첫째, 그러한 정보는 어떤 문제에 대해 더 이상 고민하지 않고 마음의 휴식을 취할 수 있게 해 준다. 둘째, 그러한 정보는 우리를 추론의 결과에서 자유롭게 해 준다. 즉 추론의 결과 때문에 행동을 바꿔야 할 필요가 없다. 첫째는 생각하지 않게 하고, 둘째는 행동하지 않게 함을 말한다.
>
> 일례로 특정 정치 성향을 가진 사람들을 대상으로 조사했을 때, 사람들은 반대당 후보의 주장에서는 모순을 거의 완벽하게 찾은 반면, 지지하는 당 후보의 주장에서는 모순을 절반 정도만 찾아냈다. 이 판단의 과정을 자기 공명 영상 장치로도 촬영했다. 그 결과, 자신이 동의하지 않는 정보를 접했을 때는 뇌 회로가 활성화되지 않았고, 자신이 동의하는 주장을 접했을 때는 긍정적인 반응을 보이면서 뇌 회로가 활성화되는 것을 확인할 수 있었다.

01 다음 진술이 바르면 ○, 바르지 않으면 ×에 표시하라.

(1) 자신의 신념과 일치하는 주장이라면, 그 주장의 모순점을 더 쉽게 찾을 것이다. [○ | ×]

(2) 행동의 변화가 없었다면, 확증 편향 때문일 것이다. [○ | ×]

(3) '확증 편향'은 로버트 치알디니에 의해 처음 사용된 용어이다. [○ | ×]

[정답]
01 (1) ×
　 (2) ×
　 (3) ×

02 제시된 글의 내용을 표로 정리한 것이다. 빈칸에 알맞은 말을 넣으시오.

★ '확증 편향'의 개념과 특성

1문단	개념	① 자신의 신념과 (　　)하는 정보를 받아들이고 그렇지 않은 정보는 무시하는 경향 ② 자신의 믿음이나 견해와 일치하는 정보는 수용하고 그에 반대되는 정보는 (　　)하거나 (　　)하는 심리 경향
	이점	• 자신이 가진 기존의 견해와 일치하는 정보의 이점 ① 어떤 문제에 대해 더 이상 고민하지 않고 마음의 휴식을 취할 수 있게 해 준다. 　→ (　　)하지 않게 한다. ② 우리를 추론의 결과에서 자유롭게 해 준다. 즉 추론의 결과 때문에 (　　)을 바꿔야 할 필요가 없다. 　→ 행동하지 않게 한다.

2문단	(　　)		반대당	지지하는 당
		모순 찾기	거의 완벽하게 찾음.	절반 정도만 찾음.
		뇌 회로	활성화 ×	활성화 ○

03 제시된 글을 통해 추론할 수 없는 것은?

2020 지방직 9급

① 사람에게는 자신의 신념이나 행동을 바꾸려 하지 않는 경향이 있다.
② 사람에게는 정보를 객관적으로 판단하지 못하는 심리적 특성이 있다.
③ 사람에게는 지지자들의 말만 듣고 자기 신념을 강화하는 경향이 있다.
④ 사람에게는 새로운 정보를 접했을 때 심리적 불안을 느끼는 특성이 있다.

03

'확증 편향'에 대한 설명을 중심으로 글이 전개되고 있다. 따라서 '확증 편향'의 의미와 특징을 중심으로 글을 읽어 나간다.

제시된 글에서 "자신의 믿음이나 견해와 일치하는 정보는 수용하고 그에 반대되는 정보는 무시하거나 부정하는 심리 경향"을 '확증 편향'이라고 하였다. '새로운 정보'를 자신의 믿음이나 견해와 일치하지 않는 정보라고 본다면, '확증 편향'에 따라 그 정보는 '무시'하거나 '부정'할 것이다. 따라서 제시된 글의 내용만으로는 새로운 정보를 접했을 때 '심리적 불안'을 느끼는 특성이 있다는 추론은 적절하지 않다.

오답체크
① '확증 편향'은 자신이 가진 기존의 견해와 일치하는 정보만 받아들이고 그 외의 것은 부정하는 경향이다. 1문단에서 기존의 견해와 일치하는 정보의 이점으로 "추론의 결과 때문에 행동을 바꿔야 할 필요가 없다."를 들고 있다. 따라서 사람에게는 자신의 신념이나 행동을 바꾸려 하지 않는 경향이 있음을 추론할 수 있다.
② 1문단에 제시된 '확증 편향'의 정의를 통해 사람은 정보를 객관적으로 판단하지 못하고, '자신'이 기준이 되는 '주관적' 심리 특성이 있음을 알 수 있다.
③ 1문단에서 "자신의 믿음이나 견해와 일치하는 정보는 수용하고"를 통해 사람에게는 지지자들의 말만 듣고 자기 신념을 강화하는 경향이 있음을 추론할 수 있다.

[정답]
02 일치, 무시, 부정, 생각, 행동, 사례
03 ④

실전 문제

실전 문제 | 1 독해 비법 익히기

풀이 시간 _____ 분

ⓐ「물건을 사용하고 있는 사람이 그 물건의 주인일까?」ⓑ「점유란 물건에 대한 사실상의 지배 상태를 뜻한다. 이에 비해 소유란 어떤 물건을 사용·수익·처분할 수 있는 권리를 가진 상태라고 정의된다.」ⓒ「따라서 점유자와 소유자가 항상 일치하지는 않는다.」

ⓓ「물건을 빌려 쓰거나 보관하고 있는 것을 포함하여 물건을 물리적으로 지배하는 상태를 직접 점유라고 한다.」 이에 비해 어떤 물건을 빌려 쓰거나 보관하는 사람에게 그 물건의 반환을 청구할 수 있는 권리를 가진 사람도 사실상의 지배를 한다고 볼 수 있다. 이와 같이 반환 청구권을 가진 상태를 간접 점유라고 한다. ⓔ「직접 점유와 간접 점유는 모두 점유에 해당한다.」 점유는 소유자를 공시하는 기능도 수행한다. 공시란 물건에 대해 누가 어떤 권리를 가지고 있는지를 알려 주는 것이다. ⓕ「물건 중에서 피아노, 금반지, 가방 등과 같은 대부분의 동산은 점유에 의해 소유권이 공시된다.」 ⓖ「물건의 소유권이 양도되려면, 소유자가 양도인이 되어 양수인과 유효한 양도 계약을 하고 이에 더하여 소유권 양도를 공시해야 한다.」

ⓐ 'A가 B일까?'가 첫 단락의 맨 앞에 나온다면, 90%는 A는 B가 아니라는 의미이다. 또 글쓴이가 글에서 관련된 내용을 다룰 것임을 암시하는 표지이기도 하다.
ⓑ 'A. 이에 비해 B.'는 A와 B를 비교할 때 쓰는 표현이다.
ⓒ 'A. 따라서 B'는 A의 내용을 근거로 B라는 결론을 내릴 수 있다는 의미이다.
ⓓ 'A거나 B를 포함하여 C를 D라고 한다.'를 간단히 하면, 'C를 D라고 한다.'라는 의미이다. 'A거나 B를 포함하여'는 'C'를 구체적으로 설명하는 예시로 보면 된다. 따라서 'A거나 B를 포함하여 C를 D라고 한다.'라는 문장을 보면, '포함하여' 앞부분은 지우고 생각해 된다.
ⓔ 'A와 B는 모두 C에 해당한다.'는 A도 C이고, B도 C라는 의미로, A와 B를 C로 묶을 수 있다는 의미이다. 즉 C의 하위 항목에 A와 B가 있다는 의미이다.
ⓕ 'A 중에서 B는 C이다.'는 'A' 중의 하나인 B가 C라는 의미이다. 따라서 'B는 항상 C이다.'는 항상 옳은 진술이지만, 'A는 항상 C이다.'는 항상 옳은 진술은 아니다.
ⓖ 'A가 되려면, B하고 이에 더하여 C를 해야 한다.'는 'A가 되기 위해서는 B와 C 모두가 있어야 한다.'라는 의미이다.

01 다음 진술이 바르면 ○, 바르지 않으면 ×에 표시하라.

(1) 글에서 '점유'와 '소유'의 개념을 비교하고 있다. ○ | ×
(2) 물건의 소유권은 양도될 수 있다. ○ | ×
(3) 점유자는 항상 소유자가 아니지만, 소유자는 항상 점유자이다. ○ | ×

[정답]
01 (1) ○
   (2) ○
   (3) ×

02 제시된 글의 내용을 표로 정리한 것이다. 빈칸에 알맞은 말을 넣으시오.

★ '점유'의 의미와 종류

1문단	• 점유와 소유		
		점유	( )
	( )에 대한 사실상의 지배 상태		어떤 물건을 사용·수익·처분할 수 있는 권리를 가진 상태
	→ ( )와 소유자가 항상 일치하지는 않는다.		
2문단	• 점유의 종류		
		( )	간접 점유
	개념	물건을 빌려 쓰거나 보관하고 있는 것을 포함하여 물건을 물리적으로 지배하는 상태	반환 청구권을 가진 상태
	공통점	소유자를 ( )하는 기능도 수행한다. └ 물건에 대해 누가 어떤 권리를 가지고 있는지를 알려 주는 것 → 대부분의 동산은 점유에 의해 ( )이 공시된다.	
	• 소유권 양도 방법: 양도 계약 + ( )를 공시		

03 제시된 글을 이해한 내용으로 적절하지 않은 것은?

① 가방을 사용하고 있는 사람은 그 가방의 점유자이다.
② 가방을 점유하고 있더라도 그 가방의 소유자가 아닐 수 있다.
③ 가방의 소유권을 양도하는 유효한 계약만 체결하면 소유권은 이전된다.
④ 가방에 대해 누가 소유권을 가지고 있는지를 알게 해 주는 방법은 점유이다.

03

'점유'의 개념과 종류를 중심으로 글이 전개되고 있다. 따라서 '점유'의 의미와 종류별 특징을 중심으로 글을 읽어 나간다.

3문단에서 물건의 소유권이 양도되려면 양도인과 양수인 사이에 유효한 계약이 있어야 하고, 또 소유권 양도를 공시해야 한다고 하였다. 따라서 계약이 체결되었더라도, 소유권 양도를 공시하지 않았다면, 소유권은 이전될 수 없다.

오답체크

① 1문단에서 점유는 물건에 대한 사실상의 지배 상태를 뜻한다고 하였다. 이 내용을 통해 가방을 사용하고 있는 사람이 그 가방의 점유자가 된다는 것을 알 수 있다.
② 1문단에서 점유자와 소유자가 항상 일치하지 않는다고 하였다. 따라서 가방을 점유하더라도 그 가방의 소유자가 아닐 수 있다는 것을 알 수 있다.
④ 2문단에서 피아노, 금반지, 가방 등과 같은 대부분의 동산은 점유에 의해 소유권이 공시된다는 것을 알 수 있다.

[정답]

02 소유, 물건, 점유자, 직접 점유, 공시, 소유권, 소유권 양도
03 ③

실전 문제 | 2 독해 비법 익히기

풀이 시간 _____ 분

　법률은 사회에서 발생하는 모든 법적 문제에 대한 해결 기준을 정하려고 한다. 하지만 다양한 사례를 모두 법률에 망라할 수는 없기에, 법조문은 ㉠ 그것들을 포괄할 수 있는 추상적인 용어로 구성될 수밖에 없다. 따라서 이러한 법률의 조항들이 실제 사안에 적용되려면 해석이라는 과정을 거쳐야 한다.

　법조문도 언어로 이루어진 것이기에, 원칙적으로 문구가 지닌 보편적인 의미에 맞춰 해석된다. 일상의 사례로 생각해 보자. "실내에 구두를 신고 들어가지 마시오."라는 팻말이 있는 집에서는 손님들이 당연히 글자 그대로 구두를 신고 실내에 들어가지 않는다. 그런데 팻말에 명시되지 않은 '실외'에서 구두를 신고 돌아다니는 것은 어떨까? 이에 대해서는 금지의 문구로 제한하지 않았기 때문에, 금지의 효력을 부여하지 않겠다는 의미로 당연하게 받아들인다. 이처럼 문구에서 명시하지 않은 상황에 대해서는 그 효력을 부여하지 않는다고 해석하는 방식을 반대 해석이라 한다.

　그런데 팻말에는 운동화나 슬리퍼에 대하여도 쓰여 있지 않다. 하지만 누군가 운동화를 신고 마루로 올라가려 하면, 집주인은 팻말을 가리키며 말릴 것이다. 이 경우에 '구두'라는 낱말은 본래 가진 뜻을 넘어 일반적인 신발이라는 의미로 확대된다. 이런 식으로 어떤 표현을 본래의 의미보다 넓혀 이해하는 것을 확장 해석이라 한다.

　하지만 팻말을 비웃으며 진흙이 잔뜩 묻은 맨발로 들어가는 사람을 말리려면, '구두'라는 낱말을 확장 해석하는 것으로는 어렵다. 위의 팻말이 주로 실내를 깨끗이 유지하기 위하여 마련된 규정이라면, 마루를 더럽히며 올라가는 행위도 마찬가지로 금지된다고 보아야 할 것이다. 이렇게 해석하는 방식이 유추 해석이다. 규정된 행위와 동등하다고 평가될 수 있는 일에는 규정이 없어도 같은 효력이 주어져야 한다는 논리이다.

　그런데 구두를 신고 마당을 걷는 것은 괜찮다고 반대 해석하면서도, 흙 묻은 맨발로 방에 들어가도 된다는 반대 해석은 왜 받아들이기 어려운가? 이것은 보편적인 상식이나 팻말을 걸게 된 동기 등을 고려하며 판단하기 때문일 것이다. 법률의 해석에서도 마찬가지로 그 법률의 목적, 기능, 입법 배경 등을 고려한다. 한 예로 형벌권의 남용으로부터 국민의 자유와 권리를 보호하려는 죄형법정주의라는 헌법상의 요청 때문에, 형법의 조문들에서는 유추 해석이 엄격히 배제된다.

01 다음 진술이 바르면 ○, 바르지 않으면 ×에 표시하라.

(1) 법률의 조항들은 해석의 과정을 거치기 때문에 추상적일 수밖에 없다.　○ | ×

(2) 영화관에서 술을 마시려는 사람을 보고, 직원이 "실내에서 음료수를 마시지 마시오."라는 팻말을 가리키며, 술을 못 마시게 했다면, 이는 확장 해석을 한 결과이다.　○ | ×

(3) 문맥상 ㉠은 '법률'을 의미한다.　○ | ×

[정답]
01 (1) ×
　　(2) ○
　　(3) ×

02 제시된 글의 내용을 표로 정리한 것이다. 빈칸에 알맞은 말을 넣으시오.

★ 법률 해석 방식과 특징

1문단	역할	사회에서 발생하는 모든 (　　) 문제에 대한 해결 기준을 정하려고 한다.
	한계	법조문은 다양한 사례를 포괄할 수 있는 (　　　)인 용어로 구성된다. → 실제 사안에 적용되려면 (　　　)이라는 과정을 거쳐야 한다.
2문단	해석 방식	원칙적으로 문구가 지닌 보편적인 의미에 맞춰 해석된다.
3문단		반대 해석 / 문구에서 명시하지 않은 상황에 대해서는 그 (　　)을 부여하지 않는다고 해석하는 방식
		(　　) 해석 / 어떤 표현을 본래의 의미보다 넓혀 이해하는 것
4문단		유추 해석 / 규정된 행위와 동등하다고 평가될 수 있는 일에는 규정이 없어도 같은 효력이 주어져야 한다는 논리
5문단	특징	법률을 해석할 때, 법률의 (　　　), 기능, 입법 배경 등을 고려한다. → (　　　) 때문에 형법의 조문에서는 유추 해석이 엄격히 배제된다.

03 제시된 글에서 설명된 법률 해석에 대한 이해로 옳지 않은 것은?

① 죄형법정주의 때문에 형법에서는 유추 해석을 금지한다.
② 법률이 갖는 목적이나 성격은 그 법조문의 해석에 영향을 끼친다.
③ 법률과 현실 사이에 생길 수 있는 간극을 법률의 해석으로 메우려 한다.
④ 법률의 해석에서는 논리적 맥락보다 직관적 통찰을 통해 타당한 의미를 찾아낸다.

03

법조문의 한계와 해석 방식을 중심으로 글이 전개되고 있다. 따라서 각각의 특징을 파악하면서 글을 읽어 나간다.

5문단의 "법률의 해석에서도 마찬가지로 그 법률의 목적, 기능, 입법 배경 등을 고려한다."라는 내용으로 미루어 볼 때 법률 해석을 할 때 직관적 통찰을 통해 타당한 의미를 찾아낸다는 진술은 옳지 않다.

오답체크

① 5문단의 "죄형법정주의라는 헌법상의 요청 때문에, 형법의 조문들에서는 유추 해석이 엄격히 배제된다."를 보아 형법에서 유추 해석을 금지한다는 진술은 적절하다.

② 5문단의 "법률의 해석에서도 마찬가지로 그 법률의 목적, 기능, 입법 배경 등을 고려한다."를 보아 법률이 갖는 목적이나 성격이 법조문의 해석에 영향을 미친다는 것을 알 수 있다.

③ 1문단에서 법조문은 추상적인 용어로 구성되어 있기 때문에 이를 실제 생활에 적용하려면 해석이라는 과정을 거쳐야 한다고 언급하고 있다. 즉 법률 해석은 추상적인 법률과 구체적인 현실 사이의 간극을 메우는 과정이라고 할 수 있다.

[정답]
02 법적, 추상적, 해석, 효력, 확장, 목적, 죄형법정주의
03 ④

실전 문제 | 3 독해 비법 익히기

풀이 시간 _____ 분

아기 기저귀라는 상품을 예로 들어보면, 상품 특성상 소비자 수요는 일정한데 소매점 및 도매점 주문 수요는 들쑥날쑥했다. 그리고 이러한 주문 변동폭은 '최종 소비자-소매점-도매점-제조업체-원자재 공급업체'로 이어지는 공급 사슬망에서 최종 소비자로부터 멀어질수록 더 증가하였다. 공급 사슬망에서 이와 같이 수요 변동폭이 확대되는 현상을 공급 사슬망의 '채찍 효과'라 한다. 이는 채찍을 휘두를 때 손잡이 부분을 작게 흔들어도 이 파동이 끝 쪽으로 갈수록 더 커지는 현상과 유사하기 때문에 붙여진 이름이다. 이런 변동폭은 유통업체나 제조업체 모두 반길 만한 사항이 아니다. 왜냐하면 늘 수요가 일정하면 이를 기준으로 생산이나 마케팅의 자원을 적절히 분배하여 계획하고 효율적으로 운영할 수 있지만, 변동폭이 크면 계획이나 운영을 원활하게 수행하기 어렵기 때문이다.

그렇다면 이런 채찍 효과가 생기는 이유는 무엇일까? 여러 가지 이유가 있지만 첫 번째는 수요의 왜곡이다. 소비자의 수요가 갑자기 늘면 소매점은 앞으로 수요 증가를 기대하는 심리로 기존 주문량보다 더 많은 양을 도매점에 주문하게 된다. 그리고 도매점도 같은 이유로 소매점 주문량보다 더 많은 양을 제조업체에 주문한다. 즉 공급 사슬망에서 최종 소비자로부터 멀어질수록 점점 더 심하게 왜곡되는 현상이 발생하는 것이다. 이러한 왜곡 현상은 공급자가 시장에서 제한적일 때 더 크게 발생한다. 즉 공급자가 한정된 상황에서는 더 많은 양을 주문해야 제품을 공급받기가 수월하기 때문이다. 티셔츠를 공급하는 제조업체에서 물량이 한정돼 있으면 한꺼번에 많은 양을 주문하는 도매업체에게 우선권을 주는 것은 당연하다. 결국 물건을 공급받기 위해서 업체들은 경쟁적으로 더 많은 주문을 해 공급을 보장받으려 한다. 결국 '수요의 왜곡'이 발생한다.

채찍 효과가 일어나는 두 번째 이유는 공급 사슬망에서 최종 소비자로부터 멀어질수록 대량 주문 방식을 요하기 때문이다. 예를 들면 소비자는 소매점에서 물건을 한두 개 단위로 구입하지만 소매점은 도매상에서 물건을 박스 단위로 주문한다. 그리고 다시 도매점은 제조업체에 트럭 단위로 주문을 한다. 이처럼 최종 소비자로부터 멀어질수록 기본 주문 단위가 커진다. 그런데 이렇게 주문 단위가 커질수록 재고량이 증가하게 되고, 재고량 증가는 변화에 민첩하게 대응하지 못하게 하는 원인이 된다.

01 다음 진술이 바르면 ○, 바르지 않으면 ×에 표시하라.

(1) 글에서는 채찍 효과의 개념과 원인에 대해 다루고 있다. ○ | ×
(2) 공급자가 시장에서 제한적일 때 '수요의 왜곡'이 더 잘 발생한다. ○ | ×
(3) 기본 주문 단위는 최종 소비자와 가까워질수록 더 커진다. ○ | ×

[정답]
01 (1) ○
   (2) ○
   (3) ×

02 제시시된 글의 내용을 표로 정리한 것이다. 빈칸에 알맞은 말을 넣으시오.

★ 채찍 효과

1문단	특성과 개념	예 아기 기저귀 ① 소비자 (　　　)는 일정한데, 소매점 및 도매점 주문 수요는 들쑥날쑥했다. ② 주문 변동폭은 공급 사슬망에서 최종 소비자로부터 (　　　) 증가하였다. → 개념: 공급 사슬망에서 수요 변동폭이 (　　　)되는 현상
	이름의 유래	채찍을 휘두를 때 손잡이 부분을 작게 흔들어도 이 파동이 끝 쪽으로 갈수록 더 커지는 현상과 유사하기 때문에 붙여진 이름
	영향	유통업체와 제조업체에서는 반기지 않는다. → (　　　)이 크면 계획이나 운영을 원활하게 수행하기 어렵기 때문에
2문단 3문단		• (　　　)가 일어나는 원인 ① 수요의 왜곡 ② 최종 소비자로부터 멀어질수록 대량 주문 방식을 요함.

03 제시된 글에 대한 이해로 적절하지 않은 것은?

① 주문 변동폭은 원자재 공급업체에 가까워질수록 커진다.
② 소비자의 수요가 일정한 상품에서는 채찍 효과가 나타나지 않는다.
③ 정밀한 수요 예측에 의한 주문이 아닌 경우 재고의 부담을 가질 수밖에 없다.
④ 수요의 변동폭이 적은 제품일수록 유통업체나 제조업체는 계획이나 운영이 용이하다.

03
채찍 효과가 발생하는 이유를 설명하고 있다. 따라서 이유가 타당한지 확인하면서 글을 읽어 나간다.

1문단에서 '채찍 효과'를 설명하기 위해 '아기 기저귀'를 예로 들고 있다. '기저귀'는 상품 특성상 '수요'가 일정하다고 한 것을 볼 때, 소비자의 수요가 일정한 상품에서는 채찍 효과가 나타나지 않는다는 이해는 적절하지 않다.

오답체크
① 1문단에서 "주문 변동폭은 '최종 소비자-소매점-도매점-제조업체-원자재 공급업체'로 이어지는 공급 사슬망에서 최종 소비자로부터 멀어질수록 더 증가하였다."라고 하였다. 최종 소비자로부터 멀어질수록 더 증가하였다는 말은 곧 원자재 공급업체에 가까워질수록 증가하였다는 의미이다. 따라서 주문 변동폭은 원자재 공급업체에 가까워질수록 커진다는 이해는 적절하다.
③ 수요의 왜곡이 발생해 채찍 효과가 생기고, 그 결과 실제 수요보다 많은 양의 물품을 생산하게 된다면 재고의 부담을 질 수밖에 없을 것이다.
④ 1문단의 "늘 수요가 일정하면 이를 기준으로 생산이나 마케팅의 자원을 적절히 분배하여 계획하고 효율적으로 운영할 수 있지만"을 볼 때, 수요의 변동폭이 적은 제품, 즉 수요가 일정한 제품일 경우에는 유통업체나 제조업체의 계획이나 운영이 용이할 것이다.

[정답]
02 수요, 멀어질수록, 확대, 변동폭, 채찍 효과
03 ②

Day 08 기출 + 실전 문제로 **독해 비법 익히기**

1회독
2회독
3회독

기출 문제

기출 문제 | 1 독해 비법 익히기

풀이 시간 _____ 분

　경제적으로 보면 우리의 삶은 끊임없이 무언가를 소비한다. 의식주 같은 기본 생활에 더해 문화생활과 사회 활동도 소비를 떼어 놓고 생각할 수 없다. 소비되는 것을 흔히 '상품'이라고 부르지만 실은 '재화'라고 해야 하는데, 재화는 소비를 목적으로 하고 상품은 시장에서의 판매를 목적으로 한다는 점에서 구분되기 때문이다. 이렇게 볼 때 재화는 인류 역사상 늘 있었지만, 상품은 자본주의 시대에 이르러 출현하였다.
　냉전 시대에는 다음과 같은 말이 있었다. "자본주의에서는 상인이 최고이고, 사회주의에서는 공직자가 최고이다." 자본주의는 자유경쟁을 기본으로 하기에 ㉠ 물건을 싸게 사서 비싸게 파는 상인이 돈을 가장 많이 벌 수 있으며, 사회주의는 관료제의 폐해로 국가 기관이 부패해서 고위 관료라든가 고급 당원이 배불리 먹고산다는 의미이다.
　자본주의의 역사를 볼 때 이 말은 사실에 가깝다. 자본주의는 애초부터 상업의 발달과 밀접한 관계가 있었다. 중세의 상인들이 물건을 시장에 팔아 이윤을 얻기 위해 수공업자들을 조직하여 그들에게 자본과 도구를 빌려주고 물건을 대신 생산하게 한 데에서 자본주의가 출발하였다. 이처럼 자본주의는 ㉡ 상품에 기초한 사회로, 상품은 그것이 판매될 수 있는 시장을 전제로 생산되는 것이기 때문에 시장이 형성되어 있지 않다면 상품도 존재할 수 없다. 목수가 ㉢ 집에서 쓰기 위해 만든 의자와 시장에 팔기 위해 만든 의자는 동일한 의자임에도 재화와 상품의 관점에서 볼 때 서로 다르다.
　이와 같이 상품에는 생산과 유통이라는 두 가지 측면이 있다. ㉣ 자본주의 사회에서 생산되는 물품의 유통을 맡은 사람이 바로 상인이다. "자본주의에서는 상인이 최고이다."라는 말은 만드는 이에 비해서 파는 이가 더 많은 이익을 남긴다는 뜻이다. 자본주의화가 진행될수록 전자와 후자 사이의 차이는 더 커진다. 기술혁신이 이루어져 상품을 생산하는 과정은 갈수록 단순해지고 상품의 대량생산은 쉬워지는 반면, 유통의 경우 상품과 최종 소비자 사이의 관계가 갈수록 복잡해지므로 생산에 비해 우회로를 더 많이 거치게 된다. (㉤) 자본주의가 성숙할수록 제조업의 이윤은 적어지고 유통업의 이윤은 많아진다.

01 다음 진술이 바르면 ○, 바르지 않으면 ×에 표시하라.

(1) 소비되는 것은 '재화'이자 '상품'이다. [○|×]

(2) ㉠~㉣ 중 문맥상 의미가 나머지와 다른 하나는 ㉢이다. [○|×]

(3) 맥락을 고려할 때, ㉤에는 '따라서'가 들어가야 한다. [○|×]

02 제시된 글의 내용을 표로 정리한 것이다. 빈칸에 알맞은 말을 넣으시오.

★ 자본주의와 함께 출현한 상품

1문단	우리의 삶은 '( )'와 불가분의 관계이다. · '재화'와 '상품'의 구분		
		( )	상품
	목적	소비	시장에서의 판매
	출현	인류 역사의 시작과 함께	( ) 시대에 이르러

2문단	"자본주의에서는 상인이 최고이고, 사회주의에서는 공직자가 최고이다."의 의미	
	자본주의에서는 상인이 최고	사회주의에서는 공직자가 최고
	자유경쟁을 기본으로 하기에 물건을 싸게 사서 비싸게 파는 상인이 돈을 가장 많이 벌 수 있다.	관료제의 폐해로 국가 기관이 부패해서 고위 관료라든가 고급 당원이 배불리 먹고산다.

3문단	자본주의와 ( )의 발달은 밀접한 관련이 있다. → 상품은 시장 판매를 전제로 생산되므로, 시장이 없으면 상품도 존재하지 않는다.

4문단	· 상품의 두 가지 측면: 생산과 유통 · 상인의 개념과 특징	
	개념	자본주의 사회에서 생산되는 물품의 ( )을 맡은 사람
	특징	자본주의가 성숙할수록 제조업의 이윤은 적어지고 유통업의 이윤은 많아진다.

03 제시된 글에서 추론한 내용으로 가장 적절한 것은?

2025 지방직 9급

① 사회주의에서는 유통이 생산보다 중요하다.
② 상품이 존재한다는 것은 시장이 형성되어 있다는 것이다.
③ 자본주의가 성숙할수록 제조업과 유통업의 이윤 차이는 줄어든다.
④ 중세의 상인들은 물건의 생산 단가를 낮추기 위해 시장에 팔 물건을 손수 생산하였다.

03

1문단의 "상품은 시장에서의 판매를 목적으로 한다는 점 ~ 상품은 자본주의 시대에 이르러 출현하였다." 부분을 볼 때, 상품이 존재한다는 것은 시장이 형성되어 있다는 것임을 추론할 수 있다.

오답체크

① 4문단의 내용을 볼 때, 유통이 생산보다 중요한 것은 '사회주의'가 아니라 '자본주의'이다.
③ 4문단의 "자본주의가 성숙할수록 제조업의 이윤은 적어지고 유통업의 이윤은 많아진다." 부분을 볼 때, 적절하지 않은 추론이다.
④ 3문단의 "중세의 상인들이 물건을 시장에 팔아 이윤을 얻기 위해 수공업자들을 조직하여 그들에게 자본과 도구를 빌려주고 물건을 대신 생산하게 한 데에서 자본주의가 출발하였다." 부분을 볼 때, 상인들이 손수 생산하였다는 추론은 적절하지 않다.

[정답]
01 (1) ×
    (2) ○
    (3) ○
02 소비, 재화, 자본주의, 상업, 유통
03 ②

기출 문제 | 2 독해 비법 익히기

풀이 시간 _____ 분

> 프랑스에서 의무교육 제도를 실시하면서 정규학교에 입학하기 어려운 지적장애아, 학습부진아를 가려내고자 하였다. 이에 기초 학습 능력 평가를 목적으로, 1905년 최초의 IQ 검사가 이루어졌다. 이 검사를 통해 비로소 인간의 지능을 구체적으로 수치화하고 객관적으로 비교할 수 있게 되었다.
>
> 이후 오랫동안 IQ가 높으면 똑똑한 사람, 그렇지 않으면 머리가 좋지 않고 학습에도 부진한 사람으로 판단했다. 물론 IQ가 높은 아이는 그렇지 않은 아이에 비해 읽기나 계산 등 사고 기능과 관련된 과목에서 높은 성취도를 보이는 경우가 많다. 이는 IQ 검사가 기초 학습에 필요한 최소 능력인 언어 이해력, 어휘력, 수리력 등을 측정하기 때문이다. 학습의 기초 능력을 측정하는 IQ 검사에서 높은 점수를 받은 아이는 동일한 능력을 측정하는 학업 평가에서도 높은 점수를 받을 가능성이 크다. 하지만 문제는 IQ 검사가 인간의 지능 중 일부만을 측정한다는 점이다.

01 다음 진술이 바르면 ○, 바르지 않으면 ×에 표시하라.

(1) 프랑스에서 의무교육 제도를 실시하기 전까지는 IQ 검사가 이루어지지 않았다. ○ | ×

(2) 인간의 모든 지능을 IQ 검사로 측정할 수 있다. ○ | ×

(3) 높은 IQ는 우수한 학업 성취를 보장한다. ○ | ×

[정답]
01 (1) ○
   (2) ×
   (3) ×

02 제시된 글의 내용을 표로 정리한 것이다. 빈칸에 알맞은 말을 넣으시오.

★ IQ 검사의 역사와 한계

IQ 검사 실시 목적	• (　　　)에 입학하기 어려운 지적장애아, 학습부진아를 가려내기 위함. • 기초 학습 능력 평가
IQ 검사의 의의	인간의 지능을 구체적으로 (　　)하고 객관적으로 (　　)할 수 있게 되었다.
IQ 검사의 한계	인간의 지능 중 일부(언어 이해력, 어휘력, 수리력 등)만을 측정한다.

03 제시된 글에서 추론한 내용으로 적절하지 않은 것은?

2023 지방직 9급

① 최초의 IQ 검사는 학습 능력이 우수한 아이를 고르기 위해 시행되었다.
② IQ 검사가 만들어지기 전에는 인간의 지능을 수치로 비교할 수 없었다.
③ IQ가 높은 아이라도 전체 지능은 높지 않을 수 있다.
④ IQ가 높은 아이가 읽기 능력이 좋을 확률이 높다.

03
1문단의 "정규학교에 입학하기 어려운 지적장애아, 학습부진아를 가려내고자 하였다. 이에 ~ 1905년 최초의 IQ 검사가 이루어졌다." 부분을 볼 때, 최초의 IQ 검사가 '우수한 아이'를 고르기 위해 시행되었다는 추론은 적절하지 않다.

오답체크
② 1문단의 "이 검사를 통해 비로소 인간의 지능을 구체적으로 수치화하고 객관적으로 비교할 수 있게 되었다." 부분을 통해 추론할 수 있다.
③ 2문단의 "물론 IQ가 높은 아이는 그렇지 않은 아이에 비해 읽기나 계산 등 사고 기능과 관련된 과목에서 높은 성취도를 보이는 경우가 많다.", "하지만 문제는 IQ 검사가 인간의 지능 중 일부만을 측정한다는 점이다." 부분을 통해 추론할 수 있다.
④ 2문단의 "IQ 검사가 기초 학습에 필요한 최소 능력인 언어 이해력, 어휘력, 수리력 등을 측정하기 때문이다." 부분을 통해 추론할 수 있다.

[정답]
02 정규학교, 수치화, 비교
03 ①

기출 문제 | 3 독해 비법 익히기

풀이 시간 _____ 분

과학의 개념은 분류 개념, 비교 개념, 정량 개념으로 구분할 수 있다. 식물학과 동물학의 종, 속, 목처럼 분명한 경계를 가지고 대상들을 분류하는 개념들이 분류 개념이다. 어린이들이 맨 처음에 배우는 단어인 '사과', '개', '나무' 같은 것 역시 분류 개념인데, 하위 개념으로 분류할수록 그 대상에 대한 정보가 더 많이 전달된다. 또한, 현실 세계에 적용 대상이 하나도 없는 분류 개념도 있을 수 있다. 예를 들어 '유니콘'이라는 개념은 '이마에 뿔이 달린 말의 일종임' 같은 분명한 정의가 있기에 '유니콘'은 분류 개념으로 인정되는 것이다.

'더 무거움', '더 짧음' 등과 같은 비교 개념은 분류 개념보다 설명에 있어서 정보 전달에 더 효과적이다. 이것은 분류 개념처럼 자연의 사실에 적용되어야 하지만, 분류 개념과 달리 논리적 관계도 반드시 성립해야 한다. 예를 들면, 대상 A의 무게가 대상 B의 무게보다 더 무겁다면, 대상 B의 무게가 대상 A의 무게보다 더 무겁다고 말할 수 없는 것처럼 '더 무거움' 같은 비교 개념은 논리적 관계를 반드시 따라야 한다.

마지막으로 정량 개념은 비교 개념으로부터 발전된 것인데, 이것은 자연의 사실로부터 파악할 수 있는 물리량을 측정함으로써 만들어진다. 물리량을 측정하기 위해서는 몇 가지 규칙이 필요한데, 그 규칙에는 두 물리량의 크기를 비교하는 경험적 규칙과 물리량의 측정 단위를 정하는 규칙 등이 포함된다. 이러한 정량 개념은 자연에 의해서 주어지는 것이 아니라 우리가 자연현상에 수를 적용하는 과정에서 생겨나는 것이다. 정량 개념은 과학의 언어를 수많은 비교 개념 대신 수를 사용할 수 있게 하여 과학 발전의 기초가 되었다.

01 다음 진술이 바르면 ○, 바르지 않으면 ×에 표시하라.

(1) 하위 개념에서 상위 개념으로 갈수록 대상에 대한 정보가 줄어든다. [○ | ×]

(2) 비교 개념은 논리적 관계가 반드시 성립해야 한다. [○ | ×]

(3) '푸들'이 '개'보다 전달되는 정보가 더 많다. [○ | ×]

[정답]
01 (1) ○
　　(2) ○
　　(3) ○

02 제시된 글의 내용을 표로 정리한 것이다. 빈칸에 알맞은 말을 넣으시오.

★ 과학의 개념

( ) 개념	분명한 경계를 가지고 대상들을 분류하는 개념 예 사과, 개, 나무 ① ( ) 개념으로 분류할수록 그 대상에 대한 정보가 더 많이 전달된다. ② 현실 세계에 적용 대상이 하나도 ( ) 분류 개념도 있을 수 있다.
비교 개념	예 더 무거움, 더 짧음 ① 분류 개념보다 설명에 있어서 ( ) 전달에 더 효과적이다. ② 분류 개념과의 공통점과 차이점 <table><tr><td></td><td>분류 개념</td><td>( )</td></tr><tr><td>공통점</td><td colspan="2">자연의 사실에 적용되어야 함.</td></tr><tr><td>( )</td><td>논리적 관계가 반드시 성립할 필요 없음.</td><td>논리적 관계도 반드시 성립해야 함.</td></tr></table>
정량 개념	① 비교 개념으로부터 발전된 것 ② ( )을 측정함으로써 만들어진다. 　└ 규칙: 두 물리량의 크기를 비교하는 경험적 규칙 　　　　물리량의 측정 단위를 정하는 규칙 ③ 우리가 자연현상에 ( )를 적용하는 과정에서 생겨나는 것이다. ④ 의의: 과학의 언어를 수많은 비교 개념 대신 수를 사용할 수 있게 하여 과학 발전의 기초가 되었다.

03 제시된 글에서 추론한 내용으로 적절하지 않은 것은? 2021 국가직 9급

① '호랑나비'는 '나비'와 동일한 종에 속하지만, 나비에 비해 정보량이 적다.
② '용(龍)'은 현실 세계에 적용할 수 있는 지시물이 없더라도 분류 개념으로 인정된다.
③ '꽃'이나 '고양이'와 같은 개념은 논리적 관계를 따라야 하는 것은 아니기 때문에 비교 개념에 포함되지 않는다.
④ 물리량을 측정할 수 있는 'cm'나 'kg'과 같은 측정 단위는 자연현상에 수를 적용할 수 있게 해 주었다.

03

'과학의 개념'을 3가지로 구분하여 설명하고 있다. 선지에서는 내용을 적용할 수 있는지 묻고 있다. 따라서 각각 개념의 의미를 정리하면서 글을 읽어 나간다.

1문단에서 "하위 개념으로 분류할수록 그 대상에 대한 정보가 더 많이 전달된다"라고 하였다. '호랑나비'는 '나비'의 하위 개념이다. 따라서 '호랑나비'는 '나비'에 비해 정보량이 더 많다. 그런데 ①에서는 '호랑나비'가 '나비'에 비해 정보량이 적다고 하였다. 따라서 ①의 추론은 적절하지 않다.

오답체크

② 1문단에서 "현실 세계에 적용 대상이 하나도 없는 분류 개념도 있을 수 있다."라고 하면서, '유니콘'을 예로 들고 있다. '용'도 '유니콘'과 마찬가지로 현실 세계에 적용 대상이 없는 개념이다. 따라서 '유니콘'처럼 '용'도 현실 세계에 적용할 수 있는 지시물이 없더라도 분류 개념으로 인정된다는 추론은 적절하다.

③ 2문단의 "이것(비교 개념)은 분류 개념처럼 자연의 사실에 적용되어야 하지만, 분류 개념과 달리 논리적 관계도 반드시 성립해야 한다."라고 하였다. 그런데 '꽃'과 '고양이'는 논리적 관계를 따라야 하는 것은 아니기 때문에 비교 개념에 포함될 수 없다.

④ 3문단의 "정량 개념은 비교 개념으로부터 발전된 것인데, 이것은 자연의 사실로부터 파악할 수 있는 물리량을 측정함으로써 만들어진다. ~ 정량 개념은 과학의 언어를 수많은 비교 개념 대신 수를 사용할 수 있게 하여"를 통해 물리량을 측정할 수 있는 단위가 자연현상에 수를 적용할 수 있게 해주었음을 추론할 수 있다.

[정답]
02 분류, 하위, 없는, 정보, 비교 개념, 차이점, 물리량, 수
03 ①

실전 문제

실전 문제 | 1 독해 비법 익히기
풀이 시간 _____ 분

[ⓐ]「인간은 집단생활을 하기 때문에 분쟁이 발생할 수밖에 없다.」[ⓑ]「그래서 문제가 발생하는 것을 예방하거나 문제를 원만히 해결하기 위해 규칙을 만든다.」[ⓒ]「여러 규칙 중 사회 구성원들의 합의에 따라 만들어지고 강제성을 가진 규칙을 법이라고 한다.」 이때 [ⓓ]「강제성은 공공의 이익을 실현하기 위해 사회 구성원들이 동의할 때만 발휘될 수 있다.」 이러한 [ⓔ]「법은 몇 가지 특징이 있는데 먼저 법은 행동의 결과를 중시한다. 왜냐하면 다른 사람이 행동을 평가할 수 있고 그 변화도 확인할 수 있어야 하기 때문이다.」 그리고 법은 국민의 자유와 권리를 보호한다. [ⓕ]「만약 법이 없다면 권력자나 국가 기관이 멋대로 권력을 휘두를 수 있을 것이다.」 [ⓖ]「마지막으로」 법은 최소한의 간섭만 한다. 개인이 처리해도 되는 일까지 법이 간섭한다면 사람들은 숨이 막혀 평온하게 살기 힘들 것이다.

ⓐ 'A 때문에 B할 수밖에 없다.'는 'A가 있으면 B는 필연적이다(당연하다).'라는 의미이다.
ⓑ 'A. 그래서 B를 만든다.'는 'A 때문에 B를 만든다.'라는 의미이다.
ⓒ '여러 A 중 B와 C를 가진 A를 D라고 한다.'는 여러 A 중 B와 C의 특징을 모두 가지고 있는 것을 따로 D라고 부른다는 의미이다. 따라서 B와 C는 결국 A가 D가 되기 위한 조건이다.
ⓓ 'A는 B할 때만 C한다.'는 A는 B하지 않으면, C하지 않는다는 의미이다. 결국 B는 A가 C를 하기 위한 전제, 조건이다.
ⓔ 'A는 몇 가지 특징이 있는데 먼저 B. 그리고 C, 마지막으로 D.'는 A의 특징으로 B, C, D가 있다는 의미이다. '먼저', '그리고', '마지막'으로 대신에 '첫째', '둘째', '셋째' 등으로 표현될 수도 있다.
ⓕ 'A이다. 왜냐하면 B 때문이다.'에서 B는 A의 까닭, 이유이다. 이때 '왜냐하면'은 생략될 수도 있다.
ⓖ '만약 A라면, B일 것이다.'는 A의 상황이라면 B가 될 것이라는 의미이다.

01 다음 진술이 바르면 O, 바르지 않으면 ×에 표시하라.

(1) 집단생활 중에 분쟁이 발생하는 것이 당연하다. [O | ×]
(2) 법은 사회 구성원들의 합의에 따라 만들어진 것이다. [O | ×]
(3) 법을 어긴 사람은 법으로부터 항상 간섭을 받는다. [O | ×]

[정답]
01 (1) O
   (2) O
   (3) ×

02 제시된 글의 내용을 표로 정리한 것이다. 빈칸에 알맞은 말을 넣으시오.

★ 법 개념과 특징

개념	사회 구성원들의 합의에 따라 만들어지고 (　　　　　)을 가진 규칙 └→ 발휘 조건 ㉠ 공공의 이익을 실현하기 위해 　　　　　　㉡ 사회 구성원들이 동의할 때 * (　　)을 만드는 목적 ① 문제가 발생하는 것을 (　　)하기 위해 ② 문제를 원만히 해결하기
(　　)	① 행동의 결과를 중시한다. 　→ (　　)하고 확인해야 하기 때문에 ② 국민의 자유와 권리를 (　　)한다. 　→ 권력자나 국가 기관이 멋대로 권력을 휘두르는 것을 막음. ③ 법은 최소한의 (　　)만 한다.

03 제시된 글에 대한 이해로 가장 적절하지 않은 것은?

① 타인의 행동을 평가하고 그 변화를 확인하여야 하므로 법은 결과를 중시한다.
② 법은 문제가 발생하는 것을 예방하기 위해 사회 구성원의 의사를 반영하여 만든다.
③ 법은 권력자의 권력 행사를 제한하여 국민들의 자유와 권리를 지키는 역할을 한다.
④ 목적이 공익과 무관하더라도 사회 구성원의 동의가 있다면 강제성이 발휘될 수 있다.

03
법의 개념과 특징을 중심으로 글을 전개하고 있다. 또 특징이 있는 이유도 함께 제시되어 있다. 따라서 특징과 이유의 연결이 바른지 확인하면서 글을 읽어 나가면 된다.
"강제성은 공공의 이익을 실현하기 위해 사회 구성원들이 동의할 때만 발휘될 수 있다."라고 하였다. 따라서 공익과 무관할 경우에는 사회 구성원의 동의가 있더라도 강제성은 발휘될 수가 없을 것이다.

오답체크
① "법은 행동의 결과를 중시한다. 왜냐하면 다른 사람이 행동을 평가할 수 있고 그 변화도 확인할 수 있어야 하기 때문이다."를 볼 때, 적절한 이해이다.
② 인간은 문제가 발생하는 것을 예방하기 위해 '규칙'을 만든다고 했고, '법'도 '규칙' 중의 하나라고 하였다. 따라서 법은 문제가 발생하는 것을 예방하기 위해 사회 구성원의 의사를 반영하여 만든다는 이해는 옳다.
③ "만약 법이 없다면 권력자나 국가 기관이 멋대로 권력을 휘두를 수 있을 것이다."를 볼 때, 적절한 이해이다.

[정답]
02 강제성, 규칙, 예방, 특징, 평가, 보호, 간섭
03 ④

실전 문제 | 2 독해 비법 익히기

풀이 시간 _____ 분

　소비자들은 어떤 제품이나 서비스를 선택할 때 쉽사리 결정을 내리지 못한다. 이를테면 기능은 만족스럽지만 가격이 비싸거나, 반대로 가격은 만족스러운데 기능은 그렇지 않다거나 하는 경우를 들 수 있다. 이처럼 소비자들은 구매 과정에서 흔히 갈등을 겪게 되는데, 그중 가장 대표적인 것이 '접근-접근 갈등'이다. 이는 둘 이상의 바람직한 대안 중에서 하나만을 골라야 하는 경우에 어느 것을 선택해야 할지 결정하지 못해 발생하는 갈등이다. 이때 판매자는 대안들을 함께 묶어 제공함으로써 소비자가 겪는 '접근-접근 갈등'을 해소할 수 있다.

　그런데 다른 대안들을 함께 묶어 제공받지 못한 상태에서 하나의 대안만을 선택해야 했던 경우, 소비자들은 선택하지 않은 대안에 대한 아쉬움 때문에 심리적으로 불편함을 느끼게 된다. 소비자들은 이러한 심리적 불편함을 없애려 하는데, 이는 인지 부조화 이론으로 설명할 수 있다. 이 이론에 따르면 사람들은 자신의 생각과 태도가 자신이 한 행동과 서로 일치하기를 바라는데, 그렇지 않으면 심리적 긴장 상태가 발생하게 된다는 것이다. 이런 경우 사람들은 긴장 상태를 해소하기 위해 생각과 행동을 일치시키려 한다. 그렇다면 제품을 구입한 행동과 제품 구입 후에 자신의 선택이 최선이 아닐지도 모른다는 생각 사이의 부조화는 어떻게 극복될 수 있을까?

　인지 부조화 상태를 겪고 있는 소비자는 이를 해소하기 위해 선택하지 않은 제품의 단점을 찾아내거나 그 제품의 장점을 무시하기도 한다. 하지만 일반적으로는 자신의 구매 행동을 지지하는 부가 정보들을 찾아냄으로써 현명한 선택을 했다는 것을 스스로에게 확신시킨다. 특히 자동차나 아파트처럼 고가의 재화를 구매했을 경우에는 구매 직후의 인지 부조화가 심화되므로 이를 해소하려는 노력도 더 크게 나타난다. 이때 광고가 중요한 역할을 한다. 소비자들은 광고를 통해 자신이 선택한 제품의 장점을 재확인하거나 새로운 선택 이유를 찾아내려고 하는 것이다. 제품을 구매한 고객들을 대상으로 한 광고는 전달할 수 있는 정보가 제한적인 매체보다는 많은 정보를 담을 수 있는 매체를 활용하는 것이 효과적이다.

　소비자들이 구매 후에 광고를 탐색하는 것은 인지 부조화를 감소시키고자 하는 노력인데, 기업 입장에서는 또 다른 효과들을 가져오기도 한다. 구매 후 광고는 제품을 구매한 소비자들에게 자신의 구매 행동이 옳았다는 확신이나 만족을 심어주기 때문에 회사의 이미지를 높이고 브랜드 충성심을 구축하는 데 크게 기여한다. 따라서 구매 후 광고는 재구매를 유도하거나 긍정적 입소문을 확산시켜 광고의 효과를 극대화할 수 있다. 따라서 기업은 제품을 판매한 이후에도 소비자와 제품의 우호적인 관계가 유지될 수 있도록 지속적으로 광고를 노출할 필요가 있다.

01 다음 진술이 바르면 ○, 바르지 않으면 ×에 표시하라.

(1) 광고는 소비자의 제품이나 브랜드의 재구매에도 영향을 준다.　［○ | ×］

(2) 소비자들은 어떤 제품이나 서비스를 선택할 때 갈등을 겪는다.　［○ | ×］

(3) 이미 제품을 구매한 고객을 대상으로 한 광고에는 가능한 한 많은 정보를 담는 게 효과적이다.　［○ | ×］

[정답]
01 (1) ○
　　(2) ○
　　(3) ○

02 제시된 글의 내용을 표로 정리한 것이다. 빈칸에 알맞은 말을 넣으시오.

★ 소비자의 인지 부조화를 감소하기 위한 판매자의 노력

1문단		• ( ) 과정에서 흔히 갈등을 겪는다. 예 접근 – 접근 갈등		
		개념	둘 이상의 바람직한 대안 중에서 하나만을 골라야 하는 경우에 어느 것을 선택해야 할지 결정하지 못해 발생하는 갈등	
		해소 방법	판매자	대안들을 함께 묶어 제공함.
			소비자	심리적 ( )을 없애려 함.
				→ 인지 부조화 이론으로 설명 가능
2문단	소비자의 특징	• ( ) 이론		
			생각(태도)과 행동 일치	생각(태도)과 행동 불일치
		심리적 긴장 상태	발생 ×	발생 ○
		→ 생각(태도)과 행동이 ( )할 때, 사람들은 긴장 상태를 해소하기 위해 생각과 행동을 일치시키려 한다.		
		선택하지 않은 제품에 대해	선택한 제품에 대해	
		① 제품의 단점 찾아내기 ② 제품의 장점을 무시하기	부가 정보들을 찾아냄으로써 현명한 선택을 했다는 것을 스스로에게 확신시키기 → 고가의 재화일수록 더 ( )한다.	
		→ 부가 정보들을 찾아내는 경우에 '( )'가 중요한 역할을 한다.		
3문단	주장	제품을 구매한 고객을 대상으로 하는 광고는 '( ) 정보'를 담을 수 있는 매체를 활용하는 게 효과적이다.		
4문단	구매 후 광고 탐색의 효과	소비자	기업(판매자)	
			① 회사의 이미지를 제고 ② 브랜드 ( )을 구축 ③ 재구매 유도 ④ 긍정적 입소문 확산	
		→ 인지 부조화를 감소	→ 광고 효과의 극대화	
	주장	기업은 제품을 판매한 이후에도 소비자와 제품의 우호적인 관계가 유지될 수 있도록 지속적으로 광고를 노출할 필요가 있다.		

03 제시된 글에 대한 이해로 적절한 것은?

① 제품을 구매한 소비자는 자신이 구매한 제품의 광고에 더 이상 주목하지 않는다.
② 구매 후 광고를 적극적으로 탐색하면 소비자의 브랜드 충성심이 형성되지 않는다.
③ 인지 부조화가 발생하게 되면 소비자가 어떤 제품을 구매할지 쉽게 결정하지 못한다.
④ 소비자는 자신의 구매 행위가 최선이었다는 확신이 없을 때 심리적 긴장 상태가 생긴다.

03
소비자의 특성을 고려해 기업이 광고를 어떻게 노출해야 하는지를 보여주고 있다. 따라서 소비자의 특성과 기업의 대처를 중심으로 글을 읽어 나가면 된다.

소비자는 자신의 구매 행위가 최선이었다는 확신이 없을 경우 자신의 행동과 자신의 생각이 일치하지 않는 인지 부조화를 겪게 된다. 2문단에서 "이 이론(인지부조화 이론)에 따르면 사람들은 자신의 생각과 태도가 자신이 한 행동과 서로 일치하기를 바라는데, 그렇지 않으면 심리적 긴장 상태가 발생하게 된다는 것이다."를 볼 때, '심리적 긴장 상태'를 겪게 된다는 이해는 적절하다.

오답체크
① 3문단과 4문단의 제품을 구매한 소비자라 할지라도 자신이 구매한 제품에 만족하지 못하게 되면 인지 부조화를 극복하기 위해 광고에 주의를 기울일 수 있다는 내용을 통해 알 수 있다.
② 4문단의 구매 후에 광고를 적극적으로 탐색하게 되면 광고를 통해 제품의 긍정적인 측면에 더욱 주목하게 됨으로써 브랜드 충성심이 형성되기 쉽다는 내용을 통해 확인할 수 있다.
③ 인지 부조화는 자신이 한 행동과 자신의 생각이 일치하지 않아 겪게 되는 심리적 불편함이므로 자신이 한 소비 행동과 소비 행동이 최선이 아닐지도 모른다는 생각 사이의 불일치로 인해 발생하는 것이다. 어떤 제품을 구매할지 결정을 내리지 못하는 것은 구매 행위가 일어나기 이전이므로 이를 인지 부조화의 관점으로 설명하는 것은 적절하지 않다.

[정답]
02 구매, 불편함, 인지 부조화, 불일치, 노력, 광고, 많은, 충성심
03 ④

실전 문제 | 3 독해 비법 익히기

풀이 시간 _____ 분

과거에는 일반 시민들이 사회 문제에 관한 정보를 얻을 수 있는 수단이 거의 없었다. 따라서 일반 시민들은 신문과 같은 전통적 언론을 통해 정보를 얻었고, 전통적 언론은 주요 사회 문제에 대한 여론을 형성하는 데 강한 영향을 끼쳤다. 지금도 신문에서 물가 상승 문제를 반복해서 보도하면, 일반 시민들은 이를 중요하다고 생각하고 그와 관련된 여론도 활성화된다. 이처럼 전통적 언론이 여론을 형성하는 것을 '의제설정' 기능이라고 한다.

하지만 막강한 정보원으로 인터넷이 등장한 이후 전통적 언론의 영향력은 약화되고 있다. 그리고 인터넷을 통한 상호작용 매체인 소셜 네트워킹 서비스(이하 SNS)가 등장한 이후에는 그러한 경향이 더 강화되고 있다. 일반 시민들이 SNS를 통해 문제를 제기하고 많은 사람들이 그 문제에 대해 중요하다고 생각하면 역으로 전통적 언론에서 뒤늦게 그 문제에 대해 보도하는 현상이 생기게 된 것이다. 이러한 현상을 일반 시민이 의제설정을 주도한다는 점에서 '역의제설정' 현상이라고 한다.

전통적 언론은 사회 문제 중에서 일부만을 골라서 의제로 설정한다. 역의제설정현상은 전통적 언론에 의해 주도되는 의제설정의 치우침, 즉 편향성을 보완할 수 있다는 점에서 사회적으로 중요한 의미가 있다. 일반 시민들이 SNS를 통해 전통적 언론에서 다루지 않은 문제에 대해 논의거리를 제기하고 그에 대해 다른 사람들의 호응을 얻어 사회적으로 의미 있는 여론을 형성할 수 있게 된 것이다.

하지만 역의제설정 현상이 긍정적인 면만 있는 것은 아니다. SNS에서는 진위 여부가 검증되지 못한 내용을 토대로 여론이 형성되는 경우도 있다. 이 때문에 SNS를 통해 형성되는 여론은 왜곡되거나 변형될 위험이 있다. SNS에서 때로 괴담과 같은 비합리적인 정보가 마치 사실처럼 간주되고 널리 확산되어 사회적 물의를 일으키는 것도 이 때문이다.

01 다음 진술이 바르면 ○, 바르지 않으면 ×에 표시하라.

(1) 과거에는 전통적 언론을 통해 여론을 형성하기 쉬웠다. ○ | ×
(2) 전통적 언론에서는 SNS를 통해 형성된 여론에 대해서는 다루지 않는다. ○ | ×
(3) 역의제설정은 '진위 여부 검증'의 부재라는 단점을 갖고 있다. ○ | ×

[정답]
01 (1) ○
   (2) ×
   (3) ○

02 제시된 글의 내용을 표로 정리한 것이다. 빈칸에 알맞은 말을 넣으시오.

★ 역의제설정 현상의 장점과 단점

	• '의제설정'과 '역의제설정'	
1문단	( )	역의제설정
2문단	전통적 언론이 여론을 형성하는 것	( )이 여론을 주도하는 것 → SNS를 통해 여론이 형성되면, 전통적 언론이 보도
3문단	• '역의제설정'의 장점과 단점	
	장점	전통적 언론의 ( )을 보완할 수 있음.
4문단	( )	진위 여부가 검증되지 못한 내용을 토대로 여론이 형성되기도 함. → 비합리적인 정보가 사실로 간주되고 확산되어 ( )를 일으킴.

03 제시된 글에 대한 이해로 가장 적절한 것은?

① 여론은 전통적 언론에 의해 검증되어야 형성된다.
② 최근의 여론은 이전과는 달리 비밀스럽게 형성된다.
③ 역의제설정 현상은 사회적 물의를 최소화할 수 있다.
④ 주목받는 의제라도 내용의 사실 여부를 따져봐야 한다.

03

'역의제설정'의 탄생 배경과 장점과 단점을 다루고 있다. 따라서 각각의 내용을 정리하면서 글을 읽어 나간다.

4문단에서 '역의제설정' 현상의 부정적인 영향으로 "SNS에서는 진위 여부가 검증되지 못한 내용을 토대로 여론이 형성되는 경우도 있다."를 들고 있다. 따라서 주목받는 의제라고 하더라도 내용의 사실 여부를 따져볼 필요가 있다.

오답체크
① 최근에는 SNS를 통해서도 여론이 형성된다고 하였다. 따라서 전통적 언론의 검증이 있어야만 여론이라는 추론은 적절하지 않다.
② 최근에는 SNS에서 사람들과의 소통과정에서 여론이 형성된다고 하였다. 따라서 비밀스럽게 여론이 형성된다는 추론은 적절하지 않다.
③ 4문단에서 비합리적인 정보가 사실로 간주되고 확산되어 사회적 물의를 일으켰다고 했다. 따라서 사회적 물의를 최소화할 수 있다는 추론은 적절하지 않다.

[정답]
02 의제설정, 일반 시민, 편향성, 단점, 사회적 물의
03 ④

공무원 시험 전문 해커스공무원
gosi.Hackers.com

해커스공무원 혜원국어 적중 여신의 구조적 비문학 독해

PART 3
주제 찾기

Day 9 주제 찾기 유형
Day 10 기출 + 실전 문제로 독해 비법 익히기
Day 11 기출 + 실전 문제로 독해 비법 익히기
Day 12 기출 + 실전 문제로 독해 비법 익히기

Day 09 주제 찾기 유형

 유형 분석

　주어진 글을 읽고 '주제'를 파악했는지 확인하는 유형이다. '주제'는 '글쓴이가 글을 통해 독자에게 전달하고자 하는 내용'이다. 주제뿐만 아니라, 중심 내용, 중심 화제, 글쓴이의 주장이나 글의 결론 등을 묻는 형태로도 출제된다. 각기 다른 유형 같지만, 결국에는 '글쓴이가 말하고자 하는 바'를 묻는다는 점에서 동일하다. 따라서 글쓴이가 무엇에 대해, 어떻게 서술했는지를 찾으면 된다.

대표 발문

- 다음 글의 중심 내용으로 가장 적절한 것은?
- 다음 글의 핵심 논지로 가장 적절한 것은?

 **유형 정복 비법**

비법 3 삭제와 재구성의 법칙

　주제 찾기 유형을 정복하기 위해서는 '삭제'와 '재구성'을 할 필요가 있다. 글쓴이는 글을 쓸 때, 자신이 말하고자 하는 바를 독자에게 쉽고 효과적으로 전달하기 위해서 여러 도구를 사용한다. 예를 들기도 하고, 질문을 던지기도 하고, 관련된 개념을 설명하기도 한다. '주제'를 찾는 우리의 입장에서 보자면, 글쓴이가 만들어 놓은 여러 장치들을 제거하면 '주제'를 찾을 수 있다는 의미이다. 부가적인 부분들을 삭제했을 때, '주제'가 겉으로 드러난 경우도 있지만, 그렇지 않은 경우도 있다. 그럴 때는 남은 뼈대들의 내용을 재구성하여 묶으면 그것이 주제가 된다. 문단이 여러 개일 때에는 각 문단의 관계를 도식화하면 주제를 이끌어내기 쉽다.

STEP 1 다음 문장의 주제를 '삭제와 재구성'을 통해 찾아보자. 삭제해야 할 내용은 '———'로 표시하고, 재구성한 내용은 '➡'에 적어라.

> 높은 휘발유세는 자동차를 사용함으로써 발생하는 다음과 같은 문제들을 줄이는 교정적 역할을 수행하고 있다. 첫째, 휘발유세는 사람들의 대중교통 수단 이용을 유도하고, 자가용 사용을 억제함으로써 교통 혼잡을 줄일 수 있다. 둘째, 휘발유세는 휘발유 소비를 억제함으로써 대기 오염을 줄이는 데 기여한다.

➡

> 납세자들은 정부에서 제공하는 각종 재정 활동, 즉 각종 공공시설, 보건 의료, 복지 및 후생 등의 편익에 대해서 더 큰 혜택을 원한다. 그러나 공공 서비스 확충을 위하여 세금을 더 많이 내겠다고 나서는 사람은 보기 드물다.

➡

> 우주에서 지구의 북극을 내려다보면 지구는 시계 반대 방향으로 빠르게 자전하고 있지만 우리는 그 사실을 인지하지 못한다. 지구의 자전 때문에 일어나는 현상 중 하나는 지구상에서 운동하는 물체의 운동 방향이 편향되는 것이다. 이러한 현상의 원인이 되는 가상적인 힘을 전향력이라고 한다.

➡

STEP 2 '삭제와 재구성'을 잘 했는지 확인해 보자. (똑같이 할 필요는 없다. 불필요한 부분을 삭제했고, 남은 부분의 내용을 재구성했으면 그걸로 충분하다.

> 높은 휘발유세는 자동차를 사용함으로써 발생하는 다음과 같은 문제들을 줄이는 교정적 역할을 수행하고 있다. 첫째, 휘발유세는 사람들의 대중교통 수단 이용을 유도하고, 자가용 사용을 억제함으로써 교통 혼잡을 줄일 수 있다. 둘째, 휘발유세는 휘발유 소비를 억제함으로써 대기 오염을 줄이는 데 기여한다.

➜ 높은 휘발유세의 정당성(높은 휘발유세의 긍정적 역할)

> 납세자들은 정부에서 제공하는 각종 재정 활동, 즉 각종 공공시설, 보건 의료, 복지 및 후생 등의 편익에 대해서 더 큰 혜택을 원한다. 그러나 공공 서비스 확충을 위하여 세금을 더 많이 내겠다고 나서는 사람은 보기 드물다.

➜ 세금에 대한 납세자들의 입장

> 우주에서 지구의 북극을 내려다보면 지구는 시계 반대 방향으로 빠르게 자전하고 있지만 우리는 그 사실을 인지하지 못한다. 지구의 자전 때문에 일어나는 현상 중 하나는 지구상에서 운동하는 물체의 운동 방향이 편향되는 것이다. 이러한 현상의 원인이 되는 가상적인 힘을 전향력이라고 한다.

➜ 전향력의 개념

STEP 3 이번에는 'STEP 2'를 모방해서 '삭제와 재구성'을 통해 주제를 찾아보자.

> 개개인의 표현 욕구가 강해지면서 사람들 사이에 사회적 관계를 맺게 하고, 친분 관계를 유지하고 강화해 주며, 개인인 나 자신이 중심이 되어 자기 관심사와 개성을 함께 담아 갈 수 있는 SNS가 점점 발달하고 있다.

➔

> 외모 지상주의란 외모를 가장 중요한 가치로 보는 관점으로, 외모가 개인의 우열을 결정하며 인생에 큰 영향을 미친다고 생각하는 가치관이나 사회적 풍토를 의미한다. 외모 지상주의의 가장 큰 문제는 개인이 자신의 뜻으로 그것을 선택한 것처럼 보이지만, 실은 자본주의의 상품 논리가 이를 교묘하게 부추기고 있다는 점이다.

➔

> 최근 시청자들의 관심을 끌기 위해 비속어 등 규범에 맞지 않는 언어 표현을 하거나 선정적, 폭력적 내용을 담고 있는 1인 방송이 늘어나고 있다. 문제는 청소년은 모방 심리가 강하기 때문에 이러한 방송에 지속적으로 노출될 경우 언어생활이나 가치관에 부정적인 영향을 끼칠 수 있다는 것이다. 실제로 1인 방송 진행자가 사용하는 막말과 비속어 등이 청소년들 사이에서 유행어처럼 번지고, 1인 방송에서 본 잘못된 행동을 모방하는 사례가 늘고 있다.

➔

> 광고에서 배경 음악은 전체의 분위기를 이끌어 가는 매우 중요한 역할을 한다. 특히 최근의 광고에는 소리에 대한 비중이 점차 높아지고 있다. '그림보다 소리로 승부를 건다.'라는 말이 나올 정도로, 강렬한 소리로써 소비자들의 마음을 현혹시키는 광고가 늘어나고 있다. 이른바 '사운드 마케팅'으로 불리는 이런 '소리 위주의 광고'는 소비자의 머리에 깊이 인식되어 소비를 이끌어 낼 수 있고, 기업의 이미지를 높일 수 있는 장점도 지녀, 더욱 주목받고 있다.

➔

> 농약은 언제부터, 왜 치기 시작했을까? 우리 선조들은 농약을 치지 않고도 채소를 가꾸고 과일도 심어 먹었다. 왜냐하면 내가 먹고, 식구들이 먹고, 이웃하고 나눠 먹으려고 농사를 지었기 때문이다. 그런데 시장에 내다 팔아 돈을 벌기 위한 목적으로 농사를 짓기 시작하면서부터 더 많은 양을 생산하기 위해 농약을 치게 되었다. 농약을 쳐도 아주 듬뿍 친다. 그래야 모양도 좋고, 크기도 크고, 벌레 먹은 자국도 없는 깨끗한 채소와 과일이 나와 잘 팔리기 때문이다.

➔

STEP 4 '삭제와 재구성'을 잘 했는지 확인해 보자.

> 개개인의 표현 욕구가 강해지면서 사람들 사이에 사회적 관계를 맺게 하고, 친분 관계를 유지하고 강화해 주며, 개인인 나 자신이 중심이 되어 자기 관심사와 개성을 함께 담아 갈 수 있는 SNS가 점점 발달하고 있다.

➡ SNS의 발달(SNS의 발달 원인)

> 외모 지상주의란 외모를 가장 중요한 가치로 보는 관점으로, 외모가 개인의 우열을 결정하며 인생에 큰 영향을 마친다고 생각하는 가치관이나 사회적 풍토를 의미한다. 외모 지상주의의 가장 큰 문제는 개인이 자신의 뜻으로 그것을 선택한 것처럼 보이지만, 실은 자본주의의 상품 논리가 이를 교묘하게 부추기고 있다는 점이다.

➡ 외모 지상주의의 개념과 문제점

> 최근 시청자들의 관심을 끌기 위해 비속어 등 규범에 맞지 않는 언어 표현을 하거나 선정적, 폭력적 내용을 담고 있는 1인 방송이 늘어나고 있다. 문제는 청소년은 모방 심리가 강하기 때문에 이러한 방송에 지속적으로 노출될 경우 언어생활이나 가치관에 부정적인 영향을 끼칠 수 있다는 것이다. 실제로 1인 방송 진행자가 사용하는 막말과 비속어 등이 청소년들 사이에서 유행어처럼 번지고, 1인 방송에서 본 잘못된 행동을 모방하는 사례가 늘고 있다.

➡ 1인 방송의 문제점(1인 방송은 많은 문제점을 가지고 있다.)

> 광고에서 배경 음악은 전체의 분위기를 이끌어 가는 매우 중요한 역할을 한다. 특히 최근의 광고에는 소리에 대한 비중이 점차 높아지고 있다. '그림보다 소리로 승부를 건다.'라는 말이 나올 정도로, 강렬한 소리로써 소비자들의 마음을 현혹시키는 광고가 늘어나고 있다. 이른바 '사운드 마케팅'으로 불리는 이런 '소리 위주의 광고'는 소비자의 머리에 깊이 인식되어 소비를 이끌어 낼 수 있고, 기업의 이미지를 높일 수 있는 장점도 지녀, 더욱 주목받고 있다.

➡ 광고에서 배경 음악의 역할

> 농약은 언제부터, 왜 치기 시작했을까? 우리 선조들은 농약을 치지 않고도 채소를 가꾸고 과일도 심어 먹었다. 왜냐하면 내가 먹고, 식구들이 먹고, 이웃하고 나눠 먹으려고 농사를 지었기 때문이다. 그런데 시장에 내다 팔아 돈을 벌기 위한 목적으로 농사를 짓기 시작하면서부터 더 많은 양을 생산하기 위해 농약을 치게 되었다. 농약을 쳐도 아주 듬뿍 친다. 그래야 모양도 좋고, 크기도 크고, 벌레 먹은 자국도 없는 깨끗한 채소와 과일이 나와 잘 팔리기 때문이다.

➡ 농약을 치기 시작한 이유

STEP 5 이번에는 조금 더 긴 문장을 '삭제와 재구성'해서 주제를 찾아보자.

> 사회 관계망 서비스(SNS)는 개인의 알 권리를 충족하거나 사회적 정의 실현을 위해 생각과 정보를 공유할 수 있도록 돕는다는 면에서 긍정적인 가치를 인정받는다. 그러나 도덕적 응징이라는 미명하에 개인의 신상 정보를 무차별적으로 공개하는 범법 행위가 확산되면서 심각한 사회 문제가 일고 있는 것이 사실이다. 법적 처벌이 어렵다면 도덕적으로 응징해서라도 죄를 물어야 한다는 누리꾼들의 요구가, '모욕죄'나 '사이버 명예 훼손죄' 등으로 처벌될 수 있는 범죄 행위 수준의 과도한 행동으로 이어지는 경우를 우려해야 하는 상황인 것이다.

➔

> 특히 사회적 비난이 집중된 사건의 경우, 공익을 위한다는 생각으로 사건의 사실 여부를 제대로 확인하지도 않은 채 개인 신상 정보부터 무분별하게 유출하는 행위가 끊이지 않고 있어 문제의 심각성이 커지고 있다. 그로 인해 개인의 사생활 침해와 인격 훼손은 물론, 개인 정보가 범죄에 악용되는 부작용이 발생하고 있다. 따라서 사회 관계망 서비스를 이용하여 정보를 공유할 때에는, 개인의 사생활을 침해하거나 인격을 훼손하는 정보를 유출하는 것은 아닌지 각별한 주의를 기울일 필요가 있다.

➔

STEP 6 '삭제와 재구성'을 잘 했는지 확인해 보자.

사회 관계망 서비스(SNS)는 개인의 알 권리를 충족하거나 사회적 정의 실현을 위해 생각과 정보를 공유할 수 있도록 돕는다는 면에서 긍정적인 가치를 인정받는다. 그러나 도덕적 응징이라는 미명하에 개인의 신상 정보를 무차별적으로 공개하는 범법 행위가 확산되면서 심각한 사회 문제가 일고 있는 것이 사실이다. 법적 처벌이 어렵다면 도덕적으로 응징해서라도 죄를 물어야 한다는 누리꾼들의 요구가, '모욕죄'나 '사이버 명예 훼손죄' 등으로 처벌될 수 있는 범죄 행위 수준의 과도한 행동으로 이어지는 경우를 우려해야 하는 상황인 것이다.

➡ SNS상의 무차별적인 정보 공개가 사회 문제가 되고 있다.

특히 사회적 비난이 집중된 사건의 경우, 공익을 위한다는 생각으로 사건의 사실 여부를 제대로 확인하지도 않은 채 개인 신상 정보부터 무분별하게 유출하는 행위가 끊이지 않고 있어 문제의 심각성이 커지고 있다. 그로 인해 개인의 사생활 침해와 인격 훼손은 물론, 개인 정보가 범죄에 악용되는 부작용이 발생하고 있다. 따라서 사회 관계망 서비스를 이용하여 정보를 공유할 때에는, 개인의 사생활을 침해하거나 인격을 훼손하는 정보를 유출하는 것은 아닌지 각별한 주의를 기울일 필요가 있다.

➡ 정보를 공유할 때, 개인의 사생활 침해나 인격 훼손이 있어서는 안 된다.

STEP 7 'STEP 5'의 문장들은 2019년 지방직 7급 시험에 출제된 하나의 지문을 2개로 나눠 놓은 것이다. 내용을 모두 파악했기 때문에 어렵지 않게 문제를 해결할 수 있을 것이다. 2019년 지방직 7급의 문제를 풀어 보자.

제시된 글에서 결론적으로 주장하는 바로 가장 적절한 것은?   2019 지방직 7급

> 사회 관계망 서비스(SNS)는 개인의 알 권리를 충족하거나 사회적 정의 실현을 위해 생각과 정보를 공유할 수 있도록 돕는다는 면에서 긍정적인 가치를 인정받는다. 그러나 도덕적 응징이라는 미명하에 개인의 신상 정보를 무차별적으로 공개하는 범법 행위가 확산되면서 심각한 사회 문제가 일고 있는 것이 사실이다. 법적 처벌이 어렵다면 도덕적으로 응징해서라도 죄를 물어야 한다는 누리꾼들의 요구가, '모욕죄'나 '사이버 명예 훼손죄' 등으로 처벌될 수 있는 범죄 행위 수준의 과도한 행동으로 이어지는 경우를 우려해야 하는 상황인 것이다.
> 특히 사회적 비난이 집중된 사건의 경우, 공익을 위한다는 생각으로 사건의 사실 여부를 제대로 확인하지도 않은 채 개인 신상 정보부터 무분별하게 유출하는 행위가 끊이지 않고 있어 문제의 심각성이 커지고 있다. 그로 인해 개인의 사생활 침해와 인격 훼손은 물론, 개인 정보가 범죄에 악용되는 부작용이 발생하고 있다. 따라서 사회 관계망 서비스를 이용하여 정보를 공유할 때에는, 개인의 사생활을 침해하거나 인격을 훼손하는 정보를 유출하는 것은 아닌지 각별한 주의를 기울일 필요가 있다.

① 정보 공유를 통해 사회 정의를 실현할 수 있다.
② 정보 유출로 공공의 이익이 훼손되는 경우는 없다.
③ 공유된 정보는 사실 관계를 확인할 수 있어야 한다.
④ 정보 공유 과정에서 개인의 인권이 침해당해서는 안 된다.

[정답] ④

STEP 8 표로 구조화하면 주제(중심 내용)를 찾기 더 쉽다. 앞의 2019년 지방직 7급 문제를 표로 구조화하면 다음과 같다. 괄호 속에 알맞은 말을 넣어라.

1문단	• SNS 정보 공유의 장점과 단점(문제점)		
		장점	① 개인의 알 권리를 충족 ② 사회적 정의 실현
		단점 (문제점)	개인 신상 정보의 무차별적인 확산 → (　　　) 여부도 확인하지 않은 채 개인 신상이 무분별하게 유출되고 있다.
	• 글쓴이의 생각		
	범죄 행위 수준의 과도한 행동으로 이어지는 것을 우려해야 하는 상황이다.		
2문단	• 글쓴이의 주장: SNS에서 (　　　)를 공유할 때에는 주의해야 할 점		
	① (　　　)을 침해하면 안 된다. ② (　　　)을 훼손하면 안 된다.		

[정답] 사실, 정보, 사생활, 인격

신유형 OX로 풀어보기

다음의 설명이 바르면 O, 바르지 않으면 × 하라.

(가) 반대신문식 토론은 크게 입론-반대신문-반론의 순서로 이어진다. 토론에서 찬반 측이 처음으로 자신의 주장을 펼치는 입론은 앞으로 진행될 논의의 흐름을 제시한다는 점에서 매우 중요하다. 찬반 측은 토론을 준비하며 논제에 대한 찬반 의견을 모두 조사하고 이를 바탕으로 입론의 개요를 작성해야 한다. 입론에서 양측은 모두 토론에서 필수적으로 다루어야 하는 쟁점인 필수 쟁점과 관련하여 언급해야 한다. 찬성 측은 필수 쟁점을 바탕으로 현재 상태의 변화를 주장해야 하는 입증의 책임을 가지며 반대 측은 필수 쟁점을 바탕으로 현재 상태의 변화가 필요 없다는 주장을 펼쳐야 한다.

(나) 토론자는 상대측의 입론을 들으며 그에 나타난 주장과 이유, 근거를 정리하고 비판적으로 검토하며 오류를 검증하는 질문을 제시해야 한다. 이처럼 토론에서 상대측의 발언에 나타난 논리적 허점이 드러나도록 질문하고 이에 대해 상대측의 답변을 듣는 과정을 반대신문이라고 한다.

(다) 입론과 반대신문의 과정 후 토론자는 반박을 통해 자신의 주장을 정리하며 청중을 설득해야 한다. 반박 시 앞서 다룬 모든 쟁점을 언급하기보다 그중 자신에게 유리한 쟁점을 선별하여 정리하는 것이 자신의 주장을 강화하는 데에 효과적이다. 또 반박 단계에서는 새로운 주장을 펼쳐선 안 된다. 반박 단계는 찬반 측이 마지막으로 주장을 발언하는 단계이므로 새로운 주장에 대해 검토할 시간이 부족하기 때문이다.

(1) (가)에서는 '반대신문식 토론'의 과정 중 '입론'에 대해 설명하고 있다. O | X

(2) (나)에서는 '반대신문'의 개념을 제시하고 있다. O | X

(3) (다)에서는 '반박' 단계에서 주의할 점에 대해 다루고 있다. O | X

(4) (가)~(다)의 내용을 고려할 때, 아래 〈보기〉 중 글의 제목으로는 ⓒ이 가장 적절하다. O | X

> **보기**
>
> ㉠ 토론의 과정　　　　㉡ 입론과 반론의 방법　　　　㉢ 입론과 반대신문의 과정

손글씨 해설

(가) 반대신문식 토론은 크게 입론-반대신문-반론의 순서로 이어진다. 토론에서 찬반 측이 처음으로 자신의 주장을 펼치는 입론은 앞으로 진행될 논의의 흐름을 제시한다는 점에서 매우 중요하다. 찬반 측은 토론을 준비하며 논제에 대한 찬반 의견을 모두 조사하고 이를 바탕으로 입론의 개요를 작성해야 한다. 입론에서 양측은 모두 토론에서 필수적으로 다루어야 하는 쟁점인 필수 쟁점과 관련하여 언급해야 한다. 찬성 측은 필수 쟁점을 바탕으로 현재 상태의 변화를 주장해야 하는 입증의 책임을 가지며 반대 측은 필수 쟁점을 바탕으로 현재 상태의 변화가 필요 없다는 주장을 펼쳐야 한다.

(나) 토론자는 상대측의 입론을 들으며 그에 나타난 주장과 이유, 근거를 정리하고 비판적으로 검토하며 오류를 검증하는 질문을 제시해야 한다. 이처럼 토론에서 상대측의 발언에 나타난 논리적 허점이 드러나도록 질문하고 이에 대해 상대측의 답변을 듣는 과정을 반대신문이라고 한다.

(다) 입론과 반대신문의 과정 후 토론자는 반박을 통해 자신의 주장을 정리하며 청중을 설득해야 한다. 반박 시 앞서 다룬 모든 쟁점을 언급하기보다 그중 자신에게 유리한 쟁점을 선별하여 정리하는 것이 자신의 주장을 강화하는 데에 효과적이다. 또 반박 단계에서는 새로운 주장을 펼쳐선 안 된다. 반박 단계는 찬반 측이 마지막으로 주장을 발언하는 단계이므로 새로운 주장에 대해 검토할 시간이 부족하기 때문이다.

(1) (가)에서는 '반대신문식 토론'의 과정 중 '입론'에 대해 설명하고 있다. ⊙ / ✕

▶ 첫 번째 문장에서 '반대신문식 토론'이 "입론-반대신문-반론의 순서로 이어진다."라고 하였다. 이어지는 문장에서는 세 순서 중에서 첫 번째에 해당하는 '입론'에 대해 설명하고 있다.

(2) (나)에서는 '반대신문'의 개념을 제시하고 있다. ⊙ / ✕

▶ (나)의 "토론에서 상대측의 발언에 나타난 논리적 허점이 드러나도록 질문하고 이에 대해 상대측의 답변을 듣는 과정을 반대신문이라고 한다." 부분에서 '반대신문'의 개념이 무엇인지 제시하고 있다.

(3) (다)에서는 '반박' 단계에서 주의할 점에 대해 다루고 있다. ⊙ / ✕

▶ (다)의 "반박 단계에서는 새로운 주장을 펼쳐선 안 된다." 부분에서 '반박' 단계에서 주의할 점에 대해 다루고 있다.

(4) (가)~(다)의 내용을 고려할 때, 아래 〈보기〉 중 글의 제목으로는 ㉢이 가장 적절하다. ○ / ⊗

보기

㉠ 토론의 과정　　　㉡ 입론과 반론의 방법　　　㉢ 입론과 반대신문의 과정

▶ (가)의 "반대신문식 토론은 크게 입론-반대신문-반론의 순서로 이어진다."를 볼 때, '반대신문식 토론'은 '입론-반대신문-반론'의 과정에 따라 전개된다는 것을 알 수 있다. 또, (가)에서는 '입론'을, (나)에서는 '반대신문'을, (다)에서는 '반론'을 다루고 있다. 즉 (가)~(다)에 걸쳐 '반대신문식 토론'의 과정에 대해 설명하고 있기 때문에, 제시된 글의 제목으로는 ㉠의 '토론의 과정'이 적절하다.

▶ ㉡과 ㉢은 세부적인 내용이기에 전체 글의 내용을 포괄할 수 없다. 따라서 글의 제목으로 적절하지 않다.

※ 2023년 국회직 9급에 출제된 문제이다. 원문의 선지는 다섯 개로, 오답 선지로 '토론자의 태도', '반대 토론의 방법'도 존재했다.

Day 10 기출 + 실전 문제로 **독해 비법 익히기**

기출 문제

기출 문제 | 1   독해 비법 익히기

풀이 시간 _____ 분

　동물이 신체의 내부 온도를 정상 범위 안에서 유지하는 과정을 '체온조절'이라고 한다. 체온조절을 위하여 동물은 신체 내부의 물질대사를 통해 열을 발생시키거나 외부 환경에서부터 열을 획득한다. 조류나 포유류는 체내의 물질대사에 의하여 생성된 열로 체온을 유지하기 때문에 '내온동물'이라고 부른다. 대부분의 내온동물은 외부 온도가 변화해도 안정적으로 체온을 유지한다. 추운 환경에 노출되어도 내온동물은 충분한 열을 생성해서 주변보다 더 따뜻하게 체온을 유지할 수 있다.

　이와 달리 양서류나 많은 종류의 파충류와 어류는 열을 외부에서부터 획득하기 때문에 '외온동물'이라고 부른다. 외온동물은 체온조절을 위한 충분한 열을 생성하지는 않지만 그늘을 찾거나 햇볕을 쬐는 것과 같은 행동을 통해 체온을 ㉠조절한다. 외온동물은 열을 외부에서 얻기 때문에 체내의 물질대사를 통해 큰 에너지를 생성할 필요가 없어서 동일한 크기의 내온동물보다 먹이를 적게 섭취한다.

　한편 체온의 안정성을 기준으로 동물을 '항온동물'과 '변온동물'로 구분하기도 한다. 주위 환경과 관계없이 비교적 일정한 체온을 유지하는 동물을 항온동물, 주위 환경에 따라서 체온이 변하는 동물을 변온동물이라고 부른다. 한때는 내온동물과 외온동물을 각각 항온동물과 변온동물이라고 부르기도 했다.

　그런데 체온조절을 위해 열을 획득하는 방식과 체온의 안정성을 유지하는 것은 별개의 문제이다. 외온동물에 속하는 많은 종류의 해양 어류는 일정한 온도가 유지되는 물에서 서식하기 때문에 체온이 크게 변하지 않는다. 반대로 어떤 내온동물은 체온의 변화가 급격하게 일어나기도 한다. 예컨대 박쥐 중에는 겨울잠을 자면서 체온을 40℃나 떨어뜨리는 종류도 있다. 내온동물과 외온동물을 구분하는 방식과 항온동물과 변온동물을 구분하는 방식 사이에는 어떠한 상관관계도 없다.

01 다음 진술이 바르면 ○, 바르지 않으면 ×에 표시하라.

(1) 내온동물이면서 변온동물인 것도 있다. ○ | ×

(2) 파충류는 그늘로 이동했다면, 그것은 체온 조절 때문일 수도 있다. ○ | ×

(3) ㉠과 바꿔 쓸 수 있는 유사한 표현은 '올린다'이다. ○ | ×

[정답]
01 (1) ○
　　(2) ○
　　(3) ×

02 제시된 글의 내용을 표로 정리한 것이다. 빈칸에 알맞은 말을 넣으시오.

★ 동물을 분류하는 기준

1문단	• 체온 조절: 동물이 신체의 내부 온도를 (　　　) 범위 안에서 유지하는 과정
	• 동물의 분류 1. 내온동물과 외온동물

		(　　　)	외온동물
	대표 동물	예 조류, 포유류	예 양서류, 파충류, 어류
2문단	특징	① 체내의 물질대사에 의하여 생성된 열로 체온을 유지함. ② 외부 온도가 변화해도 안정적으로 체온을 유지함.	① 열을 외부에서부터 획득함. ② 체내의 물질대사를 통해 큰 에너지를 생성할 필요가 없어서 동일한 크기의 내온동물보다 먹이를 (　　　) 섭취함.

3문단	• 동물의 분류 2. 항온동물과 변온동물

		내온동물	외온동물
	개념	주위 환경과 관계없이 비교적 일정한 체온을 유지하는 동물	(　　　)에 따라서 체온이 변하는 동물

4문단	• 중심 내용

	문제 제기	한때는 내온동물과 외온동물을 각각 항온동물과 변온동물이라고 부르기도 했지만, 체온조절을 위해 열을 획득하는 방식과 체온의 안정성을 유지하는 것은 별개의 문제임.
	결론	내온동물과 외온동물을 구분하는 방식과 항온동물과 변온동물을 구분하는 방식 사이에는 어떠한 상관관계도 (　　　).

03 제시된 글의 중심 내용으로 가장 적절한 것은?

2025 국가직 9급

① 내온동물과 외온동물의 특징을 통해 항온동물과 변온동물의 특징을 밝힐 수 있다.
② 체온조절을 위한 열 획득 방식과 체온의 안정성은 동물을 분류하는 서로 다른 기준이다.
③ 동물을 내온동물과 외온동물로 구분하는 기준은 항온동물과 변온동물로 구분하는 기준보다 모호하다.
④ 체온조절을 위한 열 획득 방식보다 체온의 안정성을 유지하는 방식이 동물을 분류하는 더 적합한 기준이 된다.

03
제시된 글의 중심 문장은 4문단의 마지막 문장 "내온동물과 외온동물을 구분하는 방식과 항온동물과 변온동물을 구분하는 방식 사이에는 어떠한 상관관계도 없다."이다. 따라서 제시된 글의 중심 내용으로는 '체온조절을 위한 열 획득 방식과 체온의 안정성은 동물을 분류하는 서로 다른 기준이다.'가 가장 적절하다.

[정답]
02 정상, 내온동물, 적게, 주위 환경, 없음
03 ②

기출 문제 | 2 독해 비법 익히기

ⓐ「예술에 해당하는 '아트(art)'는 '조립하다', '고안하다'라는 의미를 가진 라틴어의 '아르스(ars)'에서 비롯되었고, 예술을 의미하는 독일어 '쿤스트(Kunst)'는 '알고 있다', '할 수 있다'라는 의미의 '퀸넨(können)'에서 비롯되었다.」ⓑ「이러한 의미 모두 일정한 목적을 가진 일을 잘 해 낼 수 있는 숙련된 기술을 의미한다.」따라서 ⓒ「이들 용어는 예술뿐만 아니라 수공이나 기타 실용적인 기술들을 모두 포괄하고」있다고 볼 수 있다.

미적인 의미로 한정해서 쓰이는 예술의 개념은 ⓓ「18세기에 들어와서야 비로소 두드러지게 나타나기 시작했으며」, ⓔ「예술을 일반적인 기술과 구별하기 위하여 특별히 '미적 기술(영어: fine arts, 프랑스어: beaux-arts)'이라고 하는 표현이 사용되었다.」ⓕ「생활에 유용한 것을 만들기 위한 실용적인 기술과 구별되는 좁은 의미의 예술은 조형 예술에 국한되기도 하지만, 일반적으로는 조형 예술 이외의 음악, 문예, 연극, 무용 등을 포함한」ⓖ「미적 가치의 실현을 본래의 목적으로 하는 기술을 가리키는 것으로 이해된다.」

ⓐ 'A는 B에서 비롯되었다.'는 'A는 B에서 시작되었다.'라는 의미이다. 즉 A의 기원이 B에 있다는 의미이다.
ⓑ 'A이다. B이다. 이들은 모두 C를 의미한다.'는 'A와 B는 모두 C를 의미한다.'라는 의미이다.
ⓒ 'A는 B와 C를 모두 포괄하고 있다.'는 A는 B와 C 모두 포함한다는 의미이다.
ⓓ 'A에 들어와서 B하기 시작했다.'는 'A 시기에 이르러서 B라는 변화가 생겼다.'라는 의미이다. A에 오는 시기나 시점은 변화가 나타난 '기준점'이다.
ⓔ 'A를 위해 B를 했다.'는 'A 때문에 B를 했다.'라는 의미이다. 결국 B를 한 이유나 목적이 A인 것이다.
ⓕ 'A 이외의 B, C, D, E 등을 포함한'은 'A, B, C, D, E 등'의 의미이다.
ⓖ '좁은 의미의 A는 B이기도 하지만, 일반적으로는 C이다.'는 'A의 좁은 의미는 B이고, A의 일반적인 의미는 C이다.'라는 의미이다.

01 다음 진술이 바르면 ○, 바르지 않으면 ×에 표시하라.

(1) '예술'의 어원을 보면, 본래 예술과 기술을 포괄하는 의미였다. [○ | ×]
(2) 18세기 이후에는 '예술'은 좁은 의미에서 실용적인 기술을 가리켰다. [○ | ×]
(3) 유추의 전개 방식이 사용되었다. [○ | ×]

[정답]
01 (1) ○
　 (2) ×
　 (3) ×

02 제시된 글의 내용을 표로 정리한 것이다. 빈칸에 알맞은 말을 넣으시오.

★ 중심 화제: (   )

1문단	• '( )'의 어원	
	영어 '( )'	독일어 '쿤스트(Kunst)'
	'조립하다', '고안하다'라는 의미를 가진 라틴어의 '아르스(ars)'	'알고 있다', '할 수 있다'라는 의미의 '쾬넨(können)'
	• 공통점: 일정한 목적을 가진 일을 잘 해낼 수 있는 ( ) 기술을 의미 → 예술뿐만 아니라 수공이나 기타 실용적인 기술들을 모두 포괄하고 있다.	
2문단	• '예술'의 의미	
	( )세기 이전	18세기 이후
	'예술 + 기술'의 의미	• 미적인 의미로 한정 • '기술'과 구별하기 위해 '( )'이라는 표현이 사용됨.
	→ '( )'은 일반적으로 조형 예술 이외의 음악, 문예, 연극, 무용 등을 포함한 미적 가치의 실현을 본래의 목적으로 하는 ( )을 가리킨다.	

03 제시된 글의 제목으로 가장 적절한 것은?   2014 지방직 9급

① '예술'과 '기술'의 차이
② '예술'의 변천과 그 원인
③ '예술'의 속성과 종류
④ '예술'의 어원과 그 의미의 변화

03
1문단에서는 '예술'의 어원을 밝히고, 2문단에서 18세기에 들어와 '미적 기술'로 한정된 예술의 개념이 나타나기 시작한 것을 설명하고 있다. 따라서 제시된 글의 제목으로 "'예술'의 어원과 그 의미의 변화"가 가장 적절하다.

오답체크
① '예술'이 '예술'과 '기술'을 포괄하는 의미로 쓰였다가, 18세기 이후에는 구별되어 쓰였다는 내용이다. '예술'과 '기술'의 차이를 다룬 글이 아니다.
② '예술'의 변천은 2문단에서 확인할 수 있다. 그러나 그 원인은 찾을 수 없고 무엇보다 전체 내용을 아우르지 않았기에 제목으로 적절하지 않다.
③ 2문단에서 예술을 '미적 기술'로 표현한 것과 종류로 '조형 예술 이외의 음악, 문예, 연극, 무용 등'을 제시하고 있으나 전체를 아우르는 내용은 아니다. 따라서 제목으로 적절하지 않다.

[정답]
02 예술, 예술, 아트(art), 숙련된, 18, 미적 기술, (좁은 의미의) 예술, 기술
03 ④

기출 문제 | 3 독해 비법 익히기

풀이 시간 _____ 분

소설가는 자신이 인생에서 발견한 것을 이야기로 풀어 쓰는 사람이다. 그가 발견하는 것은 사회의 모순일 수도 있고 본능의 진실이거나 영혼의 전율일 수도 있다. 어쨌든 소설가는 그것을 써서 발견자로서의 책임을 짊어진다.

인터넷 시대의 디지털 환경은 이 같은 발견자의 자신감을 뒤흔들어 놓았다. 심란한 얼굴로 소설의 위기를 말하는 작가들이 늘어났다. 멀티미디어의 등장으로 독자들의 관심이 문학에서 멀어져 가는 현상은 차라리 표면적인 위기라고 한다. 정보 혁명이 초래한 현실의 복잡성 때문에 인생을 관찰하고 뭔가를 발견하기 힘들다는 무력감이야말로 한층 더 심층적인 위기라는 것이다.

누구나 자유롭게 자기를 표현할 수 있는 인터넷의 쌍방향성은 독자와 작가의 구별을 없애 버렸다. 또 독자 스스로 이야기의 중요 지점에 개입하여 뒷이야기를 선택할 수 있는 하이퍼텍스트 픽션이 등장했다. 미국에서 CD로 출판된 셸리 잭슨의 하이퍼텍스트 픽션 《패치워크 걸(Patchwork Girl)》은 상업적으로 성공했을 뿐만 아니라 다중 인격의 역동성과 여성적인 몸의 상징성을 잘 표현한 걸작이라는 찬사를 받고 있다. 소설은 빠른 속도로 시뮬레이션 게임에 가까워지고 있는 것이다.

언어에 대한 날카로운 감수성으로 삶의 궁극적인 의문들을 다뤄 온 소설가들에게 작품이 네트워크 위에 떠서 음악, 사진, 동영상과 결합돼 가는 이런 변화는 확실히 당혹스럽다. 그러나 이것이 과연 소설가의 존재 이유를 뒤흔들 만큼 본질적인 변화일까. 단연코 아니라고 말하고 싶다.

01 다음 진술이 바르면 ○, 바르지 않으면 ×에 표시하라.

(1) 멀티미디어의 등장으로 문학에 대한 사람들의 관심이 줄어들었다. ○ | ×
(2) 《패치워크 걸》의 성공은 인터넷의 쌍방향성 덕이다. ○ | ×
(3) 글쓴이는 '하이퍼텍스트 픽션'이 소설의 위기를 가지고 왔다고 생각하고 있다. ○ | ×

[정답]
01 (1) ○
　 (2) ×
　 (3) ×

02 제시된 글의 내용을 표로 정리한 것이다. 빈칸에 알맞은 말을 넣으시오.

★ 중심 화제: (   )

1문단	• ( ): 자신이 인생에서 발견한 것을 이야기로 풀어 쓰는 사람 ↳ ① 사회의 모순 ② 본능의 진실 ③ 영혼의 전율 → 발견자로서의 책임을 짊어진다.		
2문단	( ) 시대의 영향	① ( )의 위기	
		표면적 위기	( ) 위기
		독자들의 관심이 문학에서 멀어져 감.	정보 혁명이 초래한 현실의 복잡성 때문에 인생을 관찰하고 뭔가를 발견하기 힘듦.
3문단		② ( )의 쌍방향성으로 독자와 작가의 구별이 없어짐. ③ 하이퍼텍스트 픽션이 등장함. → 소설은 빠른 속도로 ( )에 가까워지고 있음.	
4문단	• 변화에 대한 반응		
	소설가	당혹스러움.	
	글쓴이	당혹스러움은 이해하지만, 소설가의 존재 이유를 뒤흔들 만큼 ( ) 변화는 아니다.	

03 제시된 글의 제목으로 가장 적절한 것은?

2014 국가직 7급

① 정보 혁명과 소설의 몰락
② 디지털 시대와 소설가의 변화
③ 소설가의 사명과 소설의 본질
④ 소설과 하이퍼텍스트 픽션의 대결

03
제시된 글은 디지털 시대가 되면서 소설가에게 여러 위기와 변화가 찾아왔지만, 그 변화가 소설가의 존재를 뒤흔들 만큼 본질적이지는 않다는 것이 중심 내용이다. 따라서 이를 모두 반영할 수 있는 '디지털 시대와 소설가의 변화'가 제목으로 적절하다.

오답체크
① '인터넷 시대와 소설가의 위기' 정도의 내용이 제시되어 있긴 하지만, '정보 혁명'이 중심 내용이 아닐뿐더러, 환경에 맞게 '소설'도 변화를 꾀하고 있으므로 '소설의 몰락'을 제목으로 보기 어렵다.
③ '소설가의 사명'과 '소설의 본질'에 대한 내용이 아주 없는 것은 아니나 범주가 너무 넓고, 제시된 인터넷과 디지털 환경에 대한 내용을 나타낼 수 없다.
④ '하이퍼텍스트 픽션의 등장'에 관한 내용이 잠깐 언급되긴 했으나 주된 내용은 아니다.

[정답]
02 디지털 시대의 소설가, 소설가, 인터넷, 소설, 심층적, 인터넷, 시뮬레이션 게임, 본질적인
03 ②

실전 문제

실전 문제 | 1 독해 비법 익히기

풀이 시간 _____ 분

　한(漢)나라가 번성하던 시절에 유향(劉向)과 반고(班固)가 읽은 책이 대개 13,269권이다. 옛 사람들은 대나무를 편철하여 책을 만들었으므로 10여 권이라야 지금의 1권에 해당하니 실제로는 수천 권에 불과하다. 그러므로 그 무렵에는 비록 천하의 책을 다 보는 것이라도 힘이 드는 일이라고 말할 수 없다. 후세에 오면서 갈수록 문식(文飾)이 더욱 승하게 되니, 학문을 하는 사람은 점차 근본에서 이탈하여 부질없는 말로 서로 다투어 자랑하고, 책에 실린 것이 날마다 더욱 많아졌다. 그래서 박학(博學)에 힘쓰는 사람 가운데는 밤낮을 더하고 정신을 폐하며 오직 기록하고 암송하는 일에만 전념하는 사람도 있었다. 그러므로 독서를 많이 할수록 마음은 더욱 흩어지고 지식이 넓어질수록 어진 성정은 더욱 황폐해졌다. 아! 공자께서 이른바 "널리 배우고 많이 들으라."라고 한 말씀이 어찌 이것을 말한 것이란 말인가!

　나는 여섯 살 때부터 독서할 줄을 알아 이제 30여 년이 되었다. 대개 일찍이 널리 배우고 많이 듣는 일에 뜻을 두었으나 그 요령을 얻지 못하여 무릇 제자백가, 술수서(術數書)에 패관잡기(稗官雜記)와 황당무계하고 자질구레하며 불경스러운 이야기에 이르기까지 마구 읽었다. 그러다 보니 오히려 옛것을 상고하는 경전과 세상을 다스리는 업무에 대해서는 공부할 겨를이 없었다. 중도에 그러한 사실을 깨달아 비로소 점차로 간략함을 따랐다. 그러나 총명함이 미치지 못함이 개탄스럽고 나이가 따르기 어려움을 느꼈다. 매양 꼿꼿이 앉아서 책을 어루만질 때마다 멍하게 회한이 남지 않은 적이 없었다.

01 다음 진술이 바르면 ○, 바르지 않으면 ×에 표시하라.

(1) 옛날의 책 1권은 지금의 10권 이상의 분량이다. ○ | ×

(2) '나'는 다양한 책을 마구잡이로 읽어온 것을 후회하고 있다. ○ | ×

(3) 공자의 "널리 배우고 많이 들으라."라는 말은 다양한 책을 많이 읽으라는 의미이다.
○ | ×

[정답]
01 (1) ×
　 (2) ○
　 (3) ×

02 제시된 글의 내용을 표로 정리한 것이다. 빈칸에 알맞은 말을 넣으시오.

★ 중심 화제: (　　　　)

1문단	독서	(　　)	10여 권이 지금의 1권에 해당한다. → 천하의 책을 다 보는 것도 힘이 드는 일이 아니었다.
		후세	갈수록 문식이 승하게 되어, 책에 실린 것이 날마다 많아졌다. → 독서를 많이 할수록 마음은 더욱 흩어지고 지식이 넓어질수록 어진 성정은 더욱 황폐해졌다.
	추정		아! 공자께서 이른바 "널리 배우고 많이 들으라."라고 한 말씀이 어찌 이것을 말한 것이란 말인가!
2문단	독서 경험		독서 요령을 몰라서 (　　　　　　)을 마구 읽었다. 　　⊙ 제자백가 　　ⓒ 술수서(術數書) 　　ⓒ 패관잡기(稗官雜記) 　　ⓔ 황당무계하고 자질구레하며 불경스러운 이야기
	영향		잡다한 책을 읽다 보니, 옛것을 상고하는 경전과 세상을 다스리는 업무에 대해서는 (　　　)할 겨를이 없었다. → (　　)이 남는다.

03 제시된 글의 글쓴이의 주장으로 가장 적절한 것은?

① 모름지기 세상에는 잡다한 책도 많으니 가치 있는 책을 가려서 읽어야 한다.
② 독서를 할 때는 행간에 숨은 참된 의미를 깨달을 때까지 반복하여 읽어야 한다.
③ 책에는 옛 사람의 지혜가 담겨 있으니 종류를 따지지 말고 두루 섭렵해야 한다.
④ 효과적인 독서를 위해서는 필요한 부분만을 발췌하여 읽는 지혜부터 길러야 한다.

03
제시된 글은 글쓴이가 자신의 무분별했던 독서 태도를 반성하면서 좋은 책을 가려서 읽는 독서 태도가 중요하다는 것을 일깨우고 있다. 따라서 글쓴이의 주장은 '가치 있는 책을 가려서 읽어야 한다.'는 것이다.

오답체크
② 제시된 글에 글을 반복하여 읽어서 숨은 의미를 찾아야 한다는 내용은 없다.
③ 모든 책을 두루 읽어야 한다는 것은 글쓴이의 주장과 상반된다.
④ 제시된 글에 발췌독을 강조한 내용은 없다.

[정답]
02 독서(讀書), 한나라, 잡다한 책, 공부, 회한
03 ①

실전 문제 | 2 독해 비법 익히기

풀이 시간 _____ 분

문화주의자들은 문화를 가치, 신념, 인식 등의 총체로서 정치적 행동과 행위를 특정한 방향으로 움직여 일정한 행동 양식을 만들어내는 것으로 정의한다. 이러한 문화에 대한 정의를 바탕으로 이들은 국민이 정부에게 하는 정치적 요구인 투입과 정부가 생산하는 정책인 산출을 기반으로 정치 문화를 편협형, 신민형, 참여형의 세 가지로 유형화하였다.

편협형 정치 문화는 투입과 산출에 대한 개념이 모두 존재하지 않는 정치 문화이다. 투입이 없으며, 정부도 산출에 대한 개념이 없어서 적극적 참여자로서의 자아가 있을 수 없다. 사실상 정치 체계에 대한 인식이 국민들에게 존재할 수 없는 사회이다. 샤머니즘에 의한 신정 정치, 부족 또는 지역 사회 등 전통적인 원시 사회가 이에 해당한다.

다음으로 신민형 정치 문화는 투입이 존재하지 않으며, 따라서 적극적 참여자로서의 자아가 형성되지 못한 사회이다. 이런 상황에서 산출이 존재한다는 의미는 국민이 정부가 해주는 대로 받는다는 것을 의미한다. 이들 국민은 정부에 복종하는 성향이 강하다. 하지만 편협형 정치 문화와 달리 이들 국민은 정치 체계에 대한 최소한의 인식은 있는 상태이다. 일반적으로 독재 국가의 정치 체계가 이에 해당한다.

마지막으로 참여형 정치 문화는 국민들이 자신들의 요구 사항을 표출할 줄도 알고, 정부는 그러한 국민들의 요구에 응답하는 사회이다. 따라서 국민들은 적극적인 참여자로서의 자아가 형성되어 있으며, 그러한 적극적 참여자들로 형성된 정치 체계가 존재하는 사회이다. 이는 선진 민주주의 사회로서 현대의 바람직한 민주주의 사회상이다.

정치 문화 유형 연구는 어떤 사회가 민주주의를 제대로 구현하기 위해서 우선적으로 필요한 것이 무엇인가 하는 질문에 대한 답을 제시하고 있다. 문화주의자들은 국가를 특정 제도의 장단점에 의해서가 아니라 국가의 구성 요소들이 민주주의라는 보편적인 목적을 위해 얼마나 잘 기능하고 있는가를 기준으로 평가하고 있는 것이다.

01 다음 진술이 바르면 O, 바르지 않으면 ×에 표시하라.

(1) 글쓴이는 참여형 정치 문화를 바람직한 민주주의 사회라고 생각한다. [O | ×]
(2) 글쓴이는 정치 문화 유형 연구는 무용하다고 생각한다. [O | ×]

[정답]
01 (1) O
　　(2) ×

02 제시된 글의 내용을 표로 정리한 것이다. 빈칸에 알맞은 말을 넣으시오.

★ 중심 화제: ( ) 유형

1문단	• 문화주의자			
	문화의 정의	가치, 신념, 인식 등의 총체로서 정치적 행동과 행위를 특정한 방향으로 움직여 일정한 행동 양식을 만들어내는 것		
	정치 문화의 유형 기준	기준	① 투입 ← 국민이 정부에게 하는 정치적 요구 ② ( ) ← 정부가 생산하는 정책	
		유형	① 편협형 ② 신민형 ③ 참여형	
2문단	유형	① ( ) 정치 문화		
		의미	투입과 산출에 대한 개념이 모두 존재하지 않는 정치 문화	
		특징	정치 체계에 대한 인식이 국민들에게 존재할 수 없다.	
		예시	샤머니즘에 의한 신정 정치, 부족, 지역 사회 등 전통적인 원시 사회	
3문단		② 신민형 정치 문화		
		의미	투입이 존재하지 않으며, 따라서 적극적 참여자로서의 자아가 형성되지 못한 사회	
		특징	국민은 정부에 복종하는 성향이 강하다. • '편협형'과의 ( )	
			편협형	신민형
			국민은 정치 체계에 대한 인식이 아예 없는 상태	국민은 정치 체계에 대한 최소한의 인식은 있는 상태
		예시	독재 국가의 정치 체계	
4문단		③ ( ) 정치 문화		
		의미	• 국민들이 자신들의 요구 사항을 표출할 줄도 알고, 정부는 그러한 국민들의 요구에 응답하는 사회 • 적극적 참여자들로 형성된 정치 체계가 존재하는 사회	
		특징	국민들은 적극적인 참여자로서의 ( )가 형성되어 있다.	
		예시	선진 민주주의 사회로서 현대의 바람직한 민주주의 사회상	
5문단	• 정치 문화 유형 연구			
	( )	어떤 사회가 민주주의를 제대로 구현하기 위해서 우선적으로 필요한 것이 무엇인가 하는 질문에 대한 답을 제시하고 있다. → 문화주의자들은 국가의 구성 요소들이 민주주의라는 보편적인 목적을 위해 얼마나 잘 기능하고 있는가를 기준으로 평가하고 있다.		

03 제시된 글을 통해 글쓴이가 궁극적으로 말하고자 하는 것은?

① 정치 발전을 위해서는 국민이 적극적으로 정치에 참여해야 한다.
② 정치 제도보다 정치 제도를 운영하는 운영자의 가치관이 중요하다.
③ 정치 문화의 유형을 구분하는 기준을 투입에서 산출로 바꾸어야 한다.
④ 정치에 정부가 과도하게 개입하는 것은 정치 발전에 도움이 되지 않는다.

03
마지막 문단에서 정치 문화 유형 연구는 어떤 사회의 민주주의 구현에 필요한 것이 무엇인가에 대한 답을 제시하고 있다고 하였다. 제시된 글은 국민의 정치 참여 정도를 주요 변인으로 하여 정치 문화 유형에 대해 변화를 기술하고 있다. 따라서 글쓴이는 바람직한 민주주의 사회가 되기 위해서는 '참여자'인 '국민'이 적극적으로 정치에 참여해야 한다는 것을 말하고 있다.

[정답]

02 정치 문화, 산출, 편협형, 차이점, 참여형, 자아, 의의

03 ①

실전 문제 | 3 독해 비법 익히기

풀이 시간 _____ 분

　우리는 한 분의 조상으로부터 퍼져 나온 단일 민족일까? 고대부터 고려 초에 이르기까지 대규모로 인구가 유입된 사례는 수없이 많다. 또 거란, 몽골, 일본, 만주족등의 대대적인 외침 역시 무시할 수 없다.
　고조선의 건국 시조로서의 단군을 인정할 수는 있지만, 한민족 전체의 공통 조상으로서의 단군을 받드는 것은 옳지 않다. 각 성씨의 족보를 보더라도 자기 조상이 중국으로부터 도래했다고 주장하는 귀화 성씨가 적지 않다. 또 한국의 토착 성씨인 김 씨나 박 씨를 보더라도 그 시조는 알에서 태어났지 단군의 후손임을 표방하지는 않는다. 이는 대부분의 족보가 처음 편찬된 조선 중기나 후기까지는 적어도 '단군'이라는 공통의 조상을 모신 단일 민족이라는 의식이 별로 없었다는 증거가 된다. 또 엄격한 신분제가 유지된 전통 사회에서 천민과 지배층이 같은 할아버지의 자손이라는 의식은 존재할 여지가 없다.
　공통된 조상으로부터 뻗어 나온 단일 민족이라는 의식이 처음 출현한 것은 우리 역사에서 아무리 올려 잡아도 구한말(舊韓末) 이상 거슬러 올라갈 수 없고, 이런 의식이 전 국민적으로 보편화된 것은 1960년대에 들어와서일 것이다.
　제국주의의 침탈과 분단을 겪은 20세기에 단일 민족 의식은 민족의 단결을 고취하고, 신분 의식 타파에 기여하는 등 긍정적인 역할을 수행했다. 그래서 아직도 단일민족을 내세우는 것의 순기능이 필요하다고 생각할지도 모른다. 특히 이주노동자들보다 나은 대접을 받고 있다고 할 수 없는 조선족 동포들의 처지를 보면, 그리고 출신에 따라 편을 가르고 차별하는 지역감정을 떠올리면 같은 민족끼리 왜 이러나 하는 생각을 하게 된다. 갈라진 민족의 통일을 생각하면 우리는 한겨레라고 외치고 싶어진다. 그러나 우리는 지난 수십 년간 단일 민족임을 외쳐 왔지만 이런 문제들은 오히려 더 악화돼 왔다는 것을 기억해야 할 것이다.
　이제 우리는 좀 다른 식으로 생각해야 한다. 같은 민족이기 때문에 차별해서는 안된다는 논리는 유감스럽게도 다른 민족이라면 차별해도 괜찮다는 길을 열어 두고 있다. 하나의 민족, 하나의 조국, 하나의 언어를 강하게 내세운 나치 독일은 600여만 명의 유대인 학살과 주변 국가에 대한 침략으로 나아갔다. 물론 이런 가능성들이 늘 현재화되는 것은 아니지만, 단일 민족 의식 속에는 분명 억압과 차별과 불관용이 숨어 있다.

01 다음 진술이 바르면 ○, 바르지 않으면 ×에 표시하라.

(1) 조선 후기까지는 단일 민족이라는 의식이 별로 없었다.　　　　　　　　　○ | ×
(2) 단일 민족이라는 의식은 이주민 노동자들에 대한 차별에 영향을 줬을 것이다.　○ | ×
(3) 한국의 토착 성씨만이 족보를 갖고 있다.　　　　　　　　　　　　　　　　○ | ×

[정답]
01 (1) ○
　　(2) ○
　　(3) ×

02 제시된 글의 내용을 표로 정리한 것이다. 빈칸에 알맞은 말을 넣으시오.

★ 중심 화제: (　　　) 의식

1문단	질문	우리는 한 분의 조상으로부터 퍼져 나온 (　　) 민족일까?
	답변	① 대규모로 인구가 유입된 사례는 수없이 많다. ② 대대적인 외침도 많았다. → 우리는 한 분의 조상으로부터 퍼져 나온 (　　　)이 아니다.
2문단	주장	한민족 전체의 공통 조상으로서의 단군을 받드는 것은 옳지 않다.
	(　　)	① 중국에서 온 귀화 성씨가 많다. ② 한국 토착 성씨도 단군의 후손임을 표방하지 않는다. ③ 전통 사회는 엄격한 신분제 사회였다. → 같은 할아버지의 자손이라는 의식 ×
3문단	단일 민족 의식	
	기원	① 아무리 올려 잡아도 구한말(舊韓末) ② 전 국민적으로 보편화된 것은 (　　)년대에 들어와서
4문단	긍정적 역할	① 민족의 단결을 고취 ② 신분 의식 타파에 기여

	일부의 생각	글쓴이의 생각
	순기능이 있으니 필요하다. 예 조선족 동포, 지역감정, 통일	지금까지 (　　　)가 없었다.

5문단	주장	단일 민족에 대한 의식에 대해 다른 식으로 생각해야 한다.
	이유	① 다른 민족이라면 차별해도 괜찮다는 논리로 이어질 수 있다. 　예 나치의 유대인 학살과 주변국 침략 ② 단일 민족 의식 속에는 분명 억압과 (　　　)과 불관용이 숨어 있다.

03 제시된 글의 핵심 논지로 가장 적절한 것은?

① 나치의 민족주의에는 유대인에 대한 억압이 숨어 있다.
② 단일 민족 의식은 신분 의식을 타파하는 데 가치가 있다.
③ 민족의 단결 의식을 고취하는 데 단일 민족 의식은 유용하다.
④ 단일 민족이라는 의식을 지나치게 강조하는 것은 바람직하지 않다.

03
제시된 글은 우리는 단일 민족이라는 주장, 단군은 한민족의 공통 조상이라는 주장, 단일 민족 의식은 긍정적 기능이 있다는 통념에 대해 각각 근거를 들어 비판하고, 나치 독일의 예를 들면서 단일 민족 의식 속에는 억압, 차별, 불관용이 숨어 있기 때문에 바꿔야 한다고 말한다.

오답체크

① 다른 민족이라면 차별해도 괜찮다는 논리로 이어질 수 있기 때문에, 단일 민족에 대한 의식을 바꿔야 한다고 말하면서 '나치'를 근거로 들고 있다. 주장이라기보다는 근거이기 때문에 '핵심 논지'로 보기 어렵다.
② 단일 민족 의식의 긍정적인 역할이 존재하는 것은 맞지만, 글쓴이는 '단일 민족 의식'의 긍정적인 역할을 강조하고 있지는 않다. 따라서 핵심 논지로 적절하지 않다.
③ 단일 민족 의식의 긍정적 기능으로 소개는 했지만, 핵심 주장은 아니다.

[정답]
02 단일 민족, 단일, 단일 민족, 근거, 1960, 효과, 차별
03 ④

Day 11 기출 + 실전 문제로 **독해 비법 익히기**

1회독
2회독
3회독

기출 문제

기출 문제 | 1 독해 비법 익히기

풀이 시간 _____ 분

플라톤의 『국가』에는 사람들이 살아가면서 가장 중요하게 생각하는 두 가지 요소에 대한 언급이 있다. 우리가 만약 이것들을 제대로 통제하고 조절할 수 있다면 좋은 삶을 살 수 있다고 플라톤은 말하고 있다. 하나는 대다수가 갖고 싶어하는 재물이며, 다른 하나는 대다수가 위험하게 생각하는 성적 욕망이다. 소크라테스는 당시 성공적인 삶을 살고 있다고 사람들에게 잘 알려진 케팔로스에게, 사람들이 좋아하는 재물이 많아서 좋은 점과 사람들이 싫어하는 나이가 많아서 좋은 점은 무엇인지를 물었다. 플라톤은 이 대화를 통해 우리가 어떻게 좋은 삶을 살 수 있는지를 보여준다.

케팔로스는 재물이 많으면 남을 속이거나 거짓말하지 않을 수 있어서 좋고, 나이가 많으면 성적 욕망을 쉽게 통제할 수 있어서 좋다고 말한다. 물론 재물이 적다고 남을 속이거나 거짓말을 하는 것은 아니며, 나이가 적다고 해서 성적 욕망을 쉽게 통제할 수 없는 것은 아니다. 그렇지만 누구나 살아가면서 ㉠이것들로 인해 힘들어하고 괴로워하는 경우가 많다는 것은 분명하다. 삶을 살아가면서 돈에 대한 욕망이나 성적 욕망만이라도 잘 다스릴 수 있다면 낭패를 당하거나 망신을 당할 일이 거의 없을 것이다. 인간에 대한 플라톤의 통찰력과 삶에 대한 지혜는 현재에도 여전히 유효하다.

01 다음 진술이 바르면 ○, 바르지 않으면 ×에 표시하라.

(1) 글쓴이의 주장과 플라톤의 주장은 상반된다. ○ | ×
(2) 소크라테스는 성공적인 삶을 사는 케팔로스를 부러워했다. ○ | ×
(3) ㉠은 '돈에 대한 욕망'과 '성적 욕망'을 의미한다. ○ | ×

[정답]
01 (1) ×
 (2) ×
 (3) ○

02 제시된 글의 내용을 표로 정리한 것이다. 빈칸에 알맞은 말을 넣으시오.

★ 성공적인 삶을 위해 필요한 두 가지

1문단	『(　　)』에 언급된 플라톤의 생각		
	생각 1	(　　)에서 가장 중요한 두 가지 요소 ① 재물 ② 성적 욕망	
	생각 2	두 가지 요소를 제대로 (　　)하면 좋은 삶을 살 수 있다.	

2문단	• 소크라테스와 케팔로스 대화		
	질문	(　　)이 많아서 좋은 점은?	나이가 많아서 좋은 점은?
	대답	남을 속이거나 거짓말하지 않을 수 있다.	(　　)을 쉽게 통제할 수 있다.
	• 글쓴이의 생각 돈이나 성적 욕망만이라도 잘 다스릴 수 있다면 낭패를 당하거나 망신을 당할 일이 거의 없을 것이다.		

03 제시된 글의 중심 내용으로 가장 적절한 것은?

9급 출제기조 전환 예시(2차)

① 재물욕과 성욕은 과거나 지금이나 가장 강한 욕망이다.
② 재물이 많으면서 나이가 많은 자가 좋은 삶을 살 수 있다.
③ 성공적인 삶을 살려면 재물욕과 성욕을 잘 다스려야 한다.
④ 잘 살기 위해서는 살면서 가장 중요한 것이 무엇인지 알아야 한다.

03

1문단에서 "플라톤의 『국가』에는 사람들이 살아가면서 가장 중요하게 생각하는 두 가지 요소에 대한 언급이 있다. 우리가 만약 이것들을 제대로 통제하고 조절할 수 있다면 좋은 삶을 살 수 있다고 플라톤은 말하고 있다."라고 하였다. 여기서 말한 '두 가지'는 바로 다음 문장에서 '재물'과 '성적 욕망'이라고 밝히고 있다.

2문단의 마지막 문장에서 글쓴이는 "인간에 대한 플라톤의 통찰력과 삶에 대한 지혜는 현재에도 여전히 유효하다."라고 밝히고 있다. 따라서 제시된 글의 중심 내용으로는 '성공적인 삶을 살려면 재물욕과 성욕을 잘 다스려야 한다.'가 가장 적절하다.

[정답]
02 국가, 삶, 통제·조절, 재물, 성적 욕망
03 ③

혜원쌤의 학습 Tip

단락이 하나이므로 '첫 문장'이나 '마지막 문장'이 주제일 확률이 높다.

기출 문제 | 2 독해 비법 익히기

풀이 시간 _____ 분

> 옛 학자는 반드시 스승이 있었으니, 스승이라 하는 것은 도(道)를 전하고 학업(學業)을 주고 의혹을 풀어 주기 위한 것이다. 사람이 나면서부터 아는 것이 아닐진대 누가 능히 의혹이 없을 수 있으리오. 의혹하면서 스승을 따르지 않는다면 그 의혹된 것은 끝내 풀리지 않는다. 나보다 먼저 나서 그 도(道)를 듣기를 진실로 나보다 먼저라면 내 좇아서 이를 스승으로 할 것이요, 나보다 뒤에 났다 하더라도 그 도(道)를 듣기를 또한 나보다 먼저라고 하면 내 좇아서 이를 스승으로 할 것이다. 나는 도(道)를 스승으로 하거니, 어찌 그 나이의 나보다 먼저 나고 뒤에 남을 개의(介意)하랴! 이렇기 때문에 귀한 것도 없고 천한 것도 없으며, 나이 많은 것도 없고 적은 것도 없는 것이요, 도(道)가 있는 곳이 스승이 있는 곳이다.

01 다음 진술이 바르면 ○, 바르지 않으면 ×에 표시하라.

(1) 글쓴이는 나이가 많은 사람을 '스승'으로 삼을 확률이 더 높다고 생각한다. ○ | ×

(2) 글쓴이는 '스승'으로 삼는 데 있어서 신분은 중요하지 않다고 생각한다. ○ | ×

(3) 역사적 사례를 들어 주장을 강화하고 있다. ○ | ×

[정답]
01 (1) ×
　　(2) ○
　　(3) ×

02 제시된 글의 내용을 표로 정리한 것이다. 빈칸에 알맞은 말을 넣으시오.

★ 중심 화제: (   )

스승의 ( )	① 도(道)를 전함. ② 학업(學業)을 줌. ③ 의혹을 풀어 줌.
스승이 필요한 이유	의혹이 없는 사람은 없다. 따라서 ( )을 풀기 위해 스승이 필요하다.
스승에 대한 생각	나는 도(道)를 스승으로 한다. → 나이, 신분 상관없이 '( )'가 있으면 스승으로 삼는다.

03 제시된 글의 주제로 가장 적절한 것은?

2019 경찰 1차

① 스승은 도(道)를 전하고 의혹을 풀어 주는 사람이다.
② 도(道)가 있는 사람이면 나이에 관계없이 스승으로 삼을 수 있다.
③ 의혹되는 바가 있으면 스승을 좇아서 그 의혹된 것을 풀어야 한다.
④ 나보다 먼저 난 이가 도(道)를 듣지 못했다면 그는 생이지지자(生而知之者)가 아니다.

03
제시된 글의 중심 문장은 마지막의 "나는 도(道)를 스승으로 하거니, 어찌 그 나이의 나보다 먼저 나고 뒤에 남을 개의(介意)하랴!"이다. 따라서 주제로 가장 적절한 것은 ②이다.

오답체크

① '스승'이 어떤 사람인지 설명한 내용으로, 글쓴이의 생각과 일치는 한다. 그러나 중심 내용은 아니기 때문에 '주제'로 적절하지 않다.
③ 글쓴이는 의혹을 풀기 위해 스승이 필요하다고 생각은 하고 있지만, 중심 내용은 아니다. 따라서 '주제'로 적절하지 않다.
④ 제시된 글은 '스승'에 대한 글쓴이의 생각에 대한 것이다. 따라서 주제로 적절하지 않다.

※ 생이지지자(生而知之者): 태어나면서부터 아는 사람

[정답]
02 스승, 역할, 의혹, 도(道)
03 ②

> **혜원쌤의 학습 Tip**
> 한 단락의 구성에 '그러나'가 있을 때는 앞, 뒤가 역접 관계이고 '그러나' 뒤가 더 중요하다.

기출 문제 | 3 독해 비법 익히기

풀이 시간 _____ 분

> 신문에 실려 있는 사진은 기사의 사실성을 더해 주는 보조 수단으로 활용된다. 어떤 사실을 사진 없이 글로만 전할 때와 사진을 곁들여 전하는 경우에 독자에 대한 기사의 설득력에는 큰 차이가 있다. 이 경우 사진은 분명 좋은 의미에서의 영향력을 발휘한 것에 해당할 것이다. 그러나 사진은 대상을 찍기 이전과 이후에 대해서 알려주지 않는다. 어떤 과정을 거쳐 그 사진이 있게 됐는지, 그 사진 속에 어떤 속사정이 숨어 있는지에 대해서는 침묵한다. 분명히 한 장의 사진에는 어떤 인과 관계가 있음에도 그것에 관해 자세히 설명해 주지 못한다. 이러한 서술성의 부족으로 인해 사진은 사람을 속이는 증거로 쓰이는 경우도 있다. 사기꾼들이 권력자나 얼굴이 잘 알려진 사람과 함께 사진을 찍어서, 자신이 그 사람과 특별한 관계가 있는 것처럼 보이게 하는 경우가 그 예이다.

01 다음 진술이 바르면 ○, 바르지 않으면 ×에 표시하라.

(1) 글쓴이는 글만 실린 기사보다 사진과 글이 함께 실린 기사가 더 설득력이 있다고 생각한다. [○ | ×]

(2) 사진의 특성을 악용하는 사람들도 있다. [○ | ×]

(3) '사진'의 한계를 글로 보완할 수 있다. [○ | ×]

[정답]
01 (1) ○
   (2) ○
   (3) ×

02 제시된 글의 내용을 표로 정리한 것이다. 빈칸에 알맞은 말을 넣으시오.

★ 중심 화제: (　　　)

사진의 특성	장점	(　　)을 더해 준다. → (　　)에 큰 차이 예 신문 기사의 사진
	단점	① 사진을 찍게 된 과정, 사진의 숨은 속사정을 알 수 없다. ② (　　)이 부족하다. 　→ 사람을 속이는 증거로 쓰이는 경우도 있다. 예 사기를 목적으로 유명인과 찍은 사기꾼의 사진

03 제시된 글의 요지를 가장 잘 정리한 것은?

2018 국회직 8급

① 사진은 신문 기사의 사실성을 강화시켜 주며 보도 대상의 이면에 대한 이해를 돕는다.
② 사진은 사실성의 강화라는 장점을 지니지만 서술성의 부족이라는 단점도 지닌다.
③ 사진은 신문 기사의 사실성을 더해 주는 보조 수단으로서 항상 좋은 의미에서의 영향력을 발휘한다.
④ 사진은 사실성이 높기 때문에 그 서술성의 부족에도 불구하고 사람을 속이는 증거로 잘못 쓰이는 경우가 있다.
⑤ 사진은 서술성이 부족하지만 객관적인 증거로서의 가치가 크다.

03

제시된 글에서는 사진이 첨부되었을 때의 장점과 단점을 소개하고 있다. "사진은 기사의 사실성을 더해 주는 보조 수단으로 활용된다.", "사진은 대상을 찍기 이전과 이후에 대해서는 알려 주지 않는다.", "이러한 서술성의 부족으로 인해 사진은 사람을 속이는 증거로 쓰이는 경우도 있다."를 볼 때, ②가 제시된 글의 요지를 가장 잘 정리한 것이다.

오답체크

① 신문 기사에서의 '사진'의 긍정적 효과만을 언급하고 있다. 또한 '사진'이 '보도 대상의 이면에 대한 이해'를 돕는다고 했는데, '이면'은 '겉으로 나타나거나 눈에 보이지 않는 부분'을 의미하는 것으로, "어떤 과정을 거쳐 그 사진이 있게 됐는지, ~ 숨어 있는지에 대해서는 침묵한다."를 통해 보도 대상의 이면에는 도움이 되지 않으므로, 이 부분은 잘못된 유추이다.
③ 신문 기사에서 '사진'의 긍정적 효과만을 언급하고 있다. 또한 '사진'이 '항상' 좋은 영향력을 발휘한다고는 할 수 없으므로, 요지로 적절하지 않다.
④ "이러한 서술성의 부족으로 인해 사진은 사람을 속이는 증거로 쓰이는 경우도 있다."를 볼 때, '서술성'의 부족 때문에 속이는 증거가 되는 것이므로 사진이 사실성이 높기 때문에 사람을 속이는 증거로 사용되는 경우가 있다고 하는 것은 옳지 않다.
⑤ "이러한 서술성의 부족으로 인해 사진은 사람을 속이는 증거로 쓰이는 경우도 있다."를 볼 때, 사진이 서술성이 부족하다는 것은 맞다. 그러나 객관적인 증거로서의 가치가 크다는 것은 옳지 않다.

[정답]
02 사진, 사실성, 설득력, 서술성
03 ②

실전 문제

실전 문제 | 1 독해 비법 익히기

풀이 시간 _____ 분

> 혜원쌤의 학습 Tip
> 단락의 마지막에, 혹은 단락의 '이와 같이', '이렇게'는 전체 내용의 '정리 및 요약'이므로 주의!

유성영화가 등장했던 1920년대 후반에 유럽의 표현주의나 형식주의 감독들은 영화 속의 소리에 대한 부정적인 견해가 컸다. 그들은 가장 영화다운 장면은 소리 없이 움직이는 그림으로만 이루어진 장면이라고 믿었다. 그래서 그들은 영화 속 소리가 시각 매체인 영화의 예술적 효과와 영화적 상상력을 빼앗을 것이라고 내다보았다.

영화의 소리에는 대사, 음향 효과, 음악 등이 있으며, 이러한 소리들은 영화에서 다양한 기능을 수행한다. 우선, 영화 속 소리는 다른 예술 장르의 표현 수단보다 더 구체적이고 분명하게 내용을 전달하는 데 도움을 줄 수 있다. 그리고 줄거리 전개에 도움을 주거나 작품의 상징적 의미를 전달하는 역할뿐만 아니라 주제 의식을 강조하는 역할을 하기도 한다. 또 영상에 현실감을 줄 수 있으며, 영상의 시·공간적 배경을 확인시켜 주는 역할도 한다. 가령 현대인의 일상적인 삶을 표현하기 위해 영화 속 소리로 일상생활의 소음을 사용한다면 영상의 사실성을 높일 수 있다.

또한 영화 속 소리는 영화의 분위기를 조성하고 인물의 내면 심리도 표현할 수 있다. 예를 들어 소리는 높낮이와 빠르기에 따라 분위기나 인물의 내면 심리를 표현하는 데 큰 영향을 미친다. 높은 소리는 대개 불안감이나 긴박감을 자아내는 데 사용하며, 낮은 소리는 두려움이나 장엄함 등을 표현할 때 사용한다. 그리고 소리가 빨라질수록 긴장감은 고조되고 반대로 느려지면 여유롭고 부드러운 분위기를 연출할 수 있다.

이와 같이 영화 속 소리는 다양한 기능을 수행하기 때문에 영화의 예술적 상상력을 빼앗는 것이 아니라 오히려 더 풍부하게 해 준다. 그래서 현대 영화에서 소리를 빼고 작품을 완성한다는 것은 생각하기 어려운 일이 되었다.

01 다음 진술이 바르면 ○, 바르지 않으면 ×에 표시하라.

(1) 1920년대 이전에는 유성영화가 없었다. [○ | ×]
(2) 영화의 소리는 영화에서 다양한 기능을 수행한다. [○ | ×]
(3) 영화 속 소리의 단점은 영화의 예술적 상상력을 빼앗는다는 것이다. [○ | ×]

[정답]
01 (1) ○
(2) ○
(3) ×

02 제시된 글의 내용을 표로 정리한 것이다. 빈칸에 알맞은 말을 넣으시오.

★ 중심 화제: (　　　)에서의 소리

1문단	• 1920년대 후반에 유럽의 표현주의나 형식주의 감독들		
	생각	영화의 '(　　)'에 대해 부정적인 견해를 가짐.	
	이유	가장 영화다운 장면은 소리 없이 움직이는 그림으로만 이루어진 장면이라고 믿었기 때문에	
	전망	영화 속 소리가 시각 매체인 영화의 예술적 효과와 영화적 (　　)을 빼앗을 것이다.	

2문단	• '영화 속 소리'의 종류와 역할

3문단	(　　)	① 대사　② 음향 효과　③ 음악
	(　　)	① 내용을 전달하는 데 도움을 준다. ② 줄거리 전개에 도움을 준다. ③ 작품의 상징적 의미를 전달한다. ④ (　　)을 강조한다. ⑤ 영상에 현실감을 줄 수 있다. ⑥ 영상의 시·공간적 배경을 확인시켜 준다. ⑦ 영화의 분위기를 조성한다. ⑧ 인물의 (　　)도 표현할 수 있다. 예 소리의 높낮이와 빠르기

높낮이	높은 소리	낮은 소리
	(　　)이나 긴박감	두려움이나 장엄함

빠르기	빠름	(　　)
	긴장감 고조	여유롭고 부드러움

4문단	• 글쓴이		
	생각	영화의 '소리'에 대해 긍정적인 견해를 가짐. → 현대 영화에서 소리를 빼고 작품을 완성한다는 것은 생각하기 어렵다.	
	이유	영화 속 소리는 다양한 기능을 수행한다. → 예술적 (　　)을 더 풍부하게 해 준다.	

03 제시된 글의 제목으로 가장 적절한 것은?

① 영화 속 소리의 역할
② 영화 속 소리의 편집 기법
③ 영화 장르에 따른 소리의 종류
④ 영화에서 소리와 영상을 연결하는 방법

03
제시된 글은 영화 속의 소리가 지닌 다양한 기능에 대해 설명하고 있다. 따라서 제목으로 '영화 속 소리의 역할'이 가장 적절하다.

오답체크
② 제시된 글에서 소리의 '편집 기법'에 대한 언급은 확인할 수 없다.
③ 2문단의 "영화의 소리에는 대사, 음향효과, 음악 등이 있으며"에서 영화 속 '소리의 종류'를 언급하고는 있다. 그러나 영화 장르에 따른 소리의 종류는 알 수 없다.
④ 제시된 글에서 '영화에서 소리와 영상을 연결하는 방법'에 대한 언급은 확인할 수 없다.

[정답]
02 영화, 소리, 상상력, 종류, 역할, 주제 의식, 내면 심리, 불안감, 느낌, 상상력
03 ①

실전 문제 | 2 독해 비법 익히기

풀이 시간 _____ 분

요즘에는 방송이나 잡지 등의 대중 매체를 통해 비전문가들이 쏟아 내는 현대사 연구물을 흔히 볼 수 있다. 이러한 연구들은 대중에게 현대사에 관심을 갖게 하고 역사 연구의 저변을 확대한다는 점에서 긍정적이다. 그러나 사실에 입각해 역사를 서술해야 한다는 기본 명제에 충실하지 못해 문제가 되는 경우도 많다. 이를 해결하고 올바른 현대사 연구로 나아가기 위해 보완해야 할 점이 있다면 무엇일까?

우선 말하고 싶은 것은 수집한 문헌 자료에 대해 철저한 사실 검증의 절차를 거쳐야 한다는 점이다. 현재의 연구들은 대중들의 기호나 연구자의 이해관계에 의해 선택된 자료들이 자의적으로 활용되어 문제가 되는 경우가 많다. 따라서 다루고자 하는 현대사 분야와 관련하여 자신이 수집하고 검토한 문헌 자료의 사실 여부를 철저히 확인하고 이에 대한 전문가의 의견을 수렴하는 절차를 거쳐 자료의 공정성과 신뢰성 등을 검증할 필요가 있다. 이런 과정을 소홀히 한 현대사 연구는 대중이 역사를 올바르게 인식하는 데 장애가 될 수 있을 것이다.

다음으로는 사건을 바라보는 광각적 시야를 갖출 필요가 있다는 점이다. 현재 비전문가들에 의해 이루어진 현대사 연구를 보면 역사적 사건을 특정한 시각에서 지엽적으로 서술하는 경우가 많다. 하지만 현대사 연구는 어느 한 나라의 테두리를 벗어나 세계사의 영역에 속하는 종합적인 분야로 다루어져야 한다. 따라서 이러한 특성을 고려하여 지역적으로 국한된 사건에 대한 연구라 하더라도 그것을 포괄하는 넓은 시각으로 바라보는 태도가 요구된다.

마지막으로는 구술사(口述史)의 활용에 대한 부분이다. 현대사는 특정 사건과 관련된 당사자들이 생존해 있는 경우, 문헌 자료를 보충할 수 있는 구술사를 활용함으로써 진실에 더욱 접근하기 쉬울 때가 있다. 이런 이유로 현대사의 많은 부분들이 참여자의 경험담, 목격자의 증언, 관련자들의 진술을 토대로 계속 보완되고 있다. 하지만 비전문가들에게 구술사는 여전히 전문가의 영역으로 인식되어 그 중요성에 대한 자각이 상대적으로 낮은 편이다. 이를 보완하여 비전문가들도 사건과 관련된 사람들을 찾아가 관련 내용을 채록하고 연구에 활용하는 노력을 병행할 필요가 있다. 이런 노력들이 이어질 때 더욱 올바른 현대사 연구가 가능할 것이다.

01 다음 진술이 바르면 ○, 바르지 않으면 ×에 표시하라.

(1) 글쓴이는 비전문가의 역사 연구물은 가치가 없다고 생각한다. [O | X]

(2) 역사 연구에 활용하기 위해서는 문헌 자료의 사실 여부 확인이 중요하다. [O | X]

(3) 글쓴이는 현대사 전문가들이 대중 매체에 많이 얼굴을 비춰야 한다고 주장한다. [O | X]

[정답]
01 (1) ×
　 (2) ○
　 (3) ×

02 제시된 글의 내용을 표로 정리한 것이다. 빈칸에 알맞은 말을 넣으시오.

★ 중심 화제: (　　　)의 (　　　) 연구

1문단	현황	대중 매체를 통해 (　　　)의 현대사 연구물이 쏟아지고 있다.	
	영향	(　　)	① 대중에게 현대사에 관심을 갖게 함. ② 역사 연구의 저변을 확대함.
		부정적	사실에 입각해 역사를 서술해야 한다는 기본 명제에 충실하지 못함.
	→ 문제점을 해결하고 올바른 현대사 연구로 나아가기 위해 보완해야 할 점이 있다.		
2문단	보완해야 할 점	① 자료의 공정성과 신뢰성 등을 (　　　)할 필요가 있다. ② 넓은 시각으로 바라보는 태도가 필요하다. ③ 구술사를 활용할 필요가 있다.	
3문단			
4문단	보완의 결과	비전문가도 올바른 현대사 연구가 가능할 것이다.	

03 제시된 글의 글의 제목으로 가장 적절한 것은?

① 현대사 연구의 활성화를 위한 대책과 지원 방안
② 매체의 발달이 가져온 현대사 연구 분야의 성과
③ 현대사 연구의 발전을 위한 통시적 관점의 필요성
④ 비전문가들이 현대사를 연구할 때 고려해야 할 점

03
제시된 글은 비전문가들의 현대사 연구가 지닌 문제점을 언급한 후, 이를 해결하고 올바른 현대사 연구로 나아가기 위해 보완해야 할 점을 세 가지로 나누어 말하고 있다. 따라서 제목으로는 '비전문가들이 현대사를 연구할 때 고려해야 할 점'이 가장 적절하다.

오답체크
① 제시된 글은 비전문가들이 현대사 연구를 할 때, 어떤 점을 고려해야 하는지를 설명하고 있다. 그러나 '현대사 연구의 활성화를 위한 대책과 지원 방안'은 언급하고 있지 않다.
② 제시된 글에 '매체의 발달이 가져온 현대사 연구 분야의 성과'에 대한 언급은 없다.
③ 제시된 글에 '현대사 연구의 발전을 위한 통시적 관점의 필요성'에 대한 언급은 없다.

[정답]
02 비전문가, 현대사, 비전문가들, 긍정적, 검증
03 ④

실전문제 | 3 독해 비법 익히기

풀이 시간 _____ 분

상담은 심리적 어려움을 겪고 있는 사람의 문제를 해결해 주는 전문적 과정으로, 그 이론은 250여 개에 이른다. 이 중 정신분석적 상담, 인간중심적 상담, 인지 행동적 상담이 대표적이라 할 수 있다.

1890년대에 프로이트는 사람의 감정과 행동을 어떤 원인이 작용한 결과로 보고, 그 원인을 정신적인 것에서 찾으려 했다. 프로이트는 정신적 원인의 실체를 과거의 경험들로부터 형성된 '무의식'에 두는 정신분석적 상담을 시도하였다. 이에 따르면 상담자와 내담자가 오랜 시간 관계를 맺으며 과거의 경험과 감정을 거리낌 없이 털어 놓고 상담자가 그것에 담긴 의미를 해석해 주면, 내담자가 자신의 무의식을 이해하고 받아들이게 되어 심리적 문제를 해결할 수 있다는 것이다.

1940년대에 로저스는 프로이트가 인간을 과거의 경험에 의해 형성되는 수동적인 존재로 파악한 것에 반발하여 인간을 '자신의 가능성과 잠재력을 발견하고 실현할 수 있는 존재'로 간주하는 인간중심적 상담을 주장했다. 인간중심적 상담에서는 사람은 외적으로 부여된 가치에 맞추어 살려고 하기 때문에 자기가 타고난 가능성과 잠재력을 발견하지 못하고 심리적 문제를 겪는다고 보았다. 따라서 상담자는 내담자를 대할 때 가식이나 겉치레 없는 진솔한 태도를 보이며, 어떠한 전제나 조건을 달지 않고 이야기를 들어주고 세심하고 정확하게 이해해 주는 공감적 태도를 취한다. 상담자가 이러한 태도를 일관되게 유지하면, 내담자가 자기 자신을 의미 있게 만드는 것은 바로 자신이라는 것을 깨닫게 되어 외적으로 부여된 가치들을 스스로 해체하여 심리적 문제를 해결할 수 있다는 것이다. 인간중심적 상담은 이전의 상담과 달리 상담 기법보다는 상담 태도에, 문제 해결보다는 내담자 자체에 초점을 두었다.

그런데 정신분석적 상담은 장기적으로 진행되어 비효율적이고, 인간중심적 상담은 심리적 문제 자체에 초점을 맞추지 못했다. 그래서 1960년대에 엘리스는 심리적 문제 그 자체에 초점을 맞추면서도 단기적인 해결을 중요시하는 인지 행동적 상담을 제안했다. 인지 행동적 상담에서는 인간의 인지 방식에 초점을 맞춘다. 그래서 사람은 감정이나 행동을 어떻게 인지하고 받아들이느냐에 따라 영향을 받는다고 주장한다. 엘리스에 따르면 정서적 문제를 겪는 이유는 구체적인 사건들 때문이 아니라 그 사건을 인지하고 받아들이는 방식이 잘못되었기 때문이다. 이 잘못된 사고방식의 뿌리에는 '비합리적 신념'들이 깔려 있다. 비합리적 신념이란 '반드시 ~ 해야 한다.'나 '결코 ~ 할 수 없다.'와 같이 융통성이 없거나 현실적으로 실현 불가능한 생각을 말한다. 따라서 상담자는 상담 과정에서 내담자의 비합리적 신념을 찾아 그 부당성을 적극적으로 논박하여 합리적인 신념으로 변환시키게 된다. 이런 과정을 통해 내담자는 정서적 건강을 찾게 되는 효과를 얻는다는 것이다.

01 다음 진술이 바르면 ○, 바르지 않으면 ×에 표시하라.

(1) 프로이트와 로저스는 내담자 자체에 초점을 두고 상담을 진행하였다. [○ | ×]

(2) '정신분석적 상담', '인간중심적 상담', '인지 행동적 상담' 순으로 상담이 진행되어야 효율적이다. [○ | ×]

(3) 엘리스의 이론에 따르면, 상담자는 내담자의 비합리적 신념을 찾아야 한다. [○ | ×]

[정답]
01 (1) ×
　　(2) ×
　　(3) ○

02 제시된 글의 내용을 표로 정리한 것이다. 빈칸에 알맞은 말을 넣으시오.

★ 중심 화제: (　　　) 이론

1문단	• 상담의 개념과 대표 예시		
	개념	(　　　) 어려움을 겪고 있는 사람의 문제를 해결해 주는 전문적 과정	
	대표 예시	① 정신분석적 상담 ② (　　　) 상담 ③ 인지 행동적 상담	

2문단	① 1890년대 정신분석적 상담		
	문제의 원인	과거의 경험들로부터 형성된 '(　　　)'	
	상담 방법	(　　　) ⓒ 경험과 감정의 의미를 해석함.	내담자 ㉠ 과거의 경험과 감정을 털어놓음. ⓒ 자신의 무의식을 이해하고 받아들이게 됨. → 심리적 문제 해결

3문단	② 1940년대 인간중심적 상담		
	문제의 원인	사람은 외적으로 부여된 가치에 맞추어 살려고 하기 때문에 자기가 타고난 가능성과 (　　　)을 발견하지 못함.	
	상담 방법	상담자 ㉠ 진솔한 태도, 공감적 태도를 일관되게 취함.	내담자 ⓒ 자기 자신을 의미 있게 만드는 것은 바로 자신이라는 것을 깨닫게 되어 외적으로 부여된 가치들을 스스로 해체함. → 심리적 문제 해결

4문단	③ (　　　)년대 인지 행동적 상담		
	문제의 원인	구체적인 사건들 때문이 아니라 그 사건을 인지하고 받아들이는 방식이 잘못됨.	
	상담 방법	상담자 ㉠ 상담 과정에서 내담자의 (　　　) 신념을 찾아 그 부당성을 적극적으로 논박함.	내담자 ⓒ 합리적인 신념으로 변환됨. → 심리적 문제 해결

03 제시된 글의 제목으로 가장 적절한 것은?

① 상담 이론의 발전 과정과 전망
② 대표적 상담 이론의 흐름과 특징
③ 세 가지 상담 이론의 신뢰도와 정확도
④ 다양한 상담 이론의 공통점과 차이점

03

다양한 상담 이론 중 대표적인 3개의 상담 이론을 다루고 있다. 각 상담 이론을 시대 순으로 나열하여 현재까지 어떻게 흘러왔는지 보여 주며, 각 이론에서 인간을 어떻게 바라보고, 어떻게 치료하는지 기술되어 있다. 따라서 제시된 글의 제목으로 '대표적 상담 이론의 흐름과 특징'이 가장 적절하다.

오답체크

① 시대 순으로 배열되었다는 점에서 '발전 과정'으로 볼 수도 있다. 그러나 '전망'은 따로 나타나지 않기 때문에 제목으로 적절하지 않다.
③ 세 가지 상담 이론을 다루고는 있지만, 각각의 신뢰도와 정확도에 대한 언급은 없다. 따라서 제목으로 적절하지 않다.
④ 세 가지 상담 이론의 특징이 제각기 다르다는 점에서 '차이점'이 있다고 할 수 있다. 그러나 공통점에 대한 언급은 없다.

[정답]

02 상담, 심리적, 인간중심적, 무의식, 상담자, 잠재력, 1960, 비합리적
03 ②

Day 12 기출 + 실전 문제로 **독해 비법 익히기**

기출 문제

기출문제 | 1 독해 비법 익히기

풀이 시간 _____ 분

ⓐ「예술 작품의 복제 기술이 좋아지고 있음에도 불구하고」 ⓑ「원본을 보러 가는 이유는 무엇인가? 예술 작품의 특성상 원본 고유의 예술적 속성을 복제본에서는 느낄 수 없다고 생각하는 경향이 강하기 때문이다.」 ⓒ「사진은 원본인지 복제본인지 중요하지 않지만」, ⓓ「회화는 붓 자국 하나하나가 중요하기 때문에 복제본이 원본을 대체할 수 없다고 생각하는 사람들이 많다.」

ⓔ「그러나 이러한 생각은 잘못이다.」 ⓕ「회화와 달리 사진의 경우, 보통 '그 작품'이라고 지칭되는 사례들이 여러 개 있을 수 있다.」 20세기 위대한 사진작가 빌 브란트가 마음만 먹었다면, 런던에 전시한 인화본의 조도를 더 낮추는 방식으로 다른 곳에 전시한 것과 다른 예술적 속성을 갖게 할 수 있었을 것이다. 이것은 사진의 경우, 작가가 재현적 특질을 선택하고 변형할 수 있는 방법이 다양함을 의미한다.

ⓐ 'A에도 불구하고 B'는 'A에도 거리끼지 않고 B'라는 의미이다.
ⓑ 'A의 이유는 무엇일까? B 때문이다.'는 'A는 B 때문이다.'라는 의미이다.
ⓒ 'A인지 B인지 중요하지 않다.'는 'A든 B든 상관없다.'라는 의미이다.
ⓓ 'A는 B가 아니지만, C는 B이다.'는 'A와 C는 B라는 점에서 차이가 있다.'라는 의미이다.
ⓔ 'A. 그러나 이러한 B는 잘못이다.'에서 '이러한 B'는 사실상 'A'의 내용이다. 따라서 'A는 잘못이다.'라는 의미이다. '옳다', '잘못이다'처럼 판단의 서술어가 쓰일 경우, 글쓴이의 판단일 가능성이 높다.
ⓕ 'A와 달리 B의 경우, C이다.'는 'A는 C가 아니지만, B는 C이다.'라는 의미이다. 따라서 'B는 C이다.'로 이해하면 된다.

01 다음 진술이 바르면 O, 바르지 않으면 ×에 표시하라.

(1) 사람들은 사진보다 회화의 가치를 더 높게 평가한다. ☐ O | × ☐
(2) 일반적으로 사람들은 회화의 경우 원본과 복제품의 가치가 다르다고 생각한다. ☐ O | × ☐
(3) 글쓴이는 사진의 경우 복제품도 예술적 가치를 가진다고 생각한다. ☐ O | × ☐

[정답]
01 (1) ×
　　(2) O
　　(3) O

02 제시된 글의 내용을 표로 정리한 것이다. 빈칸에 알맞은 말을 넣으시오.

★ 중심 화제: (　　　)의 예술성

1문단	문답	질문	복제 기술이 좋아졌음에도 사람들이 예술 작품의 (　　)을 보러 가는 이유는 무엇일까?
		답변	예술 작품의 특성상 원본 고유의 예술적 속성을 (　　)에서는 느낄 수 없다고 생각하는 경향이 강하기 때문에
	(　　)	(　　)	회화
		원본인지 복제본인지 중요하지 않다.	복제본이 원본을 대체할 수 없다.

2문단	(　　)	"원본인지 복제본인지 중요하지 않다."라는 생각은 잘못이다.
	근거	인화본의 조도를 변경함으로써 다른 예술적 속성을 갖게 할 수 있다. → (　　)은 작가가 재현적 특질을 선택하고 변형할 수 있는 방법이 다양하다.

03 제시된 글의 주장으로 가장 적절한 것은?

2020 지방직 9급

① 복제본의 예술적 가치는 원본을 뛰어넘을 수 없다.
② 복제 기술 덕분에 예술의 매체적 특성이 비슷해졌다.
③ 복제본의 재현적 특질을 변형하는 방법은 제한적이다.
④ 복제본도 원본과는 다른 별개의 예술적 특성을 담보할 수 있다.

03
1문단의 "복제본이 원본을 대체할 수 없다고 생각하는 사람들이 많다."에 대해서 2문단에서 "그러나 이러한 생각은 잘못이다."라고 하면서, "다른 곳에 전시한 것과 다른 예술적 속성을 갖게 할 수 있었을 것이다."라고 하였다. 즉 제시된 글의 글쓴이는 복제본도 별개의 예술적 속성을 가진다고 생각하고 있다. 따라서 제시된 글의 주장으로 가장 적절한 것은 ④이다.

오답체크
① 1문단의 "복제본이 원본을 대체할 수 없다고 생각하는 사람들이 많다."에 대해서, 2문단에서 "그러나 이러한 생각은 잘못이다."라고 하였다. 따라서 복제본의 예술적 가치는 원본을 뛰어넘을 수 없다는 글쓴이의 주장이 아니다.
② 1문단의 "예술 작품의 복제 기술이 좋아지고"를 통해 복제 기술이 좋아졌음은 알 수 있다. 그러나 그 덕분에 예술의 매체적 특성이 비슷해졌다는 내용은 제시된 글을 통해 알 수 없다.
③ 2문단의 "작가가 재현적 특질을 선택하고 변형할 수 있는 방법이 다양함을 의미한다."를 볼 때, 복제본의 재현적 특질을 변형하는 방법은 제한적이라는 진술은 제시된 글의 주장과 상반된다.

[정답]
02 복제본, 원본, 복제본, 통념(일반적인 생각), 사진, 주장, 사진
03 ④

기출 문제 | 2 독해 비법 익히기

풀이 시간 _____ 분

> 교환가치는 거래를 통해 발생하는 가치이며, 사용가치는 어떤 상품을 사용할 때 느끼는 가치이다. 전자가 시장에서 결정된다는 점에서 객관적이라면, 후자는 개인에 따라 다르다는 점에서 주관적이다. 상품에는 사용가치와 교환가치가 섞여 있는데, 교환가치가 아무리 높아도 '나'에게 사용가치가 없다면 해당 상품을 구매하지 않을 것이다.
> 하지만 이 같은 상식이 통하지 않는 경우를 종종 볼 수 있다. 예를 들어 보자. 인터넷 커뮤니티에서 백만 원짜리 공연 티켓을 판매하는데, 어떤 사람이 "이 공연의 가치는 돈으로 환산할 수 없어요." 등의 댓글들을 보고서 애초에 관심도 없던 이 공연의 티켓을 샀다. 그에게 그 공연의 사용가치는 처음에는 없었으나 많은 댓글로 인해 사용가치가 있을 것으로 잘못 판단한 것이다. 안타깝게도, 그는 그 공연에서 조금도 만족하지 못했다.
> 이 사례에서 볼 때 건강한 소비를 위해서는 구매하려는 상품의 사용가치가 어떤 과정을 거쳐 결정된 것인지 곰곰이 생각해봐야 한다. '나'에게 얼마나 필요한가에 대한 고민 없이 다른 사람들의 말에 휩쓸려 어떤 상품의 사용가치가 결정될 때, 그 상품은 '나'에게 쓸모없는 골칫덩이가 될 수 있다.

01 다음 진술이 바르면 ○, 바르지 않으면 ×에 표시하라.

(1) 동일한 물건이라도 사람마다 '사용가치'가 다를 수 있다. ○ | ×

(2) '사용가치'는 스스로의 판단에 의해서만 결정된다. ○ | ×

(3) 상품의 가치는 시간이 지남에 따라 떨어질 수 밖에 없다. ○ | ×

[정답]
01 (1) ○
　 (2) ×
　 (3) ×

02 제시된 글의 내용을 표로 정리한 것이다. 빈칸에 알맞은 말을 넣으시오.

★ 상품 구매 시 주의할 점

• 교환가치와 사용가치의 개념과 특징

	개념	특징
( )	거래를 통해 발생하는 가치	시장에서 결정된다. → 객관적
사용가치	어떤 상품을 사용할 때 느끼는 가치	개인에 따라 다르다. → ( )

• (   )에는 사용가치와 교환가치가 섞여 있다.

상식	교환가치가 아무리 높아도 '( )'에게 사용가치가 없다면 해당 상품을 구매하지 않을 것이다.
현실 (예외)	사례: 다른 사람 말에 휩쓸려 처음에 사용가치가 없던 공연을 사게 되었지만, 공연에 조금도 만족하지 못했다.

• 사례를 통한 결론(주장)
 상품을 구매할 때 (   )가 자신의 필요에 의해 결정된 것인지 신중하게 따져야 한다.

03 제시된 글의 중심내용으로 가장 적절한 것은?

2023 지방직 9급

① 사용가치보다 교환가치가 큰 상품을 구매해야 한다.
② 상품을 구매할 때 사용가치와 교환가치를 두루 고려해야 한다.
③ 상품에 대한 다른 사람들의 평가를 반영해서 상품을 구매해야 한다.
④ 상품을 구매할 때 사용가치가 자신의 필요에 의해 결정된 것인지 신중하게 따져야 한다.

03
2문단에 자신에게 사용가치가 없다고 생각했던 공연 티켓을, 자신의 필요(선호)가 아닌 다른 사람들의 말(댓글)로 인해 구입한 결과 만족스럽지 않았다는 사례가 나와 있다. 이 사례를 통해 3문단에서 '건강한 소비'를 위해서는 '사용가치'에 누구에 의해 결정된 것인지 곰곰이 생각해 봐야 한다고 말하고 있다. 따라서 제시된 글의 중심 내용은 '상품을 구매할 때 사용가치가 자신의 필요에 의해 결정된 것인지 신중하게 따져야 한다.'이다.

[정답]
02 교환가치, 주관적, 상품, 나, 사용가치
03 ④

기출 문제 | 3 독해 비법 익히기

풀이 시간 _____ 분

우리에게 친숙한 동물들의 사소한 행동을 살펴보면 그들이 자신의 환경을 개조한다는 것을 알 수 있다. 가장 단순한 생명체는 먹이가 그들에게 헤엄쳐 오게 만들고, 고등 동물은 먹이를 구하기 위해 땅을 파거나 포획 대상을 추적하기도 한다. 이처럼 동물들은 자신의 목적을 위해 행동함으로써 환경을 변형시킨다. 이러한 생존 방식을 흔히 환경에 적응하는 것으로 설명한다. 그러나 이러한 설명은 생명체들이 그들의 환경 개변(改變)에 능동적으로 행동한다는 중요한 사실을 놓치고 있다.

가장 고등한 동물인 인간도 다른 생명체와 마찬가지로 생존이나 적응을 넘어서 환경에 대해 적극성을 보인다. 이는 인간의 세 가지 충동—사는 것, 잘 사는 것, 더 잘 사는 것—으로 인하여 가능하다. 잘 살기 위한 노력은 순응적이기보다는 능동적인 모습으로 나타나게 된다. 인간도 생명체이다. 더 잘 살기 위해서는 환경에 순응할 수만은 없다.

01 다음 진술이 바르면 ○, 바르지 않으면 ×에 표시하라.

(1) 고등 동물일수록 환경에 순응하면서 살아간다. ○ | ×
(2) 환경에 적응한다고 보는 관점에서는 생명체들의 환경 개변 능동성을 무시한다. ○ | ×
(3) 환경에 잘 순응하면 더 잘 살 수 있다. ○ | ×

[정답]
01 (1) ×
　(2) ○
　(3) ×

02 제시된 글의 내용을 표로 정리한 것이다. 빈칸에 알맞은 말을 넣으시오.

★ 중심 화제: 생명체와 (　　　　)

1문단	관찰 결과	동물은 자신의 환경을 개조한다.	
	예시	단순한 생명체	(　　) 동물
		먹이가 그들에게 헤엄쳐 오게 만듦.	먹이를 구하기 위해 땅을 파거나 포획 대상을 추적함.
	생존 방식	① 동물들은 자신의 (　　　)을 위해 행동함으로써 환경을 변형시킨다. ② (　　)에 적응한다.	
	문제 제기	환경에 적응한다는 입장은, 생명체가 (　　　)으로 행동한다는 사실을 놓치고 있다.	
2문단	주장	인간도 생존이나 적응을 넘어서 환경에 대해 (　　　)을 보인다.	
	이유	① <u>인간의 세 가지 충동</u>으로 인해 가능하다. 　└→ 사는 것, 잘 사는 것, 더 잘 사는 것 ② 잘 살기 위한 노력은 순응적이기보다는 (　　　)인 모습으로 나타나게 된다. → 주장: 더 잘 살기 위해서는 환경에 순응할 수만은 없다.	

03 제시된 글의 주장으로 가장 적절한 것은?

2020 지방직 9급

① 인간은 환경에 적응해 왔다.
② 삶의 기술은 생존을 위한 것이다.
③ 생명체는 환경을 능동적으로 변형한다.
④ 인간은 잘 사는 것을 삶의 목표로 한다.

03

제시된 글의 글쓴이는 생명체가 단순히 환경에 '적응(순응)'하는 것이 아니라, 적극적으로 환경을 '변형'한다고 말하고 있다. 따라서 제시된 글의 주장으로는 '생명체는 환경을 능동적으로 변형한다.'가 가장 적절하다.

오답체크

① "이러한 생존 방식을 흔히 환경에 적응하는 것으로 설명한다. 그러나 ~ 환경 개변(改變)에 능동적으로 행동한다는 중요한 사실을 놓치고 있다."를 볼 때 글쓴이의 생각과 일치하지 않는다.
② 2문단에서 "인간도 다른 생명체와 마찬가지로 생존이나 적응을 넘어서 환경에 대해 적극성을 보인다."라고 하였다. 따라서 '생존'을 위한 것이라는 것은 글쓴이의 주장이 되기 어렵다.
④ 인간이 환경에 적극성을 보이는 이유가 인간의 충동 중 하나인 '잘 사는 것' 때문이라고 말하고 있다. 따라서 잘사는 것 자체가 목표라는 것을 제시된 글의 주장으로 보기 어렵다.

[정답]

02 환경, 고등, 목적, 환경, 능동적, 적극성, 능동적
03 ③

실전 문제

실전 문제 | 1 독해 비법 익히기

풀이 시간 _____ 분

ⓐ 'A는 B이다. C이다.'는 'A는 B이다. 그리고 A는 C이다.'라는 의미이다. 주어가 동일하다면, 두 번째 문장의 주어는 생략될 수 있다. 따라서 접속어 '그리고'에 의해 연결된 두 번째 문장에 주어가 없다면, 당황하지 말고 바로 앞 문장의 주어를 살피면 된다.
ⓑ 'A의 대표적 사례는 B이다.'는 'B가 A의 대표적인 예이다.'라는 의미이다.
ⓒ 'A 중의 하나는 B이다.'는 A가 여러 개가 있는데, 그중에 하나가 B라는 의미이다.
ⓓ 'A면 B가 되는데, 이는 C 때문이다.'는 'A면 B가 되는데, A면 B가 되는 이유는 C 때문이다.'라는 의미이다. 즉 C 앞의 '이'는 바로 앞 문장 전체를 의미한다.
ⓔ 'A 없이 B이지만, A 있으면 C이다.'는 'A가 있어야 C가 가능하다.'라는 의미이다. A의 유무에 따라 결과가 달라지기 때문에, 글쓴이의 초점은 '있는 경우'일 확률이 크다.
ⓕ 'A, 이 덕분에 B.'는 'A 때문에 B라는 결과가 생겼다.'라는 의미이다. '덕분에'라는 말이 쓰였기 때문에, B의 결과는 '긍정적'일 것임을 짐작할 수 있다.
ⓖ 'A를 위해서는 B 이외에도 C까지도 필요하다.'는 'A를 위해서는 B와 C 모두 필요하다.'라는 의미이다.

(가) 1970년대 이후부터 세계적으로 '적정기술(Appropriate Technology)'에 대한 활발한 논의가 있어 왔다. ⓐ「넓은 의미로 적정기술은 인간 사회의 환경, 윤리, 도덕, 문화, 사회, 정치, 경제적인 측면들을 두루 고려하여 인간의 삶의 질을 향상시킬 수 있는 기술이다. 좁은 의미로는 가난한 자들의 삶의 질을 향상시키는 기술이다.」

(나) ⓑ「적정기술이 사용된 대표적 사례는 아바(Abba, M. B.)가 고안한 항아리 냉장고이다.」 아프리카 나이지리아의 시골 농장에는 전기, 교통, 물이 부족하다. 이곳에서 가장 ⓒ「중요한 문제 중의 하나는 곡물을 저장할 시설이 없다는 것이다.」

(다) 이를 해결하기 위해 그는 항아리 두 개와 모래흙 그리고 물만 있으면 채소나 과일을 장기간 보관할 수 있는 저온조를 만들었다. 이것은 물이 증발할 때 열을 빼앗아 가는 간단한 원리를 이용했다. ⓓ「한여름에 몸에 물을 뿌리고 시간이 지나면 시원해지는데, 이는 물이 증발하면서 몸의 열을 빼앗아 가기 때문이다.」 항아리의 물이 모두 증발하면 다시 보충해서 사용하면 된다.

(라) ⓔ「토마토의 경우 항아리 냉장고 없이 2~3일 정도 저장이 가능하지만, 항아리 냉장고를 사용하면 21일 정도 저장이 가능하다.」 ⓕ「이 덕분에 이 지역 사람들은 신선한 과일을 장기간 보관해서 시장에 판매해 많은 수익을 올릴 수 있었다.」

(마) 적정기술은 새로운 기술이 아니다. 우리가 알고 있는 여러 기술 중의 하나로, 어떤 지역의 직면한 문제를 해결하는 데 적절하게 사용된 기술이다. 1970년 이후 적정기술을 기반으로 많은 제품이 개발되어 현지에 보급되어 왔지만 그 성과에 대해서는 여전히 논란이 있다. 이는 기술의 보급만으로는 특정 지역의 빈곤탈출과 경제적 자립을 이룰 수 없기 때문이다. ⓖ「빈곤 지역의 문제 해결을 위해서는 기술 개발 이외에도 지역 문화에 대한 이해와 현지인의 교육까지도 필요하다.」

01 다음 진술이 바르면 ○, 바르지 않으면 ×에 표시하라.

(1) 적정기술의 의미는 나라마다 다르다. ○ | ×
(2) 적정기술은 1970년 이후에 나타난 새로운 기술이다. ○ | ×
(3) (가)는 '정의'의 전개 방식이 쓰였다. ○ | ×

02 제시된 글의 내용을 표로 정리한 것이다. 빈칸에 알맞은 말을 넣으시오.

★ 중심 화제: (   )

(가)	• 적정기술의 개념	
	넓은 의미	좁은 의미
	인간 사회의 환경, 윤리, 도덕, 문화, 사회, 정치, 경제적인 측면들을 두루 고려하여 인간의 삶의 질을 향상시킬 수 있는 기술	( )의 삶의 질을 향상시키는 기술
(나)	• 적정기술이 사용된 대표적 ( ): 항아리 냉장고	
(다)	배경	나이지리아의 시골 농장에는 곡물을 저장할 시설이 없었다. → 채소나 과일을 장기간 보관하기 위해
(라)	원리	물이 증발할 때 열을 빼앗아 가는 원리
	( )	신선한 과일을 장기간 보관 → 판매를 통해 수익을 올릴 수 있음.
(마)	( )	기술의 보급만으로는 특정 지역의 빈곤 탈출과 경제적 자립을 이룰 수 없기 때문에 성과에 대해서는 논란이 있다.
	보완	빈곤 지역의 문제 해결을 위해서 ① 기술 개발 필요 ② 지역 문화에 대한 이해 필요 ③ 현지인의 교육 필요

03 (나)~(마)의 중심 내용으로 적절하지 않은 것은?

① (나): 항아리 냉장고가 나오게 된 배경
② (다): 항아리 냉장고에 적용된 원리
③ (라): 항아리 냉장고의 효과
④ (마): 적정기술의 전망

03
(마)는 적정기술의 특성과 한계에 대해서 그리고 이런 한계를 극복하기 위한 보완책에 대해 제시하고 있을 뿐 적정기술의 '전망'은 나타나 있지 않다.

[정답]
01 (1) ×
  (2) ×
  (3) ○
02 적정기술, 가난한 자들, 사례, 효과, 한계
03 ④

실전 문제 | 2 독해 비법 익히기

풀이 시간 _____ 분

경제학에서는 한 재화나 서비스 등의 공급이 기업에 집중되는 양상에 따라 시장구조를 크게 독점시장, 과점시장, 경쟁시장으로 구분하고 있다. 소수의 기업이 공급의 대부분을 차지할수록 독점시장에 가까워지고, 다수의 기업이 공급을 나누어 가질수록 경쟁시장에 가까워진다. 이렇게 시장 구조를 구분하기 위해서 사용하는 지표 중의 하나가 바로 '시장집중률'이다.

시장집중률을 이해하기 위해서는 먼저 '시장점유율'에 대한 이해가 있어야 한다. 시장점유율이란 시장 안에서 특정 기업이 차지하고 있는 비중을 의미하는데, 생산량, 매출액 등을 기준으로 측정할 수 있다. Y기업의 시장점유율을 생산량 기준으로 측정한다면 '(Y기업의 생산량/시장 내 모든 기업의 생산량의 총합)×100'으로 나타낼 수 있다.

시장점유율이 시장 내 한 기업의 비중을 나타내 주는 수치라면, 시장집중률은 시장 내 일정 수의 상위 기업들이 차지하는 비중을 나타내 주는 수치, 즉 일정 수의 상위 기업의 시장점유율을 합한 값이다. 산출된 시장집중률을 통해 시장 구조를 구분해 볼 수 있는데, 시장집중률이 높으면 그 시장은 공급이 소수의 기업에 집중되어 있는 독점시장으로 구분하고, 시장집중률이 낮으면 공급이 다수의 기업에 의해 분산되어 있는 경쟁시장으로 구분한다. 한국개발연구원에서는 어떤 산업에서의 시장집중률이 80% 이상이면 독점시장, 60% 이상 80% 미만이면 과점시장, 60% 미만이면 경쟁시장으로 구분하고 있다.

이처럼 ㉠ 은 시장 구조를 구분하는 데 매우 유용한 지표이며, 이를 통해 시장 내의 공급이 기업에 집중되는 양상을 파악해 볼 수 있다.

01 다음 진술이 바르면 O, 바르지 않으면 ×에 표시하라.

(1) '시장 구조'를 통해 '시장집중률'을 구분할 수 있다. [O | X]

(2) 시장집중률이 높을수록 공급이 다수의 기업에 의해 분산되어 있다. [O | X]

(3) 맥락상 ㉠에는 '시장집중률'이 어울린다. [O | X]

[정답]
01 (1) ×
   (2) ×
   (3) O

02 제시된 글의 내용을 표로 정리한 것이다. 빈칸에 알맞은 말을 넣으시오.

★ 중심 화제: (　　　　)

1문단	(　)	한 재화나 서비스 등의 공급이 기업에 집중되는 양상에 따라 구분		
		소수의 기업이 공급　←　　　　　　　　　→　다수의 기업이 공급		
		독점시장	과점시장	경쟁시장
	시장집중률	시장 구조를 구분하기 위해서 사용하는 지표 중의 하나		

2문단
- 시장점유율

기본	시장 안에서 특정 기업이 차지하고 있는 비중
(　)	생산량, 매출액 등

3문단
- 시장점유율과 시장집중률의 개념

시장점유율	(　　　　)
시장 내 한 기업의 비중을 나타내 주는 수치	시장 내 일정 수의 상위 기업들이 차지하는 비중을 나타내 주는 수치 → 일정 수의 상위 기업의 시장점유율을 합한 값

- 시장집중률의 특징: 시장 구조를 구분해 볼 수 있다.
- 시장 구조

	독점시장	과점시장	경쟁시장
시장집중률	높음		낮음
공급	소수 기업에 집중		다수 기업에 분산

- 한국개발연구원의 기준

	독점시장	과점시장	경쟁시장
시장집중률	80% 이상	60% 이상 80% 미만	60% 미만

4문단
- 시장집중률의 (　　　　)
  ① 시장 구조를 구분하는 데 유용한 지표
  ② 시장 내의 공급이 기업에 집중되는 양상을 파악할 수 있음.

03 제시된 글의 중심 화제로 가장 적절한 것은?

① 시장 구조의 변천사
② 시장집중률의 개념과 의의
③ 독점시장과 경쟁시장의 비교
④ 시장집중률을 확대하기 위한 방안

03
제시된 글은 '시장집중률'의 개념을 제시하고 있다. 그리고 이를 통해 시장 구조를 구분하고, 시장 내의 공급이 기업에 집중되는 양상을 파악할 수 있다고 의의를 밝히고 있다.

오답체크
① '시장 구조'를 언급은 하고 있으나, 변천사는 다루고 있지 않다.
③ 공급이 기업에 집중되는 양상에 따라 시장 구조를 구분하면서 독점시장과 경쟁시장을 언급하고 있지만 이들 간의 비교가 제시된 글의 핵심은 아니다.
④ '시장집중률을 확대하기 위한 방안'은 중심 화제가 아니다.

[정답]
02 시장집중률, 시장 구조, 측정 기준, 시장집중률, 의의
03 ②

실전 문제 | 3 독해 비법 익히기

우리나라 도자기에는 전통 예술의 아름다움이 담겨 있다. 도자기는 수요자의 요구에 따라, 혹은 그것을 만든 장인의 예술 감각에 따라 다양한 형태와 문양을 갖게 된다. 도자기 가운데 고려청자는 매우 귀족적이며 장식적이다. 그 수요자가 왕실과 중앙 귀족이었으므로 도자기 형태나 문양에 그들의 취향이 반영되었기 때문이다. ㉠ , 조선 분청사기는 왕실에서 일반 백성에 이르기까지 전 계층이 사용하였다. 물론 수요층에 따라 도자 양식에는 차이가 있었지만 대체로 분청사기는 일상생활 용기로 널리 사용되었으므로 순박하고 서민적이었다.

고려청자의 아름다움은 흔히 형태, 색, 문양 등 세 가지 측면에서 얘기되곤 한다. 흐르는 듯한 형태의 유려함, 비취옥과 같은 비색(翡色), 그리고 자연에서 소재를 얻은 문양이 그것이다. 귀족들의 취향을 반영한 고려청자에는 세련된 곡선미가 담겨있다. 여기에 학이 창공을 날아가는 모습과 같은 우아하고 섬세한 문양이 신비한 비색과 잘 어우러져 있다. 그런데 고려청자에는 도공의 창조적 개성미는 드러나지 않았다. 왜냐하면 고려청자는 서남해안 일부 지역에 설치되었던 관요(官窯)에서 국가의 강력한 보호와 규제 속에서 이름 없는 도공들에 의해 만들어졌기 때문이다.

분청사기는 '청자 태토(胎土)로 빚은 몸체에 분을 바르듯이 백토를 입힌 사기그릇'을 말한다. 분청사기는 고려 말 귀족이 몰락하고 지방의 중소 지주였던 사대부 성리학자가 등장하던 시기에 제작되기 시작했다. 그러다가 점차 서민층에까지 쓰임이 확대되면서 형태도 매우 안정되고 튼튼하게 변해갔고, 문양도 활달하고 자유분방하게 변해가게 되었다. 또한 여기에 도공의 독창적 개성미가 더해져 자유롭고 생동감 넘치는 분청사기가 만들어지게 되었다. 왜냐하면 분청사기는 전국에 흩어져 있는 민간 가마인 민요(民窯)에서 이전보다 자유로운 여건에서 만들어졌기 때문이다.

분청사기에서는 고려청자가 갖는 깔끔하고 이지적인 느낌과는 다른 수더분함과 숭늉맛 같은 구수함이 느껴진다. 분청사기의 자유분방함과 수더분함 속에서 고려청자와는 또 다른 전통 예술의 아름다움을 발견할 수 있다.

01 다음 진술이 바르면 ○, 바르지 않으면 ×에 표시하라.

(1) 고려청자는 귀족층만, 분청사기는 서민층만 사용했다. [○|×]

(2) 고려청자를 만들던 도공들은 독창성을 발휘하기 어려웠다. [○|×]

(3) 맥락상 ㉠에는 '마찬가지로'가 들어가야 한다. [○|×]

[정답]
01 (1) ×
　 (2) ○
　 (3) ×

02 제시된 글의 내용을 표로 정리한 것이다. 빈칸에 알맞은 말을 넣으시오.

★ 중심 화제: (　　　　　　)

1문단	• 우리나라의 (　　　)		
		고려청자	조선 분청사기
	성격	귀족적, 장식적	순박함, 서민적
	수요자	왕실, 중앙 귀족	전 계층(왕실, 일반 백성)

2문단	• 고려청자의 아름다움		
	특징	① 형태, 색, 문양	
		형태	흐르는 듯한 형태, 세련된 (　　　)
		색	비취옥과 같은 비색, 신비한 비색
		문양	자연에서 소재를 얻은 문양, 우아하고 섬세한 문양
		② 창조적 (　　　)가 드러나지 않음. → 국가의 보호와 규제 속에서 만들어졌기 때문에	

3문단	• 분청사기의 아름다움	
	개념	청자 태토(胎土)로 빚은 몸체에 분을 바르듯이 백토를 입힌 사기그릇
	특징	① 고려 말 등장했고, 점차 서민층까지 쓰임이 확대됨. ② 도공의 (　　　) 개성미가 더해져 자유롭고 생동감 넘침. → 이전보다 자유로운 여건에서 만들어졌기 때문에

4문단	• 고려청자와 분청사기		
		고려청자	분청사기
		깔끔함, 이지적	수더분함, 구수함, 자유분방함

03 제시된 글의 중심 내용으로 가장 적절한 것은?

① 고려청자와 분청사기 수요층의 특징
② 고려청자와 분청사기의 원료와 제작 과정
③ 고려청자와 분청사기에 담긴 전통 예술의 아름다움
④ 고려청자와 분청사기를 통해 알 수 있는 시대적 상황

03
제시된 글은 고려청자와 분청사기를 예로 들어 우리나라 도자기에 담긴 전통 예술의 아름다움에 대해 설명하고 있다.

오답체크
① 각각의 수요층에 대해 언급은 하고 있지만, 수요층 자체가 중심 내용은 아니다.
② 원료와 제작 과정에 대한 언급은 없다.
④ 고려청자와 분청사기를 통해 알 수 있는 시대적 상황에 대한 언급은 없다.

[정답]
02 고려청자와 분청사기, 도자기, 곡선미, 개성미, 독창적
03 ③

공무원 시험 전문 해커스공무원
gosi.Hackers.com

해커스공무원 혜원국어 적중 여신의 구조적 비문학 독해

PART 4
내용 전개 방식

Day 13 내용 전개 방식 유형
Day 14 기출 + 실전 문제로 독해 비법 익히기
Day 15 기출 + 실전 문제로 독해 비법 익히기

Day 13 내용 전개 방식 유형

 유형 분석

주어진 글에 사용된 전개 방식을 바르게 이해했는지 확인하는 유형이다. 크게 두 가지 형태로 제시된다. 하나는 글에 쓰인 전개 방식의 명칭을 묻는 형태이다. 이때 어렵게 출제된다면, 동일한 전개 방식이 쓰인 것을 찾으라는 형태로 제시될 수도 있다. 주로 설명 없이 용어가 제시되기 때문에, 헷갈릴 수 있는 개념들을 미리 공부해 둘 필요가 있다.

대표 발문

- 다음 설명문의 전개 방식으로 옳은 것은?
- 밑줄 친 부분의 주된 설명 방식은?
- 〈보기〉의 주된 설명 방식이 사용된 것으로 가장 옳은 것은?

또 다른 형태는 선지에서 설명하고 있는 전개 방식이 글에 제시되어 있는지를 묻는 형태이다. 이때 선지는 단순히 글의 전개 방식에 대한 설명을 풀어서 제시될 수도 있고, 글의 내용과 함께 제시될 수 있다. 따라서 단순히 내용 전개 방식뿐만 아니라 그것이 쓰인 이유도 함께 살펴야 한다.

대표 발문

- 다음 글의 글쓰기 방식에 대한 설명으로 가장 적절한 것은?
- 제시된 글의 글쓰기 전략으로 볼 수 없는 것은

비법 4 공식 암기

수학에서 계산의 법칙을 '공식'이라고 한다. 수학 공식을 알면, 아무리 복잡한 문제라도 대입을 통해 쉽게 답을 구할 수 있다. 마찬가지로 글의 구조나 관계를 '공식'처럼 법칙화한 것을 우리는 '전개 방식'이라고 부르는데, 이 '전개 방식'을 알면 글이 어떻게 전개되고 있는지, 나아가 앞으로 어떻게 전개가 될지를 알아낼 수가 있다. 수학에서 '공식'은 이해도 중요하지만, 암기가 중요하다. 따라서 우리도 '공식'인 '전개 방식'을 이해와 함께 암기할 필요가 있다.

주요 '전개 방식'은 다음과 같다.

1. 정태적 전개 방식

정의	어떤 말이나 사물의 뜻을 명백히 밝혀 규정하는 방법	
지정 (확인)	대상이 무엇인지에 대한 질문에 간단하고 직접적으로 답하는 것으로, 손가락으로 한곳을 가리키듯 확실하게 정하는 방법	
예시	예를 들어 보이는 방법으로, 일반적인 원리나 법칙을 구체적으로 제시하는 방법	
분류	**분류 분류** 하위 개념에서 상위 개념으로 묶는 방법	**구분 분류** 상위 개념에서 하위 개념으로 나누는 방법
분석	다소 복잡한 대상이나 현상의 구조, 과정, 원인, 결과를 보다 작거나 단순한 단위로 분해하여 설명하는 방법	
비교	둘 이상의 사물에 대하여 그들이 지닌 '공통점'을 밝혀내는 방법 ┐ 같은 범주	
대조	둘 이상의 사물에 대하여 서로 다른 것을 견주어 '차이점'을 밝혀내는 방법 ┘	
유추	두 개의 사물이 비슷함을 근거로 다른 속성도 비슷할 것이라고 추측하는 방법 — 다른 범주	
묘사	어떤 대상이나 사물, 현상 등을 그림 그리듯 '구체적'으로 또 '감각적'으로 표현하는 방법	
인용	다른 사람의 말이나 글을 가져와서 자신이 설명하고자 하는 것을 뒷받침하는 방법	

2. 동태적 전개 방식

서사	인물(혹은 의인화된 대상)이 보이는 일련의 행동이나 사건의 전개 양상에 초점을 두고 서술하는 방법 → 시간+누구
과정	어떤 결말이나 결과를 가져오게 하는 일련의 행동, 변화, 기능, 단계에 초점을 두고 서술하는 방법 → 시간+어떻게
인과	어떤 결과를 가져오게 하는 요인을 밝히거나 그런 요인들에 의해 초래된 현상에 초점을 두고 서술하는 방법 → 시간+왜

STEP 1 다음 문장에 쓰인 전개 방식을 <보기>에서 찾아보자.

보기

정의	지정	예시	분석
분류 분류	구분 분류	비교	대조
유추	서사	과정	인과
묘사	인용		

문자는 그 기능과 용법에 따라 표음 문자, 표의 문자로 나뉜다.

➡

한글, 로마자, 러시아 문자, 아랍 문자 등은 표음 문자이며, 한자, 이집트 문자 등은 표의 문자이다.

➡

한국어와 중국어는 모두 표기에 한자를 이용한다.

➡

중국어와 달리 한국어에는 한글이라는 별도의 문자가 있다.

➡

STEP 2 '전개 방식'을 잘 찾았는지 확인해 보자.

문자는 그 기능과 용법에 따라 표음 문자, 표의 문자로 나뉜다.
  상위 개념   하위 개념

➡ 구분 분류

한글, 로마자, 러시아 문자, 아랍 문자 등은 표음 문자이며, 한자, 이집트 문자 등은 표의 문자이다.
       하위 개념   상위 개념   하위 개념   상위 개념

➡ 분류 분류

한국어와 중국어는 모두 표기에 한자를 이용한다.
                     공통점

➡ 비교

중국어와 달리 한국어에는 한글이라는 별도의 문자가 있다.
                      차이점

➡ 대조

STEP 3 이번에는 'STEP 2'를 모방해서 '전개 방식'을 찾아보자.

> 우리말을 제대로 세우지 않고 영어를 들여오는 일은 우리 토종 물고기를 돌보지 않은 채 외래종 물고기를 들여온 우(憂)를 또다시 범하는 것이다.

➡

> 곤충의 머리에는 겹눈과 홑눈, 더듬이 따위의 감각 기관과 입이 있고, 가슴에는 2쌍의 날개와 3쌍의 다리가 있으며, 배에는 끝에 생식기와 꼬리털이 있다.

➡

> 신라의 육두품 출신 가운데 학문적으로 출중한 자들이 많았다. 가령, 강수, 설총, 녹진, 최치원 같은 사람들은 육두품 출신이었다. 이들은 신분적 한계 때문에 정계보다는 예술과 학문 분야에 일찌감치 몰두하게 되었다.

➡

> 르네상스는 14세기~16세기에, 이탈리아를 중심으로 하여 유럽 여러 나라에서 일어난 인간성 해방을 위한 문화 혁신 운동이다. 르네상스 시대의 화가들은 원근법을 사용하여 세상을 향한 창과 같은 사실적인 그림을 그렸다. 현대 회화를 출발시켰다고 평가되는 인상주의자들이 의식적으로 추구한 것도 이러한 사실성이었다.

➡

> 동양 음악은 청중의 반응에 따라 예정에 없던 가락을 더 넣기도 하는 즉흥 음악이다. 대개의 서양 음악은 기호로, 동양 음악은 마음과 입으로 이어 왔다. 두 방법은 그 음악을 즐기는 데서 우선 큰 차이가 있다. 마음속에 담아 둔 음악은 길게 하고 싶으면 길게 노래하고 시간이 없으면 빨리 끝낼 수 있다. 청중의 반응이 좋으면 예정에 없던 가락을 더 넣을 수도 있다. 바로 즉흥 음악(卽興音樂)이다. 이런 즉흥 음악을 '자루 음악'이라고 하는데, 넣는 물건에 따라 모양이 길쭉하게도, 둥그렇게도 되는 자루처럼 듣는 이는 연주자의 능력과 흥취에 따라 늘 새로운 음악이 되기 때문이다. 반면, 기호로 적혀있는 서양 음악은 일단 연주를 시작하면 일부를 생략할 수 없다.

➡

STEP 4 '전개 방식'을 잘 찾았는지 확인해 보자.

> 우리말을 제대로 세우지 않고 영어를 들여오는 일은 우리 토종 물고기를 돌보지 않은 채 외래종 물고기를 들여온 우(憂)를 또다시 범하는 것이다.

➡ 유추(1:1 / 공통점 / 다른 범주)

> 곤충의 머리에는 겹눈과 홑눈, 더듬이 따위의 감각 기관과 입이 있고, 가슴에는 2쌍의 날개와 3쌍의 다리가 있으며, 배에는 끝에 생식기와 꼬리털이 있다.

➡ 분석, 묘사

> 신라의 육두품 출신 가운데 학문적으로 출중한 자들이 많았다. 가령, 강수, 설총, 녹진, 최치원 같은 사람들은 육두품 출신이었다. 이들은 신분적 한계 때문에 정계보다는 예술과 학문 분야에 일찌감치 몰두하게 되었다.
>   원인   결과

➡ 예시, 인과

> 르네상스는 14세기~16세기에, 이탈리아를 중심으로 하여 유럽 여러 나라에서 일어난 인간성 해방을 위한 문화 혁신 운동이다. 르네상스 시대의 화가들은 원근법을 사용하여 세상을 향한 창과 같은 사실적인 그림을 그렸다. 현대 회화를 출발시켰다고 평가되는 인상주의자들이 의식적으로 추구한 것도 이러한 사실성이었다.

➡ 정의, 비교(1:1 / 공통점 / 같은 범주)

> 동양 음악은 청중의 반응에 따라 예정에 없던 가락을 더 넣기도 하는 즉흥 음악이다. 대개의 서양 음악은 기호로, 동양 음악은 마음과 입으로 이어 왔다. 두 방법은 그 음악을 즐기는 데서 우선 큰 차이가 있다. 마음속에 담아 둔 음악은 길게 하고 싶으면 길게 노래하고 시간이 없으면 빨리 끝낼 수 있다. 청중의 반응이 좋으면 예정에 없던 가락을 더 넣을 수도 있다. 바로 즉흥 음악(卽興音樂)이다. 이런 즉흥 음악을 '자루 음악'이라고 하는데, [넣는 물건에 따라 모양이 길쭉하게도, 둥그렇게도 되는 자루처럼 듣는 이는 연주자의 능력과 흥취에 따라 늘 새로운 음악이 되기 때문]이다. 반면, 기호로 적혀있는 서양 음악은 일단 연주를 시작하면 일부를 생략할 수 없다.

➡ 정의, 예시, 대조(1:1 / 차이점 / 같은 범주)

STEP 5 이번에는 조금 더 긴 문장으로 연습해 보자.

> 최근 들어 '낚이다'라는 표현을 사람에게 쓰고는 한다. 물론 글자 그대로의 의미는 아니다. 가령 인터넷상에서 호기심이나 관심을 발동시키는 기사 제목을 보고 그 기사를 읽어 보았지만, 그럴 만한 내용이 없었을 때 이런 표현을 사용한다. 즉 '낚이다'라는 말은 기사 제목이 던지는 미끼에 현혹되어 그것을 물었지만 소득 없이 기만만 당하였다는 의미이다. '낚시질'은 특히 인터넷상에서 벌어지는 특징적인 현상이다.

➡

> 캐나다의 매체 이론가인 마셜 맥루언은 "매체는 메시지이다."라고 하였다. 매체란 메시지를 전달하는 수단을 말하는데, 그것은 단순한 수단에 그치는 것이 아니라 메시지 자체라고 할 수 있을 만큼 메시지에 강력한 영향을 미친다. 그에 따르면 인간과 인간 사이에서 의사를 전달하는 언어는 물론이거니와 노동의 도구들조차 인간과 노동 대상 사이를 매개하는 물건이므로 매체에 속한다. 따라서 새로운 매체가 개발되면 그것을 통해 인간의 활동 영역이 훨씬 더 확대되므로 '매체는 인간의 확장'이라고 했다.

➡

> 상업적이고 퇴폐적인 방송이나 기사, 자칫하면 국수주의로 흐를 수도 있는 스포츠 중계 등에 대한 우려가 지속되는 이유는 무엇일까? 이윤 동기에 지배당하는 매체 회사들에게 일차적인 책임을 물어야 하겠지만 손바닥도 혼자서는 소리를 낼 수 없는 법, 상업화로 균형 감각을 상실한 방송이나 기사를 흥미롭게 보는 수용자들에게도 책임이 있다. 남의 사생활을 몰래 들여다보고 싶어 하는 욕망, 불행한 사건·사고들을 수수방관하면서도 그 전말에 대해서는 시시콜콜히 알고 싶어 하는 호기심, 집단의 열광 속에 파묻혀 자신이 잃어버린 무엇인가를 보상받고 싶어 하는 수동적 삶의 태도 등은 황색 저널리즘과 '낚시질'이 성행하는 터전이 된다. 바로 '우리'가 그들의 숨은 동조자일 수 있다.

➡

STEP 6 '전개 방식'을 잘 찾았는지 확인해 보자.

> 최근 들어 '낚이다'라는 표현을 사람에게 쓰고는 한다. 물론 글자 그대로의 의미는 아니다. 가령 인터넷상에서 호기심이나 관심을 발동시키는 기사 제목을 보고 그 기사를 읽어 보았지만, 그럴 만한 내용이 없었을 때 이런 표현을 사용한다. 즉 '낚이다'라는 말은 기사 제목이 던지는 미끼에 현혹되어 그것을 물었지만 소득 없이 기만만 당하였다는 의미이다. '낚시질'은 특히 인터넷상에서 벌어지는 특징적인 현상이다.

→ 정의, 예시, 유추(고기 낚는 낚시질 : 인터넷의 낚시질)

> 캐나다의 매체 이론가인 마셜 맥루언은 "매체는 메시지이다."라고 하였다. 매체란 메시지를 전달하는 수단을 말하는데, 그것은 단순한 수단에 그치는 것이 아니라 메시지 자체라고 할 수 있을 만큼 메시지에 강력한 영향을 미친다. 그에 따르면 인간과 인간 사이에서 의사를 전달하는 언어는 물론이거니와 노동의 도구들조차 인간과 노동 대상 사이를 매개하는 물건이므로 매체에 속한다. 따라서 새로운 매체가 개발되면 그것을 통해 인간의 활동 영역이 훨씬 더 확대되므로 '매체는 인간의 확장'이라고 했다.
>   원인(조건)   결과

→ 인용, 정의, 인과

> 상업적이고 퇴폐적인 방송이나 기사, 자칫하면 국수주의로 흐를 수도 있는 스포츠 중계 등에 대한 우려가 지속되는 이유는 무엇일까? 이윤 동기에 지배당하는 매체 회사들에게 일차적인 책임을 물어야 하겠지만 손바닥도 혼자서는 소리를 낼 수 없는 법, 상업화로 균형 감각을 상실한 방송이나 기사를 흥미롭게 보는 수용자들에게도 책임이 있다. 남의 사생활을 몰래 들여다보고 싶어 하는 욕망, 불행한 사건·사고들을 수수방관하면서도 그 전말에 대해서는 시시콜콜히 알고 싶어 하는 호기심, 집단의 열광 속에 파묻혀 자신이 잃어버린 무엇인가를 보상받고 싶어 하는 수동적 삶의 태도 등은 황색 저널리즘과 '낚시질'이 성행하는 터전이 된다. 바로 '우리'가 그들의 숨은 동조자일 수 있다.

→ 예시, 인과

STEP 7 'STEP 5'의 문장들은 2019년 소방 9급 시험에 출제된 지문을 일부이다. '전개 방식'을 잘 찾았다면, 어렵지 않게 문제를 풀 수 있을 것이다. 2019년 소방 9급의 문제를 풀어 보자.

제시된 글에 드러난 설명 방식이 아닌 것은?   2019 소방 9급

(가) 최근 들어 '낚이다'라는 표현을 사람에게 쓰기는 한다. 물론 글자 그대로의 의미는 아니다. 가령 인터넷상에서 호기심이나 관심을 발동시키는 기사 제목을 보고 그 기사를 읽어 보았지만, 그럴 만한 내용이 없었을 때 이런 표현을 사용한다. 즉 '낚이다'라는 말은 기사 제목이 던지는 미끼에 현혹되어 그것을 물었지만 소득 없이 기만만 당하였다는 의미이다. '낚시질'은 특히 인터넷상에서 벌어지는 특징적인 현상이다.

(나) 캐나다의 매체 이론가인 마셜 맥루언은 "매체는 메시지이다."라고 하였다. 매체란 메시지를 전달하는 수단을 말하는데, 그것은 단순한 수단에 그치는 것이 아니라 메시지 자체라고 할 수 있을 만큼 메시지에 강력한 영향을 미친다. 그에 따르면 인간과 인간 사이에서 의사를 전달하는 언어는 물론이거니와 노동의 도구들조차 인간과 노동 대상 사이를 매개하는 물건이므로 매체에 속한다. 따라서 새로운 매체가 개발되면 그것을 통해 인간의 활동 영역이 훨씬 더 확대되므로 '매체는 인간의 확장'이라고 했다.

(다) 매체가 가지는 능동적인 힘을 인정한다면, 매체가 단순히 메시지를 담는 그릇에 불과하다거나 중립적일 수도 있다는 견해는 환상에 지나지 않게 된다. 매체가 중립적이지 않다면 매체를 통해 전달되는 메시지들도 자연 중립적일 수가 없다. 앞서 인터넷상에서 벌어지는 신문 기사 제목의 '낚시질'을 문제 삼았지만 인터넷 이전의 언론 매체들이라고 해서 모두 공정하고 객관적인 보도를 해 왔다고는 보기 어려울 것이다.

(라) 상업적이고 퇴폐적인 방송이나 기사, 자칫하면 국수주의로 흐를 수도 있는 스포츠 중계 등에 대한 우려가 지속되는 이유는 무엇일까? 이윤 동기에 지배당하는 매체 회사들에게 일차적인 책임을 물어야 하겠지만 손바닥도 혼자서는 소리를 낼 수 없는 법, 상업화로 균형 감각을 상실한 방송이나 기사를 흥미롭게 보는 수용자들에게도 책임이 있다. 남의 사생활을 몰래 들여다보고 싶어 하는 욕망, 불행한 사건·사고들을 수수방관하면서도 그 전말에 대해서는 시시콜콜히 알고 싶어 하는 호기심, 집단의 열광 속에 파묻혀 자신이 잃어버린 무엇인가를 보상받고 싶어 하는 수동적 삶의 태도 등은 황색 저널리즘과 '낚시질'이 성행하는 터전이 된다. 바로 '우리'가 그들의 숨은 동조자일 수 있다.

① 비교 ② 예시
③ 정의 ④ 인용

[정답] ①

공무원 시험 전문 해커스공무원
gosi.Hackers.com

신유형 OX로 풀어보기

다음의 설명이 바르면 ○, 바르지 않으면 × 하라.

> 주자학이란 무엇일까? 주자학은 한마디로 주자(朱子, 1130 ~ 1200)가 새롭게 해석한 유학이라 할 수 있다. 공자와 맹자의 말씀은 "자신을 누르고 예의에 맞게 행동하라[극기복례(克己復禮)].", "사람들에게 진심으로 대하고 늘 배려하라[충서(忠恕)]."처럼, 도덕 교과서에나 나올 법한 소박한 가르침에 지나지 않았다. 주자는 이를 철학적으로 훨씬 더 세련되게 다듬었다. 주자학에는 태극 이론, 음양(陰陽), 이기(理氣), 심성론(心性論) 등 어려운 용어가 많이 나온다. 이를 여기서 조목조목 풀어 설명할 필요는 없을 듯하다. 단지 주자가 이런 이론들을 만든 이유는 "자연 과학과 심리학의 도움으로 도덕 이론을 더 정확하게 설명하기 위해서"였다는 정도만 이해하면 될 것이다.
>
> 주자의 가르침 가운데 신진 사대부들의 마음을 사로잡았던 구절은 크게 두 가지다. 첫째는 위기지학(爲己之學)의 이념이다. 공부의 목적은 성인(聖人)이 되는 데 있지, 출세하여 부귀영화를 누리기 위함이 아니라는 뜻이다. 이러한 위기지학 정신은 신진 사대부들에게 큰 힘을 주었다. 음서(蔭敍)로 권력을 얻던 귀족 자제들과 달리, 그들은 피나는 '공부'를 거쳐 관직에 들어선 자들이다. 위기지학의 이념에 따르면, 이들이야말로 자신의 인품을 갈고닦은 사람들이 아닌가!
>
> 둘째는 주자가 강조한 격물치지(格物致知) 정신이다. 인격 수양을 위해서는 먼저 사물을 연구하고[격물(格物)] 세상 만물의 이치를 깨달아[치지(致知)] 무엇이 진정 옳고 그른지 명확히 알아야 한다. 이때 사물을 연구한다는 것은 사실을 잘 관찰하고 분석한다는 의미가 아니다. 이미 공자와 맹자 같은 옛 성현들이 이런 작업을 완벽하게 해 놓았으므로, 후대 사람들은 이들이 남긴 글을 깊이 되새기기만 하면 된다.

(1) 유추의 방법으로 대상의 특징을 밝히고 있다. ☐ O | X ☐

(2) 어려운 용어를 풀어 써서 독자의 이해를 돕고 있다. ☐ O | X ☐

(3) 묻고 답하는 방식을 통해 논의를 전개하고 있다. ☐ O | X ☐

(4) 은유와 상징을 통해 자신의 생각을 드러내고 있다. ☐ O | X ☐

손글씨 해설

> 주자학이란 무엇일까? 주자학은 한마디로 주자(朱子, 1130 ~ 1200)가 새롭게 해석한 유학이라 할 수 있다. 공자와 맹자의 말씀은 "자신을 누르고 예의에 맞게 행동하라[극기복례(克己復禮)].", "사람들에게 진심으로 대하고 늘 배려하라[충서(忠恕)]."처럼, 도덕 교과서에나 나올 법한 소박한 가르침에 지나지 않았다. 〈중략〉
>
> 주자의 가르침 가운데 신진 사대부들의 마음을 사로잡았던 구절은 크게 두 가지다. 첫째는 위기지학(爲己之學)의 이념이다. 공부의 목적은 성인(聖人)이 되는 데 있지, 출세하여 부귀영화를 누리기 위함이 아니라는 뜻이다. 이러한 위기지학 정신은 신진 사대부들에게 큰 힘을 주었다. 음서(蔭敍)로 권력을 얻던 귀족 자제들과 달리, 그들은 피나는 '공부'를 거쳐 관직에 들어선 자들이다. 위기지학의 이념에 따르면, 이들이야말로 자신의 인품을 갈고닦은 사람들이 아닌가!
>
> 둘째는 주자가 강조한 격물치지(格物致知) 정신이다. 인격 수양을 위해서는 먼저 사물을 연구하고[격물(格物)] 세상 만물의 이치를 깨달아[치지(致知)] 무엇이 진정 옳고 그른지 명확히 알아야 한다. 이때 사물을 연구한다는 것은 사실을 잘 관찰하고 분석한다는 의미가 아니다. 이미 공자와 맹자 같은 옛 성현들이 이런 작업을 완벽하게 해 놓았으므로, 후대 사람들은 이들이 남긴 글을 깊이 되새기기만 하면 된다.
>
> 그렇다면 공자의 말씀을 가장 깊고 넓게 알고 있었던 사람들은 누구일까? 다름 아닌 신진 사대부로, 이들은 과거를 보기 위해 공자의 말씀을 새기고 또 새겼다. 결국 격물치지란 바로 신진 사대부들이 우월한 자들임을 보여 주는 핵심 이론이 되는 셈이다. 주자의 가르침은 이처럼 유학 사상으로 무장한 신진 사대부들이 사회 지도층이 되어야 함을 입증하는 강력한 근거가 되었다.

(1) 유추의 방법으로 대상의 특징을 밝히고 있다. ◯ ⓧ

▶ '유추'는 생소한 개념이나 현상을 친숙한 대상에 빗대어 전개 방식이다. 그런데 제시된 글에서는 '유추'의 방식이 쓰이지 않았다.

(2) 어려운 용어를 풀어 써서 독자의 이해를 돕고 있다. ⓞ ✕

▶ 제시된 글에는 어려운 용어들이 자주 등장한다. 1문단의 '극기복례'와 '충서', 2문단의 '위기지학', 3문단의 '격물치지'가 그 예이다. 이에 대해 글쓴이는, 용어를 제시한 후 그 용어의 뜻을 풀어 독자의 이해를 돕고 있다.

(3) 묻고 답하는 방식을 통해 논의를 전개하고 있다. ⓞ ✕

▶ 1문단에서 "주자학이란 무엇일까?"라고 묻고, 이어서 그에 대한 답을 하고 있다.

(4) 은유와 상징을 통해 자신의 생각을 드러내고 있다. ◯ ⓧ

▶ '은유'는 사물의 상태나 움직임을 암시적으로 나타내는 수사법으로, 예로는 "내 마음은 호수요." 따위가 있다. 또 '상징'은 추상적인 사물이나 관념 또는 사상을 구체적인 사물로 나타내는 것으로, 예를 들면 '비둘기'라는 구체적인 사물로 '평화'라는 추상적인 관념을 나타내는 것 따위가 있다. 그런데 제시된 글에는 '은유'와 '상징'을 통해 글쓴이의 생각을 드러낸 부분을 확인할 수 없다.

※ 2023년 군무원 7급에 출제된 문제이다.

Day 14 기출 + 실전 문제로 독해 비법 익히기

기출 문제

기출 문제 | 1 독해 비법 익히기

01 설명하고 있는 전개 방식을 <보기>에서 골라라.

보기
분류　　　서사　　　예시　　　정의

(1) 인물이 보이는 일련의 행동이나 사건의 전개 양상에 초점을 두고 서술하는 방법

(2) 예를 들어 보이는 방법으로, 일반적인 원리나 법칙을 구체적으로 제시하는 방법

(3) 어떤 말이나 사물의 뜻을 명백히 밝혀 규정하는 방법

(4) 하위 개념에서 상위 개념으로 묶거나, 상위 개념에서 하위 개념으로 나누는 방법

[정답]
01 (1) 서사　(2) 예시
　　(3) 정의　(4) 분류

[02~03] 다음 문장을 읽고 물음에 답하시오.

> 동물들은 여러 가지 수단으로 서로 의사를 전달한다. 가령 늑대 사회에서는 지위가 높아야만 꼬리를 세울 수 있다. 지위가 낮은 늑대는 항상 꼬리를 감아 말고 있어야 한다. 만약 힘이 센 늑대에게 힘이 약한 늑대가 꼬리를 바짝 세우고 있으면 힘이 센 늑대는 싸우자는 신호로 받아들일 수 있다.

02 제시된 글의 내용을 표로 정리한 것이다. 빈칸에 알맞은 말을 넣으시오.

★ 동물들의 의사 전달

- (　　　)은 여러 가지 수단으로 서로 의사를 전달한다.
- 예시: (　　　)의 의사 전달

의사	힘이 센 늑대에게 힘이 약한 늑대가 (　　　)를 바짝 세우고 있으면, 싸우자는 신호
이유	늑대 사회에서는 (　　　)가 높아야만 꼬리를 세울 수 있다.

03 제시된 글의 주된 서술 방식은?　　　　　　2022 지역 인재 9급

① 분류　　　② 서사　　　③ 예시　　　④ 정의

03
동물이 서로에게 의사를 전달한다는 것을 보이기 위해 '늑대'가 어떻게 서로 의사 전달을 하는지 예를 들고 있다. 따라서 제시된 글의 주된 서술 방식은 '예시'이다.

[정답]
02 동물, 늑대, 꼬리, 지위
03 ③

기출 문제 | 2 독해 비법 익히기

풀이 시간 _____ 분

> 인간을 움직이게 하는 두 축은 ㉠ 당근과 채찍, 즉 ㉡ 보상과 처벌이다. 우리가 의욕을 갖는 것은 당근 때문이다. 채찍을 피하기 위해서 살아가는 것도 한 방법일 테지만, 그건 너무 가혹할 것이다. 가끔이라도 웃음을 주고 피로를 풀어 주는 당근, 즉 ㉢ 긍정적 보상물이 있기에 고단한 일상을 감수한다. 어떤 부모에게는 아이가 꾹꾹 눌러 쓴 "엄마 아빠, 사랑해요."라는 카드가 당근이다. 어떤 직장인에게는 주말마다 떠나는 여행이 당근이다.

01 설명하고 있는 전개 방식을 <보기>에서 골라 적어라.

(1) 처벌로는 인간을 움직이게 할 수 없다. ○ | ×
(2) ㉠, ㉡, ㉢은 모두 동일한 의미이다. ○ | ×
(3) 제시된 글에는 '인과'와 '예시'의 전개 방식이 쓰였다. ○ | ×

02 제시된 글의 내용을 표로 정리한 것이다. 빈칸에 알맞은 말을 넣으시오.

★ 긍정적 보상물의 역할

1문단	• 인간을 움직이게 하는 두 가지 축 ① 당근(= ( )) ② ( )(= 처벌) • ( )(= 긍정적 보상물)의 역할과 구체적인 사례		
	역할	① ( )을 갖도록 한다. ② 가끔 웃음을 주고 피로를 풀어 줌. ③ 고단한 일상을 감수하게 함.	
	사례	① ( ): 아이가 눌러 쓴 카드 ② 직장인: 주말마다 떠나는 여행	

03 제시된 글의 글쓰기 방식에 대한 설명으로 가장 적절한 것은? 2024 지방직 9급

① 예시를 사용하여 독자의 이해를 돕고 있다.
② 전문가의 의견을 인용하여 글의 신뢰성을 높이고 있다.
③ 묻고 답하는 형식을 사용해 독자의 관심을 끌고 있다.
④ 비유를 사용하여 문제의 심각성을 강조하고 있다.

03
'당근, 즉 긍정적 보상물'의 예로 아이가 부모에게 준 '카드'를 들고 있다.

오답체크
② 전문가의 의견을 인용하고 있지 않다.
③ 묻고 답하는 형식을 사용하고 있지 않다.
④ '보상'과 '처벌'을 '당근'과 '채찍'에 비유하고 있다고 볼 수는 있다. 그러나 이를 통해 문제의 심각성을 강조하고 있는 것은 아니다.

[정답]
01 (1) ×
   (2) ○
   (3) ○
02 보상, 채찍, 당근, 의욕, 부모
03 ①

기출 문제 | 3 독해 비법 익히기

풀이 시간 _____ 분

01 설명하고 있는 전개 방식을 <보기>에서 골라 적어라.

> **보기**
>
> 예시　　　　대조　　　　유추　　　　분류

(1) 두 개의 사물이 비슷함을 근거로 다른 속성도 비슷할 것이라고 추측하는 방법

(2) 하위 개념에서 상위 개념으로 묶는 방법 또는 상위 개념에서 하위 개념으로 나누는 방법

(3) 예를 들어 보이는 방식

(4) 서로 다른 것을 견주어 차이점을 밝혀내는 방법

[02~03] 다음 선택지를 읽고 물음에 답하시오.

> ⓐ「우리는 좋지 않은 사람을 곧잘 동물에 비유한다.」 욕에 동물이 많이 등장하는 것도 동물을 나쁘게 보기 때문이다. 하지만 ⓑ「정말 인간이 동물보다 좋은(선한) 것일까?」 ⓒ「베르그는 오히려 "나는 인간을 알기 때문에 동물을 사랑한다."라고 말하며」 이를 부정한다. ⓓ「인간은 인간을 속이지만 동물은 인간을 속이지 않는다는 것을 알고 인간에게 실망한 사람들이 동물에게 더 많은 애정을 보인다.」 ⓔ「인간보다 더 잔인한 동물이 없다는」 것은 인간의 역사가 증명하고 있다. 필요 없이 다른 동물을 죽이는 일을 ⓕ「인간 외 어느 동물이 한단 말인가?」

> ⓐ 'A는 B를 곧잘 C에 비유한다.'는 'A는 B를 자주 C에 빗대어 설명하고는 한다.'라는 의미이다.
> ⓑ '정말 A일까?'는 보통 '정말 A가 아니다.'라는 의미이다.
> ⓒ 'A. B는 오히려 C라고 말한다.'는 'B가 보기에는 A가 아니고, (A라기보다) C이다.'라는 의미이다.
> ⓓ 'A는 B를 알고 C를 한다.'는 'A는 B를 알기 때문에 C를 한다.'라는 의미이다.
> ⓔ 'A보다 더 B한 C는 없다.'는 'A가 가장 B하다.'라는 의미이다.
> ⓕ 'A 외 어느 B가 한단 말인가?'는 결국 'A만이 한다.'라는 의미이다.

[정답]

01 (1) 유추　(2) 분류
　　(3) 예시　(4) 대조

02 제시된 글과 3번 문제 선택지의 내용을 표로 정리한 것이다. 빈칸에 알맞은 말을 넣으시오.

글	• 베르그의 생각과 근거		
	생각	결코 인간이 동물보다 선하다고 할 수 없다.	
	근거	( )	동물
		• 인간을 속인다. • 필요 없이 다른 동물을 죽인다.	• 인간을 속이지 않는다. • 필요 없이 다른 동물을 죽이지 않는다.

①	• 맛있는 음식과 좋은 교육	
	맛있는(좋은) 음식	좋은 교육
	신선한 재료 + 적절한 조리법 + 요리사의 정성 ↓ 맛있는(좋은) 음식	교사의 자기계발 + 학부모의 응원 + 교육 당국의 지원 ↓ ( ) 교육

②	• 기호의 의미와 종류		
	의미	의미를 지닌 부호를 체계적으로 배열한 것	
	예시	상위 개념	하위 개념
		기호	수학, 신호등, 언어, 벌의 춤사위
		↳ 진술 방식: ( )	

③	• 바이러스와 세균	
	바이러스	세균
	• ( )가 아니다. • 살아있는 생명체를 숙주로 삼아야만 번식을 할 수 있다.	• 세포이다. • 먹이가 있는 곳이라면 어디에서라도 증식할 수 있다.

④	• 양치식물	
	고사리의 특징	㉠ 꽃도 피지 않고 씨앗도 만들지 않는다. ㉡ 홀씨라고도 하는 포자로 번식한다.
	( )의 종류	㉠ 고사리 ㉡ 고비
	양치식물 명칭의 기원	생김새가 양(羊)의 이빨과 비슷하다고 하여 붙은 이름

[정답]
02 인간, 좋은, 분류, 세포, 양치식물

03 제시된 글의 주된 설명 방식이 사용된 것으로 가장 옳은 것은?

2020 서울시 9급

① 교사의 자기계발, 학부모의 응원, 교육 당국의 지원 등이 어우러져야 좋은 교육이 가능해진다. 이는 신선한 재료, 적절한 조리법, 요리사의 정성이 합쳐져 맛있는 음식이 만들어지는 것과 같다.

② 의미를 지닌 부호를 체계적으로 배열한 것을 기호라고 한다. 수학, 신호등, 언어 등이 모두 여기에 속한다. 꿀이 있음을 알리는 벌들의 춤사위도 기호라고 할 수 있는 것이다.

③ 바이러스는 세균에 비해 크기가 작으며 핵과 이를 둘러싼 단백질이 전부여서 세포라고 할 수 없다. 먹이가 있는 곳이라면 어디에서라도 증식할 수 있는 세균과 달리, 바이러스는 살아있는 생명체를 숙주로 삼아야만 번식을 할 수 있다.

④ 나물로 즐겨 먹는 고사리는 꽃도 피지 않고 씨앗도 만들지 않는다. 고사리는 홀씨라고도 하는 포자로 번식한다. 고사리와 고비 등을 양치식물이라 하는데 생김새가 양(羊)의 이빨과 비슷하다고 하여 붙은 이름이다.

03

제시된 글에서는 '인간'과 '동물'을 대조하고 있다. 이처럼 대조의 방식으로 글을 전개하고 있는 것은 ③이다.
③에서도 '세균'과 '바이러스'를 대조하여 글을 전개하고 있다.

오답체크

① '좋은 교육을 하는 과정'을 익숙한 '맛있는 음식을 만드는 과정'에 빗대어 설명하고 있다. 따라서 '유추'의 방법이 쓰였다.

② "의미를 지닌 부호를 체계적으로 배열한 것을 기호라고 한다."에서 정의의 방법이 쓰였다. "수학, 신호등, 언어 등이 모두 여기에 속한다."와 함께 보면, 분류의 방법도 쓰였다. '기호'에 어떤 것들이 있는지 예를 들었다고 본다면, '예시'가 쓰였다고 볼 수도 있다.

④ "고사리와 고비 등을 양치식물이라 하는데"를 보아, 분류의 방법이 쓰였다. 양치식물의 구체적인 예를 들었으므로 '예시'가 쓰였다고 볼 수도 있다.

[정답]
03 ③

실전 문제

실전 문제 | 1 독해 비법 익히기

풀이 시간 _____ 분

01 설명하고 있는 전개 방식을 <보기>에서 골라 적어라.

> 보기
>
> 서사   과정   정의   분석

(1) 어떤 말이나 사물의 뜻을 명백히 밝혀 규정하는 방식

(2) 다소 복잡한 대상이나 현상의 구조, 과정, 원인, 결과를 보다 작거나 단순한 단위로 분해하여 설명하는 방식

(3) 어떤 결말이나 결과를 가져오게 하는 일련의 행동, 변화, 기능, 단계에 초점을 두는 방식

(4) 인물이 보이는 일련의 행동이나 사건의 전개 양상에 초점을 두고 전개하는 방식

[정답]

01 (1) 정의 (2) 분석
    (3) 과정 (4) 서사

[02~03] 다음 글을 읽고 물음에 답하시오.

'도상학(Ikonographie)'이라는 말은 그리스어에서 파생된 단어로, '그림'이라는 뜻의 'ikon'과 '묘사'라는 뜻의 'graphein'의 합성어이며, 글자 그대로 번역하면 '그림 묘사'가 된다. 도상학은 작품이 무엇을 표현한 것인지를 밝히는 분석 방법으로, 그림이 그려진 당시의 사회·경제·역사적 상황에 의해 규정되는 특성을 중시한다.

02 제시된 글의 내용을 표로 정리한 것이다. 빈칸에 알맞은 말을 넣으시오.

★ 도상학

( )	① 그리스어에서 파생된 단어 ② '그림'이라는 뜻의 'ikon'과 '묘사'라는 뜻의 'graphein'의 합성어 ③ 글자 그대로 번역하면 '그림 묘사'
( )	작품이 무엇을 표현한 것인지를 밝히는 분석 방법
특징	그림이 그려진 당시의 (　　　　　) 상황에 의해 규정되는 특성을 중시함.

03 제시된 글의 주된 설명 방식은?

① 정의　　　　　② 분류
③ 과정　　　　　④ 서사

03
제시된 글에서는 '도상학'의 어원 및 개념을 설명하고 있다. 따라서 주된 설명 방식은 '정의'이다.

[정답]
02 어원, 개념(의미), 사회·경제·역사적
03 ①

실전 문제 | 2 독해 비법 익히기

풀이 시간 _____ 분

01 설명하고 있는 전개 방식을 <보기>에서 골라 적어라.

보기
비교   대조   유추   묘사

(1) 서로 다른 것을 견주어 차이점을 밝혀내는 방식

(2) 둘 또는 그 이상의 사물에 대하여 그들이 지닌 공통점을 밝혀내는 방식

(3) 어떤 대상이나 사물, 현상 등을 그림을 그리듯 표현하는 방식

(4) 두 개의 사물이 비슷함을 근거로 다른 속성도 비슷할 거라고 추측하는 방식

[정답]
01 (1) 대조 (2) 비교
　　(3) 묘사 (4) 유추

[02~03] 다음 선택지들을 읽고 물음에 답하시오.

① 호박과 수박은 모양이 비슷하다. 그러나 호박은 속을 버리고 겉을 먹는 반면 수박은 겉을 버리고 속을 먹는다는 차이점이 있다.
② 호랑나비의 날개 길이는 8~10cm이다. 날개의 바탕색은 검은데 바탕색 위에 암황색 빛깔의 얼룩무늬가 찍혀 있다.
③ 제조물 책임은 제조물의 결함이 존재하는가 여부에 의해 결정되는데, 결함의 유형에는 제조상의 결함, 설계상의 결함, 표시상의 결함이 있다.
④ 문학은 구조를 가진다는 점에서 건축물과 같다. 하나의 건축물이 여러 가지 부속물이 떼려야 뗄 수 없는 관계로 맺어져 이루어지는 것처럼 문학 작품도 여러 요소의 유기적 결합에 의해 이루어진다.

02 제시된 선택지의 내용을 표로 정리한 것이다. 빈칸에 알맞은 말을 넣으시오.

①
- 호박과 수박

	호박	수박
공통점	( )	
( )	속을 버리고 겉을 먹는다.	겉을 버리고 속을 먹는다.

②
- 호랑나비 ( )의 생김새

날개의 길이	8~10cm
날개의 색	㉠ 바탕색은 검은색 ㉡ 바탕색 위에 ( ) 빛깔의 얼룩무늬

③
- 제조물의 결함 유형

```
        ( )
    ┌────┼────┐
제조상 결함  설계상 결함  표시상 결함
```

④
- 건축물과 문학

( )	문학
여러 가지 부속물에 의해 이루어진다.	여러 요소의 유기적 결합에 의해 이루어진다.

[정답]
02 둥근 모양, 차이점, 날개, 암황색, 결함(결함의 유형), 건축물

03

'분류'의 전개 방식이 쓰인 예는 ③이다. ③은 '제조물 결함'을 '제조상의 결함, 설계상의 결함, 표시상의 결함'으로 나누어 설명하고 있다. '분류' 중에는 '구분 분류'에 속한다.

오답체크

① '호박'과 '수박'의 공통점과 차이점을 들고 있다는 점에서 '비교'와 '대조'가 쓰였다.
② '호랑나비 날개'의 생김새에 대해 '묘사'하고 있다.
④ '문학 작품'도 '하나의 건축물'처럼 여러 요소의 유기적인 결합으로 이루어진다고 말하고 있다. 따라서 '유추'의 방식이 쓰였다.

---

03 다음에서 제시한 글의 전개 방식의 예로 가장 적절한 것은?

> '분류'는 어떤 대상들이나 생각들을 공통적인 특성에 근거하여 나누는 전개 방식이다. '분류'는 '분류 분류'와 '구분 분류'로 나뉜다. '분류 분류'는 하위 개념에서 상위 개념으로 묶는 것이고, '구분 분류'는 상위 개념에서 하위 개념으로 나누는 것이다.

① 호박과 수박은 모양이 비슷하다. 그러나 호박은 속을 버리고 겉을 먹는 반면 수박은 겉을 버리고 속을 먹는다는 차이점이 있다.

② 호랑나비의 날개 길이는 8~10cm이다. 날개의 바탕색은 검은데 바탕색 위에 암황색 빛깔의 얼룩무늬가 찍혀 있다.

③ 제조물 책임은 제조물의 결함이 존재하는가 여부에 의해 결정되는데, 결함의 유형에는 제조상의 결함, 설계상의 결함, 표시상의 결함이 있다.

④ 문학은 구조를 가진다는 점에서 건축물과 같다. 하나의 건축물이 여러 가지 부속물이 떼려야 뗄 수 없는 관계로 맺어져 이루어지는 것처럼 문학 작품도 여러 요소의 유기적 결합에 의해 이루어진다.

[정답]
03 ③

공무원 시험 전문 해커스공무원
gosi.Hackers.com

Day 15 기출 + 실전 문제로 독해 비법 익히기

1회독
2회독
3회독

기출 문제

기출 문제 | 1 독해 비법 익히기

풀이 시간 _____ 분

ⓐ「고전파 음악은 어떤 음악인가?」 서양 음악의 뿌리는 종교 음악에서 비롯되었다. ⓑ,ⓒ「바로크 시대까지는 음악이 종교에 예속되어 있었으며, 음악가들 또한 종교에 예속되어 있었다.」 고전파는 이렇게 종교에 예속되었던 음악을, 음악을 위한 음악으로 정립하려는 예술 운동에서 출발하였다. 따라서 종래의 신을 위한 음악에서 탈피해 형식과 내용의 일체화를 꾀하고 균형 잡힌 절대 음악을 추구하였다. 즉 ⓓ「'신'보다는 '사람'을 위한 음악」, '음악'을 위한 음악을 이루어 나가겠다는 굳은 결의를 보여준 것이다.

ⓔ「또한 고전파 음악은 음악적 형식과 내용의 완숙을 이룬 음악이기도 하다.」 이 시기에는 하이든, 모차르트, 베토벤 등 음악의 역사에서 가장 위대한 작곡가들이 배출되기도 하였다. 이때에는 성악이 아닌 기악만으로도 음악이 가능하게 되었으며, 교향곡의 기본을 이루는 소나타 형식이 완성되었다. 특히 옛 그리스나 로마 때처럼 ⓕ「보다 정돈된 형식」을 가진 음악을 해 보자고 주장하였기에 '옛것에서 배우자는 의미의 고전'과 '청정하고 우아하며 흠 없음, 최고의 예술적 경지에 다다름으로서의 고전'을 모두 지향하게 되었다.

ⓖ「이렇듯 역사적으로 고전파 음악은 종교의 영역에서 음악 자체의 영역을 확보하였으며 최고 수준의 음악적 내용과 형식을 수립하였다.」 고전파 음악이 서양 전통 음악 전체를 대표하게 된 것은 고전파 음악이 이룩한 역사적인 성과에서 비롯된 것일지도 모른다. 따라서 고전 음악의 개념을 이해하기 위해서는 고전파 음악의 성격과 특질에 대한 이해가 선행되어야 할 것이다.

ⓐ 'A는 어떤 B인가'처럼 질문이 맨 앞에 나온다면, 글쓴이는 그 질문에 대한 답을 전개할 것이라는 힌트이다.
ⓑ 'A까지는 B였으며, C였다.'는 'A 시기까지는 B이기도 했고, C이기도 했다.'라는 의미이다.
ⓒ 'A 또한 B에 예속되어 있었다.'는 'A도 B의 지배하에 있었다.'라는 의미이다. 즉 A가 B에 영향을 받았다는 의미이다.
ⓓ 'A보다는 B를 위한 C'의 글자 그대로의 의미는 'A < B'를 위한 C의 의미이지만, 'B'를 가장 중요하게 생각하는 'C'로 이해해도 무방하다.
ⓔ 'A는 B이다. 또한 A는 C이다.'는 'A는 B이고, C이다.'라는 의미이다. 즉 B와 C 모두 A에 대한 설명이다.
ⓕ '보다 A한 B'는 '한층 더 A한 B'라는 의미이다.
ⓖ 'A, 이렇듯 B는 C이며 D이다.'는 'A의 내용을 볼 때, B는 C이다. 그리고 B는 D이다.'라는 의미이다.

01 다음 진술이 바르면 O, 바르지 않으면 X에 표시하라.

(1) 바로크 시대에는 음악과 음악가들 모두 종교에 예속되어 있었다. ☐ O | X ☐

(2) 고전파 음악은 '신'보다는 '사람'을 위한 음악을 추구하였다. ☐ O | X ☐

(3) 고전파 음악은 종교 음악으로 발전했다. ☐ O | X ☐

02 제시된 글의 내용을 표로 정리한 것이다. 빈칸에 알맞은 말을 넣으시오.

★ 고전파 음악

1문단	( )		고전파 음악은 어떤 음악인가?
	답변	고전파 음악의 ( )	종교에 예속되었던 음악을, 음악을 위한 음악으로 정립하려는 예술 운동
		고전파 음악의 특징	① 형식과 내용의 ( )를 꾀함. ② 균형 잡힌 절대 음악을 추구함. → '신'보다는 '사람'을 위한 음악, '음악'을 위한 음악을 이루어 나가겠다는 굳은 결의를 보여 준 것
2문단	고전파 음악의 특징		① 음악적 형식과 내용의 완숙을 이룬 음악 ② 성악이 아닌 ( )만으로도 음악이 가능하게 됨. ③ 교향곡의 기본을 이루는 소나타 형식이 완성됨. ④ 두 가지 의미의 '고전'을 모두 지향함.

고전 1	고전 2
( )에서 배우자는 의미	청정하고 우아하며 흐림 없음. 최고의 예술적 경지에 다다름.

	고전파 ( )	① 하이든 ② 모차르트 ③ 베토벤
3문단	고전파 음악의 ( )	① 종교의 영역에서 음악 자체의 영역을 확보하였음. ② 최고 수준의 음악적 내용과 형식을 수립함. ③ 서양 전통 음악 전체를 대표하게 됨. → 이유: 고전파 음악이 이룩한 역사적인 성과 때문에
	주장	고전 음악의 개념을 이해하기 위해서는 고전파 음악의 성격과 특질에 대한 이해가 ( )되어야 할 것이다.

03 제시된 글의 글쓰기 전략으로 볼 수 없는 것은?

2019 국가직 9급

① 고전파 음악이 지닌 음악사적 의의를 밝힌다.

② 고전파 음악의 음악가를 예시하여 이해를 돕는다.

③ 고전파 음악의 특징이 형식과 내용의 분리에 있음을 강조한다.

④ 질문을 통해 화제를 제시함으로써 호기심을 유발한다.

03

1문단의 "종래의 신을 위한 음악에서 탈피해 형식과 내용의 일체화를 꾀하고 균형 잡힌 절대 음악을 추구하였다."를 볼 때, 고전파 음악의 특징은 '형식과 내용의 일체화'에 있다. 따라서 형식과 내용의 분리를 강조한다는 ③의 진술은 제시된 글의 글쓰기 전략으로 적절하지 않다.

오답체크

① 고전파 음악이 지닌 음악사적 의의를 마지막 문단의 "고전파 음악은 종교의 영역에서 음악 자체의 영역을 확보하였으며 최고 수준의 음악적 내용과 형식을 수립하였다."에서 밝히고 있다.

② 2문단에서 '하이든, 모차르트, 베토벤' 등의 음악가를 예시를 들어 이해를 돕고 있다.

④ 1문단에서 "고전파 음악은 어떤 음악인가?"라는 질문을 통해 화제를 제시함으로써 호기심을 유발하고 있다.

[정답]

01 (1) O
  (2) O
  (3) ×
02 질문, 기원, 일체화, 기악, 옛것, 음악가, 의의, 선행
03 ③

기출 문제 | 2 독해 비법 익히기

풀이 시간 _____ 분

01 설명하고 있는 전개 방식을 <보기>에서 골라 적어라.

보기

| 인과 | 정의 | 서사 | 묘사 |

(1) 어떤 말이나 사물의 뜻을 명백히 규정하는 방법
(2) 어떤 현상이나 결과가 나타나게 된 원인이나 힘을 제시하고 그로 말미암아 초래된 결과를 나타내는 방식
(3) 어떤 대상이나 사물, 현상 등을 그림을 그리듯 표현하는 방법
(4) 인물이 보이는 일련의 행동이나 사건의 전개 양상에 초점을 두고 글을 전개하는 방법

[02~03] 다음 선택지를 읽고 물음에 답하시오.

① 온실 효과로 지구의 기온이 상승할 때 가장 심각한 영향은 해수면의 상승이다. 이러한 현상은 바다와 육지의 비율을 변화시켜 엄청난 기후 변화를 유발하며, 게다가 섬나라 저지대는 온통 물에 잠기게 된다.
② 이 사회의 경제는 모두가 제로섬 요소로 구성되어 있다. 제로섬(zero-sum)이란 어떤 수를 합해서 제로가 된다는 뜻이다. 어떤 운동 경기를 한다고 할 때 이기는 사람이 있으면 반드시 지는 사람이 있게 마련이다.
③ 다음 날도 찬호는 학교 담을 따라 돌았다. 그리고 고무신을 벗어 한 손에 한 짝씩 쥐고는 고양이 걸음으로 보초의 뒤를 빠져 팽이처럼 교문 안으로 뛰어들었다.
④ 벼랑 아래는 빽빽한 소나무 숲에 가려 보이지 않았다. 새털구름이 흩어진 하늘 아래 저 멀리 논과 밭, 강을 선물 세트처럼 끼고 들어앉은 소읍의 전경은 적막해 보였다.

02 제시된 선택지를 표로 정리한 것이다. 빈칸에 알맞은 말을 넣으시오.

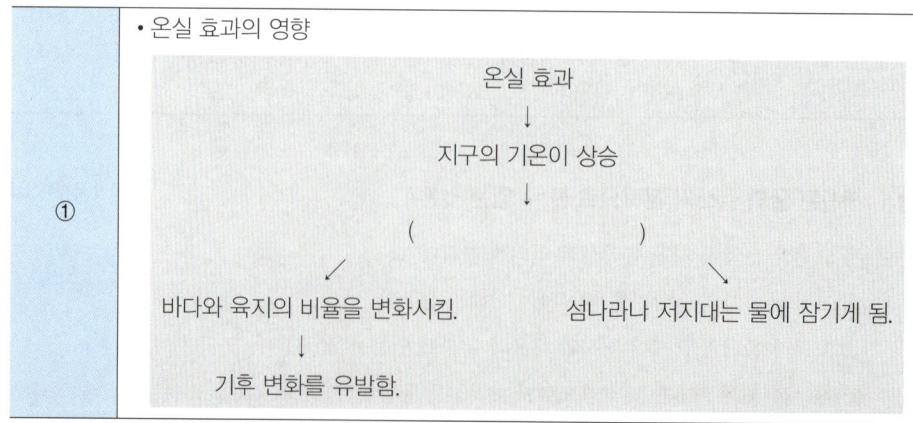

[정답]
01 (1) 정의 (2) 인과
    (3) 묘사 (4) 서사

②	• 제로섬과 예시

( )	어떤 수를 합해서 제로가 된다는 뜻
예시	어떤 운동 경기를 한다고 할 때 이기는 사람이 있으면 반드시 지는 사람이 있게 마련이다.

③ • 찬호가 교문으로 들어가기까지

학교 담을 따라 돌았다.
↓
고무신을 벗었다.
↓
한 손에 한 짝씩 쥐었다.
↓
고양이 걸음으로 보초의 뒤를 빠지다.
↓
(_____) 교문 안으로 뛰어들었다.
↳ 직유법

④ • ( )의 모습

벼랑 아래의 모습	소읍의 전경 모습
빽빽한 소나무 숲이 있다.	논, 밭, 강을 끼고 있다.

03 다음에서 제시한 글의 전개 방식의 예로 가장 적절한 것은?

2020 국가직 9급

'인과'는 원인과 결과를 서술하는 전개 방식이다. 어떤 현상이나 결과가 나타나게 된 원인이나 힘을 제시하고 그로 말미암아 초래된 결과를 나타내는 서술방식이다.

① 온실 효과로 지구의 기온이 상승할 때 가장 심각한 영향은 해수면의 상승이다. 이러한 현상은 바다와 육지의 비율을 변화시켜 엄청난 기후 변화를 유발하며, 게다가 섬나라나 저지대는 온통 물에 잠기게 된다.

② 이 사회의 경제는 모두가 제로섬 요소로 구성되어 있다. 제로섬(zero-sum)이란 어떤 수를 합해서 제로가 된다는 뜻이다. 어떤 운동 경기를 한다고 할 때 이기는 사람이 있으면 반드시 지는 사람이 있게 마련이다.

③ 다음 날도 찬호는 학교 담을 따라 돌았다. 그리고 고무신을 벗어 한 손에 한짝씩 쥐고는 고양이 걸음으로 보초의 뒤를 빠져 팽이처럼 교문 안으로 뛰어들었다.

④ 벼랑 아래는 빽빽한 소나무 숲에 가려 보이지 않았다. 새털구름이 흩어진 하늘 아래 저 멀리 논과 밭, 강을 선물 세트처럼 끼고 들어앉은 소읍의 전경은 적막해 보였다.

03
'인과'의 전개 방식이 쓰인 예는 ①이다. ①은 '온실 효과로 지구의 기온 상승(원인) → 해수면 상승(결과)', '해수면 상승(원인) → 바다와 육지의 비율을 변화시켜 기후 변화를 유발(결과 1), 섬나라나 저지대의 침수(결과 2)'의 방식으로 전개하고 있다.

오답체크

② '제로섬'의 개념이 무엇인지 설명하고 있다. 따라서 '정의'의 방식이 쓰였다. 또 '제로섬'이 어떤 의미로 쓰이는 보여주고 있다는 점에서 '예시'가 쓰였다. '경제'의 문제를 '운동 경기'로 다른 범주에 빗댄 측면에서는 확장된 '유추'로 보는 것도 가능하다.

③ 시간의 흐름에 따라 전개되고 있다는 점에서 '서사'의 방식으로 볼 수 있다. 또 부분적으로 '묘사'의 방식도 나타난다.

④ 소읍의 전경을 '묘사'하고 있다.

[정답]
02 해수면의 상승, 의미, 팽이처럼, 소읍
03 ①

기출 문제 | 3 독해 비법 익히기

풀이 시간 _____ 분

> **혜원쌤의 학습 Tip**
> 첫 단락에 '물음표'를 사용한 의문문을 통해 이미 글의 화제와 진술 방식을 보여 주었다.

도르래는 둥근 바퀴에 튼튼한 줄을 미끄러지지 않도록 감아 무거운 물체를 들어올리는 데 사용하는 도구이다. 가장 기본이 되는 도르래는 고정 도르래와 움직 도르래이다. 그렇다면 두 도르래의 차이는 어떤 것이 있을까?

우선 고정 도르래부터 살펴보도록 하자. 고정 도르래는 힘의 방향만 바꾸어 주는 도르래로 줄을 감은 바퀴의 중심축이 고정되어 있다. 힘의 이득을 볼 수는 없지만, 힘의 작용 방향을 바꿀 수 있는 장점이 있다. 고정 도르래를 사용할 때는 줄의 한쪽에 물체를 걸고 다른 쪽 줄을 잡아당겨 물체를 원하는 높이까지 움직인다. 이때 물체를 들어 올리는 힘은 줄 하나가 지탱하고 있다. 따라서 직접 들어 올리는 것과 비교해 힘의 이득은 없으며 단지 고정 도르래 때문에 줄을 당기는 힘의 방향만 바뀐다. 하지만 물체를 높은 곳으로 직접 들어 올리는 것보다는 줄을 아래로 잡아당김으로써 물체를 올리는 방법이 훨씬 편하다. 또한 물체를 1미터 들어올리기 위해 잡아당기는 줄의 길이도 1미터면 된다.

한편 움직 도르래는 힘의 이득을 보기 위해 사용한다. 움직 도르래를 사용할 때는 도르래에 줄을 감고 물체를 들어 올린다. 움직 도르래는 도르래 축에 직접 물체를 매달기 때문에 줄을 당기면 물체와 함께 도르래도 움직인다. 이때 물체를 지탱하는 줄은 두 가닥이 된다. 물체의 무게는 각 줄에 분산되어 두 사람이 각각의 줄을 잡고 동시에 들어 올리는 효과가 난다. 따라서 움직 도르래 한 개를 사용하면 물체 무게의 2분의 1의 힘으로 물체를 움직일 수 있게 되는 것이다. 하지만 물체를 1미터 들어 올리기 위해 당겨야 하는 줄의 길이는 물체가 올라가는 높이의 두 배인 2미터이다. 왜냐하면 물체가 1미터 올라갈 때 물체를 지탱하는 두 줄도 동시에 1미터씩 움직여야 하는데, 줄을 당기는 쪽으로 줄이 감기게 되기 때문이다. 그래서 움직 도르래를 이용하여 물체를 들어 올리면 줄의 길이는 물체가 움직여야 하는 높이의 두 배가 필요하게 된다.

01 다음 진술이 바르면 ○, 바르지 않으면 ×에 표시하라.

(1) 고정 도르래와 움직 도르래 모두 무거운 물체를 들어 올릴 때 사용한다. ○ | ×

(2) 보다 적은 힘으로 무거운 물체를 들어 올리고자 한다면 '고정 도르래'를 써야 한다. ○ | ×

(3) '움직 도르래'를 사용하기 위해서는 올라가야 하는 높이의 두 배 이상의 줄이 필요하다. ○ | ×

[정답]
01 (1) ○
　 (2) ×
　 (3) ○

02 제시된 글의 내용을 표로 정리한 것이다. 빈칸에 알맞은 말을 넣으시오.

★ 고정 도르래와 움직 도르래

1문단	• ( )의 개념과 종류		
	개념	둥근 바퀴에 튼튼한 줄을 미끄러지지 않도록 감아 ( ) 물체를 들어 올리는 데 사용하는 도구	
	종류	① 고정 도르래 ② ( ) 도르래	

2문단	• 고정 도르래와 움직 도르래		
		고정 도르래	움직 도르래
	( )	없다	있다. → 무게가 분산된다.
	줄의 길이	물체 높이	물체 높이의 ( )배

03 제시된 글의 내용 전개 방식으로 가장 적절한 것은?

2019 소방 9급

① 구체적 사례를 통해 개념 이해를 돕고 있다.
② 대상의 차이점을 중심으로 특징을 설명하고 있다.
③ 대상의 인과 관계에 초점을 맞추어 설명하고 있다.
④ 특정 기술이 발달한 과정을 순서대로 제시하고 있다.

03
제시된 글은 '고정 도르래'와 '움직 도르래'의 차이점을 중심으로 각 도르래의 특징을 설명하고 있다.

오답체크
① 구체적 사례를 통해 개념 이해를 돕고 있지는 않다.
③ 대상은 '도르래'이다. '도르래'를 인과 관계에 초점을 맞추어 설명하고 있지는 않다.
④ '도르래' 기술이 발달한 과정을 제시한 글이 아니다.

[정답]
02 도르래, 무거운, 움직, 힘의 이득, 2
03 ②

실전 문제

실전 문제 | 1 독해 비법 익히기

풀이 시간 _____ 분

조세는 국가의 재정을 마련하기 위해 경제 주체인 기업과 국민들로부터 거두어들이는 돈이다. 그런데 국가가 조세를 강제로 부과하다 보니 경제 주체의 의욕을 떨어뜨려 경제적 순손실을 초래하거나 조세를 부과하는 방식이 공평하지 못해 불만을 야기하는 문제가 나타난다. 따라서 조세를 부과할 때는 조세의 효율성과 공평성을 고려해야 한다.

우선 조세의 효율성에 대해서 알아보자. 상품에 소비세를 부과하면 상품의 가격 상승으로 소비자가 상품을 적게 구매하기 때문에 상품을 통해 얻는 소비자의 편익이 줄어들게 되고, 생산자가 상품을 팔아서 얻는 이윤도 줄어들게 된다. 소비자와 생산자가 얻는 편익이 줄어드는 것을 경제적 순손실이라고 하는데 조세로 인하여 경제적 순손실이 생기면 경기가 둔화될 수 있다. 이처럼 조세를 부과하게 되면 경제적 순손실이 불가피하게 발생하게 되므로, 이를 최소화하도록 조세를 부과해야 조세의 효율성을 높일 수 있다.

조세의 공평성은 조세 부과의 형평성을 실현하는 것으로, 조세의 공평성이 확보되면 조세 부과의 형평성이 높아져서 조세 저항을 줄일 수 있다. 공평성을 확보하기 위한 기준으로는 편익 원칙과 능력 원칙이 있다. 편익 원칙은 조세를 통해 제공되는 도로나 가로등과 같은 공공재를 소비함으로써 얻는 편익이 클수록 더 많은 세금을 부담해야 한다는 원칙이다. 이는 공공재를 사용하는 만큼 세금을 내는 것이므로 납세자의 저항이 크지 않지만, 현실적으로 공공재의 사용량을 측정하기가 쉽지 않다는 문제가 있고 조세 부담자와 편익 수혜자가 달라지는 문제도 발생할 수 있다. 능력 원칙은 개인의 소득이나 재산 등을 고려한 세금 부담 능력에따라 세금을 내야 한다는 원칙으로 조세를 통해 소득을 재분배하는 효과가 있다.

01 다음 진술이 바르면 ○, 바르지 않으면 ×에 표시하라.

(1) 조세 부과 방식이 공평하지 않을 경우 경제 주체들의 불만을 야기할 것이다. ○ | ×

(2) 조세의 공평성을 위해서는 경제적 순손실을 최소화하도록 조세를 부과해야 한다. ○ | ×

(3) 조세를 부과하는 주체는 '국가'이다. ○ | ×

[정답]
01 (1) ○
   (2) ×
   (3) ○

02 제시된 글의 내용을 표로 정리한 것이다. 빈칸에 알맞은 말을 넣으시오.

★ 조세

1문단	( )의 개념	국가의 재정을 마련하기 위해 경제 주체인 기업과 국민들로부터 거두어들이는 돈
	조세 부과의 문제점	① 강제로 부과하기 때문에 경제 주체의 의욕을 떨어뜨려 경제적 순손실을 초래함. ② 조세를 부과하는 방식이 ( )하지 못해 불만을 야기함.
	조세를 부과할 때 고려해야 할 점	① ( ) ② ( )

2문단
- 조세의 효율성

	효율성을 높이는 방법	경제적 순손실을 최소화하도록 조세를 부과해야 함. ↳ 소비자와 생산자가 얻는 편익이 줄어드는 것 소비세 부과 ↓ 가격 ( ) ↓ 상품 구매 감소 ↓ 소비자 편익 및 생산자 이윤 감소(경제적 순손실 발생)

3문단
- 조세의 공평성

	개념	조세 부과의 ( )을 실현하는 것
	확보해야 하는 이유	조세 부과의 형평성이 높아져서 조세 저항을 줄일 수 있음.
	확보하기 위한 조건	( ) 원칙 / ( ) 원칙 조세를 통해 제공되는 도로나 가로등과 같은 공공재를 소비함으로써 얻는 편익이 클수록 더 많은 세금을 부담해야 한다는 원칙 / 개인의 소득이나 재산 등을 고려한 세금 부담 능력에 따라 세금을 내야 한다는 원칙

03 제시된 글에 대한 설명으로 가장 적절한 것은?

① 대상을 기준에 따라 구분한 뒤 그 특성을 설명하고 있다.
② 대상의 개념을 그와 유사한 대상에 빗대어 소개하고 있다.
③ 통념을 반박하며 대상이 가진 속성을 새롭게 조명하고 있다.
④ 시간의 흐름에 따라 대상이 발달하는 과정을 서술하고 있다.

03
조세를 부과할 때 고려해야 하는 요건인 효율성과 공평성을 제시하고 공평성을 편익 원칙과 능력 원칙으로 구분하고 있다.

오답체크
② 대상을 유사한 대상에 빗대어 소개하고 있지 않다.
③ 통념(일반적으로 사람들 사이에 널리 통하는 상식)을 반박(주장에 반대함)하고 있지도 않고, 속성을 새롭게 조명하고 있지도 않다.
④ 시간의 흐름에 따라 대상이 발달하는 과정이 서술되어 있지 않다.

[정답]
02 조세, 공평, 효율성, 공평성, 상승, 형평성, 편익, 능력
03 ①

실전 문제 | 2 독해 비법 익히기

풀이 시간 _____ 분

　1950년대 프랑스의 영화 비평계에는 작가주의라는 비평 이론이 새롭게 등장했다. 작가주의란 감독을 단순한 연출자가 아닌 '작가'로 간주하고, 작품과 감독을 동일시하는 관점을 말한다. 이 이론이 대두될 당시, 프랑스에는 유명한 문학 작품을 별다른 손질 없이 영화화하거나 화려한 의상과 세트, 인기 연극배우에 의존하는 제작 관행이 팽배해 있었다. 작가주의는 이렇듯 프랑스 영화에 만연했던 문학적, 연극적 색채에 대한 반발로 주창되었다.

　작가주의는 상투적인 영화가 아닌 감독 개인의 영화적 세계와 독창적인 스타일을 일관되게 투영하는 작품들을 옹호한다. 감독의 창의성과 개성은 작품 세계를 관통하는 감독의 세계관 혹은 주제 의식, 그것을 표출하는 나름의 이야기 방식, 고집스럽게 되풀이되는 특정한 상황이나 배경 혹은 표현 기법 같은 일관된 문체상의 특징으로 나타난다는 것이다.

　작가주의적 비평가들에 의해 복권된 대표적인 할리우드 감독이 바로 스릴러 장르의 거장인 히치콕이다. 히치콕은 제작 시스템과 장르의 제약 속에서도 일관된 주제 의식과 스타일을 관철한 감독으로 평가받았다. 히치콕은 관객을 오인에 빠드린 뒤 막바지에 진실을 규명하여 충격적인 반전을 이끌어 내는 그만의 이야기 도식을 활용하였다. 또한 그는 관객의 오인을 부추기는 '맥거핀' 기법을 자신만의 이야기 법칙을 만들어 가는 데 하나의 극적 장치로 종종 활용하였다. 즉 특정 소품을 맥거핀으로 활용하여 확실한 단서처럼 보이게 한 다음 일순간 허망한 것으로 만들어 관객을 당혹스럽게 한 것이다.

　이처럼 할리우드 영화의 재평가에 큰 영향을 끼쳤던 작가주의의 영향력은 오늘날까지도 이어지고 있다. 예컨대 작가주의로 인해 '좋은' 영화 혹은 '위대한' 감독들이 선정되었고, 이들은 지금도 영화 교육 현장에서 활용되고 있다.

01 다음 진술이 바르면 ○, 바르지 않으면 ×에 표시하라.

(1) 작가주의에 따르면 작품에서 감독은 필요 없는 존재이다. ○ | ×
(2) 작가주의는 감독의 창의성과 개성이 일관된 작품을 높게 평가한다. ○ | ×
(3) 작가주의의 인기는 그리 오래 지속되지 못했다. ○ | ×

[정답]
01 (1) ×
　　(2) ○
　　(3) ×

02 제시된 글의 내용을 표로 정리한 것이다. 빈칸에 알맞은 말을 넣으시오.

★ 작가주의 비평

1문단	• 작가주의		
	등장 시기	1950년대 프랑스	
	( )	감독을 단순한 연출자가 아닌 '( )'로 간주하고, 작품과 감독을 동일시하는 관점	
2문단	특징	① 프랑스 영화에 만연했던 문학적, 연극적 색채에 대한 반발 ② 감독 개인의 영화적 세계와 독창적인 스타일을 일관되게 투영하는 작품들을 옹호함. → 감독의 ( )과 개성은 일관된 문체상의 특징으로 나타난다.	
3문단	• ( )		
	평가	제작 시스템과 장르의 제약 속에서도 일관된 주제 의식과 스타일을 관철한 감독	
	특징	특정 소품을 맥거핀으로 활용하여 확실한 ( )처럼 보이게 한 다음 일순간 허망한 것으로 만들어 관객을 당혹스럽게 함.	
4문단	• 작가주의의 의의		
	( )	오늘날까지 작가주의의 영향력이 이어짐.	
	예시	① '좋은' 영화 혹은 '위대한' 감독들이 선정되었음. ② 지금도 영화 교육 현장에서 활용되고 있음.	

03 제시된 글에 대한 설명으로 가장 적절한 것은?

① 작가주의의 개념과 의의를 밝히고 있다.
② 작가주의에서 쟁점이 되는 부분을 설명하고 있다.
③ 작가주의에 대립하는 비평 이론을 구체적인 예를 들고 있다.
④ 작가주의의 문제점을 제시한 뒤 그것이 해결되는 과정을 설명하고 있다.

03
제시된 글은 1문단에서 작가주의의 개념을 설명하고, 2문단에서는 작가주의 비평의 특성을, 3문단에서는 히치콕을 예로 들고 있다. 또 마지막 문단에서 작가주의의 영향력과 그 의의를 밝히고 있다.

오답체크
② 제시된 글에는 작가주의 이론의 등장 배경 당시의 '프랑스 영화'에 대한 쟁점은 있으나, 작가주의 자체에서 쟁점이 되는 부분을 다루고 있지 않다.
③ 제시된 글에는 작가주의와 대립하는 비평 이론을 다루고 있지 않다.
④ 제시된 글에는 '프랑스 영화'에 대한 문제점은 언급되어 있으나, 작가주의 자체의 문제점은 제시되지 않았다.

[정답]
02 개념(의미, 뜻), 작가, 창의성, 히치콕, 단서, 의의
03 ①

실전문제 | 3 독해 비법 익히기

(가) 인간은 눈이라는 감각 기관을 사용하여 자극을 받아들이고, 그것을 바탕으로 지각(知覺)을 한다. 그러면 인간의 눈을 통해 들어온 자극이 가장 중요한가? 그러나 눈을 통해 들어온 자극 자체는 별로 중요하지 않다. 왜냐하면 인간은 특정한 자극만을 집중적으로 받아들일 뿐만 아니라 그 자극에 자신의 동기·경험·기대와 같은 내적 요인을 상호 작용시키면서 지각하기 때문이다. 자극은 이런 과정을 거치면서 의미 있는 지각이 되는 것이다. 그런데 특정 자극이 지각으로 받아들여지는 과정에는 '전경과 배경 분리의 원리'와 '지각 조직화의 원리'가 숨겨져 있다.

(나) 수업을 듣는 학생의 경우를 생각해 보자. 학생의 눈에는 앞에 앉아 있는 친구나 벽, 그리고 선생님 등이 모두 자극이 될 것이다. 그러나 학생이 모든 자극을 지각한다면 결과적으로 선생님에게 집중하지 못해 수업을 제대로 받을 수 없다. 수업에 참여하려면, 즉 자극을 의미 있는 것으로 받아들이기 위해서는 선생님을 주위의 다른 사물과 분리해야 한다. 여기서 '선생님'처럼 집중되는 자극을 '전경(前景)'이라 하고 그 외의 자극을 '배경(背景)'이라 한다면, 전경과 배경이 분리되어야만 자극이 의미 있게 되는 것이다. 전경이 대개 작고 응집적이라면, 배경은 좀 더 크고 흐트러져 있어 응집적으로 지각되지 않는다. 이같은 전경과 배경의 속성들이 상호 작용하면서 그 경계가 뚜렷해져 전경과 배경이 분리된다. 이렇게 전경과 배경을 분리해서 자극을 의미 있게 받아들이는 것을 '전경과 배경 분리의 원리'라 한다.

(다) 사물에 대한 지각은 보이는 대상이 무엇이냐의 문제이기 이전에 그것을 어떻게 보느냐의 문제이다. 따라서 주어진 자극들은 응집성 있게 체계화되는 과정에서 의미 있는 어떤 형태로 만들어진다. 이런 속성 때문에 같은 자극들도 어떻게 체계화되느냐에 따라 사물의 형태가 다르게 보인다. 형태주의 심리학자들은 자극들을 체계화시키는 요소로 근접성, 유사성, 연속성, 완결성 등을 찾아냈는데, 이를 '지각 조직화의 원리'라고 한다. 인간은 이 원리로 대상을 하나의 의미 있는 모습으로 조직화하는 것이다. 이 작업은 무의식적이고도 순간적으로 수행되기 때문에 단순한 작업으로 오해하기 쉽지만 고도의 해석 과정을 거친 결과이다.

(라) 지각 조직화의 원리 중에서 근접성은 가까이 있는 자극들을 묶어 하나로 보려는 인간의 시각 체계이다. 인간의 시각 체계는 가까이 있는 것은 더 가까이, 멀리 있는 것은 더 멀리함으로써 경계를 좀 더 뚜렷하게 만든다. 유사성은 비슷한 자극들을 같은 대상의 구성 요소로 인식하여 하나로 묶어 그렇지 않은 것과 분리함으로써 자극을 응집하려는 경향이다. 연속성은 부드러운 연속이나 보기에 편한 형태로 자극을 조직화하려는 시각 체계이다. 이런 속성 때문에 인간은 가끔 어떤 사물에 들어 있는 세부적인 것들을 놓치기도 한다. 완결성은 단순하면서도 완전한 형태로 사물을 보려는 경향이다. 그래서 인간의 시각 체계는 사물에 있는 틈 혹은 가려진 부분을 보충하거나, 경우에 따라서는 없는 선조차 만들어내기도 한다.

01 다음 진술이 바르면 ○, 바르지 않으면 ×에 표시하라.

(1) 인간의 지각은 감각 기관을 통해 받은 자극을 바탕으로 한다. ○ | ×
(2) 자극이 의미가 있게 되었을 때 비로소 '전경'과 '배경'이 분리된다. ○ | ×
(3) 형태주의 심리학자들은 인간이 자극들을 어떻게 체계화하는지 연구했다. ○ | ×

[정답]
01 (1) ○
   (2) ×
   (3) ○

02 제시된 글의 내용을 표로 정리한 것이다. 빈칸에 알맞은 말을 넣으시오.

★ '전경과 배경 분리의 원리'와 '지각 조직화의 원리'

(가)	( )	인간의 눈을 통해 들어온 자극이 가장 중요한가?
	답변	( ) 자체는 별로 중요하지 않다. → ① 인간은 특정한 자극만을 집중적으로 받아들이기 때문에 ② 자극에 자신의 내적 요인을 상호 작용시키면서 지각하기 때문에

(나)	• 전경과 배경 분리의 원리		
	예시	수업을 듣는 학생 → 전경과 배경이 분리되어야만 자극이 의미 있게 되는 ( )(가정)	
		전경(前景)	배경(背景)
		개념 ( )되는 자극	그 외의 자극
		특징 ㉠ 작음 ㉡ 응집적	㉠ 큼 ㉡ 응집적이지 않음
	원리	전경과 배경의 속성들이 상호 작용하면서 그 경계가 뚜렷해져 전경과 배경이 분리됨.	
	개념	전경과 배경을 ( )해서 자극을 의미 있게 받아들이는 것	

(다)	• 지각 조직화의 원리
	개념 대상을 하나의 의미 있는 모습으로 조직화하는 것
	요소 ① 근접성 ② 유사성 ③ 연속성 ④ 완결성 → ( ) 심리학자들이 찾아냄.

(라)	• 지각 조직화의 원리		
		( )	특징
	근접성	가까이 있는 자극들을 묶어 하나로 보려는 인간의 시각 체계	경계를 좀 더 뚜렷하게 만든다.
	유사성	비슷한 자극들을 같은 대상의 구성 요소로 인식하여 하나로 묶으려는 경향	자극을 응집한다.
	( )	부드러운 연속이나 보기에 편한 형태로 자극을 조직화하려는 시각 체계	이런 속성 때문에 세부적인 것들을 놓치기도 한다.
	완결성	단순하면서도 완전한 형태로 사물을 보려는 경향	가려진 부분이나 없는 것을 만들어내기도 한다.

03 (가)~(라)의 글쓰기 전략으로 적절하지 않은 것은?

① (가): 묻고 대답하는 방식으로 독자의 주의를 환기하고 있다.
② (나): 가정된 상황을 사례로 들어 독자의 이해를 돕고 있다.
③ (다): 전문가의 말을 인용하여 독자를 설득하고 있다.
④ (라): 용어의 개념을 자세하게 설명하여 독자에게 내용을 전달하고 있다.

03
(다)는 지각 조직화의 원리를 설명하는 부분이다. (다)에서 전문가의 말을 인용하지는 않았다. 따라서 전문가의 말을 인용해서 독자를 설득시키려고 한다는 진술은 적절하지 않다.

오답체크
① (가)에서 "인간의 눈을 통해 들어온 자극이 가장 중요한가?"라고 질문을 던지고 "별로 중요하지 않다."라고 대답하는 방식으로 독자의 주의를 환기하고 있다.
② (나)에서 '수업을 듣는 학생'의 상황을 가정하여 독자의 이해를 돕고 있다.
④ (라)에서는 '지각 조직화의 원리'의 '근접성', '유사성', '연속성', '완결성'의 개념을 자세하게 설명하고 있다.

[정답]
02 질문, 자극, 사례, 집중, 분리, 형태주의, 개념(의미, 뜻), 연속성
03 ③

공무원 시험 전문 해커스공무원
gosi.Hackers.com

해커스공무원 혜원국어 적중 여신의 구조적 비문학 독해

PART 5
논리적 배열

Day 16 논리적 배열 유형
Day 17 기출 + 실전 문제로 독해 비법 익히기

Day 16 논리적 배열 유형

1회독
2회독
3회독

 유형 분석

　주어진 문장 또는 문단을 <u>논리적으로 배열</u>할 수 있는지 묻는 유형이다. 4개의 선지가 있을 때, 보통은 순서상 맨 앞에 오는 문장이나 문단은 1개 내지 2개이다. 따라서 <u>선지를 먼저 읽고</u>, 선지를 통해 첫 문장이나 <u>첫 문단을 예측</u>하면 된다. 순서상 맨 앞에 올 것을 기준으로, <u>뒤에 올 것들도 논리적으로 배열하면 된다.</u>

대표 발문

- (가) ~ (라)를 맥락에 맞추어 가장 적절하게 나열한 것은?
- (가) ~ (다)를 맥락에 맞게 순서대로 나열한 것은?

 **유형 정복 비법**

비법 5 꼬리잡기의 법칙

　논리적 배열 유형을 정복하기 위해서는 '**꼬리잡기**'가 필요하다. 하나의 글은 통일성, 완결성, 긴밀성에 의해 전개된다. 그중에서 논리적 배열 유형과 관련이 있는 것은 '긴밀성'이다. '긴밀성'은 쉽게 말해 '자연스러운 연결' 정도로 이해하면 된다. 따라서 앞 문장이나 문단의 끝은 그 다음 문장이나 문단의 앞부분과 연결될 수밖에 없다. 그렇기 때문에 '꼬리잡기'를 하면 글의 순서를 쉽게 파악할 수 있다.
　'꼬리잡기'의 과정에서 '**지시어나 접속어를 활용(1)**'하거나, '**글의 구조를 파악(2)**'하는 것도 도움이 된다.

1. 지시어나 접속어 활용하기
　'꼬리잡기'에서 필요한 단어나 문장이 직접적으로 제시되지 않고, 지시어로 나타나는 경우가 많다. 따라서 지시어로 시작되는 문장 또는 문단이라면 그 지시어가 의미하는 바를 찾으면서 꼬리잡기를 하면 된다. 또 접속어의 성격을 고려해서 앞뒤에 이어질 내용을 예측할 수도 있다.

2. 글의 구조 파악하기
　큰 개념과 작은 개념이 있다고 할 때, 글의 구조상 큰 개념이 앞에 오고 그 뒤에 작은 개념이 뒤따르는 것이 일반적이다. 따라서 하나의 개념을 다루고 있을 때에는 더 큰 개념을 다루고 있는 쪽이 앞에 올 가능성이 크다. 또 원인과 결과가 있다고 할 때, 원인이 앞에 오고 그 뒤에 결과를 제시하는 것이 일반적이다.

STEP 1 다음 문장을 '꼬리잡기'를 통해 논리적으로 배열해 보자.

ㄱ. 스트레스(stress)는 '팽창하다, 좁다'라는 뜻의 라틴어에서 유래되었다.
ㄴ. 이 말이 지금의 의미로 사용되기 시작한 것은 그리 오래된 일이 아니다.

➜

ㄱ. "승정원일기"는 승정원의 업무 일지이다.
ㄴ. 우리나라에는 유네스코가 인정한 세계 기록 유산들이 있는데, 그중의 하나가 "승정원일기"이다.
ㄷ. 이는 조선 초기부터 작성되기 시작하였으나 화재로 인해 현재는 1623년부터 1910년까지의 기록만 남아 있다.

➜

ㄱ. 발효는 미생물이 유기물에 작용하여 물질의 성질을 바꾸어 놓는다는 점에서 부패와 닮았다.
ㄴ. 그래서 발효로 만들어진 물질은 사람이 먹을 수 있는 맛과 영양가를 지니고 있지만, 부패로 생긴 물질은 식중독을 일으키기 때문에 사람이 먹을 수 없다.
ㄷ. 하지만 화학적 변화의 결과, 우리에게 유용한 물질이 만들어지면 발효라고 하고 우리에게 해로운 물질이 만들어지면 부패라고 한다.

➜

STEP 2 '꼬리잡기'를 잘 했는지 확인해 보자 '꼬리잡기'를 했더니 쉽게 앞뒤 문장을 연결할 수 있게 되었는가?

ㄱ. 스트레스(stress)는 '팽창하다, 좁다'라는 뜻의 라틴어에서 유래되었다.
ㄴ. 이 말이 지금의 의미로 사용되기 시작한 것은 그리 오래된 일이 아니다.
   = 스트레스

➡ ㄱ → ㄴ

ㄴ. 우리나라에는 유네스코가 인정한 세계 기록 유산들이 있는데, 그중의 하나가 "승정원일기"이다.
ㄱ. "승정원일기"는 승정원의 업무 일지이다.
ㄷ. 이는 조선 초기부터 작성되기 시작하였으나 화재로 인해 현재는 1623년부터 1910년까지의 기록만 남아 있다.
   = 승정원일기

➡ ㄴ → ㄱ → ㄷ

ㄱ. 발효는 미생물이 유기물에 작용하여 물질의 성질을 바꾸어 놓는다는 점에서 부패와 닮았다.
ㄷ. 하지만 화학적 변화의 결과, 우리에게 유용한 물질이 만들어지면 발효라고 하고 우리에게 해로운 물질이 만들어지면 부패라고 한다.
   → 역접   → 차이점
ㄴ. 그래서 발효로 만들어진 물질은 사람이 먹을 수 있는 맛과 영양가를 지니고 있지만, 부패로 생긴 물질은 식중독을 일으키기 때문에 사람이 먹을 수 없다. → ㄷ과 인과 관계
   → 인과

➡ ㄱ → ㄷ → ㄴ

STEP 3 이번에는 'STEP 2'를 모방해서 '꼬리잡기'를 해 보자.

ㄱ. 그런데 바로 이 해마의 크기가 경험에 따라 달라지기도 한다.
ㄴ. 인간의 뇌에는 기억을 저장하고 떠올리는 과정에서 중요한 역할을 하는 '해마'라는 기관이 있다.
ㄷ. 공간 구조의 기억과 회상에 관여하는 해마로 인해 우리는 눈을 감고 머릿속에 집으로 가는 길을 떠올릴 수 있다.

➜

ㄱ. 알을 밴 고기일수록 맛이 좋고, 어린 고기까지 술안주로 인기 있었던 탓일까?
ㄴ. 명태는 1930년대만 해도 동해에서 매년 25만톤 내외로 잡힐 만큼 흔했다.
ㄷ. 결국 우리 바다에서 명태의 씨가 말라 버렸다. 2008년부터 매년 우리나라 근해에서 잡힌 명태는 1톤 내외이다.

➜

ㄱ. 녹차는 위 건강에 도움을 준다.
ㄴ. 이는 발암 물질의 생성을 억제한다.
ㄷ. 녹차가 위 건강에 좋은 이유는 바로 카테킨 성분 때문이다.
ㄹ. 그리고 염증과 궤양의 원인이 되는 헬리코박터 파이로리균에 대한 항균 작용을 한다.

➜

ㄱ. 복사기는 정전기를 이용한 대표적인 제품이다.
ㄴ. 복사기는 정전기를 이용해 토너의 잉크 가루를 종이에 붙인다.
ㄷ. 또 먼지를 제거하는 집진기도 정전기의 원리로 공중의 먼지를 붙여 제거한다.
ㄹ. 정전기가 마냥 해로운 것만은 아니다. 우리 생활에서 정전기는 의외로 많은 활약을 하고 있다.

➜

ㄱ. 이 가운데 478종이 말라리아모기이다.
ㄴ. 지구에는 약 3,500여 종의 모기가 산다.
ㄷ. 모기가 가져오는 위협은 말라리아뿐이 아니다.
ㄹ. 이들로 인해 대부분 어린 아이들인 수십만 명이 말라리아로 목숨을 잃는다.
ㅁ. 모기는 일본 뇌염이나 뎅기열, 지카 바이러스 등 사람의 목숨을 위협하는 치명적인 병들을 옮긴다.

➜

STEP 4 '꼬리잡기'를 잘 했는지 확인해 보자.

ㄴ. 인간의 뇌에는 기억을 저장하고 떠올리는 과정에서 중요한 역할을 하는 '해마'라는 기관이 있다.
ㄷ. 공간 구조의 기억과 회상에 관여하는 해마로 인해 우리는 눈을 감고 머릿속에 집으로 가는 길을 떠올릴 수 있다.
ㄱ. 그런데 바로 이 해마의 크기가 경험에 따라 달라지기도 한다.
　　전환

➡ ㄴ → ㄷ → ㄱ

ㄴ. 명태는 1930년대만 해도 동해에서 매년 25만톤 내외로 잡힐 만큼 흔했다.
ㄱ. (원인) 알을 밴 고기일수록 맛이 좋고, 어린 고기까지 술안주로 인기 있었던 탓일까?
ㄷ. (결과) 결국 우리 바다에서 명태의 씨가 말라 버렸다. 2008년부터 매년 우리나라 근해에서 잡힌 명태는 1톤 내외이다.

➡ ㄴ → ㄱ → ㄷ

ㄱ. 녹차는 위 건강에 도움을 준다.
ㄷ. 녹차가 위 건강에 좋은 이유는 바로 카테킨 성분 때문이다.
ㄴ. (카테킨 성분의 특징 1) 이는 발암 물질의 생성을 억제한다.
　　= 카테킨 성분
ㄹ. (카테킨 성분의 특징 2) 그리고 염증과 궤양의 원인이 되는 헬리코박터 파이로리균에 대한 항균 작용을 한다.
　　순접 (나열)

➡ ㄱ → ㄷ → ㄴ → ㄹ

ㄹ. 정전기가 마냥 해로운 것만은 아니다. 우리 생활에서 정전기는 의외로 많은 활약을 하고 있다.
ㄱ. (예시 1 - 복사기) 복사기는 정전기를 이용한 대표적인 제품이다.
ㄴ. 복사기는 정전기를 이용해 토너의 잉크 가루를 종이에 붙인다.
ㄷ. (예시 2 - 집진기) 또 먼지를 제거하는 집진기도 정전기의 원리로 공중의 먼지를 붙여 제거한다.
　　순접 (나열)

➡ ㄹ → ㄱ → ㄴ → ㄷ

ㄴ. 지구에는 약 3,500여 종의 모기가 산다.
ㄱ. 이 가운데 478종이 말라리아모기이다.
　　= 약 3,500여 종의 모기
ㄹ. 이들로 인해 대부분 어린 아이들인 수십만 명이 말라리아로 목숨을 잃는다.
　　= 말라리아모기
ㄷ. 모기가 가져오는 위협은 말라리아뿐이 아니다.
ㅁ. 모기는 일본 뇌염이나 뎅기열, 지카 바이러스 등 사람의 목숨을 위협하는 치명적인 병들을 옮긴다.

➡ ㄴ → ㄱ → ㄹ → ㄷ → ㅁ

STEP 5 이번에는 조금 더 긴 문장으로 연습해 보자.

> ㄱ. 따라서 사회적 금제 시스템이 무너졌을 때 절도를 향한 욕망은 거침없이 드러난다. 1992년 LA 폭동 때 우리는 그 야수적 욕망의 분출을 목도한 바 있다.
> ㄴ. 그러기에 절도는 동서고금을 막론하고 사회적 금기이다. 하지만 인간의 내부에는 절도에 대한 은밀한 욕망이 자리 잡고 있다. 절도는 적은 비용으로 많은 먹이를 획득하고자 하는 생명체의 생존욕과 관련이 있을 것이다.
> ㄷ. 법은 절도를 금한다. 십계 중 일곱 번째 계명이 '도둑질하지 말라'이며, 고조선의 팔조금법에도 '도둑질을 하면 노비로 삼는다'는 내용이 포함되어 있다. 절도가 용인되면, 즉 개인의 재산을 보호하지 않으면 사회 자체가 붕괴된다.

➡

> ㄱ. 절도는 범죄지만 인간은 한편으로 그 범죄를 합리화한다. 절도의 합리화는 부조리한 사회, 주로 재화의 분배에 있어 불공정한 사회를 전제로 한다. 그리고 한 걸음 더 나아가 절도 행위자인 도둑을 찬미하기도 한다.
> ㄴ. 혹 그 도둑이 약탈물을 달동네에 던져주기라도 하면 그는 의적으로 다시 태어나 급기야 전설이 되고 소설이 된다. 그렇게 해서 가난한 우리는 일지매에 빠져들고 장길산에 열광하게 되는 것이다.
> ㄷ. 지위를 이용한 고위 공무원의 부정 축재와 부잣집 담장을 넘는 밤손님의 행위 사이에 어떤 차이가 있는가? 만약 그 도둑이 넘은 담장이 부정한 돈으로 쌓아올려진 것이라면 월장은 도리어 미화되고 찬양받는다.

➡

STEP 6 '꼬리잡기'를 잘 했는지 확인해 보자.

> ㄷ. 법은 절도를 금한다. 십계 중 일곱 번째 계명이 '도둑질하지 말라'이며, 고조선의 팔조금법에도 '도둑질을 하면 노비로 삼는다'는 내용이 포함되어 있다. 절도가 용인되면, 즉 개인의 재산을 보호하지 않으면 사회 자체가 붕괴된다.
> ㄴ. 그러기에 절도는 동서고금을 막론하고 사회적 금기이다. 하지만 인간의 내부에는 절도에 대한 은밀한 욕망이 자리 잡고 있다. 절도는 적은 비용으로 많은 먹이를 획득하고자 하는 생명체의 생존욕과 관련이 있을 것이다.
> ㄱ. 따라서 사회적 금제 시스템이 무너졌을 때 절도를 향한 욕망은 거침없이 드러난다. 1992년 LA 폭동 때 우리는 그 야수적 욕망의 분출을 목도한 바 있다.

➡ ㄷ → ㄴ → ㄱ

> ㄱ. 절도는 범죄지만 인간은 한편으로 그 범죄를 합리화한다. 절도의 합리화는 부조리한 사회, 주로 재화의 분배에 있어 불공정한 사회를 전제로 한다. 그리고 한 걸음 더 나아가 절도 행위자인 도둑을 찬미하기도 한다.
> ㄷ. 지위를 이용한 고위 공무원의 부정 축재와 부잣집 담장을 넘는 밤손님의 행위 사이에 어떤 차이가 있는가? 만약 그 도둑이 넘은 담장이 부정한 돈으로 쌓아올려진 것이라면 월장은 도리어 미화되고 찬양받는다.
> ㄴ. (구체적인 사례) 혹 그 도둑이 약탈물을 달동네에 던져주기라도 하면 그는 의적으로 다시 태어나 급기야 전설이 되고 소설이 된다. 그렇게 해서 가난한 우리는 일지매에 빠져들고 장길산에 열광하게 되는 것이다.

➡ ㄱ → ㄷ → ㄴ

STEP 7 'STEP 5'의 문장들은 2019년 국회직 9급 시험에 출제된 하나의 지문을 2개로 나눠 놓은 것이다. 꼬리 잡기를 잘 했다면, 어렵지 않게 바른 순서를 고를 수 있을 것이다. 2019년 국회직 9급의 문제를 풀어 보자.

다음 (가)~(바)를 논리적 순서에 맞게 나열한 것은?   2019 국회직 9급

(가) 그러기에 절도는 동서고금을 막론하고 사회적 금기이다. 하지만 인간의 내부에는 절도에 대한 은밀한 욕망이 자리 잡고 있다. 절도는 적은 비용으로 많은 먹이를 획득하고자 하는 생명체의 생존욕과 관련이 있을 것이다.

(나) 절도는 범죄지만 인간은 한편으로 그 범죄를 합리화한다. 절도의 합리화는 부조리한 사회, 주로 재화의 분배에 있어 불공정한 사회를 전제로 한다. 그리고 한 걸음 더 나아가 절도 행위자인 도둑을 찬미하기도 한다.

(다) 따라서 사회적 금제 시스템이 무너졌을 때 절도를 향한 욕망은 거침없이 드러난다. 1992년 LA 폭동때 우리는 그 야수적 욕망의 분출을 목도한 바 있다.

(라) 혹 그 도둑이 약탈물을 달동네에 던져주기라도 하면 그는 의적으로 다시 태어나 급기야 전설이 되고 소설이 된다. 그렇게 해서 가난한 우리는 일지매에 빠져들고 장길산에 열광하게 되는 것이다.

(마) 법은 절도를 금한다. 십계 중 일곱 번째 계명이 '도둑질하지 말라'이며, 고조선의 팔조금법에도 '도둑질을 하면 노비로 삼는다'는 내용이 포함되어 있다. 절도가 용인되면, 즉 개인의 재산을 보호하지 않으면 사회 자체가 붕괴된다.」

(바) 지위를 이용한 고위 공무원의 부정 축재와 부잣집 담장을 넘는 밤손님의 행위 사이에 어떤 차이가 있는가? 만약 그 도둑이 넘은 담장이 부정한 돈으로 쌓아올려진 것이라면 월장은 도리어 미화되고 찬양받는다.

① (마) − (가) − (다) − (나) − (바) − (라)
② (마) − (나) − (바) − (가) − (다) − (라)
③ (마) − (바) − (라) − (다) − (나) − (가)
④ (나) − (마) − (가) − (다) − (바) − (라)
⑤ (나) − (다) − (라) − (마) − (바) − (가)

[정답] ①

신유형 OX로 풀어보기

다음의 설명이 바르면 ○, 바르지 않으면 × 하라.

> (가) 다음으로 시청자의 마음을 사로잡을 수 있는 참신한 인물을 창조해야 한다. 특히 주인공은 장애를 만나 새로운 목표를 만들고, 그것을 이루는 과정에서 최종적으로 영웅이 된다. 시청자는 주인공이 목표를 이루는 데 적합한 인물로 변화를 거듭할 때 그에게 매료된다.
> (나) 스토리텔링 전략에서 제일 먼저 해야 할 일이 로그라인을 만드는 것이다. 로그라인은 '장애, 목표, 변화, 영웅'이라는 네 가지 요소를 담아야 하며, 3분 이내로 압축적이어야 한다. 이를 통해 스토리의 목적과 방향이 마련된다.
> (다) 이 같은 인물 창조의 과정에서 스토리의 주제가 만들어진다. '사랑과 소속감, 안전과 안정, 자유와 자발성, 권력과 책임, 즐거움과 재미, 인식과 이해'는 수천 년 동안 성별, 나이, 문화를 초월하여 두루 통용된 주제이다.
> (라) 시청자가 드라마나 영화에 대해 시청 여부를 결정하는 데 걸리는 시간은 8초에 불과하다. 제작자는 이 짧은 시간 안에 시청자를 사로잡을 수 있는 스토리텔링 전략이 필요하다.

(1) 세부적인 내용이 포괄적인 내용 앞에 제시되는 것이 일반적이다. 따라서 (나)가 가장 앞에, 그 뒤에 (라)가 이어지는 것이 자연스럽다. ○ | ×

(2) (나)에서 '제일 먼저 해야 할 일'을 다루고 있기 때문에, 그 뒤에는 다음 전략이 제시되어야 한다. 따라서 '다음으로'로 시작하고 있는 (가)가 그 뒤에 이어지는 것이 자연스럽다. ○ | ×

(3) (가)에서 다룬 '인물 창조'를 다루고 있기 때문에, 그 뒤에는 '이 같은 인물 창조의 과정에서'로 시작하는 (다)가 이어지는 것이 자연스럽다. ○ | ×

(4) 제시된 글을 맥락에 맞추어 나열하면 '(라) – (나) – (가) – (다)'가 된다. ○ | ×

손글씨 해설

> (라) 시청자가 드라마나 영화에 대해 시청 여부를 결정하는 데 걸리는 시간은 8초에 불과하다. 제작자는 이 짧은 시간 안에 **시청자를 사로잡을 수 있는 스토리텔링 전략이 필요하다.**
> ─ 스토리텔링 전략의 필요성 (1) 근거 ─ 스토리텔링 전략 방법1(세부 내용)
>
> (나) **스토리텔링 전략에서 제일 먼저 해야 할 일**이 로그라인을 만드는 것이다. 로그라인은 '장애, 목표, 변화, 영웅'이
> (1) 근거, (2) 근거
> 라는 네 가지 요소를 담아야 하며, 3분 이내로 압축적이어야 한다. 이를 통해 스토리의 목적과 방향이 마련된다.
> ─ 방법2
> (가) **다음으로** 시청자의 마음을 사로잡을 수 있는 **참신한 인물을 창조해야 한다.** 특히 주인공은 장애를 만나 새로운
> (2) 근거   (3) 근거
> 목표를 만들고, 그것을 이루는 과정에서 최종적으로 영웅이 된다. 시청자는 주인공이 목표를 이루는 데 적합한
>   꼬리잡기
> 인물로 변화를 거듭할 때 그에게 매료된다.
>
> (다) 이 같은 **인물 창조의 과정에서** 스토리의 주제가 만들어진다. '사랑과 소속감, 안전과 안정, 자유와 자발성, 권력
>   (3) 근거
> 과 책임, 즐거움과 재미, 인식과 이해'는 수천 년 동안 성별, 나이, 문화를 초월하여 두루 통용된 주제이다.

(1) 세부적인 내용이 포괄적인 내용 앞에 제시되는 것이 일반적이다. 따라서 (나)가 가장 앞에, 그 뒤에 (라)가 이어지는 것이 자연스럽다. ○⊗

▶ 세부적인 내용을 제시한 후 포괄적인 내용을 제시할 수도 있지만, 포괄적인 내용을 제시한 후에 세부적인 내용을 제시하는 것이 일반적이다. 제시된 글에서도 마찬가지이다. (나)와 (라) 모두 '스토리텔링 전략'에 대해 언급하고 있는데, (나)에서는 '스토리텔링 전략'에서 가장 먼저 해야 하는 일을, (라)에서는 짧은 시간 안에 시청자를 사로잡기 위해서는 '스토리텔링 전략'이 필요하다는 내용이다. 문맥의 흐름상 구체적인 전략의 내용을 다룬 (나)가 나중에 오는 것이 자연스럽다. 따라서 가장 앞에 와야 하는 문단은 (라)이고, 그 뒤에 (나)가 이어지는 것이 자연스럽다.

※ 원문의 선지는 (나) 또는 (라)로만 시작되었다. 따라서 (나)와 (라) 중 하나가 첫 번째 문단임을 파악할 수 있었다.

(2) (나)에서 '제일 먼저 해야 할 일'을 다루고 있기 때문에, 그 뒤에는 다음 전략이 제시되어야 한다. 따라서 '다음으로'로 시작하고 있는 (가)가 그 뒤에 이어지는 것이 자연스럽다. ◎ ×

▶ (나)와 (가) 모두 구체적인 전략을 제시하고 있다. '제일 먼저 해야 할 일', '다음으로'라는 표지를 고려할 때, (나) 뒤에 (가)가 이어지는 것이 자연스럽다.

(3) (가)에서 다룬 '인물 창조'를 다루고 있기 때문에, 그 뒤에는 '이 같은 인물 창조의 과정에서'로 시작하는 (다)가 이어지는 것이 자연스럽다. ◎ ×

▶ '꼬리잡기'는 배열 문제를 가장 쉽게 풀 수 있는 핵심 열쇠이다. (가)와 (다) 모두 '인물 창조'가 쓰였다는 점에서 꼬리를 연결하면 (가) 뒤에 (다)가 이어지는 것은 자연스럽다.

(4) 제시된 글을 맥락에 맞추어 나열하면 '(라) - (나) - (가) - (다)'가 된다. ◎ ×

▶ '1~3'의 과정을 고려할 때, 제시된 글을 맥락에 맞추어 나열하면 '(라) - (나) - (가) - (다)'가 된다.

Day 17 기출 + 실전 문제로 **독해 비법 익히기**

1회독
2회독
3회독

기출 문제

기출 문제 | 1 독해 비법 익히기

풀이 시간 _____ 분

(가) 그 원리를 알려면 LCD와 OLED의 차이를 이해해야 한다. LCD는 다른 조명 장치의 도움을 받아 시각적 효과를 낸다. 다시 말해 스스로 빛을 내지 못한다는 것이다. (   ) LCD는 화면 뒤에 빛을 공급하는 백라이트가 필요하다는 특성을 갖는다.

(나) 자유롭게 말았다 펼 수 있는 '롤러블 TV'가 개발되었다. 평소에는 말거나 작게 접어서 간편하게 가지고 다니다가 필요할 때 펴서 사용하는 태블릿이나 노트북이 상용화될 날도 머지않았다. 기존에 우리가 생각하는 텔레비전 화면이나 모니터는 평평하고 딱딱한 것인데, 어떻게 접거나 말 수 있을까?

(다) ⊙ OLED 기술은 모양을 자유롭게 변형할 수 있는 모니터 개발을 가능하게 하였다. 딱딱한 유리 대신에 쉽게 휘어지는 특수 유리나 플라스틱을 이용함으로써 둥글게 말았다가 펼 수 있는 화면을 생산할 수 있게 된 것이다.

(라) 반면 OLED는 화소 단위로 빛의 삼원색을 내는 유기 반도체로 구성되어 있어 스스로 빛을 낼 수 있다. OLED 제품은 화면 뒤에 백라이트를 설치할 필요가 없기 때문에 얇게 만들 수도 있고 특수 유리나 플라스틱으로 제작할 수도 있다.

01 다음 진술이 바르면 ○, 바르지 않으면 ×에 표시하라.

(1) (가)의 빈칸에 들어갈 접속 부사는 '그러나'이다. [○ | ×]
(2) (나)의 마지막 문장의 질문에 대한 답이 글에 제시되어 있다. [○ | ×]
(3) (다)의 ⊙은 맥락을 고려할 때, 'LCD 기술'로 수정해야 한다. [○ | ×]

[정답]
01 (1) ×
   (2) ○
   (3) ×

02 제시된 글의 내용을 표로 정리한 것이다. 빈칸에 알맞은 말을 넣으시오.

★ OLED 기술과 그에 따른 영향

(가)	• LCD와 OLED의 차이

	LCD	OLED
특징	스스로 빛을 내지 못하기 때문에, 화면 뒤에 빛을 공급하는 (　　)가 필요함.	

(나)	• '롤러블 TV' 개발에 따른 영향 → 롤러블 태블릿이나 노트북의 (　　)도 머지않음. • 롤러블에 대한 의문 제기
(다)	• (　　) 기술에 따른 영향 → 모양을 자유롭게 변형할 수 있는 모니터 개발이 가능해짐.

(라)	

	LCD	OLED
특징		① 스스로 빛을 내기 때문에, 화면 뒤에 백라이트를 설치할 필요가 없음. ② (　　) 만들 수 있음. ③ 특수 유리나 (　　)으로 제작할 수 있음.

03 (가)~(라)를 맥락에 맞추어 가장 적절하게 나열한 것은?　　2025 국가직 9급

① (나)-(가)-(다)-(라)
② (나)-(가)-(라)-(다)
③ (다)-(가)-(라)-(나)
④ (다)-(나)-(라)-(가)

[해설]

1단계	선지를 통해 첫 번째 문장으로 (나) 또는 (다)가 온다는 것을 짐작할 수 있다.
2단계	(나)는 "기존에 우리가 생각하는 텔레비전 화면이나 모니터는 평평하고 딱딱한 것인데, 어떻게 접거나 말 수 있을까?"로 끝나고 있는데, 이는 (가)의 첫 문장 "그 원리를 알려면 LCD와 OLED의 차이를 이해해야 한다."와 이어지는 것이 자연스럽다. 따라서 (나) 뒤에 (가)가 이어지는 것이 자연스럽다.
3단계	(가)에서 'LCD와 OLED의 차이'를 이해해야 한다고 하였는데, (가)에서는 'LCD'의 특성에 대해 소개하고 있다. 따라서 (가) 뒤에는 'OLED'의 특성이 이어지는 것이 자연스럽다. 따라서 (가) 뒤에는 (라)가 이어지는 것이 자연스럽다.

따라서 제시된 글은 '(나)-(가)-(라)-(다)'로 배열하는 것이 자연스럽다.

[정답]
02 백라이트, 상용화, OLED, 얇게, 플라스틱
03 ②

기출 문제 | 2 독해 비법 익히기

풀이 시간 _____ 분

> 　　약물은 질병을 치료하거나 예방할 목적으로 사용되는 의약품이다. 우리 주변에는 약물이 오남용되는 경우가 있다.
> (가) 더구나 약물은 내성이 있어 이전보다 더 많은 양을 사용하기 마련이므로 피해는 점점 커지게 된다.
> (나) 오남용은 오용과 남용을 합친 말로서 오용은 본래 용도와 다르게 사용하는 일, 남용은 함부로 지나치게 사용하는 일을 가리킨다.
> (다) 그러므로 약물을 사용할 때는 반드시 의사나 약사와 상의하고 설명서를 확인하여 목적에 맞게 적정량을 사용해야 한다.
> (라) 약물을 오남용하면 신체적 피해는 물론 정신적 피해를 입을 수 있다.

01 다음 진술이 바르면 ○, 바르지 않으면 ×에 표시하라.

(1) 정신적 피해를 입은 사람들은 약물을 오남용한 사람들일 것이다.　　○ | ×
(2) 약물을 남용하면 약물에 내성이 생길 수 있다.　　○ | ×
(3) (나)와 (다)는 인과 관계이다.　　○ | ×

[정답]
01 (1) ×
　　(2) ○
　　(3) ×

02 제시된 글의 내용을 표로 정리한 것이다. 빈칸에 알맞은 말을 넣으시오.

★ 약물의 오남용

1문단	• (　　)의 개념: 약물은 질병을 치료하거나 예방할 목적으로 사용되는 의약품 • 현실: 약물이 오남용되는 경우가 많다.
(가)	• 덧붙임 표지: 더구나 • 약물 오남용의 문제점 ② (　　)이 있다.
(나)	• 오남용의 개념: 오용 + 남용 <table><tr><th>오용</th><th>남용</th></tr><tr><td>본래 용도와 다르게 사용하는 일</td><td>함부로 (　　) 사용하는 일</td></tr></table>
(다)	• (　　) 표지: 그러므로 • 약물 오남용을 막기 위한 방법 　① 의사, 약사와 상의 ② 설명서 확인 ③ (　　)에 맞게 적정량을 사용
(라)	• 약물 오남용의 (　　) ① 신체적 피해 + 정신적 피해

03 (가)~(라)를 맥락에 따라 가장 자연스럽게 배열한 것은?

2024 국가직 9급

① (나) – (다) – (라) – (가)
② (나) – (라) – (가) – (다)
③ (라) – (가) – (나) – (다)
④ (라) – (다) – (나) – (가)

[해설]

1단계	선지를 볼 때, (나) 또는 (라)가 첫 단락 바로 뒤에 이어져야 한다. 첫 단락에서 '약물 오남용'이 되는 경우가 있음을 언급하면서 글을 시작하고 있기 때문에, '오남용'의 개념을 설명하고 있는 (나)가 가장 앞에 오는 것이 자연스럽다.
2단계	(라)와 (가)는 '약물 오남용'의 부작용을 언급하고 있는데, (가)가 '더구나'로 시작되고 있다. '더구나'는 '이미 있는 사실에 더하여'라는 뜻을 가진 부사이다. 즉 앞에 내용에 이어 추가적인 내용을 제시할 때 사용한다. 이를 고려할 때, 흐름상 (라) 뒤에 (가)가 이어지는 것이 자연스럽다.
3단계	(다)는 인과의 접속 부사 '그러므로'로 시작하고 있다. 따라서 '약물 오남용'의 부작용을 언급한 '(라) – (가)' 뒤에 (다)가 이어지는 것이 자연스럽다.

이를 볼 때, 제시된 글은 '(나) – (라) – (가) – (다)'로 배열하는 것이 가장 자연스럽다.

[정답]
02 약물, 내성, 지나치게, 결론, 목적, 문제점
03 ②

기출 문제 | 3 독해 비법 익히기

풀이 시간 _____ 분

빅데이터가 부각된다는 것은 기업들이 빅데이터의 가치를 받아들이기 시작했다는 뜻이다. 여기에는 기업들이 데이터를 바라보는 시각이 변한 측면도 있다.
(가) 기업들은 고객이 판촉 활동에 어떻게 반응하고 평소에 어떻게 행동하며 사물에 대해 어떤 태도를 보이는지 알기 위해 많은 돈을 투자해 마케팅 조사를 해 왔다.
(나) 그런 상황에서 기업들은 SNS나 스마트폰 등 새로운 데이터 소스로부터 그러한 궁금증과 답답함을 해결할 수 있다는 것을 알게 되었다. 페이스북에 올리는 광고에 친구가 '좋아요'를 한 것에서 기업들은 궁금증과 답답함을 해결할 수 있다.
(다) 그런데 기업들의 그런 노력이 효과가 있는 경우도 있었으나 아쉬운 점도 많았다. 쉬운 예로, 기업들은 많은 광고비를 쓰지만 그 돈이 구체적으로 어느 부분에서 효과를 내는지는 알지 못했다.
결국 데이터가 있는 곳에서 기업들은 점점 더 고객의 취향에 집중할 수 있게 되었으며, 이에 따라 기업들은 소셜 미디어의 빅데이터를 중요한 경영 수단으로 수용하기 시작한 것이다.

01 다음 진술이 바르면 O, 바르지 않으면 ×에 표시하라.

(1) 기업들은 고객들의 반응을 확인하기 위해 많은 돈을 투자하였다. [O | ×]
(2) 기업들은 SNS의 빅데이터를 중요한 경영 수단으로 활용하고 있다. [O | ×]
(3) (나)의 '그런 상황'은 (다)에서 확인할 수 있다. [O | ×]

[정답]
01 (1) O
　 (2) O
　 (3) O

02 제시된 글의 내용을 표로 정리한 것이다. 빈칸에 알맞은 말을 넣으시오.

★ 기업들이 빅데이터의 가치를 받아들인 이유

1문단	기업들이 (　　　　)의 가치를 받아들이기 시작했다. 기업들이 데이터를 바라보는 시각이 변했다.
(가)	기업들은 고객을 파악하기 위해 돈을 들여 (　　　　) 조사를 해 왔다.
(나)	'그런 상황'에서 기업들은 새로운 데이터 소스로부터 '그러한' 궁금증과 답답함을 해결할 수 있다는 것을 알게 되었다.
(다)	그런데 기업들의 '그런 노력'이 효과는 (　　　　)했다. 예 기업들이 쓴 광고비가 어느 부분에서 효과를 내는지 알지 못했다.
5문단	기업들은 점점 더 고객의 (　　　　)에 집중할 수 있게 되었다. 이에 따라 기업들이 빅데이터를 중요한 (　　　　) 수단으로 수용하기 시작하였다.

03 다음 글에서 (가)~(다)의 순서를 자연스럽게 배열한 것은?

2023 국가직 9급

① (가) – (나) – (다)
② (가) – (다) – (나)
③ (나) – (가) – (다)
④ (다) – (나) – (가)

[해설]

1단계	(다)의 '기업들의 그런 노력'은 (가)에서 제시한 '기업들이 많은 돈을 투자한 마케팅 조사'에 해당한다. 따라서 (가) 뒤에 (다)가 이어지는 것이 자연스럽다.
2단계	(나)의 '그런 상황'은 (다)에서 제시한 '아쉬운 부분'에 해당한다. 따라서 (다) 뒤에 (나)가 이어지는 것이 자연스럽다. 더구나 (나)의 끝 '기업들은 궁금증과 답답함을 해결할 수 있었다.'는 마지막 단락의 내용과도 자연스럽게 연결된다.

따라서 제시된 글은 '(가) – (다) – (나)'로 배열해야 한다.

[정답]
02 빅데이터, 마케팅, 미미, 취향, 경영
03 ②

기출 문제 | 4 독해 비법 익히기

풀이 시간 _____ 분

(가) 이처럼 면 대 면 소통에는 시간과 공간의 제약이 따른다.
(나) 인간의 소통 방식 중 가장 오래되고 직접적인 것은 면 대 면 소통이다.
(다) 그러나 점차 매체가 발달함에 따라 현대 사회에서는 인간이 시간과 공간의 제약을 벗어나 전신, 전파, 인터넷 등을 통해 의미를 주고받는 다양한 소통 방식이 가능해졌다.
(라) 면 대 면 소통은 소통에 참여하는 사람들이 같은 시간과 공간에 존재하면서 음성, 몸짓, 표정 등을 통해 의미를 주고받는 방식으로 이루어진다.

혜원쌤의 학습 Tip
제시된 문제는 선택지를 통해 (나) '인간의 소통 방식(넓은 범주)'가 (라) '면 대 면 소통'보다 앞에 오는 것이 적절하므로 선택지 ①, ②를 고르게 되고, (가)의 '제약' 이후에 (다) '그러나~제약을 벗어나'가 가능하므로 (다)가 마지막이라는 단서를 얻게 된다.

01 다음 진술이 바르면 ○, 바르지 않으면 ×에 표시하라.

(1) 인간은 면 대 면으로만 소통을 할 수 있다. ○ | ×
(2) 교통의 발달은 인간의 소통 방식의 변화에 영향을 주었다. ○ | ×
(3) 매체가 발달함에 따라 더 이상 면대면 소통은 일어나지 않는다. ○ | ×

02 제시된 글의 내용을 표로 정리한 것이다. 빈칸에 알맞은 말을 넣으시오.

(가)	• 면 대 면 소통의 제약: (　　　)의 제약
(나)	• 인간의 소통 방식 중 '면 대 면 소통'의 특징 ① 가장 오래되었다. ② 가장 (　　　)이다.
(다)	• 매체 발달의 영향 → '면 대 면 소통'의 (　　　)을 극복 ① <u>시간과 공간의 제약</u>을 벗어날 수 있게 되었다. 　　└ '면 대 면 소통'의 제약 ② 다양한 소통 방식이 가능해졌다.
(라)	• '면 대 면 소통'의 특징 ① 참여자들이 같은 시간과 공간에 존재하면서 ② 음성, 몸짓, 표정 등을 통해 ③ (　　　)를 주고받는 방식

[정답]
01 (1) ×
　 (2) ×
　 (3) ×
02 시간과 공간, 직접적, 제약, 의미

03 제시된 글의 전개 순서로 가장 자연스러운 것은? 2020 국가직 7급

① (나) - (라) - (가) - (다)
② (나) - (라) - (다) - (가)
③ (라) - (가) - (나) - (다)
④ (라) - (나) - (다) - (가)

[해설]

1단계	(나)와 (라)에서 모두 '면 대 면 소통'의 특징을 다루고 있는데, (나)에서는 인간의 소통 방식 중 하나인 '면 대 면 소통'의 특징을, (라)에서는 '면 대 면 소통' 자체의 특징을 설명하고 있다. 포괄적인 내용에서 세부적인 내용으로 전개하는 게 일반적이다. 따라서 보다 포괄적인 특징을 다룬 (나)가 가장 앞에, 보다 세부적인 특징을 다룬 (라)가 그 뒤에 이어지는 게 자연스럽다.
2단계	(라)에서 '면 대 면 소통'은 참여자들이 같은 시간과 공간에서 소통하는 방식이라고 하였다. 곧 참여자들이 같은 시간과 공간을 공유하지 않으면 소통할 수 없다는 의미이다. 이는 '면 대 면 소통'의 제약이다. 따라서 '면 대 면 소통'의 제약을 다룬 (가)가 그 뒤에 이어지는 게 자연스럽다.
3단계	(가)에서 다룬 시간과 공간의 제약이 (다)에서는 매체의 발달로 극복되었다고 하였다. 따라서 (가) 뒤에 (다)가 이어지는 게 자연스럽다.

따라서 '(나)-(라)-(가)-(다)'로 배열하는 것이 가장 자연스럽다.

(나)	• 인간의 소통 방식 중 '면 대 면 소통'의 특징 ① 가장 오래되었다. ② 가장 직접적이다.
(라)	• '면 대 면 소통'의 특징 ① 참여자들이 같은 시간과 공간에 존재하면서 ② 음성, 몸짓, 표정 등을 통해 ③ 의미를 주고받는 방식
(가)	• 면 대 면 소통의 제약: 시간과 공간의 제약
(다)	• 매체 발달의 영향 → '면 대 면 소통'의 제약을 극복 ① 시간과 공간의 제약을 벗어날 수 있게 되었다. 　↳ '면 대 면 소통'의 제약 ② 다양한 소통 방식이 가능해졌다.

[정답]
03 ①

기출 문제 | 5 독해 비법 익히기

1900년대 이후로 다른 문자를 지양하고 한글로만 문자 생활을 영위하고자 하는 경향이 나타났다.
㉠ 이에 따라 각급 학교 교재에 한자는 괄호 안에 넣는 조치를 취했다.
㉡ 그 과정에서 그들이 가장 고심했던 일은 우리말 어휘의 반 이상을 차지하는 한자어를 어떻게 처리하느냐 하는 것이었다.
㉢ 한글학회의 『큰사전』에서는 모든 단어의 표제어는 한글로 적었고 괄호 속에 한자, 로마자 등 다른 문자를 병기하였다.
㉣ 이로 인해 1930년대 이후에 우리 어문 연구가들은 맞춤법과 외래어 표기법을 제정하고 표준어를 사정하였으며 이를 바탕으로 사전 편찬 사업을 추진했다.

01 다음 진술이 바르면 ○, 바르지 않으면 ×에 표시하라.

(1) 한자어는 우리말에서 가장 많은 비중을 차지한다. [○ | ×]
(2) 한글학회는 우리말 사전인 『큰사전』을 편찬하였다. [○ | ×]
(3) ㉢과 ㉣은 인과 관계이다. [○ | ×]

02 제시된 글의 내용을 표로 정리한 것이다. 빈칸에 알맞은 말을 넣으시오.

1문단	• 1900년대 이후 새롭게 나타난 (　　　)
	① 다른 문자를 지양함.
	② 한글로만 문자 생활을 영위하고자 함.
㉠	결과 ｜ 학교 교재에 (　　　)를 괄호 안에 넣었다.
㉡	• 그 과정에서 고심했던 논의의 내용: (　　　) 처리 방식 ↳ 우리말 어휘의 반 이상을 차지
㉢	• 한글학회의 『큰사전』의 표기 방식
	① 단어의 표제어는 '한글'로 적음.
	② (　　) 속에 다른 문자(한자, 로마자 등)를 (　　)함.
㉣	결과 ｜ • 1930년대 이후에 우리 어문 연구가들은 ① 맞춤법과 외래어 표기를 제정함. ② 표준어를 사정함. ↓ (　　　)을 추진함.

[정답]
01 (1) ○
　 (2) ○
　 (3) ×
02 경향, 한자, 한자어, 괄호, 병기, 사전 편찬 사업

03 ㉠~㉣의 전개 순서로 가장 자연스러운 것은?

2020 지방직 7급

① ㉡ – ㉠ – ㉢ – ㉣
② ㉡ – ㉢ – ㉠ – ㉣
③ ㉣ – ㉡ – ㉢ – ㉠
④ ㉣ – ㉢ – ㉠ – ㉡

[해설]

1단계	첫 번째 문장에서 한글로만 문자 생활을 영위하고자 하는 경향이 나타났다고 하였다. 따라서 우리말에 대한 규정을 바탕으로 한 사전 편찬 사업을 추진했다는 ㉣의 내용이 첫 번째 문장 뒤에 오는게 가장 자연스럽다.
2단계	사전 편찬 사업의 '과정'에서 한자어 처리 방식을 고심했고(㉡), 한글학회에서는 괄호 속에 병기하기로 했다는 ㉢의 내용이 이어지는 게 자연스럽다.
3단계	한글학회의 『큰사전』에서 괄호 속에 한자를 병기했기 때문에, 학교 교재에서도 한자를 괄호 안에 넣었다는 ㉠이 이어지는 게 자연스럽다.

따라서 '㉣ – ㉡ – ㉢ – ㉠'로 배열하는 것이 가장 자연스럽다.

1문단	• 1900년대 이후 새롭게 나타난 경향 ① 다른 문자를 지양함. ② 한글로만 문자 생활을 영위하고자 함.	
㉣	결과	• 1930년대 이후에 우리 어문 연구가들은 ① 맞춤법과 외래어 표기를 제정함. ② 표준어를 사정함. ↓ 사전 편찬 사업을 추진함.
㉡		• 그 과정에서 고심했던 논의의 내용: 한자어 처리 방식 ↳ 우리말 어휘의 반 이상을 차지
㉢		• 한글학회의 『큰사전』의 표기 방식 ① 단어의 표제어는 '한글'로 적음. ② 괄호 속에 다른 문자(한자, 로마자 등)를 병기함.
㉠	결과	학교 교재에 한자를 괄호 안에 넣었다.

☑ 혜원쌤의 학습 Tip

제시된 문제에서는 ㉢의 위치가 '관건'이다. 다만, ㉢ '한글학회 『큰사전』이 한자를 괄호 안에 병기한' 결과 ㉠ '각급 학교'가 같은 조치를 취하게 된다. 따라서 ㉢ – ㉠의 연결이 확실한 단서이고, 이것은 ㉡이나 ㉣보다 뒤에 등장하는 것이 내용상 자연스럽고, 이러한 선택지 힌트를 통해 답은 ③으로 택할 수 있다.

[정답]

03 ③

혜원쌤의 학습 Tip

㉠ '1700년대 중반'이 ㉣ '19세기'보다 앞에 나올 가능성이 매우 높은 것이 중요한 첫 번째 단서이고, ㉣에서 언급한 3가지와 ㉡ '그러한 분야'의 연결이 중요한 힌트가 된다.

기출 문제 | 6 독해 비법 익히기

풀이 시간 _____ 분

ㄱ. 1700년대 중반에 이미 미국 이주민들의 평균 소득은 영국인들의 평균 소득을 넘어섰다.
ㄴ. 그러나 미국은 사실 그러한 분야에서는 다른 산업 국가들에 비해 특별한 우위를 갖고 있지 않았다.
ㄷ. 미국 이주민들의 평균 소득이 높아지게 된 배경에는 좋은 환경으로부터 비롯된 낙관성과 자신감이 있었다. 이후로도 다소 불안정하기는 했지만 미국인들의 소득은 계속해서 크게 증가했다.
ㄹ. 대부분의 미국인들은 남북 전쟁 이후 급속히 경제가 성장한 이유를 농업적 환경뿐만 아니라 19세기의 과학적, 기술적 대전환, 기업가 정신과 규제가 없는 시장 경제 때문이라고 단순하게 생각하는 경향이 있다.
ㅁ. 미국인들이 이처럼 초기 정착기에 풍요로움을 누릴 수 있었던 것은 비옥한 토지, 풍부한 천연자원, 흑인 노동력에 힘입은 농산물 수출 덕분이었다.

01 다음 진술이 바르면 ○, 바르지 않으면 ×에 표시하라.

(1) 미국은 영국보다 농산물을 생산하기 좋은 환경이었다. [○|×]
(2) 영국인 중에 낙관성과 자신감을 가진 사람들이 미국으로 이주했다. [○|×]
(3) 17세기 중반부터 영국보다 미국 이주민의 평균 소득이 높았다. [○|×]

02 제시된 글의 내용을 표로 정리한 것이다. 빈칸에 알맞은 말을 넣으시오.

ㄱ.	• 1700년대 미국 이주민들의 (　　　)이 높아졌다.
ㄴ.	(　　) 그러한 분야(㉠~㉢)는 다른 나라에 비해 특별한 우위를 가지지 않는다.
ㄷ.	• 미국 이주민들의 (　　　)이 높아진 배경 (　　　)에서 비롯된 ① 낙관성, ② 자신감 → 소득은 계속 증가했다.
ㄹ.	• 남북 전쟁 이후 급속히 경제가 성장한 이유 일반적인 미국인들의 생각: (　　) 환경 + ㉠ 19세기의 과학적, 기술적 대전환 / ㉡ 기업가 정신 / ㉢ 규제가 없는 시장 경제
ㅁ.	• 미국인들이 초기 정착기에 풍요로울 수 있었던 이유 ① (　　　　　) ② 풍부한 천연 자원 ③ 흑인 노동력에 힘입은 농산물 수출 → 좋은 농업적 환경

[정답]
01 (1) ×
   (2) ×
   (3) ×
02 평균 소득, 실상, 평균 소득, 좋은 환경, 농업적, 비옥한 토지

03 제시된 글의 전개 순서로 가장 자연스러운 것은? 2020 지방직 9급

① ㄱ - ㄷ - ㅁ - ㄹ - ㄴ
② ㄱ - ㄹ - ㄷ - ㄴ - ㅁ
③ ㄹ - ㄴ - ㅁ - ㄱ - ㄷ
④ ㄹ - ㅁ - ㄴ - ㄷ - ㄱ

[해설]

1단계	1700년대 미국 이주민들의 평균 소득이 높아진 사실을 제시한 후에, 높아진 배경을 제시하는 게 자연스럽다. 따라서 'ㄱ' 뒤에 'ㄷ'이 이어지는 게 자연스럽다.
2단계	'ㅁ'의 "이처럼 초기 정착기에 풍요로움을 누릴 수 있었던 것은"의 '이처럼'에 해당하는 것이 'ㄱ - ㄷ'에 제시되어 있다. 따라서 'ㄱ'과 'ㄷ' 뒤에 'ㅁ'이 이어지는 게 자연스럽다.
3단계	남북 전쟁 이후 급격히 경제가 성장한 이유에 대해 일반적인 사람들이 생각하는 것과 실상은 다르다는 것을 제시하는 게 자연스럽다. 따라서 'ㄹ' 뒤에 'ㄴ'이 이어지는 게 자연스럽다.

따라서 'ㄱ - ㄷ - ㅁ - ㄹ - ㄴ'으로 배열하는 것이 가장 자연스럽다.

ㄱ.	• 1700년대 미국 이주민들의 평균 소득이 높아졌다.
ㄷ.	• 미국 이주민들의 평균 소득이 높아진 배경 좋은 환경에서 비롯된 ① 낙관성, ② 자신감 → 소득은 계속 증가했다.
ㅁ.	• 미국인들이 초기 정착기에 풍요로울 수 있었던 이유 ① 비옥한 토지 ② 풍부한 천연 자원 → 좋은 농업적 환경 ③ 흑인 노동력에 힘입은 농산물 수출
ㄹ.	• 남북 전쟁 이후 급속히 경제가 성장한 이유 일반적인 미국인들의 생각 : 농업적 환경 + ① 19세기의 과학적, 기술적 대전환 / ② 기업가 정신 / ③ 규제가 없는 시장 경제
ㄴ.	실상 : 그러한 분야(①~③)는 다른 나라에 비해 특별한 우위를 가지지 않는다.

[정답]
03 ①

실전 문제

실전 문제 | 1 독해 비법 익히기

풀이 시간 _____ 분

ⓐ「범죄인이 다른 나라로 도피하면 그 신병을 확보하기 어려워 처벌이 힘들다.」ⓑ「이 때문에 근대에 들어 각국은 국제법상 범죄인인도제도를 발전시켰다.」
㉠ ⓒ「사전에 체결된 범죄인인도조약에 의해서만 상대 국가에 대한 범죄인인도청구에 응할 의무가 발생하며,」 어떤 국가가 범죄인인도조약을 맺지 않은 국가의 범죄인인도청구에 응해야 할 국제법상의 의무는 없다.
㉡ ⓓ「범죄인인도제도는 서로 범죄인인도를 할 것을 합의하고 그에 대한 사항을 규정하는 국가 간의 조약인 범죄인인도조약을 기초로 이루어진다.」
㉢ ⓔ「범죄인인도가 원만히 진행되려면 상대국의 사법 제도에 대한 상호 신뢰가 필요하므로,」 범죄인인도조약은 주로 양자조약의 형태로 발달하였으며 범세계적인 조약은 성립되지 않고 있다.
㉣ ⓕ「범죄인인도제도는 해외에서 죄를 범한 범죄인이 자국 영역으로 도피해 온 경우, 그를 처벌하기를 원하는 외국의 청구에 응해 해당자를 인도하는 제도이다.」

ⓐ 'A하면 B해서 C이다.'는 'A하면 B한다. 그리고 B이기 때문에 C이다.'라는 의미이다. B는 A의 결과이면서, C의 원인이다.
ⓑ 'A. 이 때문에 B했다.'는 A 때문에 B라는 결과가 나타났다는 의미이다.
ⓒ 'A에 의해서만 B를 할 의무가 발생한다.'는 'A가 아니라면 B를 할 의무는 없다.'라는 의미이다.
ⓓ 'A는 B를 기초로 이루어진다.'는 'B가 A의 기초이다.'라는 의미이다.
ⓔ 'A를 하려면, B가 필요하다.'는 'A를 하기 위해서는 B가 필요한 것이다.'라는 의미이다.
ⓕ 'A는 B하는 C이다.'는 결국 'A=B하는 C'의 의미이다. 'B하는 C'도 사실상 'B=C'로 풀어서 설명할 수 있다.

---

01 다음 진술이 바르면 ○, 바르지 않으면 ×에 표시하라.

(1) 범죄자가 우리나라와 범죄인인도조약을 맺지 않은 나라로 도피한 경우, 상대국가는 범죄인인도청구에 응해야 할 의무는 없다. ○ | ×
(2) 범죄인인도조약을 체결하는 주체는 각국의 사법부이다. ○ | ×
(3) ㉣에서 '범죄인인도제도'의 개념을 제시하고 있다. ○ | ×

[정답]
01 (1) ○
　　(2) ×
　　(3) ○

02 제시된 글의 내용을 표로 정리한 것이다. 빈칸에 알맞은 말을 넣으시오.

1문단	• 범죄인인도제도를 발전시킨 이유 범죄인이 다른 나라로 도피 ↓ 범죄인의 신병을 확보하기가 어려움 ↓ 범죄인을 (　　)하기가 힘듦.
㉠	• 범죄인인도조약의 특징 |	사전에 조약을 체결한 나라	사전에 조약을 맺지 않은 나라
---	---	---
청구에 응할 의무	(　　　　)	없음	
㉡	• 범죄인인도제도는 (　　　　　)을 기초로 이루어진다. ↳ 서로 범죄인인도를 할 것을 합의하고 그에 대한 사항을 규정하는 국가 간의 조약
㉢	• 범죄인인도가 원만히 진행되기 위한 조건 상대국 사법 제도에 대한 상호 신뢰 • 범죄인인도조약의 특징 ① 주로 (　　　)의 형태로 발달함. ② 범세계적인 조약은 성립되지 않고 있음.
㉣	• (　　　　　)의 개념 해외에서 죄를 범한 범죄인이 자국 영역으로 도피해 온 경우, 그를 처벌하기를 원하는 외국의 청구에 응해 해당자를 인도하는 제도

03 ㉠~㉣의 전개 순서로 가장 자연스러운 것은?　　2020학년도 11월 고2 전국연합학력평가 변형

① ㉡ - ㉠ - ㉢ - ㉣
② ㉡ - ㉢ - ㉠ - ㉣
③ ㉣ - ㉡ - ㉢ - ㉠
④ ㉣ - ㉢ - ㉠ - ㉡

[정답]
02 처벌, 있음, 범죄인인도조약, 양자조약, 범죄인인도제도
03 ③

✓ 혜원쌤의 학습 Tip

내용의 전개상 '범죄인인도제도'를 '정의'하고 있는 ㉣이 첫 번째로 오는 것이 가장 자연스럽고, ㉢과 ㉠의 연결이 중요한 단서가 되며, '제도'와 '조약'을 구분하여서 '꼬리잡기'하는 것이 답에 이르는 중요한 열쇠이다.

[해설]

1단계	첫 번째 문장에서 '범죄인인도제도'를 발전시킨 이유에 대해 설명을 하고 있다. 따라서 범죄인인도제도가 무엇인지 그 개념을 설명하고 있는 ㉣이 이어지는 게 자연스럽다.
2단계	㉡에서 '범죄인인도제도'는 '범죄인인도조약'을 기초로 한다고 하였다. ㉠과 ㉢은 모두 '범죄인인도조약'에 대해서만 다루고 있기 때문에, ㉡이 먼저 오고 그 뒤에 ㉠ 또는 ㉢이 이어지는 게 자연스럽다.
3단계	㉠과 ㉢ 모두 '범죄인인도조약'의 특징을 설명하고 있는데, ㉢에서는 특징을 설명하기에 앞서 '범죄인인도가 원만히 진행되기 위한 조건'을 언급하고 있다. 따라서 ㉢이 먼저 오고, 그 뒤에 ㉠이 이어지는 게 자연스럽다.

따라서 '㉣ – ㉡ – ㉢ – ㉠'으로 배열하는 것이 가장 자연스럽다.

1문단	• 범죄인인도제도를 발전시킨 이유 범죄인이 다른 나라로 도피 ↓ 범죄인의 신병을 확보하기가 어려움 ↓ 범죄인을 처벌하기가 힘듦.
㉣	• 범죄인인도제도의 개념 해외에서 죄를 범한 범죄인이 자국 영역으로 도피해 온 경우, 그를 처벌하기를 원하는 외국의 청구에 응해 해당자를 인도하는 제도
㉡	• 범죄인인도제도는 범죄인인도조약을 기초로 이루어진다. ↳ 서로 범죄인인도를 할 것을 합의하고 그에 대한 사항을 규정하는 국가 간의 조약
㉢	• 범죄인인도가 원만히 진행되기 위한 조건 상대국 사법 제도에 대한 상호 신뢰 • 범죄인인도조약의 특징 ① 주로 양자조약의 형태로 발달함. ② 범세계적인 조약은 성립되지 않고 있음.
㉠	• 범죄인인도조약의 특징 |	사전에 조약을 체결한 나라	사전에 조약을 맺지 않은 나라
---	---	---
청구에 응할 의무	있음	없음	

실전 문제 | 2 독해 비법 익히기

풀이 시간 _____ 분

ㄱ. 친구가 울고 있으면 '왜 울까?'라는 의문을 품고 그 원인을 찾게 되는데, 이처럼 행동의 원인이 무엇인지를 추론하는 것을 '귀인(歸因)'이라 한다.

ㄴ. 예를 들어 어떤 일을 성공적으로 끝마쳤을 때 자신의 능력은 생각하지 않고 보상 때문에 일을 마쳤다고 생각하는 사람과 반대로 보상보다는 자신의 능력 때문에 일을 마쳤다고 생각하는 사람이 있다고 하자. 이 두 사람 중 나중에 그 일을 또 하게 될 때, 좋아하며 능동적으로 일하는 사람은 주로 후자이다.

ㄷ. 행동 원인을 내적인 것에서 찾는 것을 '내부 귀인'이라 하고, 외적인 것에서 찾는 것을 '외부 귀인'이라 한다. 귀인은 태도를 형성하는 데 영향을 미칠 수 있기 때문에 적절하게 이루어져야 한다.

ㄹ. 귀인은 타인의 행동뿐만 아니라 자신의 행동에 대해서도 이루어진다. 행동의 원인은 행동을 한 당사자의 성격, 태도, 능력 등과 같은 내적인 것과 운, 압력, 날씨 등과 같은 외적인 것으로 나뉠 수 있다.

ㅁ. 이는 성공과 같은 ⬚인 결과에 대해서는 외부 귀인보다 내부 귀인을 하는 것이 능동적인 태도를 더 잘 기를 수 있음을 나타낸다. 이처럼 귀인을 상황에 따라 적절하게 수행한다면 삶에서 긍정적인 효과를 거둘 수 있을 것이다.

01 다음 진술이 바르면 ○, 바르지 않으면 ×에 표시하라.

(1) 시험 점수가 오른 것을 '어머니의 간절한 기도' 덕분이라고 생각하는 생각한다면, 이는 내부 귀인을 한 것이다. ○ | ×

(2) 능동적인 사람일수록 성공했을 때 내부 귀인을 할 것이다. ○ | ×

(3) 빈칸에는 '긍정적'이 들어가야 한다. ○ | ×

[정답]
01 (1) ×
　　(2) ×
　　(3) ○

02 제시된 글의 내용을 표로 정리한 것이다. 빈칸에 알맞은 말을 넣으시오.

ㄱ.	• '귀인'의 개념 **가정**: 친구가 울고 있으면 '왜 울까?'라는 의문을 품고 그 원인을 찾게 됨. **개념**: 행동의 (　　　)이 무엇인지를 추론하는 것
ㄴ.	• 귀인과 (　　　) 간 관계를 보여주는 사례 **상황**: 어떤 일을 성공적으로 끝마쳤다. **귀인** - 성공의 원인: 　전자: 보상 덕분에 → 외부 귀인 　후자: 자신의 능력 덕분에 → 내부 귀인 → 그 일을 또 하게 될 때, 좋아하며 능동적으로 일하는 사람: 후자
ㄷ.	• '내부 귀인'과 '외부 귀인' **내부 귀인**: 행동의 원인이 (　　　)인 것 **외부 귀인**: 행동의 원인이 외적인 것 • 귀인의 특성: 태도 형성에 영향을 줌. → 적절하게 이루어져야 한다.
ㄹ.	• 귀인은 타인과 자신의 행동 모두에 대해서 이루어진다. • '귀인'의 분류 　└ 기준: (　　　)의 원인 **내적인 것**: 성격, 태도, 능력 등 **(　　　)인 것**: 운, 압력, 날씨 등
ㅁ.	• 사례에 대한 해석 **해석**: 긍정적인 결과에 대해서는 (　　　)을 하는 것이 능동적인 태도를 더 잘 기를 수 있다. • 귀인의 의의 **의의**: 상황에 따라 적절하게 수행한다면 삶에서 긍정적인 효과를 거둘 수 있다.

03 제시된 글의 전개 순서로 가장 자연스러운 것은? 2010학년도 3월 고1 전국연합학력평가 변형

① ㄱ - ㄷ - ㅁ - ㄹ - ㄴ
② ㄱ - ㄹ - ㄷ - ㄴ - ㅁ
③ ㄹ - ㄴ - ㅁ - ㄱ - ㄷ
④ ㄹ - ㅁ - ㄴ - ㄷ - ㄱ

[정답]
02 원인, 태도, 내적, 행동, 외적, 내부 귀인
03 ②

[해설]

1단계	제시된 글의 'ㄱ'부터 'ㅁ'까지 모두 '귀인'에 대해서 다루고 있다. 따라서 '귀인'의 개념을 설명한 'ㄱ'이 가장 앞에 오는 게 자연스럽다.
2단계	'ㄹ'에서 '귀인'을 '내적인 것'과 '외적인 것'으로 분류하고 있는데, 이것을 'ㄷ'에서 '내부 귀인'과 '외부 귀인'으로 밝히고 있다. 따라서 분류를 한 'ㄹ'이 먼저 오고, 구체적으로 어떤 것인지 밝힌 'ㄷ'이 그 뒤에 이어지는 게 자연스럽다.
3단계	'ㄷ'의 끝 부분에서 '귀인'이 '태도'에 영향을 준다는 내용이 있다. 따라서 귀인과 태도 간의 관계를 보여주는 사례를 제시한 'ㄴ'이 그 뒤에 이어지는 게 자연스럽다.
4단계	4단계 'ㄴ'의 사례를 'ㅁ'에서 해석하고 있다. 따라서 'ㄴ' 뒤에 'ㅁ'이 이어지는 게 자연스럽다.

따라서 'ㄱ – ㄹ – ㄷ – ㄴ – ㅁ'으로 배열하는 것이 가장 자연스럽다.

ㄱ.
- '귀인'의 개념

가정	친구가 울고 있으면 '왜 울까?'라는 의문을 품고 그 원인을 찾게 됨.
개념	행동의 원인이 무엇인지를 추론하는 것

ㄹ.
- 귀인은 타인과 자신의 행동 모두에 대해서 이루어진다.
- '귀인'의 분류
  - 기준: 행동의 원인

내적인 것	외적인 것
성격, 태도, 능력 등	운, 압력, 날씨 등

ㄷ.
- '내부 귀인'과 '외부 귀인'

내부 귀인	외부 귀인
행동의 원인이 내적인 것	행동의 원인이 외적인 것

- 귀인의 특성: 태도 형성에 영향을 줌. → 적절하게 이루어져야 한다.

ㄴ.
- 귀인과 태도 간 관계를 보여주는 사례

상황	어떤 일을 성공적으로 끝마쳤다.	
	전자	후자
귀인 성공의 원인	보상 덕분에 ↳ 외부 귀인	자신의 능력 덕분에 ↳ 내부 귀인

→ 그 일을 또 하게 될 때, 좋아하며 능동적으로 일하는 사람: 후자

ㅁ.
- 사례에 대한 해석

해석	긍정적인 결과에 대해서는 내부 귀인을 하는 것이 능동적인 태도를 더 잘 기를 수 있다.

- 귀인의 의의

의의	상황에 따라 적절하게 수행한다면 삶에서 긍정적인 효과를 거둘 수 있다.

공무원 시험 전문 해커스공무원
gosi.Hackers.com

해커스공무원 혜원국어 적중 여신의 구조적 비문학 독해

PART 6
빈칸 추론

Day 18 빈칸 추론 유형
Day 19 기출 + 실전 문제로 독해 비법 익히기

Day 18 빈칸 추론 유형

 유형 분석

주어진 글의 빈칸에 들어갈 알맞은 말을 묻는 유형이다. 크게 두 가지 형태로 제시된다. 하나는 흐름에 적절한 문장을 고르는 형태이다. 이때 선지는 주로 앞의 내용으로부터 도출할 수 있는 결론이거나, 앞의 내용을 적용한 사례가 제시되는 경우가 많다. 따라서 '빈칸 앞뒤의 내용'을 꼼꼼하게 읽은 후에 빈칸에 들어갈 말을 고르면 된다.

대표 발문

- 다음 빈칸에 들어갈 말로 가장 적절한 것은?
- 다음 글의 ㉠~㉢에 들어갈 말을 적절하게 나열한 것은?
- 다음 글의 빈칸에 들어갈 결론으로 가장 적절한 것은?

또 다른 하나는 적절한 접속 부사를 고르는 형태이다. 따라서 접속 부사별로 기능과 쓰임을 미리 공부해 둘 필요가 있다.

대표 발문

- (가)~(라)에 들어갈 말로 가장 적절한 것은?
- 괄호 속에 들어갈 접속어로 가장 적절한 것은?

 **유형 정복 비법**

'비법 1'부터 '비법 5'까지의 방법을 모두 활용하기
문제 유형별로 다른 접근이 필요하다.

1. 흐름에 적절한 문장을 고르는 형태

첫 번째 유형인 흐름에 적절한 문장을 고르는 형태의 경우이다. 이 경우에는 'CUT의 법칙'을 활용하여 글의 내용을 파악해야 한다. 왜냐하면, 빈칸에는 결국 글의 내용과 관련된 내용이 들어갈 수밖에 없기 때문이다. 경우에 따라 결론 자리에 빈칸이 올 수도 있다. 이 경우에는 '삭제와 재구성의 법칙'을 활용하여 글쓴이가 결국에 하고픈 말을 찾아야 한다.

2. 적절한 접속 부사를 고르는 형태

두 번째 유형인 적절한 접속 부사를 고르는 형태의 경우이다. 이 유형은 결국 앞뒤 문장이 어떤 관계인지를 파악하는 유형이나 다름없다. 그 관계를 '접속 부사'를 통해서 보여줄 뿐이다. 따라서 '비법 4. 공식 암기'처럼, 접속 부사의 기능과 쓰임을 암기해 두는 것이 좋다.

주요 '접속 부사'의 기능과 쓰임은 다음과 같다.

기능 및 쓰임	접속 부사
앞뒤의 내용을 나열하거나, 연결할 때	그리고, 또, 또한 → 앞, 뒤 모두 중요
앞뒤 내용이 상반되거나, 대립될 때	그러나, 하지만, 반면, 그렇지만 → 뒤가 중요
앞의 내용이 뒤의 내용의 원인이나 근거, 조건 따위가 될 때	따라서, 그래서, 그러므로 → 뒤가 중요
앞의 내용과 관련시키면서 화제를 다른 방향으로 돌릴 때	한편, 그런데 → 뒤가 중요 └ '역접'의 의미로도 쓰인다.

유형 1. 흐름에 적절한 문장 고르기

STEP 1 문장을 각자의 방법대로 잘라 읽고 내용을 정리해 보자. 그런 뒤에 들어갈 말을 골라보자.

> 언어의 자의성은 언어의 내용인 의미와 형식인 말소리는 필연적인 관련성이 없이 임의적으로 연결되어 있다는 것이다. 언어가 자의성을 지닌다는 것은 우리말과 외국어를 비교해 보면 쉽게 이해된다. (① / ②)
>
> ① 한국어에서는 '사람'이라는 의미를 지닌 말을 [사람]이라고 하지만, 영어에서는 'man[맨]'이라 한다.
> ② 영어 'I ate apples.'의 어순 그대로 우리말로 표기한 '나는 먹었다. 사과를.'은 우리말의 일반적인 어순은 아니다.

➡

> 인터넷은 글을 쓴 사람이 누구인지 잘 드러나지 않는, 이른바 익명성에 의해 글쓰기가 이루어지는 소통 공간이다. 익명성은 자신의 의견을 솔직하고 적극적으로 표현하게 하는 순기능을 지닌다. 그러나 (① / ②)
>
> ① 익명성 뒤에 숨어 악성 댓글을 다는 사람 또한 많다.
> ② 익명성 뒤에 숨어 부정과 불의에 용감하게 대응하는 사람 또한 많다.

➡

STEP 2 '전개 방식'을 잘 찾았는지 확인해 보자.

> 언어의 자의성은 언어의 내용인 의미와 형식인 말소리는 필연적인 관련성이 없이 임의적으로 연결되어 있다는 것이다. 언어가 자의성을 지닌다는 것은 우리말과 외국어를 비교해 보면 쉽게 이해된다. (① / ②)
>
> ① 한국어에서는 '사람'이라는 의미를 지닌 말을 [사람]이라고 하지만, 영어에서는 'man[맨]'이라 한다.
> ② 영어 'I ate apples.'의 어순 그대로 우리말로 표기한 '나는 먹었다. 사과를.'은 우리말의 일반적인 어순은 아니다.

➡ 언어의 자의성의 개념: 언어의 내용인 의미와 형식인 말소리는 필연적인 관련성이 없이 임의적으로 연결되어 있다는 것

[정답] ①
[해설] 언어의 자의성에 대한 예로 내용은 같으나 형식이 다른 우리말과 외국어를 들고 있다. 따라서 ①이 들어가는 게 적절하다. ②는 '어순', '우리말 규칙'과 관련된 것이기 때문에 언어의 규칙성과 관련된 예시이다.

> 인터넷은 글을 쓴 사람이 누구인지 잘 드러나지 않는, 이른바 익명성에 의해 글쓰기가 이루어지는 소통 공간이다. 익명성은 자신의 의견을 솔직하고 적극적으로 표현하게 하는 순기능을 지닌다. 그러나 (① / ②)
>
> ① 익명성 뒤에 숨어 악성 댓글을 다는 사람 또한 많다.
> ② 익명성 뒤에 숨어 부정과 불의에 용감하게 대응하는 사람 또한 많다.

➡ 인터넷 공간의 특징: 익명성에 의해 글쓰기가 이루어지는 공간이다.
➡ 익명성의 순기능: 자신의 의견을 솔직하고 적극적으로 표현할 수 있다.

[정답] ①
[해설] 역접의 접속 부사 '그러나'를 볼 때, '순기능'과 반대되는 내용이 들어가는 게 자연스럽기 때문에 빈칸에는 ①이 어울린다.

STEP 3 이번에는 'STEP 2'를 모방해서 잘라 읽기를 해 보자.

> 우리가 이용하는 디지털화된 정보들은 대다수가 아날로그 기반에서 생성된 것이다. 온라인에서 보는 텍스트 정보, 사진, 동영상 대부분이 기존의 종이 매체나 필름에 기록된 것들이다. 온라인 게임을 정보 통신 시대의 독특한 문화양상이라고 하지만, 인기를 끌고 있는 많은 게임은 오래전부터 독자들로부터 사랑받던 판타지 문학에서 유래했다.

➡

> 아날로그가 디지털과 결합해 더욱 활성화되기도 한다. 동양의 전통 놀이 중 하나인 바둑과 장기도 그렇다. 전형적인 아날로그 문화의 산물인 바둑이 인터넷 바둑 사이트 덕분에 더욱 대중화된 놀이가 되었다. 예전에는 바둑을 두기 위해 친구와 약속을 잡거나 기원을 찾아야 했지만, 지금은 인터넷에 접속하면 언제든 대국을 즐길 수 있다.

➡

STEP 4 잘 잘라서 읽었는지 확인해 보자.

> ¹우리가 이용하는 디지털화된 정보들은 대다수가 아날로그 기반에서 생성된 것이다. ²온라인에서 보는 텍스트 정보, 사진, 동영상 대부분이 기존의 종이 매체나 필름에 기록된 것들이다. ³온라인 게임을 정보 통신 시대의 독특한 문화양상이라고 하지만, 인기를 끌고 있는 ⁴많은 게임은 오래전부터 독자들로부터 사랑받던 판타지 문학에서 유래했다.

➡ 디저털화된 정보들의 특징: ¹아날로그 기반에서 생성된 것이다.
➡ 디지털화된 정보가 ²아날로그 기반에서 생성되었다는 근거 1: 온라인에서 보는 텍스트 정보, 사진, 동영상 대부분이 기존의 종이 매체나 필름에 기록된 것들이다.
➡ 디지털화된 정보가 ⁴아날로그 기반에서 생성되었다는 근거 2: 인기를 끌고 있는 많은 게임은 오래전부터 독자들로부터 사랑받던 판타지 문학에서 유래했다.
➡ 온라인 게임에 대한 ³사람들의 생각: 정보 통신 시대에 만들어진 독특한 문화양상이다.

> 아날로그가 디지털과 결합해 더욱 활성화되기도 한다. 동양의 전통 놀이 중 하나인 바둑과 장기도 그렇다. 전형적인 아날로그 문화의 산물인 바둑이 인터넷 바둑 사이트 덕분에 더욱 대중화된 놀이가 되었다. 예전에는 바둑을 두기 위해 친구와 약속을 잡거나 기원을 찾아야 했지만, 지금은 인터넷에 접속하면 언제든 대국을 즐길 수 있다.

➡ 아날로그와 디지털이 결합해 활성화된 사례: 바둑과 장기가 대중화되었다.
➡ 바둑과 장기 놀이 문화의 변화: 과거와 달리 지금은 언제 어디서든 즐길 수 있다.

STEP 5 'STEP 3'의 문장들은 2021년 국회직 8급 시험에 출제된 하나의 지문을 2개로 나눠 놓은 것이다. 내용을 모두 파악했기 때문에 어렵지 않게 문제를 해결할 수 있을 것이다. 2021년 국회직 8급의 문제를 풀어 보자.

㉠에 들어갈 말로 적절한 것은?   2021 국회직 8급

> 우리가 이용하는 디지털화된 정보들은 대다수가 아날로그 기반에서 생성된 것이다. 온라인에서 보는 텍스트 정보, 사진, 동영상 대부분이 기존의 종이 매체나 필름에 기록된 것들이다. 온라인 게임을 정보 통신 시대의 독특한 문화양상이라고 하지만, 인기를 끌고 있는 많은 게임은 오래전부터 독자들로부터 사랑받던 판타지 문학에서 유래했다.
>
> 아날로그가 디지털과 결합해 더욱 활성화되기도 한다. 동양의 전통 놀이 중 하나인 바둑과 장기도 그렇다. 전형적인 아날로그 문화의 산물인 바둑이 인터넷 바둑 사이트 덕분에 더욱 대중화된 놀이가 되었다. 예전에는 바둑을 두기 위해 친구와 약속을 잡거나 기원을 찾아야 했지만, 지금은 인터넷에 접속하면 언제든 대국을 즐길 수 있다.
> 따라서 (㉠   )

① 디지털 문화와 아날로그 문화를 수직적인 것으로 파악하는 것은 본질과 거리가 멀다.
② 디지털 문화와 아날로그 문화를 수평적인 것으로 파악하는 것은 본질과 거리가 멀다.
③ 디지털 문화와 아날로그 문화를 상호 보완적인 것으로 파악하는 것은 본질과 거리가 멀다.
④ 디지털 문화와 아날로그 문화를 입체적인 것으로 파악하는 것은 본질과 거리가 멀다.
⑤ 디지털 문화와 아날로그 문화를 대립적인 것으로 파악하는 것은 본질과 거리가 멀다.

[정답] ⑤

유형 2. 적절한 접속 부사 고르기

STEP 1 앞뒤 문장의 관계를 고려해 빈칸에 들어갈 접속 부사를 적어보자.

> 가지고 있는 정보가 부족하여 어떤 판단을 내리기 어려운 상황일수록, 자신의 판단에 대한 확신이 들지 않을수록 동조 현상은 강하게 나타난다. (   ) 집단의 구성원 수가 많거나 그 결속력이 강할 때, 특정 정보를 제공하는 사람의 권위와 지위, 그에 대한 신뢰도가 높을 때도 동조 현상은 강하게 나타난다.

➡

> 1700년대 말 영국에서는 '공리주의'가 크게 발전했다. 공리주의는 어떤 행동의 옳고 그름을 판단하는 기준을 사람들의 이익과 행복에 두는 사상이다. (   ) 공리주의 입장에서 볼 때 사람들에게 이익과 행복을 준 행동은 옳은 것이고, 그렇지 않은 행동은 그른 것이다.

➡

> 직업적인 문인뿐만 아니라 저작 행위를 하면 누구든지 저작자가 될 수 있다. 자연인으로서의 개인뿐만 아니라 법인도 저작자가 될 수 있다. (   ) 저작물에는 1차적 저작물뿐만 아니라 2차적 저작물도 포함되므로 2차적 저작물의 작성자도 저작자가 될 수 있다. (   ) 저작을 하는 동안 옆에서 도와주었거나 자료를 제공한 사람 등은 저작자가 될 수 없다.

➡

STEP 2 들어갈 접속 부사가 적절한지 확인해 보자.

　　가지고 있는 정보가 부족하여 어떤 판단을 내리기 어려운 상황일수록, 자신의 판단에 대한 확신이 들지 않을수록 동조 현상은 강하게 나타난다. (　　　　　) 집단의 구성원 수가 많거나 그 결속력이 강할 때, 특정 정보를 제공하는 사람의 권위와 지위, 그에 대한 신뢰도가 높을 때도 동조 현상은 강하게 나타난다.

➡ 그리고, 또, 또한 → 나열 관계

　　1700년대 말 영국에서는 '공리주의'가 크게 발전했다. 공리주의는 어떤 행동의 옳고 그름을 판단하는 기준을 사람들의 이익과 행복에 두는 사상이다. (　　　　　) 공리주의 입장에서 볼 때 사람들에게 이익과 행복을 준 행동은 옳은 것이고, 그렇지 않은 행동은 그른 것이다.

➡ 따라서, 그래서, 그러므로 → 인과 관계

　　직업적인 문인뿐만 아니라 저작 행위를 하면 누구든지 저작자가 될 수 있다. 자연인으로서의 개인뿐만 아니라 법인도 저작자가 될 수 있다. (　　　　　) 저작물에는 1차적 저작물뿐만 아니라 2차적 저작물도 포함되므로 2차적 저작물의 작성자도 저작자가 될 수 있다. (　　　　　) 저작을 하는 동안 옆에서 도와주었거나 자료를 제공한 사람 등은 저작자가 될 수 없다.

➡ 그리고, 또, 또한 → 나열 관계
➡ 그러나, 하지만, 반면, 그렇지만 → 역접 관계

STEP 3 이번에는 'STEP 2'를 모방해서 빈칸에 들어갈 접속 부사를 적어 보자.

　　찰스 다윈의 사촌이었던 골턴은 초기 진화론자로서 진화가 인간에게도 영향을 끼쳤다고 주장한 사람이다. (　①　) 그의 관념은 빅토리아 시대적 편견을 가지고 있었고, (　②　) 그의 주장이 오늘날에는 설득력이 떨어진다. 그럼에도 불구하고 결국에는 자연 선택 이론이 인간을 설명하는 지배적인 학설이 될 것이라는 그의 직관은 옳았다.

➡ ①:　　　　　　　　　　　　　　　②:

STEP 4 들어갈 접속 부사가 적절한지 확인해 보자.

> 찰스 다윈의 사촌이었던 골턴은 초기 진화론자로서 진화가 인간에게도 영향을 끼쳤다고 주장한 사람이다. (①) 그의 관념은 빅토리아 시대적 편견을 가지고 있었고, (②) 그의 주장이 오늘날에는 설득력이 떨어진다. 그럼에도 불구하고 결국에는 자연 선택 이론이 인간을 설명하는 지배적인 학설이 될 것이라는 그의 직관은 옳았다.

→ ① 그러나, 하지만, 반면, 그렇지만 → 역접 관계
  ※ 내용상 '초기에 주장한 사람(의의, 긍정적인 면)'이지만 그러나 '편견(부정적인 면)이 있었다.'로 해석이 가능하다. 다만 앞의 내용은 그의 '긍정적인 측면'이고 뒤의 내용은 '그의 단점'으로 화제를 전환했다고 볼 수 있다. 따라서 '그런데(화제 전환)'도 가능하다.
  ② 따라서, 그래서, 그리하여, 그러므로 → 인과 관계

STEP 5 'STEP 3'의 문장들은 2021년 군무원 9급 시험에 출제된 지문의 일부이다. 내용을 모두 파악했기 때문에 어렵지 않게 문제를 해결할 수 있을 것이다. 2021년 군무원 9급의 문제를 풀어 보자.

아래 글의 (㉠)과 (㉡)에 들어갈 가장 적절한 접속어로 옳은 것은?   2021 군무원 9급

> 히포크라테스가 분류한 네 가지 기질이나 성격 유형에 대한 고대의 개념으로 성격에 대한 논의를 시작하는 것이 일반적인 방식이지만, 나는 여기에서 1884년 《포트나이트리 리뷰》에 실렸던 프랜시스 골턴 경의 논문 〈성격의 측정〉으로 이야기를 시작하겠다.
> 찰스 다윈의 사촌이었던 골턴은 초기 진화론자로서 진화가 인간에게도 영향을 끼쳤다고 주장한 사람이다. (㉠) 그의 관념은 빅토리아 시대적 편견을 가지고 있었고, (㉡) 그의 주장이 오늘날에는 설득력이 떨어진다. 그럼에도 불구하고 결국에는 자연 선택 이론이 인간을 설명하는 지배적인 학설이 될 것이라는 그의 직관은 옳았다.

㉠	㉡
① 그래서	그리하여
② 그리고	그래서
③ 그러나	따라서
④ 그런데	그리고

[정답] ③

신유형 OX로 풀어보기

다음의 설명이 바르면 O, 바르지 않으면 × 하라.　　　　　　　　　　　　　　　　　9급 출제기조 전환 예시 (1차)

> 　소설과 현실의 관계를 온당하게 살피기 위해서는 세계의 현실성, 문제의 현실성, 해결의 현실성을 구별해야 한다. 우리가 살고 있는 이 입체적인 시공간에서 특히 의미 있는 한 부분을 도려내어 서사의 무대로 삼을 경우 세계의 현실성이 확보된다. 그 세계 안의 인간이 자신을 둘러싼 세계와 고투하면서 당대의 공론장에서 기꺼이 논의해볼 만한 의제를 산출해낼 때 문제의 현실성이 확보된다. 한 사회가 완강하게 구조화하고 있는 '가능한 것'과 '불가능한 것'의 좌표를 흔들면서 특정한 선택지를 제출할 때 해결의 현실성이 확보된다.
> 　최인훈의 「광장」은 밀실과 광장 사이에서 고뇌하는 주인공의 모습을 통해 '남(南)이냐 북(北)이냐'라는 민감한 주제를 격화된 이념 대립의 공론장에 던짐으로써 ㉠ 을 확보하였다. 작품의 시공간으로 당시 남한과 북한을 소설적 세계로 선택함으로써 동서 냉전 시대의 보편성과 한반도 분단 체제의 특수성을 동시에 포괄할 수 있는 ㉡ 도 확보하였다. 「광장」에서 주인공이 남과 북 모두를 거부하고 자살을 선택하는 결말은 남북으로 상징되는 당대의 이원화된 이데올로기를 근저에서 흔들었다. 이로써 ㉢ 을 확보할 수 있었다.

(1) ㉠에는 '문제의 현실성'이 들어가는 것이 자연스럽다.　　　　　　　　　　　　　　　　　　　O | X

(2) ㉡에는 '해결의 현실성'이 들어가는 것이 자연스럽다.　　　　　　　　　　　　　　　　　　　O | X

(3) ㉢에는 '세계의 현실성'이 들어가는 것이 자연스럽다.　　　　　　　　　　　　　　　　　　　O | X

손글씨 해설

> 소설과 현실의 관계를 온당하게 살피기 위해서는 세계의 현실성, 문제의 현실성, 해결의 현실성을 구별해야 한다. 우리가 살고 있는 이 입체적인 시공간에서 특히 의미 있는 한 부분을 도려내어 서사의 무대로 삼을 경우 세계의 현실성이 확보된다. 그 세계 안의 인간이 자신을 둘러싼 세계와 고투하면서 당대의 공론장에서 기꺼이 논의해볼 만한 의제를 산출해낼 때 문제의 현실성이 확보된다. 한 사회가 완강하게 구조화하고 있는 '가능한 것'과 '불가능한 것'의 좌표를 흔들면서 특정한 선택지를 제출할 때 해결의 현실성이 확보된다.
>
> 최인훈의 「광장」은 밀실과 광장 사이에서 고뇌하는 주인공의 모습을 통해 '남(南)이냐 북(北)이냐'라는 민감한 주제를 격화된 이념 대립의 공론장에 던짐으로써 ㉠ 을 확보하였다. 작품의 시공간으로 당시 남한과 북한을 소설적 세계로 선택함으로써 동서 냉전 시대의 보편성과 한반도 분단 체제의 특수성을 동시에 포괄할 수 있는 ㉡ 도 확보하였다. 「광장」에서 주인공이 남과 북 모두를 거부하고 자살을 선택하는 결말은 남북으로 상징되는 당대의 이원화된 이데올로기를 근저에서 흔들었다. 이로써 ㉢ 을 확보할 수 있었다.

(1) ㉠에는 '문제의 현실성'이 들어가는 것이 자연스럽다. ⓞ|✕

▶ 1문단에서 "그 세계 안의 인간이 자신을 둘러싼 세계와 고투하면서 당대의 공론장에서 기꺼이 논의해볼 만한 의제를 산출해낼 때 문제의 현실성이 확보된다."라고 하였다. 따라서 민감한 주제를 격화된 이념 대립의 공론장에 던짐으로써 '문제의 현실성(㉠)'을 확보한 것이다.

(2) ㉡에는 '해결의 현실성'이 들어가는 것이 자연스럽다. ○|⊗

▶ 1문단에서 "우리가 살고 있는 이 입체적인 시공간에서 특히 의미 있는 한 부분을 도려내어 서사의 무대로 삼을 경우 세계의 현실성이 확보된다."라고 하였다. 따라서 작품의 시공간으로 당시 남한과 북한을 소설적 세계로 선택함으로써 '세계의 현실성(㉡)'도 확보한 것이다.

(3) ㉢에는 '세계의 현실성'이 들어가는 것이 자연스럽다. ○|⊗

▶ 1문단에서 "한 사회가 완강하게 구조화하고 있는 '가능한 것'과 '불가능한 것'의 좌표를 흔들면서 특정한 선택지를 제출할 때 해결의 현실성이 확보된다."라고 하였다. 따라서 「광장」에서 주인공이 남과 북 모두를 거부하고 자살을 선택하는 결말은 '해결의 현실성(㉢)'을 확보한 것이다.

신유형 OX로 풀어보기

다음의 설명이 바르면 ○, 바르지 않으면 × 하라.

9급 출제기조 전환 예시(1차)

> 　신경과학자 아이젠버거는 참가자들을 모집하여 실험을 진행하였다. 이 실험에서 그의 연구팀은 실험 참가자의 뇌를 'fMRI' 기계를 이용해 촬영하였다. 뇌의 어떤 부위가 활성화되는가를 촬영하여 실험 참가자가 어떤 심리적 상태인가를 파악하려는 것이었다. 아이젠버거는 각 참가자에게 그가 세 사람으로 구성된 그룹의 일원이 될 것이고, 온라인에 각각 접속하여 서로 공을 주고받는 게임을 하게 될 것이라고 알려주었다. 그런데 이 실험에서 각 그룹의 구성원 중 실제 참가자는 한 명뿐이었고 나머지 둘은 컴퓨터 프로그램이었다. 실험이 시작되면 처음 몇 분 동안은 셋이 사이좋게 순서대로 공을 주고받지만, 어느 순간부터 실험 참가자는 공을 받지 못한다. 실험 참가자를 제외한 나머지 둘은 계속 공을 주고받기 때문에, 실험 참가자는 나머지 두 사람이 아무런 설명 없이 자신을 따돌린다고 느끼게 된다. 연구팀은 실험 참가자가 따돌림을 당할 때 그의 뇌에서 전두엽의 전대상피질 부위가 활성화된다는 것을 확인했다. 이는 인간이 물리적 폭력을 당할 때 활성화되는 뇌의 부위이다. 연구팀은 이로부터 　　　　　는 결론을 내릴 수 있었다.

(1) 빈칸에 들어갈 결론으로는 〈보기〉 중 ㉠이 적절하다.　　　　　　　　　　　　　　　　　　　　　　　　　　　　　　　O | X

> **보기**
> ㉠ 물리적 폭력은 피해자의 개인적 경험을 사회적 문제로 전환한다.
> ㉡ 따돌림은 피해자에게 물리적 폭력보다 더 심각한 부정적 영향을 미친다.
> ㉢ 따돌림을 당할 때와 물리적 폭력을 당할 때의 심리적 상태는 서로 다르지 않다.

손글씨 해설

신경과학자 아이젠버거는 참가자들을 모집하여 실험을 진행하였다. 이 실험에서 그의 연구팀은 실험 참가자의 뇌를 'fMRI' 기계를 이용해 촬영하였다. 뇌의 어떤 부위가 활성화되는가를 촬영하여 실험 참가자가 어떤 심리적 상태인가를 파악하려는 것이었다. 아이젠버거는 각 참가자에게 그가 세 사람으로 구성된 그룹의 일원이 될 것이고, 온라인에 각각 접속하여 서로 공을 주고받는 게임을 하게 될 것이라고 알려주었다. 그런데 이 실험에서 각 그룹의 구성원 중 실제 참가자는 한 명뿐이었고 나머지 둘은 컴퓨터 프로그램이었다. 실험이 시작되면 처음 몇 분 동안은 셋이 사이좋게 순서대로 공을 주고받지만, 어느 순간부터 실험 참가자는 공을 받지 못한다. 실험 참가자를 제외한 나머지 둘은 계속 공을 주고받기 때문에, 실험 참가자는 나머지 두 사람이 아무런 설명 없이 자신을 따돌린다고 느끼게 된다. 연구팀은 실험 참가자가 따돌림을 당할 때 그의 뇌에서 전두엽의 전대상피질 부위가 활성화된다는 것을 확인했다. 이는 인간이 물리적 폭력을 당할 때 활성화되는 뇌의 부위이다. 연구팀은 이로부터 _____는 결론을 내릴 수 있었다.

따돌림·물리적 폭력 → 활성화 부위 동일

(1) 빈칸에 들어갈 결론으로는 〈보기〉 중 ㉠이 적절하다. 　　　○ⓧ

보기

㉠ 물리적 폭력은 피해자의 개인적 경험을 사회적 문제로 전환한다.
㉡ 따돌림은 피해자에게 물리적 폭력보다 더 심각한 부정적 영향을 미친다.
㉢ 따돌림을 당할 때와 물리적 폭력을 당할 때의 심리적 상태는 서로 다르지 않다.

▶ 빈칸 앞의 "연구팀은 실험 참가자가 따돌림을 당할 때 그의 뇌에서 전두엽의 전대상피질 부위가 활성화된다는 것을 확인했다. 이는 인간이 물리적 폭력을 당할 때 활성화되는 뇌의 부위이다."라는 내용을 고려할 때, 빈칸에는 따돌림을 당할 때와 물리적 폭력을 당할 때의 심리적 상태가 유사하다는 내용, 즉 ㉢이 들어가는 것이 적절하다.

※ 원문의 선지는 네 개로, 오답 선지로 '물리적 폭력은 뇌 전두엽의 전대상피질 부위를 활성화한다'도 존재했다.

Day 19 기출 + 실전 문제로 **독해 비법 익히기**

1회독
2회독
3회독

기출 문제

기출 문제 | 1 독해 비법 익히기

풀이 시간 _____ 분

두 개 이상의 형태소로 이루어진 단어를 복합어라 한다. 복합어를 처음 두 개로 쪼 갰을 때의 구성 요소를 직접구성요소라고 한다. 이 직접구성요소를 분석한 결과, 둘 중 어느 하나가 접사이면 파생어이고, 둘 다 어근이면 합성어이다. 즉 합성어는 '어근 +어근'의 구성인데, 이는 합성어를 구성하는 두 구성 요소 중 어느 것도 접사가 아니 라는 말이다.

그런데 '쓴웃음'과 같은 단어에는 접사 '-음'이 있으니까 ⎡ (가) ⎦ 가 아니냐고 반 문할 수 있다. 그러나 이는 복합어 구분의 기준을 온전히 이해하지 못했기 때문에 나 올 수 있는 질문이다. 전술한 바와 같이 복합어가 파생어인지 합성어인지를 결정하는 기준은 처음 두 개로 쪼갰을 때 두 구성 요소의 성격이며, 2차, 3차로 쪼갠 결과는 복 합어 구분에 관여하지 않는다. 즉 '쓴웃음'의 두 구성 요소 중의 하나인 '웃음'은 파생 어이지만 이 '웃음'이 또 다른 단어 형성에 참여할 때는 ⎡ (나) ⎦ (으)로 참여하는 것 이다.

01 다음 진술이 바르면 ○, 바르지 않으면 ×에 표시하라.

(1) 복합어에는 합성어와 파생어가 있다. ○ | ×
(2) '쓴웃음'을 두 개로 쪼개면 '쓴웃-+-음'이다. ○ | ×
(3) 복합어가 되려면 최소 두 개 이상의 형태소가 있어야 한다. ○ | ×

[정답]
01 (1) ○
　(2) ×
　(3) ○

02 제시된 글의 내용을 표로 정리한 것이다. 빈칸에 알맞은 말을 넣으시오.

★ 복합어가 파생어인지 합성어인지를 결정하는 기준

1문단	• 복합어와 직접구성요소		
	복합어		직접구성요소
	두 개 이상의 (　　　)로 이루어진 단어		복합어를 처음 두 개로 쪼갰을 때의 구성 요소
	• 합성어와 파생어		
	합성어	(　　　)를 분석한 결과, 둘 다 어근인 것 '어근 + 어근'의 구성	
	파생어	직접구성요소를 분석한 결과, 둘 중 어느 하나가 (　　　)인 것	

2문단	• 합성어와 파생어를 결정하는 기준과 예시		
	기준	처음 두 개로 쪼갰을 때 두 구성 요소의 성격	
	예 쓴웃음	(　　　) 웃음(웃- + -음)	(　　　) 쓴 + 웃음

03 제시된 글의 (가)와 (나)에 들어갈 말을 적절하게 나열한 것은?

2025 국가직 9급

	(가)	(나)
①	합성어	접사
②	합성어	어근
③	파생어	접사
④	파생어	어근

03

(가)	1문단에서 "둘 중 어느 하나가 접사이면 파생어이고"라고 하였다. 이를 볼 때, "접사 '-음'이 있으니까"를 고려할 때, (가)에는 '파생어'가 들어가는 것이 적절하다.
(나)	2문단에서 "그러나 이는 복합어 구분의 기준을 온전히 이해하지 못했기 때문에 나올 수 있는 질문이다."라고 하였다. 이 문장에서 '이'는 '쓴웃음'을 보고 파생어라는 반문에 대한 것이므로, 결국 '쓴웃음'은 파생어가 아니라 합성어라는 의미이다. 1문단에서 "합성어는 '어근+어근'의 구성"이라고 하였기 때문에, (나)에는 '어근'이 들어가는 것이 적절하다.

[정답]

02 형태소, 직접구성요소, 접사, 파생어, 합성어

03 ④

기출 문제 | 2 독해 비법 익히기

풀이 시간 _____ 분

ⓐ「정철, 윤선도, 황진이, 이황, 이조년 그리고 무명씨. 우리말로 시조나 가사를 썼던 이들이다.」ⓑ「황진이는 말할 것도 없고 무명씨도」 대부분 양반이 아니었겠지만 ⓒ「정철, 윤선도, 이황은 양반 중에 양반이었다.」 ☐(가)☐ ⓓ「그들이 우리말로 작품을 썼던 걸 보면 양반들도 한글 쓰는 것을 즐겨 했다는 것을 부정할 수는 없다.」 ☐(나)☐ ⓔ「허균이나 김만중은 한글로 소설까지 쓰지 않았던가.」 ☐(다)☐ ⓕ「이들이 특별한 취향을 가진 소수의 양반이었다면 이야기는 달라진다.」 우리말로 된 문학 작품을 만들겠다는 생각을 가진 특별한 양반들을 제외하고 대다수 양반들은 한문을 썼기 때문에 한글을 모를 수도 있었기 때문이다. 실학자 박지원이 당시 양반 사회를 풍자한 작품 '호질'은 한문으로 쓰여 있다. ☐(라)☐ ⓖ「한 가지 분명한 것은 양반 대부분이 한글을 이해하지 못하는 상황이었다면 정철도 이황도 윤선도도 한글로 작품을 쓰지는 않았을 것이란 사실이다.」

ⓐ 'A, B, C, D, E 그리고 F, G한 이들이다.'는 'A~F는 모두 G한 사람들이다.'라는 의미이다. 즉 'A~F'는 모두 'G'라는 특성을 가진 사람들이라는 의미이다.

ⓑ 'A는 말할 것도 없고 B도'는 'A와 B 모두'라는 의미이다.

ⓒ 'A 중의 A이다.'는 'A의 특성이 완전 두드러진 A이다.'라는 의미이다. 즉 '완전 A이다.'라는 의미이다.

ⓓ 'A를 보면 B를 부정할 수 없다.'는 'A를 볼 때 B는 확실하다.'라는 의미이다.

ⓔ 'A, 게다가 B.'는 'A에 덧붙여 B.'라는 의미이다. 결국 'B'는 'A'를 잘 설명하기 위해 덧붙인 내용이다.

ⓕ 'A, 그렇지만 B라면 이야기가 달라진다.'는 'A가 맞기는 하지만, B라고 가정한다면 사실이 달라질 수 있다.'라는 의미이다.

ⓖ '한 가지 분명한 것은 A이다.'는 'A라는 것은 분명하다.'라는 의미이다.

---

01 다음 진술이 바르면 ○, 바르지 않으면 ×에 표시하라.

(1) 시조나 가사의 창작 계층은 다양했다.   [○ | ×]

(2) 대다수의 양반들은 한문보다 한글을 사용하여 작품을 썼다.   [○ | ×]

(3) 양반 풍자를 목적으로 하는 작품은 '한글'로 창작하였다.   [○ | ×]

[정답]
01 (1) ○
   (2) ×
   (3) ×

02 제시된 글의 내용을 표로 정리한 것이다. 빈칸에 알맞은 말을 넣으시오.

★ [   ]

전제	• '정철, 윤선도, 황진이, 이황, 이조년 그리고 무명씨'의 공통점 → 우리말로 ( )나 가사를 썼다. • 우리말로 시조나 가사를 쓴 사람들의 신분

	양반 ×	양반 ○
	대부분(황진이, 무명씨 포함)	정철, ( ), 이황

결론+전환	• 양반들도 한글 쓰는 것을 즐겨 했다는 것을 부정할 수는 없다.
보충	• ( )로 소설까지 쓴 양반 ① 허균 ② 김만중
예상되는 반론	반론: 한글을 쓰는 양반들은 소수가 아니었을까? ( ): 대다수 양반들은 한문을 썼기 때문에 한글을 모를 수도 있기 때문에 보충: 박지원은 '호질'을 ( )으로 적었다.
반론의 ( )	• 양반들이 한글을 이해하지 못했다면, 한글로 작품을 쓰지 않았을 것이다. = 양반들은 ( )을 잘 알았을 것이다.

03 (가)~(라)에 들어갈 말로 가장 적절한 것은?

2021 지방직 9급

	(가)	(나)	(다)	(라)
①	그런데	게다가	그렇지만	그러나
②	그런데	그리고	그래서	또는
③	그리고	그러나	하지만	즉
④	그래서	더구나	따라서	하지만

03

(가) 정철, 윤선도, 이황은 양반 중에 양반이었는데, 그들을 보면 양반들도 한글 쓰는 것을 즐겨 했다는 것을 부정할 수는 없다는 흐름이다. 따라서 인과의 접속 부사인 '그래서'나 연결하면서 전환을 하는 접속 부사인 '그런데'가 들어가는 것이 적절하다.

(나) 양반들도 한글 쓰는 것을 즐겨 했다는 것을 부정할 수는 없다는 앞의 내용에, '허균'과 '김만중'이 한글로 소설까지 썼다는 내용을 뒤에 덧붙이고 있다. 따라서 '게다가', '더구나'가 들어가는 것이 적절하다.

(다) '양반들도 한글 쓰는 것을 즐겨 했다는 것을 부정할 수는 없다.'는 것에 대해 예상되는 반론으로, 양반들이 한글을 즐겨 쓰기도 했지만 이들은 소수에 불과했다는 내용이 이어지고 있다. 따라서 앞의 내용과 상반되는 내용, 즉 역접의 접속 부사 '그렇지만', '하지만'이 들어가는 것이 적절하다.

(라) "~ 특별한 양반들을 제외하고 대다수 양반들은 한문을 썼기 때문에 한글을 모를 수도 있었기 때문이다."와 "한 가지 분명한 것은 양반 대부분이 한글을 이해하지 못하는 상황이었다면 정철도 이황도 윤선도도 한글로 작품을 쓰지는 않았을 것이란 사실이다."는 서로 역접의 의미 관계이다. 따라서 역접의 접속 부사 '그러나', '하지만'이 들어가는 것이 적절하다.

따라서 (가)~(라)에 들어갈 말로만 짝 지어진 것은 ①이다.

※ 물론 (가)와 (나)에 들어갈 접속 부사만 보고도 답은 ①로 고를 수 있다.

[정답]
02 양반과 한글, 시조, 윤선도, 한글, 이유, 한문, 재반론, 한글
03 ①

기출 문제 | 3 독해 비법 익히기

풀이 시간 _____ 분

독자는 글을 읽을 때 생소하거나 이해하기 어려운 단어에 ㉠ 주시하는데, 이때 특정 단어에 눈동자를 멈추는 '고정'이 나타나며, 고정과 고정 사이에는 '이동', 단어를 건너뛸 때는 '도약'이 나타난다. 고정이 관찰될 때는 의미를 이해하려는 시도가 이루어지지만, 이동이나 도약이 관찰될 때는 이루어지지 않는다. 이를 바탕으로, K 연구진은 동일한 텍스트를 활용하여 읽기 능력 하위 집단(A)과 읽기 능력 평균 집단(B)의 읽기 특성을 탐색하는 연구를 진행하였다. 독서 횟수는 1회로 제한하되 독서 시간은 제한하지 않았다.

그 결과, 눈동자의 평균 고정 빈도에서 A집단은 B집단에 비해 약 2배 많은 수치를 보였다. 그런데 총 고정 시간을 총 고정 빈도로 나눈 평균 고정 시간은 B집단이 A집단에 비해 더 높게 나타났다. 읽기 후 독해 검사에서 B집단은 A집단보다 평균 점수가 높았고, 독서 과정에서 눈동자가 이전으로 돌아가거나 이전으로 건너뛰는 현상은 모두 관찰되지 않았다. 연구진은 이를 종합하여 읽기 능력이 부족한 독자는 읽기 능력이 평균인 독자에 비해 난해하다고 느끼는 단어들이 [ ]는 결론을 내렸다.

01 다음 진술이 바르면 ○, 바르지 않으면 ×에 표시하라.

(1) 독서 중 생소한 단어를 발견하면 그 단어에 눈동자를 멈추는 활동이 관찰된다. [○ | ×]

(2) 실험 결과를 볼 때, 읽기 능력이 부족한 독자는 단어를 이해하는 데 들이는 시간이 더 많을 것이다. [○ | ×]

(3) ㉠은 주의를 집중하여 본다는 의미이다. [○ | ×]

[정답]
01 (1) ○
    (2) ×
    (3) ○

02 제시된 글의 내용을 표로 정리한 것이다. 빈칸에 알맞은 말을 넣으시오.

★ 읽기와 눈동자

1문단	• 독자의 특징: 글을 읽을 때 생소하거나 이해하기 어려운 단어에 (　　)한다. • 고정, 이동, 도약 | ( )	이동	도약
---	---	---
특정 단어에 멈춤.	고정과 고정 사이	단어를 건너뛸 때
의미를 이해하려는 시도가 이루어짐.	(　　)를 이해하려는 시도가 이루어지지 않음.		 • 연구 내용 – 읽기 능력 하위 집단(A)과 읽기 능력 평균 집단(B) – 독서 횟수는 1회로 제한하되 독서 시간은 제한하지 않았다.
2문단	• 연구 결과 	눈동자의 평균 고정 빈도	A집단 > B집단 (약 2배)
총 고정 시간을 총 고정 빈도로 나눈 평균 고정 시간	(　)집단 > (　)집단
읽기 후 독해 검사 평균 점수	B집단 > A집단
이전 돌아가거나 건너뛰는 현상	모두 관찰되지 않음. | • 연구 결과를 토대로 내린 결론 – '읽기 능력이 부족한 독자(A)'는 '읽기 능력이 평균인 독자(B)'에 비해 난해하다고 느끼는 단어들이 [　　]는 결론을 내렸다.

03 제시된 글의 빈칸에 들어갈 내용으로 가장 적절한 것은?

2024 국가직 9급

① 더 많지만 난해하다고 느끼는 각각의 단어를 이해하는 과정에 들이는 평균 시간은 더 적다
② 더 많고 난해하다고 느끼는 각각의 단어를 이해하는 과정에 들이는 평균 시간도 더 많다
③ 더 적지만 난해하다고 느끼는 각각의 단어를 이해하는 과정에 들이는 평균 시간은 더 많다
④ 더 적고 난해하다고 느끼는 각각의 단어를 이해하는 과정에 들이는 평균 시간도 더 적다

03

A 집단은 '읽기 능력 하위 집단'이고, B 집단은 '읽기 능력 평균 집단'이다.

난해한 단어의 수	1문단의 내용을 볼 때, 눈동자를 고정하는 것은 '의미를 이해하려는 시도'라고 하였다. 2문단에서 눈동자 고정 빈도가 A 집단이 2배라고 하였기 때문에, 읽기 능력이 부족한 독자는 난해하다고 느끼는 단어들이 '더 많음'을 추론할 수 있다.
단어 이해 평균 시간	2문단에서 '총 고정 시간을 총 고정 빈도로 나눈 평균 고정 시간'은 B 집단이 더 높게 나타났다고 하였다. 이를 볼 때, 읽기 능력이 부족한 독자는 단어를 이해하는 데 들이는 시간이 '더 적음'을 추론할 수 있다.

[정답]

02 주시, 고정, 의미, B, A
03 ①

기출 문제 | 4 독해 비법 익히기

풀이 시간 _____ 분

특정한 작업을 수행하기 위해 신체 근육의 특정 움직임을 조작하는 능력을 운동 능력이라고 한다. 언어에 관한 운동 능력은 '발음 능력'과 '필기 능력' 두 가지인데 모두 표현을 위한 능력이다.

말로 표현하기 위해서는 발음 능력이 필요한데, 이는 음성 기관을 움직여 원하는 음성을 만들어 내는 능력이다. 이 능력은 영·유아기에 수많은 시행착오와 꾸준한 훈련을 통해 습득된다. 이렇게 발음 능력을 습득하면 음성 기관의 움직임은 자동화되어 음성 기관의 어느 부분을 언제 어떻게 움직일지를 화자가 거의 의식하지 않는다. 우리가 모어에 없는 외국어 음성을 발음하기 어려운 이유는 (가) 있기 때문이다.

글로 표현하기 위해서는 필기 능력이 필요하다. 필기에서는 글자의 모양을 서로 구별되게 쓰는 것은 기본이고 그 수준을 넘어서서 쉽게 알아볼 수 있는 모양으로 잘 쓰는 것도 필요하다. 글씨를 쓰기 위해 손을 놀리는 것은 발음을 하기 위해 음성기관을 움직이는 것에 비해 상당히 의식적이라 할 수 있다. 그렇지만 개인의 의지와 관계없이 필체가 꽤 일정하다는 사실은 손을 놀리는 데에 (나) 의미한다.

01 다음 진술이 바르면 ○, 바르지 않으면 ×에 표시하라.

(1) 언어에 관한 운동 능력은 표현을 위한 것이다.   ○ | ×
(2) 발음 능력과 필기 능력 모두 자동적인 면이 있다.   ○ | ×
(3) 특정 개념의 하위 개념들을 설명하고 있다.   ○ | ×

[정답]
01 (1) ○
   (2) ×
   (3) ○

02 제시된 글의 내용을 표로 정리한 것이다. 빈칸에 알맞은 말을 넣으시오.

★ 언어에 관한 운동 능력

( ) 능력	개념	특정한 작업을 수행하기 위해 신체 근육의 특정 움직임을 조작하는 능력
	종류	• 언어에 관한 운동 능력: 발음 능력, 필기 능력 　– (　　): 표현을 위한 능력
언어에 관한 운동 능력	( ) 능력	• 음성 기관을 움직여 원하는 음성을 만들어 내는 능력이다. • 수많은 시행착오와 꾸준한 훈련을 통해 습득된다. • 발음 능력을 습득하면 음성 기관의 움직임은 자동화된다. '따라서' (　　)에 없는 외국어를 발음하기 어려운 이유는 (가) 때문이다.
	필기 능력	• 글자의 모양을 구별되게 쓰기+쉽게 알아 볼 수 있게 쓰기 • 음성기관을 움직이는 것에 비해 상당히 의식적이다. '그렇지만' (　　)가 꽤 일정하다는 것은 (나) 를 의미한다.

03 (가)와 (나)에 들어갈 말로 가장 적절한 것은?

2023 국가직 9급

① (가): 음성 기관의 움직임이 모어의 음성에 맞게 자동화되어
　(나): 무의식적이고 자동적인 면이 있음을

② (가): 낯선 음성은 무의식적으로 발음하도록 훈련되어
　(나): 유아기에 수행한 훈련이 효과적이지 않음을

③ (가): 음성 기관의 움직임이 모어의 음성에 맞게 자동화되어
　(나): 유아기에 수행한 훈련이 효과적이지 않음을

④ (가): 낯선 음성은 무의식적으로 발음하도록 훈련되어
　(나): 무의식적이고 자동적인 면이 있음을

03

(가)	2문단의 내용을 볼 때, '발음 능력'은 모어를 학습하는 과정에서 습득되는 것이다. (가) 바로 앞 문장 "발음 능력을 습득하면 음성 기관의 움직임은 자동화되어"라고 한 것을 볼 때, (가)에는 '음성 기관의 움직임이 모어의 음성에 맞게 자동화되어'가 들어가는 것이 적절하다.
(나)	"글씨를 쓰기 위해 손을 놀리는 것은 ~ 상당히 의식적"이라는 내용 뒤에 역접의 '그렇지만'이 쓰인 것을 볼 때, '의식적'과 반대되는 '무의식적, 자동적'에 해당하는 내용이 오는 것이 자연스럽다. 따라서 (나)에는 '무의식적이고 자동적인 면이 있음을'이 들어가는 것이 적절하다.

[정답]

02 운동, 공통점, 발음, 모어, 필체

03 ①

기출 문제 | 5 독해 비법 익히기

풀이 시간 _____ 분

말을 하고 글을 쓰는 표현 행위는 사고 활동과 분리해서 생각할 수 없다. 창의적이고 생산적인 활동에는 당연히 사고 작용이 따르기 때문이다. 역으로, 말을 하고 난 뒤에나 글을 쓰고 난 뒤에 그 과정을 되돌아보면서 새로운 생각을 하거나 발전된 생각을 얻기도 한다. 또한 청자나 독자의 반응을 통해 자신의 생각을 바꾸거나 확신을 가지기도 한다. 이처럼 사고와 표현 활동은 지속적으로 상호 작용을 하게 된다.
(   )는 점을 적극적으로 고려할 필요가 있다. 머릿속에서 이루어진 사고 활동의 내용을 구체적으로 말이나 글로 표현해 보면 부족하거나 개선할 점들을 찾을 수 있게 되고 이후에 좀 더 조직적으로 사고하는 습관도 생긴다. 한편 표현 활동을 하다 보면 어휘 선택, 내용 조직 등의 과정에서 어려움을 느끼게 된다. 이러한 어려움을 해결하기 위해 그에 대해 논리적이고 체계적으로 생각해 보게 되고 이를 통해 표현 능력이 향상된다. 이렇게 사고력과 표현력은 상호 협력의 밀접한 연관을 맺고 있다.
흔히 좋은 글을 쓰기 위한 조건으로 '다독(多讀), 다작(多作), 다상량(多商量)'을 들기도 하는데, 많이 읽고, 많이 써 보고, 많이 생각하다 보면 좋은 글을 쓸 수 있다는 뜻이다. 여기에서 '다상량'은 충분한 사고 활동을 의미한다. 이는 물론 말하기에도 적용되는 것으로 표현 활동과 사고 활동의 관련성을 잘 말해 주고 있다.

01 다음 진술이 바르면 ○, 바르지 않으면 ×에 표시하라.

(1) 말하기와 글쓰기는 모두 표현 행위이다. [○ | ×]
(2) 논리적, 체계적 사고는 표현 능력 향상에 도움이 된다. [○ | ×]
(3) 좋은 글은 많이 읽고, 많이 쓰고, 많이 생각한 사람이 쓴 글이다. [○ | ×]

[정답]
01 (1) ○
　　(2) ○
　　(3) ×

02 제시된 글의 내용을 표로 정리한 것이다. 빈칸에 알맞은 말을 넣으시오.

★ 표현과 사고의 관련성

1문단	• 글쓴이의 생각	
	( )	표현 행위는 사고 활동과 분리해서 생각할 수 없다.
	근거	① 창의적이고 생산적인 활동에는 사고 작용이 뒤따른다. ② 사고가 표현에 영향을 주기도 한다. → 사고와 표현 활동은 지속적으로 ( )을/를 한다.
2문단	• 사고력과 ( )은 밀접한 연관을 맺고 있다.	
	사고 → 표현	사고한 내용을 표현해 보면, ① 부족하거나 개선할 점들을 찾을 수 있게 되고, ② 이후에 좀 더 ( )(으)로 사고하는 습관도 생긴다.
	표현 → 사고	표현 활동 과정의 어려움을 해결하기 위해 사고하다 보면, ( ) 능력이 향상된다.
3문단	• 좋은 글을 쓰기 위한 조건: ① 다독(多讀), ② 다작(多作), ③ 다상량(多商量) • '( )'의 의미: 충분한 사고 활동 → 표현 활동과 사고 활동의 관련성을 잘 말해 주는 표현이다.	

03 빈칸에 들어갈 표현으로 가장 적절한 것은?

2019 경찰 1차

① 충분한 사고 활동 후에 이루어지는 표현 활동은 세련되게 된다.
② 사고한 내용을 구체적으로 표현해 보면 사고력을 향상시킬 수 있다.
③ 사고와 표현 활동은 상호 작용을 하면서 각각의 능력을 상승시킨다.
④ 말하기보다 글쓰기가 상대적으로 사고 활동과 깊은 관련을 맺고 있다.

03
1문단에서 "사고와 표현 활동은 지속적으로 상호 작용을 하게 된다."라고 하였고, 2문단에서는 '사고력'과 '표현력'이 상호 협력의 밀접한 연관을 맺고 있음을 말하고 있다. 따라서 빈칸에는 '사고와 표현 활동은 상호 작용을 하면서 각각의 능력을 상승시킨다.'가 들어가는 것이 가장 적절하다.

[정답]
02 주장, 상호 작용, 표현력, 조직적, 표현, 다상량
03 ③

실전 문제

실전 문제 | 1 독해 비법 익히기

풀이 시간 _____ 분

　사람들은 자신이 거짓말을 하고 있다는 신호를 다양한 방식으로 드러낸다. 실험 결과 거짓말을 할 때는 단순한 손짓의 횟수가 감소하였고, 얼굴에 손을 대는 자기 접촉의 횟수가 증가하였다. 특히 자신의 코를 만진다든지 입을 가리는 행위가 자주 발견되었다. (가) 거짓말을 하는 동안에 몸을 움직이는 횟수 또한 늘어났다. (나) 거짓말을 할 때의 표정은 진실한 말을 할 때의 표정과 거의 구별할 수 없었다.

　이러한 실험을 통해 알 수 있는 사실은 어느 누구도 온몸을 사용하여 거짓말을 하기는 어렵다는 것이다. (다) 신경질이 나거나 긴장할 때, 놀랄 때라도 다른 사람 앞에서 행복한 얼굴을 할 수가 있다. 그리고 주먹을 쥔 채로 웃고 있는 사람이 있다면 자신의 감정을 숨기고 싶어 하거나, 감정을 조절하지 못하고 있다는 점을 알려주는 것이다.

　(라) 정말 중요한 일 때문에 거짓말을 해야 한다면 전화로 하는 것이 좋다. 아니면 후진으로 자동차 주차하기나 바늘에 실 꿰기 등을 하는 것이 좋다. 왜냐하면 사람들은 우리 몸의 작은 동작만으로도 거짓말을 알아차릴 수 있기 때문이다. 만약 진정한 거짓말의 달인이 되기를 원한다면 목소리나 얼굴뿐만 아니라 온몸으로 거짓 동작을 반복하는 연습을 하는 것이 필요하다.

01 다음 진술이 바르면 ○, 바르지 않으면 ×에 표시하라.

(1) 표정 변화를 통해 거짓말 여부를 쉽게 판단할 수 있다.　　○ | ×
(2) 반복 연습을 통해 거짓말의 달인이 될 수도 있다.　　○ | ×
(3) 대면 상황보다는 비대면 상황에서 하는 거짓말이 들통 날 가능성이 낮다.　　○ | ×

[정답]
01 (1) ×
　 (2) ○
　 (3) ○

02 제시된 글의 내용을 표로 정리한 것이다. 빈칸에 알맞은 말을 넣으시오.

★ 거짓말과 신체 변화

사실	사람들은 자신이 (　　　)을 하고 있다는 신호를 다양한 방식으로 드러낸다.

근거 (실험 내용)	'거짓말'을 했을 때 신체의 변화		
	변화 O		(　　　)
	① 단순한 손짓의 횟수 (　　　) ② 얼굴에 손을 대는 횟수 (　　　) 　예 코를 만지는 행위 　　 입을 가리는 행위 ③ 몸의 움직임 횟수 (　　　)		표정

실험 결과	결과	어느 누구도 (　　　)을 사용하여 거짓말을 하기는 어렵다.
	(　　　)	① 신경질이 나거나 긴장할 때, 놀랄 때라도 다른 사람 앞에서 행복한 얼굴을 할 수가 있다. ② 주먹을 쥔 채로 웃고 있는 사람이 있다면 자신의 감정을 숨기고 싶어하거나, 감정을 조절하지 못하고 있는 것이다.

결과의 적용	적용	(　　　)을 해야 한다면 ① 전화로 하거나 ② 다른 동작을 하면서 하는 게 좋다. 　└ 주차, 바늘 실 꿰기 등 ③ 온몸으로 거짓 동작을 반복하는 연습 필요
	이유	사람들은 우리 (　　　)의 작은 동작만으로도 거짓말을 알아차릴 수 있기 때문이다.

03 (가)~(라)에 들어갈 말로 가장 적절한 것은?

	(가)	(나)	(다)	(라)
①	그러나	게다가	예를 들어	그러나
②	또한	그리고	그래서	그러므로
③	그리고	하지만	가령	따라서
④	그래서	그러므로	따라서	하지만

03

(가)	거짓말을 했을 때 나타나는 행동을 '나열'하고 있다. 따라서 나열의 접속 부사인 '또한'이나 '그리고'가 들어가는 게 적절하다.
(나)	거짓말을 할 때, 손짓의 횟수가 감소하고 얼굴에 손을 대는 행위가 증가하고, 몸을 움직이는 횟수가 증가하기는 하지만, '표정'의 변화는 나타나지 않는다는 내용이다. 따라서 '역접'의 접속 부사인 '하지만'이 들어가는 게 적절하다.
(다)	'어느 누구도 온몸을 사용하여 거짓말을 하기는 어렵다'에 대한 구체적인 상황을 가정하여 보여주고 있다. 따라서 '예를 들어' 또는 '가령'이 들어가는 게 적절하다.
(라)	1문단과 2문단에서 '거짓말'을 했을 때 어떠한 행동의 변화가 나타난다는 것을 알 수 있다. '따라서' 거짓말을 해야하는 상황이라면 '목소리'만 들을 수 있는 '전화'로 하거나, 다른 행동을 하면서 하라고 말하고 있다. 따라서 '인과'의 접속 부사인 '그러므로', '따라서'가 들어가는 게 적절하다.

따라서 (가)~(라)에 들어갈 말로만 짝지어진 것은 ③이다.

※ 물론 (가)와 (나)에 들어갈 접속 부사만 보고도 답은 ③으로 고를 수 있다.

[정답]
02 거짓말, 변화 ×, 감소, 증가, 증가, 온몸, 예시(사례), 거짓말, 몸
03 ③

실전 문제 | 2 독해 비법 익히기

국가는 자국의 힘이 외부의 군사적 위협을 견제하기에 충분치 않다고 판단할 때나, 역사와 전통 등의 가치가 위협받는다고 느낄 때 다른 나라와 동맹을 맺는다. 동맹결성의 핵심적인 이유는 동맹을 통해서 확보되는 이익이며 이는 동맹 관계 유지의 근간이 된다.

동맹의 종류는 그 형태에 따라 방위조약, 중립조약, 협상으로 나눌 수 있다. 먼저 방위조약은 조약에 서명한 국가들 중 어느 한 국가가 침략을 당했을 경우, 다른 모든 서명국들이 공동방어를 위해서 참전하기를 약속하는 것이다. 다음으로 중립조약은 서명국들 중 한 국가가 제3국으로부터 침략을 받더라도, 서명국들 간에 전쟁을 선포하지 않고 중립을 지킬 것을 약속하는 것이다. 마지막으로 협상은 서명국들 중 한 국가가 제3국으로부터 침략을 당했을 경우, 서명국들 간에 공조체제를 유지할 것인지에 대해 차후에 협의할 것을 약속하는 것이다. 정리하면 세 가지 유형 중 방위조약의 경우는 동맹국의 전쟁에 개입해야 한다는 강제성이 있기에 동맹국 간의 정치·외교적 관계의 정도가 매우 가깝다. 또한 조약의 강제성으로 인해 전쟁 발발 시 동맹관계 속에서 국가가 펼칠 수 있는 정치·외교적 자율성은 매우 낮다. 즉 방위조약이 동맹국 간의 자율성이 가장 낮고, 다음으로 중립조약, 협상 순으로 자율성이 높아진다. 한 연구에 따르면, 1816년부터 1965년까지 약 150년 간 맺어진 148개의 군사동맹 중에서 73개는 방위조약, 39개는 중립조약, 36개는 협상의 형태인데, 평균 수명은 방위조약이 115개월, 중립조약이 94개월, 협상은 68개월 정도였다.

따라서 (㉠   )

01 다음 진술이 바르면 ○, 바르지 않으면 ×에 표시하라.

(1) 동맹 중 동맹국 간 자율성이 가장 낮은 것은 '협상'이다. [○ | ×]
(2) A 국가가 침략을 당했을 때, 서명한 B, C, D 국가가 참전했다면 이는 방위조약을 맺은 것이다. [○ | ×]
(3) 자국의 이익을 확보하기 위해 다른 나라와 동맹을 맺는다. [○ | ×]

[정답]
01 (1) ×
   (2) ○
   (3) ○

02 제시된 글의 내용을 표로 정리한 것이다. 빈칸에 알맞은 말을 넣으시오.

★ 동맹의 종류와 특징

국가 동맹의 이유	• ( )을 맺는 이유 ① 국가는 자국의 힘이 외부의 군사적 위협을 견제하기에 충분치 않다고 판단할 때 ② 역사와 전통 등의 가치가 위협받는다고 느낄 때 → 핵심적인 이유: 동맹을 통해서 확보되는 이익 　　　　　　　　　↳ 동맹 관계 유지의 근간		
동맹의 종류	• 동맹의 종류 　↳ 기준: 형태		
	방위조약	조약에 서명한 국가들 중 어느 한 국가가 침략을 당했을 경우, 다른 모든 서명국들이 공동방어를 위해서 참전하기를 약속하는 것 → ( )이 있다.	
	중립조약	서명국들 중 한 국가가 제3국으로부터 침략을 받더라도, 서명국들 간에 전쟁을 선포하지 않고 중립을 지킬 것을 약속하는 것	
	( )	서명국들 중 한 국가가 제3국으로부터 침략을 당했을 경우, 서명국들 간에 공조체제를 유지할 것인지에 대해 차후에 협의할 것을 약속하는 것	
방위조약의 특징	• 특징: '( )'은 강제성'이 있다.		
	강제성의 영향	① 동맹국 간의 정치·외교적 관계의 정도가 매우 ( ). ② 정치·외교적 자율성은 매우 ( ).	
	→ '동맹관계'와 '자율성' 정리		
	( )	'방위조약 > 중립조약 > 협상' 순으로 가깝다.	
	자율성	'방위조약 < 중립조약 < 협상' 순으로 자율성이 있다.	
연구	• 연구 자료: 약 150년 간 맺어진 148개의 군사동맹		

	방위조약	중립조약	협상
개수	( )개	39개	36개
평균 수명	115개월	94개월	68개월

• 연구를 통해 내린 결론
　(㉠)을 알 수 있다.

03 ㉠에 들어갈 내용으로 적절한 것은?

① 동맹관계가 멀고 자율성이 높을수록 그 수명이 연장되었음
② 동맹관계가 멀고 자율성이 낮을수록 그 수명이 단축되었음
③ 동맹관계가 가깝고 자율성이 낮을수록 그 수명이 단축되었음
④ 동맹관계가 가깝고 자율성이 낮을수록 그 수명이 연장되었음

03
2문단에서 동맹국 간의 자율성은 방위조약의 경우 가장 낮고 중립조약, 협상 순으로 높음을 확인할 수 있고, 이러한 강제성으로 인해 방위조약의 동맹국 간의 정치·외교적 관계가 가까움을 알 수 있다. 그리고 제시된 연구에서 방위조약의 수명이 가장 길고 중립조약, 협상 순으로 짧다. 이를 바탕으로 추론하면 동맹은 양국의 동맹 관계가 가깝고 자율성이 낮을수록 수명이 긴 것을 알 수 있다.

[정답]
02 동맹, 강제성, 협상, 방위조약, 가깝다, 낮다, 동맹관계, 73
03 ④

실전 문제 | 3 독해 비법 익히기

풀이 시간 _____ 분

프랑스의 법률가 몽테스키외는 동양의 유교 사회를 '법이 아닌 도덕에 의해 다스려지는 사회'라고 말했다. 동양의 유교 사회를 근대적인 법이 부재하고 백성들에게 도덕만을 강조하는, 합리성이 결여된 사회로 판단한 것이다. 그렇다면 유교를 통치 이념으로 삼았던 조선도 '법이 아닌 도덕'에 의해 다스려진 사회였을까? 이 질문에 대한 답은 조선 시대의 법전인 『경국대전』에서 찾을 수 있다.

서양인들이 동양의 유교 사회에 근대적인 법이 부재한다고 판단한 근거 중 첫 번째는 법적 안정성이 떨어진다는 것이다. 『경국대전』이 편찬되기 전까지 조선은 왕이 바뀔 때마다 기존의 법전에 왕의 명령을 덧붙이는 방식으로 법전을 새로 편찬했다. 이로 인해 법 조항 사이에 통일성이 없어졌고 결국 안정적인 법 집행이 어려운 지경에까지 이르렀다. 이에 세조는 기존 법전과 왕들의 명령을 통일성 있게 정리해 나감과 동시에 우리 고유의 관습법을 반영하여 법 조항을 상세히 기록해 나갔다. 이 작업은 30여 년간 이어졌고 성종 때에 이르러 『경국대전』은 완성되었다. 시대가 변하더라도 크게 바꿀 필요가 없는 법을 만들겠다는 편찬 의도대로 『경국대전』은 조선이 왕의 절대적인 권한을 용인하지 않고 법에 의해 안정적으로 운영되는 데 그 역할을 다했다.

서양인들의 두 번째 판단 근거는 법에 평등의 정신이 반영되어 있지 않다는 것이다. 철저한 신분제 사회 속에서 편찬되었음에도 불구하고 『경국대전』의 전체 처벌규정 가운데 45%는 비리를 저지르거나 백성을 괴롭히는 관리들에 대한 처벌 규정이다. 이는 지배층이라 해도 유교 이념에 어긋난 행동을 하면 처벌을 받아야 한다는 인식에서 비롯된 것으로 고려 말 지배층의 부정부패로 인한 혼란을 겪으며 얻은 교훈의 결과였다. 더불어 세금을 거두는 기준을 명확하게 제시하여 합리적으로 세금을 징수하도록 하고, 출산을 앞둔 관노비에게 80일 간의 휴가를 주는 등 사회복지법적인 성격을 지닌 조항도 만들어 피지배층을 고려한 법을 만들기 위한 노력을 기울였다.

이상의 내용을 통해 우리는 조선이 (㉠)사회라는 것을 알 수 있다. 더불어 지배층의 모범을 강조하면서 현실적인 법을 통해 궁극적으로 덕치를 추구한 조선의 왕과 관리들의 노력 또한 확인할 수 있다.

01 다음 진술이 바르면 ○, 바르지 않으면 ×에 표시하라.

(1) 프랑스 법률가 몽테스키외는 동양의 유교 사회를 합리성이 결여된 사회로 생각했다. [○ | ×]

(2) 『경국대전』에는 피지배층을 보호하기 위한 조항도 있었다. [○ | ×]

(3) 『경국대전』은 지배층이 피지배층을 처벌할 목적으로 편찬하였다. [○ | ×]

[정답]
01 (1) ○
　　(2) ○
　　(3) ×

02 제시된 글의 내용을 표로 정리한 것이다. 빈칸에 알맞은 말을 넣으시오.

★ 법으로 통치된 조선

몽테스키외의 생각	• ( )의 생각		
	동양의 유교 사회	① 법이 아닌 도덕에 의해 다스려지는 사회 ② ( ) 법이 부재하는 사회 ③ 백성들에게 도덕만을 강조하는 사회 ④ 합리성이 결여된 사회	
	• 글쓴이의 생각		
	질문	( )를 통치 이념으로 삼았던 조선도 '법이 아닌 도덕'에 의해 다스려진 사회였을까?	
	대답	답은 조선 시대의 법전인 『경국대전』에서 찾을 수 있다.	
반론 1	'법이 아닌 ( )에 의해 다스려지는 사회'에 대한 근거와 반론 1		
	근거	법적 안정성이 떨어진다.	
	반론	『경국대전』은 조선이 왕의 절대적인 권한을 용인하지 않고 법에 의해 안정적으로 운영되는 데 그 역할을 다했다.	
	→ 법적 ( )이 떨어지지 않는다.		
반론 2	'법이 아닌 도덕에 의해 다스려지는 사회'에 대한 근거와 반론 2		
	근거	법에 평등의 정신이 반영되어 있지 않다.	
	반론	① ( )도 처벌하는 규정이 있다. ② 피지배층을 위한 조항도 있다.	
	→ 법에 ( )의 정신이 반영되어 있다.		
결론	"유교를 통치 이념으로 삼았던 조선도 '법이 아닌 도덕'에 의해 다스려진 사회였을까?"에 대한 대답 → 조선이 (㉠) 사회이다.		

03 ㉠에 들어갈 내용으로 가장 적절한 것은?

① 근대성을 지닌 법으로 운영된
② 근대적인 서양의 법을 받아들인
③ 법을 통해 신분제의 한계를 극복한
④ 유교 사회의 특징이 반영된 법을 편찬한

03

1문단에서 던진 "유교를 통치 이념으로 삼았던 조선도 '법이 아닌 도덕'에 의해 다스려진 사회였을까?"라는 질문에 대한 '답'을 찾아가는 식으로 글이 전개되고 있다. '반론 1'과 '반론 2'의 내용을 볼 때, ㉠에 대한 대답인 '근대성을 지닌 법으로 운영된'이 들어가는 게 가장 적절하다.

오답체크

② '근대적인 서양의 법'을 받아들였다는 내용은 제시된 글과 무관하다. 따라서 ㉠에 들어갈 말로 적절하지 않다.
③ 3문단을 통해 부분으로 확인할 수 있는 내용이기는 하지만, 전체를 포괄하는 내용은 아니기 때문에 ㉠에 들어갈 말로 적절하지 않다.
④ '유교 사회의 특징이 반영된 법'이었다면, '몽테스키외'를 비롯한 '서양인'들이 생각한 동양의 법과 동일했을 것이다. 그러나 글쓴이는 『경국대전』을 근거로 그렇지 않았다고 말하고 있다. 따라서 ㉠에 들어갈 말로 적절하지 않다.

[정답]
02 몽테스키외, 근대적인, 유교, 도덕, 안정성, 지배층, 평등
03 ①

공무원 시험 전문 해커스공무원
gosi.Hackers.com

해커스공무원 혜원국어 적중 여신의 구조적 비문학 독해

PART 7
추론 심화

Day 20 추론 심화 유형

Day 20 추론 심화 유형

 유형 분석

전제나 결론을 추론하거나, 논지의 강화와 약화를 파악하는 유형이다. 우선 전제나 결론을 추론하는 형태이다. 여러 개의 전제를 제시하고, 그 전제들로 추론할 수 있는 결론을 추론하는 유형과 전제와 결론을 제시하고, 결론을 도출하기 위해 추가해야 할 전제를 추론하는 유형이 있다. 이때 활용해야 할 것은 '대우'이다. 오직 '대우'만이 명제의 참·거짓을 함께하기 때문이다.

대표 발문

- 다음 진술이 모두 참일 때 반드시 참인 것은?
- (가)~(다)를 전제로 할 때 빈칸에 들어갈 결론으로 가장 적절한 것은?

또 다른 하나는 논지의 '강화'와 '약화'를 묻는 유형이다. 이때 발문에 직접적으로 '강화'나 '약화'가 제시될 수도 있고, 선지나 〈보기〉에 '강화'나 '약화'가 제시될 수도 있다. 어렵게 출제된다면, '강화'도 '약화'도 아닌 선지가 제시될 수 있다. 이때 글의 논지와 일치하면 '강화', 불일치하면 '약화'라고 생각해도 무방하다.

대표 발문

- 다음 글의 (가)를 강화하는 것으로 가장 적절한 것은?
- 다음 글의 논지를 강화하는 것으로 가장 적절한 것은?

 **유형 정복 이론**

1. 명제 사이의 관계

(1) '명제'와 '논증'의 개념

명제	① '참', '거짓'이 판별이 가능한 문장 ② 'p이면 q이다.'로 표현된다.	
논증	전제와 결론으로 구성된 명제의 집합	
	결론	**전제**
개념	다른 명제들로부터 뒷받침되거나, 다른 명제들로부터 추론되는 명제	결론을 뒷받침하고 지지하는 명제
지시어	왜냐하면, ~ 때문에, 그 이유는 ~	그러므로, 따라서, ~이므로

예 ㉠ 사과는 건강에 좋다.
   ㉡ 바나나는 건강에 좋다.
   ㉢ 과일은 건강에 좋다.
   → ㉠과 ㉡은 ㉢을 뒷받침한다. 즉 ㉠과 ㉡으로부터 ㉢을 추론할 수 있다. 따라서 ㉠과 ㉡은 '전제', ㉢은 '결론'이다.

(2) '명제'의 기호화

명제의 타당성을 판별하기 위해 'A ○ → B ○' 또는 'p → q'와 같이 명제를 단순화하여 정리하면, 문제를 푸는데 용이하다.

자신이 알아볼 수 있는 단어나 기호를 사용해도 되지만, 일반적으로 명제를 기호화하는 데 사용하는 다섯 가지 기호의 의미는 다음과 같다.

기호	의미	표현
→	조건	p이면 q이다. (p → q)
~	부정	p가 아니다(거짓이다). (~p)
∧	연언(그리고)	p 그리고 q (p∧q)
∨	선언(또는)	p 또는 q (p∨q)
↔	필요충분조건	p일 때, 그리고 오직 그때만 q이다. (p ↔ q)

(3) '명제' 사이의 관계

① 명제가 참이라면, 그 명제의 '대우'도 항상 참이 된다.
② 명제가 참이더라도, 그 명제의 '역', '이'의 참과 거짓은 확신할 수 없다.

역 · 이 · 대우의 관계

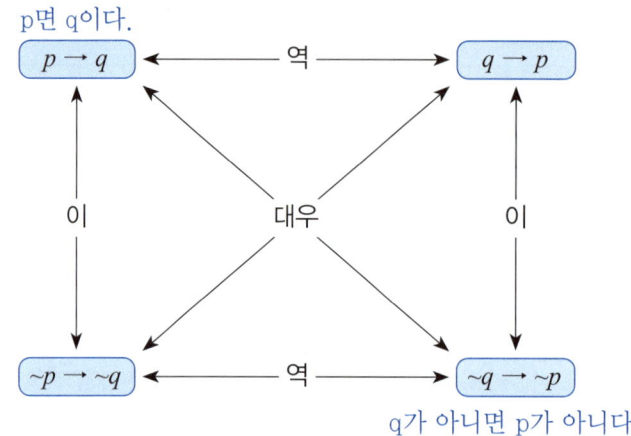

2. 필요조건과 충분조건

(1) '필요조건'과 '충분조건', '필요충분조건'의 개념

충분조건	p라는 조건(원인)하에서 q라는 결과(현상)가 반드시 발생한다면, 이때의 p를 충분조건이라 한다.
필요조건	p라는 조건(원인)하에서 q라는 결과(현상)가 발생할 필연성이 아니라 가능성만 있거나, p라는 조건(원인)이 없으면 q라는 결과(현상)가 발생할 수 없을 때, 이러한 p를 필요조건이라 한다. ※ p가 q의 충분조건일 경우, 'p → q'로 나타낼 수 있다. 즉 p는 충분조건이고, q는 필요조건이다.
필요충분조건	p와 q가 동치를 이루는 경우, 필요충분조건이라 한다. 이 경우 p는 q에 대해 필요하고도 충분한 조건이 되고, q는 p에 대해 충분하고도 필요한 조건이 된다. ※ 필요충분조건일 경우, 'p ↔ q'로 나타낼 수 있다.

$$\text{p: 충분조건, q: 필요조건}$$
$$p \rightarrow q \equiv \sim q \rightarrow \sim p$$

(2) 'p: 충분조건, q: 필요조건'을 나타내는 표현법

p일 때 q이다.	(오직) q일 때만 p이다.
p가 성립하면 q가 성립한다.	q가 성립하지 않으면 p가 성립하지 않는다.
p인 한 q이다.	q에 한하여 p이다.
p는 q이기 위해 충분한 조건이다.	q는 p이기 위해 필요한 조건이다.

※ '(오직) A일 때만 B한다.'는 'B가 아니라면 A하지 않는다.'와 같은 표현이다.

요령 '대우' 명제의 활용

유형 1. 글과 선지의 내용 일치 여부 판단

① 제시된 명제를 '기호'로 간결하게 정리하자.
② 참인 명제는 대우 명제도 반드시 참이므로, 명제의 대우를 우선적으로 구하자.
③ 하나의 명제를 기준으로 잡고 주어진 명제 및 대우 명제들을 연결하자.

유형 2. 빈칸 추론 유형

① 접속 조사를 잘 살피자. '따라서, 그러므로' 이후의 문장이 '결론'이고, 그 앞의 문장들은 '전제'이다.
② '전제'와 '결론'의 추리 방법을 기억하자.

전제 추리 방법	결론 추리 방법
전제 1이 p→q일 때, 결론이 p→r이라면 각 명제의 앞부분이 같으므로 뒷부분을 q→r로 이어 준다. 만일 형태가 이와 맞지 않는다면 대우 명제를 이용한다.	명제를 활용하여 전제 1과 전제 2가 p→q, q→r의 형태로 만들어진다면 결론은 p→r이다.

유형 1 대우 활용

다음 진술이 모두 참일 때 반드시 참인 것은 O, 그렇지 않은 것은 × 하라.

> ○ 오 주무관이 회의에 참석하면, 박 주무관도 참석한다.
> ○ 박 주무관이 회의에 참석하면, 홍 주무관도 참석한다.
> ○ 홍 주무관이 회의에 참석하지 않으면, 공 주무관도 참석하지 않는다.

(1) 박 주무관이 회의에 참석하지 않으면, 오 주무관도 참석하지 않는다.   [O | X]

(2) 홍 주무관이 회의에 참석하지 않으면, 박 주무관도 참석하지 않는다.   [O | X]

(3) 공 주무관이 회의에 참석하면, 홍 주무관도 참석한다.   [O | X]

(4) 오 주무관이 회의에 참석하면, 홍 주무관도 참석한다.   [O | X]

(5) 홍 주무관이 회의에 참석하지 않으면, 오 주무관도 참석하지 않는다.   [O | X]

(6) 공 주무관이 회의에 참석하면, 박 주무관도 참석한다.   [O | X]

(7) 오 주무관이 회의에 참석하면, 홍 주무관은 참석하지 않는다.   [O | X]

(8) 박 주무관이 회의에 참석하지 않으면, 공 주무관은 참석한다.   [O | X]

손글씨 해설

> ○ **오** 주무관이 회의에 **참석**하면, **박** 주무관도 **참석**한다. 오 → 박(~박 → ~오) ⎤
> ○ **박** 주무관이 회의에 **참석**하면, 홍 주무관도 **참석**한다. 박 → 홍(~홍 → ~박) ⎬ ⇒ ~홍 → ~박 → ~오
> ○ **홍** 주무관이 회의에 **참석하지 않으면**, **공** 주무관도 **참석하지 않는다**. ~홍 → ~공(공 → 홍)

(1) 박 주무관이 회의에 참석하지 않으면, 오 주무관도 참석하지 않는다. ⓞ ×
  ▶ 첫 번째 진술 '오 → 박'의 대우가 '~박 → ~오'이므로, 옳은 진술이다.

(2) 홍 주무관이 회의에 참석하지 않으면, 박 주무관도 참석하지 않는다. ⓞ ×
  ▶ 두 번째 진술 '박 → 홍'의 대우가 '~홍 → ~박'이므로, 옳은 진술이다.

(3) 공 주무관이 회의에 참석하면, 홍 주무관도 참석한다. ⓞ ×
  ▶ 세 번째 진술 '~홍 → ~공'의 대우가 '공 → 홍'이므로, 옳은 진술이다.

(4) 오 주무관이 회의에 참석하면, 홍 주무관도 참석한다. ⓞ ×
  ▶ 첫 번째 진술 '오 → 박'과 두 번째 진술 '박 → 홍'을 연결하면 '오 → 박 → 홍'이 되므로 옳은 진술이다.

(5) 홍 주무관이 회의에 참석하지 않으면, 오 주무관도 참석하지 않는다. ⓞ ×
  ▶ 4번 '오 → 박 → 홍'의 대우는 '~홍 → ~박 → ~오'이므로, 옳은 진술이다.

(6) 공 주무관이 회의에 참석하면, 박 주무관도 참석한다. ⓞ ⓧ
  ▶ '공 주무관'과 '박 주무관' 사이의 연관 관계를 찾을 수 없다.

(7) 오 주무관이 회의에 참석하면, 홍 주무관은 참석하지 않는다. ⓞ ⓧ
  ▶ 4번 '오 → 박 → 홍'에 따라 거짓인 진술이다.

(8) 박 주무관이 회의에 참석하지 않으면, 공 주무관은 참석한다. ⓞ ⓧ
  ▶ '박 주무관'과 '공 주무관' 사이의 연관 관계를 찾을 수 없다.

  ※ 원문의 선지는 네 개로, 5번부터 8번까지이다. 1번부터 3번은 진술의 '대우'를, 4번은 첫 번째와 두 번째 진술을 연결한 것이다.
  제시된 진술을 ㄱ~ㄷ으로 두고 기호화한다면 다음과 같다.

	명제	대우
ㄱ	오 ○ → 박 ○	~박 ○ → ~오 ○
ㄴ	박 ○ → 홍 ○	~홍 ○ → ~박 ○
ㄷ	~홍 ○ → ~공 ○	공 ○ → 홍 ○

유형 2 강화와 약화

다음의 설명이 바르면 ○, 바르지 않으면 × 하라.

9급 출제기조 전환 예시 (1차)

> 영국의 유명한 원형 석조물인 스톤헨지는 기원전 3,000년경 신석기시대에 세워졌다. 1960년대에 천문학자 호일이 스톤헨지가 일종의 연산장치라는 주장을 하였고, 이후 엔지니어인 톰은 태양과 달을 관찰하기 위한 정교한 기구라고 확신했다. 천문학자 호킨스는 스톤헨지의 모양이 태양과 달의 배열을 나타낸 것이라는 의견을 제시해 관심을 모았다.
>
> 그러나 고고학자 앳킨슨은 그들의 생각을 비난했다. 앳킨슨은 스톤헨지를 세운 사람들을 '야만인'으로 묘사하면서, 이들은 호킨스의 주장과 달리 과학적 사고를 할 줄 모른다고 주장했다. 이에 호킨스를 옹호하는 학자들이 진화적 관점에서 앳킨슨을 비판하였다. 이들은 신석기시대보다 훨씬 이전인 4만 년 전의 사람들도 신체적으로 우리와 동일했으며 지능 또한 우리보다 열등했다고 볼 근거가 없다고 주장했다.
>
> 하지만 스톤헨지의 건설자들이 포괄적인 의미에서 현대인과 같은 지능을 가졌다고 해도 과학적 사고와 기술적 지식을 가지지는 못했다. 그들에게는 우리처럼 2,500년에 걸쳐 수학과 천문학의 지식이 보존되고 세대를 거쳐 전승되어 쌓인 방대하고 정교한 문자 기록이 없었다. 선사시대의 생각과 행동이 우리와 똑같은 식으로 전개되지 않았으리라는 점은 매우 중요하다. 지적 능력을 갖췄다고 해서 누구나 우리와 같은 동기와 관심, 개념적 틀을 가졌으리라고 생각하는 것은 잘못이다.

(1) 호일, 톰, 호킨스는 스톤헨지를 세운 사람들도 과학적 사고를 했다고 생각하였다. ○ | ×

(2) 앳킨슨은 스톤헨지를 세운 사람들의 신체와 지능이 현대인들보다 열등했다고 생각하였다. ○ | ×

(3) 호킨스를 옹호하는 학자들도 스톤헨지를 세운 사람들이 과학적 사고를 할 줄 몰랐다고 생각하였다. ○ | ×

(4) 글쓴이는 '호일, 톰, 호킨스'보다는 '앳킨슨'의 주장에 동의하고 있다. ○ | ×

(5) 스톤헨지가 제사를 지내는 장소였다는 후대 기록이 발견되면 호킨스의 주장은 강화될 것이다. ○ | ×

(6) 스톤헨지 건설 당시의 사람들이 숫자를 사용하였다는 증거가 발견되면 호일의 주장은 약화될 것이다. ○ | ×

(7) 스톤헨지의 유적지에서 수학과 과학에 관련된 신석기시대 기록물이 발견되면 글쓴이의 주장은 강화될 것이다. ○ | ×

(8) 기원전 3,000년경 인류에게 천문학 지식이 있었다는 증거가 발견되면 앳킨슨의 주장은 약화될 것이다. ○ | ×

손글씨 해설

영국의 유명한 원형 석조물인 스톤헨지는 기원전 3,000년경 신석기시대에 세워졌다. 1960년대에 천문학자 호일이 스톤헨지가 일종의 연산장치라는 주장을 하였고, 이후 엔지니어인 톰은 태양과 달을 관찰하기 위한 정교한 기구라고 확신했다. 천문학자 호킨스는 스톤헨지의 모양이 태양과 달의 배열을 나타낸 것이라는 의견을 제시해 관심을 모았다. ⇒ 호일, 톰, 호킨스 : 스톤헨지人 과학적
(1) 근거

그러나 고고학자 앳킨슨은 그들의 생각을 비난했다. 앳킨슨은 스톤헨지를 세운 사람들을 '야만인'으로 묘사하면서, 이들은 호킨스의 주장과 달리 과학적 사고를 할 줄 모른다고 주장했다. 이에 호킨스를 옹호하는 학자들이 진화적 관점에서 앳킨슨을 비판하였다. 이들은 신석기시대보다 훨씬 이전인 4만 년 전의 사람들도 신체적으로 우리와 동일했으며 지능 또한 우리보다 열등했다고 볼 근거가 없다고 주장했다. ⇒ 앳킨슨 : 스톤헨지人 열등
(2) 근거 (3) 근거
= 열등하지 않다

하지만 스톤헨지의 건설자들이 포괄적인 의미에서 현대인과 같은 지능을 가졌다고 해도 과학적 사고와 기술적 지식을 가지지는 못했다. 그들에게는 우리처럼 2,500년에 걸쳐 수학과 천문학의 지식이 보존되고 세대를 거쳐 전승되어 쌓인 방대하고 정교한 문자 기록이 없었다. 선사시대의 생각과 행동이 우리와 똑같은 식으로 전개되지 않았으리라는 점은 매우 중요하다. 지적 능력을 갖췄다고 해서 누구나 우리와 같은 동기와 관심, 개념적 틀을 가졌으리라고 생각하는 것은 잘못이다. ⇒ 앳킨슨의 주장과 유사
(4) 근거

(1) 호일, 톰, 호킨스는 스톤헨지를 세운 사람들도 과학적 사고를 했다고 생각하였다. 　　　　　　　　　　　　　◯ⓧ
　▶ 1문단의 내용을 통해 '호일', '톰', '호킨스' 모두 스톤헨지를 세운 사람들도 과학적 사고를 했다고 생각하였음을 알 수 있다.

(2) 앳킨슨은 스톤헨지를 세운 사람들의 신체와 지능이 현대인들보다 열등했다고 생각하였다. 　　　　　　　　◯ⓧ
　▶ 2문단의 "앳킨슨은 스톤헨지를 세운 사람들을 '야만인'으로 묘사하면서, 이들은 호킨스의 주장과 달리 과학적 사고를 할 줄 모른다고 주장했다." 부분을 볼 때, 적절한 설명이다.

(3) 호킨스를 옹호하는 학자들도 스톤헨지를 세운 사람들이 과학적 사고를 할 줄 몰랐다고 생각하였다. 　　　○ⓧ
　▶ 2문단의 "호킨스를 옹호하는 학자들이 진화적 관점에서 앳킨슨을 비판하였다. 이들은 신석기시대보다 훨씬 이전인 4만 년 전의 사람들도 신체적으로 우리와 동일했으며 지능 또한 우리보다 열등했다고 볼 근거가 없다고 주장했다." 부분을 볼 때, 적절하지 않은 설명이다.

(4) 글쓴이는 '호일, 톰, 호킨스'보다는 '앳킨슨'의 주장에 동의하고 있다. 　　　　　　　　　　　　　　　　　◯ⓧ
　▶ 3문단의 "선사시대의 생각과 행동이 우리와 똑같은 식으로 전개되지 않았으리라는 점은 매우 중요하다. 지적 능력을 갖췄다고 해서 누구나 우리와 같은 동기와 관심, 개념적 틀을 가졌으리라고 생각하는 것은 잘못이다." 부분을 볼 때, 글쓴이가 '앳킨슨'의 주장에 동의하고 있음을 알 수 있다.

(5) 스톤헨지가 제사를 지내는 장소였다는 후대 기록이 발견되면 호킨스의 주장은 강화될 것이다. 　　　　　　○ⓧ
　▶ 호킨스는 스톤헨지의 모양이 태양과 달의 배열을 나타낸 것이라는 의견을 제시한 것을 볼 때, 그는 스톤헨지를 세운 사람들도 과학적 사고를 했다고 생각하였다. 따라서 단순히 제사를 지내는 장소였다면, 그의 주장은 '강화'되기보다는 '약화'될 것이다.

⑹ 스톤헨지 건설 당시의 사람들이 숫자를 사용하였다는 증거가 발견되면 호일의 주장은 약화될 것이다. Ⓞ ⓧ
　▶ 호일은 스톤헨지가 일종의 연산장치라는 주장을 하였다. 따라서 스톤헨지 건설 당시의 사람들이 숫자를 사용하였다는 증거가 발견되면 호일의 주장은 '강화'될 것이다.

⑺ 스톤헨지의 유적지에서 수학과 과학에 관련된 신석기시대 기록물이 발견되면 글쓴이의 주장은 강화될 것이다. Ⓞ ⓧ
　▶ 글쓴이는 "스톤헨지의 건설자들이 포괄적인 의미에서 현대인과 같은 지능을 가졌다고 해도 과학적 사고와 기술적 지식을 가지지는 못했다."라고 생각하고 있다. 따라서 스톤헨지의 유적지에서 수학과 과학에 관련된 신석기시대 기록물이 발견되면 글쓴이의 주장은 '약화'될 것이다.

⑻ 기원전 3,000년경 인류에게 천문학 지식이 있었다는 증거가 발견되면 앳킨슨의 주장은 약화될 것이다. Ⓞ ⓧ
　▶ 2문단의 "앳킨슨은 스톤헨지를 세운 사람들을 '야만인'으로 묘사하면서, 이들은 호킨스의 주장과 달리 과학적 사고를 할 줄 모른다고 주장했다." 부분을 볼 때, 앳킨슨은 기원전 3,000년경 인류는 과학적 사고를 할 줄 모른다고 생각했음을 알 수 있다. 따라서 그 당시 인류에게 천문학 지식이 있었다는 증거가 발견되면 앳킨슨의 주장은 '약화'될 것이다.

　※ 원문의 선지는 네 개로, 5번부터 8번까지이다. 1번부터 4번은 글에 등장하는 인물들의 생각을 정리한 것이다.

공무원 시험 전문 해커스공무원
gosi.Hackers.com

기출 문제

01 다음 진술이 모두 참일 때 반드시 참인 것은? 2025 지방직 9급

> ○ 영희가 친구 혹은 선생님을 만났다면, 영희는 커피를 마셨다.
> ○ 영희는 친구 혹은 선배를 만났다.
> ○ 영희는 커피를 마신 적이 없다.

① 영희는 선배를 만났다.
② 영희는 친구를 만났다.
③ 영희는 선생님을 만났다.
④ 영희는 선배와 선생님을 모두 만났다.

02 (가)~(다)를 전제로 할 때 빈칸에 들어갈 결론으로 가장 적절한 것은? 2025 국가직 9급

> (가) 인공일반지능이 만들어지거나 인공지능 산업이 쇠퇴한다.
> (나) 인공일반지능이 만들어지면, 인간의 생활이 편리해지는 동시에 많은 사람이 직장을 잃는다.
> (다) 인공지능 산업이 쇠퇴하면, 많은 사람이 직장을 잃는 동시에 세계 경제가 침체된다.
> 따라서 ☐

① 세계 경제가 침체된다.
② 인간의 생활이 편리해진다.
③ 많은 사람이 직장을 잃는다.
④ 인간의 생활이 편리해지고 세계 경제가 침체된다.

---

01 제시된 진술을 정리하면 다음과 같다.

1단계	진술 1	친구∨선생님 → 커피
	진술 2	친구∨선배
	진술 3	~커피
2단계	'진술 1'을 볼 때, 친구나 선생님을 만났다면 '커피'를 마셨을 것이다. 그런데 '진술 3'에서 '커피'를 마시지 않았다고 하였다. 따라서 '친구'나 '선생님'을 만나지 않은 것이다.
3단계	'진술 2'에서 '친구'나 '선배'를 만났다고 하였다. 그런데 2단계를 통해 '친구'나 '선생님'을 만나지 않았음을 알 수 있다. 따라서 영희는 '선배'를 만났을 것이다.

02 '인공일반지능이 만들어지다.'를 p라고 하고, '인공지능 산업이 쇠퇴한다.'를 q라고 할 때, (가)~(다)를 정리하면 다음과 같다.

1단계	(가)	p∨q
	(나)	p→인간 생활 편리∧많은 사람 실업
	(다)	q→많은 사람 실업∧세계 경제 침체
2단계	(가)에서 p 또는 q라고 하였다. p와 q 상황이 일어났을 때, 공통적으로 '많은 사람 실업'이 일어난다.
3단계	따라서 빈칸에 들어갈 결론으로는 '많은 사람이 직장을 잃는다.'가 가장 적절하다.

[정답]
01 ①
01 ③

03 다음 글의 (가)와 (나)에 들어갈 말로 적절한 것은?

2024 국가직 9급

> 채식주의자는 고기, 생선, 유제품, 달걀 섭취 여부에 따라 다섯 가지로 나뉜다. 완전 채식주의자는 이들 모두를 섭취하지 않으며, 페스코 채식주의자는 고기는 섭취하지 않지만 생선은 먹으며, 유제품과 달걀은 개인적 선호에 따라 선택적으로 섭취한다. 남은 세 가지 채식주의자는 고기와 생선 모두를 먹지 않되 유제품과 달걀 중 어떤 것을 먹느냐의 여부로 결정된다. 이들의 명칭은 라틴어의 '우유'를 의미하는 '락토(lacto)'와 '달걀'을 의미하는 '오보(ovo)'를 사용해 정해졌는데, 예를 들어, 락토오보 채식주의자는 고기와 생선은 먹지 않으나 유제품과 달걀은 먹는다. 락토 채식주의자는 (가) 먹지 않으며, 오보 채식주의자는 (나) 먹지 않는다.

① (가): 달걀은 먹지만 고기와 생선과 유제품은
   (나): 고기와 생선과 달걀은 먹지만 유제품은
② (가): 달걀은 먹지만 고기와 생선과 유제품은
   (나): 유제품은 먹지만 고기와 생선과 달걀은
③ (가): 유제품은 먹지만 고기와 생선과 달걀은
   (나): 고기와 생선과 유제품은 먹지만 달걀은
④ (가): 유제품은 먹지만 고기와 생선과 달걀은
   (나): 달걀은 먹지만 고기와 생선과 유제품은

03

1단계	남은 세 가지 채식주의자는 고기와 생선 모두를 먹지 않는 것을 전제한다고 하였다. 따라서 '고기'와 '생선'을 먹지 않는 건 포함이 되어야 한다. (~고기∧~생선)	
2단계		'락토'는 '우유'를 먹는 경우, '오보'는 '달걀'을 먹는 경우이다. 바꿔 말하면 '락토'는 '달걀'을 먹지 않고, '오보'는 '우유'를 먹지 않는다.
	(가)	'락토'는 '우유'이므로, '유제품을 먹고 나머지는 먹지 않는 경우이다. 따라서 (가)에는 '유제품은 먹지만 고기와 생선과 달걀은' 먹지 않는 경우이다. 우유∧~달걀∧(~고기∧~생선)
	(나)	'오보'는 '달걀'이므로, '달걀'을 먹고 나머지는 먹지 않는 경우이다. 따라서 (나)에는 '달걀은 먹지만 고기와 생선과 유제품은' 먹지 않는 경우이다. 달걀∧~우유∧(~고기∧~생선)

[정답]

03 ④

04

제시문을 명제 형식으로 정리하면 다음과 같다.

> ㉠ 수석대표 → ~ 정부관료
>   (≡ 정부관료 → ~수석대표)
> ㉡ 수석대표 → 고전음악 지휘자∨대중음악 제작자
> ㉢ 수석대표 → 전체 세대
>   (≡ ~전체 세대 → ~수석대표)

즉 '수석대표 → ㉡∧㉢'이어야 한다. 따라서 빈칸에는 ①이 들어가는 것이 가장 적절하다.

04 다음 글의 빈칸에 들어갈 내용으로 가장 적절한 것은?

2021 국가직 7급 언어논리

민간 문화 교류 증진을 목적으로 열리는 국제 예술 공연의 개최가 확정되었다. 이번 공연이 민간 문화 교류 증진을 목적으로 열린다면, 공연 예술단의 수석대표는 정부 관료가 맡아서는 안 된다. 만일 공연이 민간 문화 교류 증진을 목적으로 열리고 공연 예술단의 수석대표는 정부 관료가 맡아서는 안 된다면, 공연 예술단의 수석대표는 고전음악 지휘자나 대중음악 제작자가 맡아야 한다. 현재 정부 관료 가운데 고전음악 지휘자나 대중음악 제작자는 없다. 예술단에 수석대표는 반드시 있어야 하며 두 사람 이상이 공동으로 맡을 수도 있다. 전체 세대를 아우를 수 있는 사람이 아니라면 수석대표를 맡아서는 안 된다. 전체 세대를 아우를 수 있는 사람이 극히 드물기에, 위에 나열된 조건을 다 갖춘 사람은 모두 수석대표를 맡는다.

누가 공연 예술단의 수석대표를 맡을 것인가와 더불어, 참가하는 예술인이 누구인가도 많은 관심의 대상이다. 그런데 아이돌 그룹 A가 공연 예술단에 참가하는 것은 분명하다. 왜냐하면 만일 갑이나 을이 수석대표를 맡는다면 A가 공연 예술단에 참가하는데, (   ) 때문이다.

① 갑은 고전음악 지휘자이며 전체 세대를 아우를 수 있기
② 갑이나 을은 대중음악 제작자 또는 고전음악 지휘자이기
③ 갑과 을은 둘 다 정부 관료가 아니며 전체 세대를 아우를 수 있기
④ 을이 대중음악 제작자가 아니라면 전체 세대를 아우를 수 없을 것이기
⑤ 대중음악 제작자나 고전음악 지휘자라면 누구나 전체 세대를 아우를 수 있기

[정답]
04 ①

05 다음 글에서 추론한 내용으로 가장 적절한 것은?

2023 국가직 9급

> 공포의 상태와 불안의 상태를 구분하는 것은 쉽지 않다. 왜냐하면 두 감정을 함께 느끼거나 한 감정이 다른 감정을 유발할 때가 많기 때문이다. 가령, 무시무시한 전염병을 목도하고 공포에 빠진 사람은 자신도 언젠가 그 병에 걸릴지 모른다는 불안 상태에 빠지게 된다. 이처럼 두 감정은 서로 밀접하게 얽혀 있다는 점에서 혼동하기 쉽다. 하지만 두 감정을 야기한 원인을 따져 보면 두 감정을 명확하게 구분할 수 있다. 공포는 실재하는 객관적 위협에 의해 야기된 상태를 의미하고, 불안은 현재 발생하지 않았으며 미래에 일어날지 모르는 불명확한 위협에 의해 야기된 상태를 의미한다. 공포와 불안의 감정은 둘 다 자아와 관련되어 있지만 여기에서도 차이를 찾을 수 있다. 공포를 느끼는 것은 '나 자신'이 위험한 상황에 놓여 있다는 사실을 아는 것이고, 불안의 경험은 '나 자신'이 위해를 입을까 봐 걱정하는 것이다.

① 자신이 처한 위험한 상황을 정확히 인식하는 경우에는 공포감에 비해 불안감이 더 크다.
② 전기·가스 사고가 날까 두려워 외출하지 못하는 사람은 불안한 상태에 있는 것이다.
③ 시험에 불합격할 수 있다는 생각에 사로잡힌 사람은 공포감에 빠져 있는 것이다.
④ 과거에 큰 교통사고를 경험한 사람은 공포감은 크지만 불안감은 작다.

05

제시된 글의 내용을 정리하면 다음과 같다.

	공포의 상태	불안의 상태
감정을 야기하는 원인	실재하는 객관적 위협에 의해 야기된 상태	현재 발생하지 않았으며 미래에 일어날지 모르는 불명확한 위협에 의해 야기된 상태 → 현재 발생 × ∧ 불명확한 위협
자아와의 관련	'나 자신'이 위험한 상황에 놓여 있다는 사실을 아는 것	'나 자신'이 위해를 입을까 봐 걱정하는 것

전기·가스 사고가 날까 두려워 외출을 하지 못하는 것은 '현재 발생하지 않았으며 미래에 일어날지 모르는 불명확한 위협'에 해당한다. 따라서 '불안'에 해당한다.

오답체크

① 자신이 처한 위험한 상황을 정확히 인식하는 것은 '공포'에 해당한다. 따라서 공포감에 비해 불안감이 더 크다는 추론은 적절하지 않다.
③ 시험에 불합격할 수 있다는 생각은 현재 발생하지 않았으며 불명확한 위협에 해당하므로 '불안'에 해당한다. 따라서 공포감에 빠져 있는 것이라는 추론은 적절하지 않다.
④ 과거에 큰 교통사고를 경험한 사람 입장에서 '교통사고'는 현재는 발생하지 않았지만 미래에 일어날지도 모르는 일이라고 생각할 수 있다. 따라서 이 사람이 불안감이 작다는 추론은 적절하지 않다.

[정답]
05 ②

06 다음 글의 논지를 강화하는 것으로 가장 적절한 것은?

> A국은 도시 이외 지역의 초중고 교사가 부족하다. 이 상황을 심각하게 받아들인 A국 정부는 도시 이외 지역의 교사 충원율을 높이기 위해, 도시 이외 지역의 교사 연봉을 10% 인상하고 교사 양성 프로그램을 확대하는 정책을 제시했다. 하지만 이 정책은 근본적인 해결책이 되기 어렵다. 문제를 해결하기 위해서는, 단기간에 교사의 수를 늘리거나 교사의 연봉을 인상하기보다는 도시 이외의 지역에서 근무할 수 있는 충분한 교육 환경과 사회 기반 시설을 확보하는 것이 급선무이다. 현직 교사들뿐 아니라 교사를 지망하는 대학 졸업 예정자들 다수는 교육 환경과 사회 기반 시설이 열악한 도시 이외의 지역에서 일하기를 꺼리기 때문이다.

① A국은 정부의 교육 예산이 풍부해서 도시 이외 지역의 교육 환경과 도시의 교육 환경에 별 차이가 없다는 것이 밝혀졌다.
② A국에서 도시 이외의 지역에 근무하던 사회 초년생들이 연봉을 낮추어서라도 도시로 이직한 주된 이유는 교통 시설의 부족으로 밝혀졌다.
③ A국과 유사한 상황이었던 B국에서는 교사 연봉을 5% 인상한 후, 도시 이외 지역의 학생 1인당 교사 비율이 크게 증가했다.
④ A국과 유사한 상황이었던 C국에서는 교사 양성 프로그램을 확대한 이후에 도시뿐 아니라 도시 이외의 지역에서 교사의 수가 크게 증가했다.

07 다음 글의 논지를 약화하는 것으로 가장 적절한 것은?

2025 지방직 9급

> 인간이 지닌 대부분의 지적 능력을 상회하는 기능을 발휘하는 인공지능 컴퓨터 프로그램이나 이 프로그램을 사용해 작동하는 기계 장치를 '인공일반지능'이라고 부른다. 이론적으로 인공일반지능은 현재까지 개발된 모든 인공지능 프로그램의 기능을 전부 갖게 될 것이다. 인공일반지능의 등장이 인간의 본질적 가치를 훼손할 것이라고 우려하는 사람들이 있다. 그렇다면 인공일반지능의 개발은 허용되어야 하는가?
> 인공일반지능의 개발이 허용된다면 머지않아 인공일반지능은 개발된다. 이로 인해, 인공일반지능은 대부분의 직업 영역에서 인간을 대신해 업무를 수행할 것이고 많은 사람들이 직업을 잃고 소외감을 느낌으로써 인간의 본질적 가치가 훼손된다. 또한 인공일반지능이 개발된다면 인간은 더 이상 지구상에서 특별하고 우월한 존재가 아니게 된다. 이는 인간이 지닌 특별하고 우월한 존재론적 지위, 즉 인간의 본질적 가치가 훼손된다는 것이다. 인간의 본질적 가치는 어떠한 경우에도 훼손되어서는 안 되므로 인공일반지능의 개발은 허용될 수 없다.

① 인공일반지능의 수준에 미치지 못하는 특정 분야에 특화된 인공지능 프로그램만으로도 많은 사람이 일자리를 잃고 소외감을 느끼고 있다.
② 인공지능 연구로 노벨 물리학상을 받은 H는 인공지능 기술이 인간의 존재론적 지위에 위협이 될 것이라며 인공지능 개발 연구를 멈춰야 한다고 주장한다.
③ 현재 상용화되어 있는 대화형 인공지능은 마음의 상처를 입은 사람들에게 위안을 주어 사람들이 본질적 가치를 회복하는 데 도움을 주고 있음이 입증되었다.
④ 유관 학회 전문가들을 대상으로 한 설문에서, 인공일반지능의 개발이 인간의 본질적 가치를 훼손할 가능성이 높아 개발을 허용해서는 안 된다고 응답한 사람들이 그렇지 않은 사람들보다 압도적으로 많았다.

08 다음 글의 (가)를 강화하는 것으로 가장 적절한 것은?

2025 국가직 9급

> 쿤은 자연과학과 사회과학 모두를 포함하는 과학의 발전 단계를 세 시기로 구분한다. 패러다임을 한 번도 정립하지 못한 전정상과학 시기, 하나의 패러다임이 지배하는 정상과학 시기, 기존 패러다임이 새 패러다임으로 교체되는 과학혁명 시기가 그것이다. 패러다임은 모든 과학자에게 동일한 연구 방향 및 평가 기준을 따르게 하여, 연구의 효율성을 높이고 과학의 발전 단계를 성숙한 수준으로 올려놓는다. 한 번도 패러다임을 정립하지 못해 전정상과학 시기에 머물러 있는 과학 분야는 과학자 모두가 제각기 연구 활동을 한다. 과학의 발전 단계상 성숙한 수준에 도달하지 못한 것이다. 어떤 과학 분야라도 패러다임을 정립하면 정상과학 시기에 들어서게 되는데, 그 뒤에 다시 전정상과학 시기로 되돌아갈 수는 없다. 정상과학 시기는 언제나 과학혁명 시기로 이어지고, 과학혁명 시기는 언제나 정상과학 시기로 이어지기 때문이다. 정상과학 시기의 과학자는 동일한 패러다임에 따라, 과학혁명 시기의 과학자는 기존 패러다임 혹은 새 패러다임에 따라 과학 활동을 하기에 그 두 시기에 있는 과학 분야는 모두 성숙한 수준에 도달해 있는 것이다. 이 구분에 따를 때, (가) <u>일부 사회과학 분야는 과학의 발전 단계상 아직도 성숙한 수준에 도달하지 못했다</u>는 것이 쿤의 진단이다.

① 패러다임이 교체된 적이 있지만 과학자들의 연구 방향 및 평가 기준이 동일한 사회과학 분야가 있다.

② 패러다임이 교체되는 중이고 과학자들의 연구 방향 및 평가 기준이 서로 다른 사회과학 분야가 있다.

③ 패러다임이 정립된 적이 있지만 과학자들의 연구 방향 및 평가 기준이 서로 다른 사회과학 분야가 있다.

④ 패러다임이 정립된 적이 없고 과학자들의 연구 방향 및 평가 기준이 서로 다른 사회과학 분야가 있다.

09 다음 글에서 추론할 수 있는 것만을 <보기>에서 모두 고르면?

2022 지방직 9급

컴퓨터에는 자유의지가 있을까? 나아가 컴퓨터에 도덕적 의무를 귀속시킬 수 있을까? 컴퓨터는 다양한 전기회로로 구성되어 있고, 물리법칙, 프로그래밍 방식, 하드웨어의 속성 등에 따라 필연적으로 특정한 초기 상태로부터 다음 상태로 넘어간다. 마찬가지로 두 번째 상태에서 세 번째 상태로 이동하고, 이러한 과정이 계속해서 이어진다. 즉 컴퓨터는 결정론적 법칙의 지배를 받는 시스템이라는 것이다. 그럼 이러한 시스템에는 자유의지가 있을까?

결정론적 법칙의 지배를 받는 시스템의 중요한 특징은 주어진 조건에 따라 결과가 하나로 고정된다는 점이다. 다시 말해, 이러한 시스템에는 항상 하나의 선택지만 있을 뿐이다. 그런 뜻에서 결정론적 지배를 받는다는 것과 자유의지를 가진다는 것은 양립할 수 없음이 분명하다. 어떤 선택을 할 때 그것과 다른 선택을 할 수도 있다는 것은 자유의지의 필요조건이기 때문이다. 결국 결정론적 법칙의 지배를 받는 시스템은 자유의지를 가지지 않는다. 또한 자유의지를 가지지 않는 시스템에 도덕적 의무를 귀속시킬 수 없음은 당연하다.

보기

ㄱ. 컴퓨터는 자유의지를 가지지 않으며 도덕적 의무의 귀속 대상일 수도 없다.
ㄴ. 도덕적 의무를 귀속시킬 수 있는 시스템은 결정론적 법칙의 지배를 받지 않는다.
ㄷ. 어떤 선택을 할 때 그것과 다른 선택을 할 수 없는 시스템은 자유의지를 가지지 않는다.

① ㄱ, ㄴ
② ㄱ, ㄷ
③ ㄴ, ㄷ
④ ㄱ, ㄴ, ㄷ

09

ㄱ. 2문단의 "자유의지를 가지지 않는 시스템에 도덕적 의무를 귀속시킬 수 없음은 당연하다."를 볼 때, 적절한 추론이다.

ㄴ. ㄴ이 옳은 추론이라면, 그 '대우'도 옳다. ㄴ '도덕적 의무를 귀속시킬 수 있는 시스템은(p) 결정론적 법칙의 지배를 받지 않는다(q).'의 '대우'는 '결정론적 법칙의 지배를 받으면(~q) 도덕적 의무를 귀속시킬 수 없다(~p).'가 된다. 2문단에서 "결정론적 법칙의 지배를 받는 시스템은 자유의지를 가지지 않는다. 또한 자유의지를 가지지 않는 시스템에 도덕적 의무를 귀속시킬 수 없음은 당연하다."라고 하였다. 이는 ㄴ의 '대우'와 부합하는 내용이므로, ㄴ은 옳은 추론이다.

ㄷ. p→q가 참일 때, p는 q이기 위한 충분조건이라 하고 q는 p이기 위한 필요조건이라 한다. 2문단에서 "어떤 선택을 할 때 그것과 다른 선택을 할 수도 있다는 것은 자유의지의 필요조건이기 때문이다."라고 하였다. 즉 '자유의지가 있으면(p), 어떤 선택을 할 때 그것과 다른 선택을 할 수 있다(q).'라는 명제가 성립된다. 명제가 참이면, 그 명제의 '대우'도 참이 된다. 즉 '어떤 선택을 할 때 그것과 다른 선택을 할 수 없으면(~q), 자유의지가 없다(~p).'도 참이 된다. 따라서 ㄷ은 적절한 추론이다.

[정답]
09 ④

10 다음 글에 대한 이해로 적절하지 않은 것은?

2022 국회직 8급

정신에 대한 전통적인 설명에 따르면, 인간의 육체는 비물질적 실체인 영혼으로 가득 차 있으며 그 영혼이 때때로 유령이나 귀신의 모습으로 나타난다. 그러나 이 이론은 극복할 수 없는 문제에 부딪힌다. 그 유령이 어떻게 유형의 물질과 상호 작용하는가? 무형의 비실체가 어떻게 번쩍이고 쿡 찌르고 삑 소리를 내는 외부 세계에 반응하고 팔다리를 움직이게 만드는가? 그뿐 아니라 정신은 곧 뇌의 활동임을 보여 주는 엄청난 증거들도 극복할 수 없는 문제다. 오늘날 밝혀진 바에 따르면, 비물질적이라 생각했던 영혼도 칼로 해부되고, 화학물질로 변질되고, 전기로 나타나거나 사라지고, 강한 타격이나 산소 부족으로 인해 소멸되곤 한다. 현미경으로 보면 뇌는 풍부한 정신과 완전히 일치하는 대단히 복잡한 물리적 구조를 갖고 있다.

정신을 어떤 특별한 형태의 물질에서 발생하는 것으로 보는 견해도 있다. 피노키오는 목수 제페토가 발견한, 말하고 웃고 움직이는 마법의 나무에서 생명력을 얻는다. 그러나 애석한 일이지만 그런 신비의 물질은 어디에서도 발견되지 않았다. 우선 뇌 조직이 그 신비의 물질이 아닌가 생각해 볼 수 있다. 다윈은 뇌가 정신을 '분비한다'고 적었고, 최근에 철학자 존 설은 유방의 세포 조직이 젖을 만들고 식물의 세포 조직이 당분을 만드는 것처럼, 뇌 조직의 물리화학적 특성들이 정신을 만들어 낸다고 주장했다. 그러나 뇌종양 조직이나 접시 안의 배양 조직은 물론이고 모든 동물의 뇌 조직에도 똑같은 종류의 세포막, 기공, 화학물질들이 존재한다는 사실을 생각해 보라. 그 모든 신경세포 조직이 동일한 물리화학적 특성들을 갖고 있지만, 그것들 모두가 인간과 같은 지능을 보이진 않는다. 물론 인간 뇌를 구성하는 세포 조직의 어떤 측면이 우리의 지능에 필수적인 것은 사실이지만, 그 물리적 특성들로는 충분하지 않다. 벽돌의 물리적 특성으로는 음악을 설명하기에 불충분한 것과 같다. 중요한 것은 신경세포 조직의 '패턴' 속에 존재하는 어떤 것이다.

① 다윈과 존 설은 뇌 조직이 인간 정신의 근원이라고 주장했다.
② 인간의 뇌를 구성하는 세포 조직의 물리적 특성은 인간 지능의 필요충분조건이다.
③ 지능에 대한 전통적 설명 방식은 내적 모순으로부터 자유롭지 않다.
④ 뇌의 물리적 특성보다 신경세포 조직의 '패턴' 속에 존재하는 어떤 것이 중요하다.
⑤ 뇌와 정신이 밀접하게 연결되어 있음을 시각적으로 확인할 수 있는 물리적 증거가 있다.

[정답]
10 ②

공무원 시험 전문 해커스공무원
gosi.Hackers.com

공무원 시험 전문 해커스공무원
gosi.Hackers.com

해커스공무원 혜원국어 적중 여신의 구조적 비문학 독해

PART 8
화법과 작문

Day 21 화법과 작문 유형

Day 21 화법과 작문 유형

1회독
2회독
3회독

 유형 분석

화법과 작문은 쉽게 말해 **말하기와 쓰기**이다. 우선 화법부터 살펴보자.

화법은 크게 두 가지 형태로 제시된다. **하나는** 대화의 정보와 **선지의 일치 여부**를 묻는 형태이다. 이때 단순히 내용 일치를 물을 수도 있지만, 대화 각 인물의 말하기 방식의 일치 여부를 물을 수도 있다. 따라서 '**내용 일치**' 유형과 '**내용 전개 방식**' 유형을 동일하게 풀면 쉽게 답을 찾을 수 있다.

대표 발문
- 다음 대화에 나타난 말하기 방식을 설명한 것으로 적절하지 않은 것은?
- 다음 대화를 분석한 내용으로 가장 적절한 것은?

또 다른 하나는 격률과 예문을 짝짓는 것이다. '공손성의 원리'와 '협력의 원리'의 개념만 확실히 파악한다면 답은 쉽게 찾을 수 있다.

대표 발문
- 다음 중 '을'이 '동의의 격률'에 따라 대화를 한 것은?
- 다음 대화에서 밑줄 친 부분의 표현 효과에 대한 설명으로 적절한 것은?

다음으로 **작문**을 살펴보자.

작문도 크게 두 가지 형태로 제시된다. **하나는 조건에 맞게 작문한 글을 찾는 형태**이다. 주어진 조건만 잘 확인한다면 답은 쉽게 찾을 수 있다. **또 다른 하나는 글의 수정**이 바른지 판단하는 형태이다.

대표 발문
- 〈지침〉에 따라 〈개요〉를 작성할 때, ㉠~㉣에 들어갈 내용으로 적절하지 않은 것은?
- ㉠~㉣을 문맥을 고려하여 수정한 것으로 가장 적절한 것은?

 **유형 정복 비법**

1. 공손성의 원리

요령의 격률	상대방에게 부담이 되는 표현은 최소화하고 상대방에게 이익이 되는 표현을 극대화하는 말하기 방식 예 죄송하지만 부탁드려도 될까요?
관용의 격률	화자 자신에게 혜택을 주는 표현은 최소화하고 자신에게 부담을 주는 표현을 최대화하는 말하기 방식 예 제가 눈이 안 좋아서 그런데, 좀 더 크게 적어 주시겠어요?
칭찬의 격률	다른 사람에 대한 비방을 최소화하고 칭찬을 극대화하는 말하기 방식 예 (자기 가방이 어떠냐는 친구에게) 예쁘고 좋아 보여.
겸양의 격률	자신에 대한 칭찬을 최소화하고 자신에 대한 비방을 극대화하는 말하기 방식 예 (자신을 칭찬하는 사람에게) 천만에요. 아직 미숙한 걸요.
동의의 격률	자신의 의견과 다른 사람의 의견 사이의 다른 점을 최소화하고 자신의 의견과 다른 사람의 의견 사이의 일치점을 극대화하는 말하기 방식 예 (자장면을 먹으러 가자는 친구에게) 자장면 좋지. 먹으러 가자.

2. 협력의 원리

양의 격률	주고받는 대화의 목적에 필요한 만큼만 정보를 제공하고 필요 이상의 정보를 제공하지 말라는 격률
질의 격률	진실한 정보만을 제공하도록 노력하고 증거가 불충분한 것은 말하지 말라는 격률
관련성의 격률	해당 대화 맥락과 관련되는 말을 하라는 격률
태도의 격률	모호하거나 중의적인 표현을 피하고 간결하고 조리 있게 말하라는 격률

신유형 OX로 풀어보기

다음의 설명이 바르면 O, 바르지 않으면 × 하라.　　　　　　　　　　　　　　　　　　　　9급 출제기조 전환 예시 (1차)

> 갑: 전염병이 창궐했을 때 마스크를 착용하는 것은 당연한 일인데, 그것을 거부하는 사람이 있다니 도대체 이해가 안 돼.
> 을: 마스크 착용을 거부하는 사람들을 무조건 비난하지 말고 먼저 왜 그러는지 정확하게 이유를 파악하는 것이 필요해.
> 병: 그 사람들은 개인의 자유가 가장 존중받아야 하는 기본권이라고 생각하기 때문일 거야.
> 갑: 개인의 자유로운 선택이 타인의 생명을 위협한다면 기본권이라 하더라도 제한하는 것이 보편적 상식 아닐까?
> 병: 맞아. 개인이 모여 공동체를 이루는데 나의 자유만을 고집하면 결국 사회는 극단적 이기주의에 빠져 붕괴하고 말 거야.
> 을: 마스크를 쓰지 않는 행위를 윤리적 차원에서만 접근하지 말고, 문화적 차원에서도 고려할 필요가 있어. 어떤 사회에서는 얼굴을 가리는 것이 범죄자의 징표로 인식되기도 해.

(1) 화제에 대해 남들과 다른 측면에서 탐색하는 사람이 있다.　　　　　　　　　　　　　　　　　　　　O | X

(2) 자신의 의견이 반박되자 질문을 던져 화제를 전환하는 사람이 있다.　　　　　　　　　　　　　　　O | X

(3) 대화가 진행되면서 논점에 대한 찬반 입장이 바뀌는 사람이 있다.　　　　　　　　　　　　　　　　O | X

(4) 사례의 공통점을 종합하여 자신의 주장을 강화하는 사람이 있다.　　　　　　　　　　　　　　　　O | X

손글씨 해설

> 갑: 전염병이 창궐했을 때 마스크를 착용하는 것은 당연한 일인데, 그것을 거부하는 사람이 있다니 도대체 이해가 안 돼.
>
> 을: 마스크 착용을 거부하는 사람들을 무조건 비난하지 말고 먼저 왜 그러는지 정확하게 이유를 파악하는 것이 필요해.
>
> 병: 그 사람들은 개인의 자유가 가장 존중받아야 하는 기본권이라고 생각하기 때문일 거야. _{질문 O, 자신 의견 반박 X}
>
> 갑: 개인의 자유로운 선택이 타인의 생명을 위협한다면 기본권이라 하더라도 제한하는 것이 <u>보편적 상식 아닐까?</u> _{(2) 근거}
>
> 병: 맞아. 개인이 모여 공동체를 이루는데 나의 자유만을 고집하면 결국 사회는 극단적 이기주의에 빠져 붕괴하고 말 거야.
>
> 을: <u>마스크를 쓰지 않는 행위를 윤리적 차원에서만 접근하지 말고,</u> _{(1) 근거} <u>문화적 차원에서도 고려할 필요가 있어.</u> _{다른 측면} 어떤 사회에서는 얼굴을 가리는 것이 범죄자의 징표로 인식되기도 해.

(1) 화제에 대해 남들과 다른 측면에서 탐색하는 사람이 있다. ◎ ✕

▶ '전염병 창궐에 따른 마스크 착용'이라는 화제에 대해 '을'은 무조건 비난만 하지 말라고 말했을 뿐만 아니라, 맨 마지막 대화에서는 '문화적 차원'에서도 접근하고 있다. 따라서 화제에 대해 남들과 다른 측면에서 탐색하는 사람이 있다는 설명은 적절하다.

(2) 자신의 의견이 반박되자 질문을 던져 화제를 전환하는 사람이 있다. ◯ ⊗

▶ '갑'의 두 번째 발화에서 '갑'은 자신의 의견을 말하면서 '질문'을 던지고 있다. 질문을 던진 것은 맞지만, '자신의 의견이 반박되자' 질문을 던진 것은 아니므로, 적절하지 않은 설명이다.

(3) 대화가 진행되면서 논점에 대한 찬반 입장이 바뀌는 사람이 있다. ◯ ⊗

▶ '갑'과 '병', '을'의 의견이 갈리고 있다. 그들 중 누구도 자신의 찬반 입장이 바뀌지는 않았다.

(4) 사례의 공통점을 종합하여 자신의 주장을 강화하는 사람이 있다. ◯ ⊗

▶ 사례의 공통점을 종합한 말하기를 찾아볼 수 없다.

신유형 OX로 풀어보기

<지침>에 따라 <개요>를 작성한다고 할 때, 설명이 바르면 ○, 바르지 않으면 × 하라. 9급 출제기조 전환 예시 (1차)

<지침>
○ 서론은 중심 소재의 개념 정의와 문제 제기를 1개의 장으로 작성할 것.
○ 본론은 제목에서 밝힌 내용을 2개의 장으로 구성하되 각 장의 하위 항목끼리 대응되도록 작성할 것.
○ 결론은 기대 효과와 향후 과제를 1개의 장으로 작성할 것.

<개요>
○ 제목: 복지 사각지대의 발생 원인과 해소 방안

Ⅰ. 서론
  1. 복지 사각지대의 정의
  2. ㉠

Ⅱ. 복지 사각지대의 발생 원인
  1. ㉡
  2. 사회복지 담당 공무원의 인력 부족

Ⅲ. 복지 사각지대의 해소 방안
  1. 사회적 변화를 반영하여 기존 복지 제도의 미비점 보완
  2. ㉢

Ⅳ. 결론
  1. ㉣
  2. 복지 사각지대의 근본적이고 지속가능한 해소 방안 마련

(1) <지침>에서 서론은 중심 소재의 개념 정의와 문제 제기를 1개의 장으로 작성하라고 하였다. 따라서 ㉠에는 '복지 사각지대의 발생에 따른 사회 문제의 증가'가 들어가야 한다. ○ | ×

(2) <지침>에서 본론의 각 장의 하위 항목끼리 대응되도록 작성하라고 하였다. 따라서 ㉡에는 '사회적 변화를 반영하지 못한 기존 복지 제도의 한계'가 들어가야 한다. ○ | ×

(3) <지침>에서 본론의 각 장의 하위 항목끼리 대응되도록 작성하라고 하였다. 따라서 ㉢에는 '사회복지 업무 경감을 통한 공무원 직무 만족도 증대'가 들어가야 한다. ○ | ×

(4) <지침>에서 결론은 기대 효과와 향후 과제를 1개의 장으로 작성하라고 하였다. 따라서 ㉣에는 '복지 혜택의 범위 확장을 통한 사회 안전망 강화'가 들어가야 한다. ○ | ×

손글씨 해설

⟨지침⟩
○ 서론은 중심 소재의 개념 정의와 문제 제기를 1개의 장으로 작성할 것.
○ 본론은 제목에서 밝힌 내용을 2개의 장으로 구성하되 각 장의 하위 항목끼리 대응되도록 작성할 것.
○ 결론은 기대 효과와 향후 과제를 1개의 장으로 작성할 것.

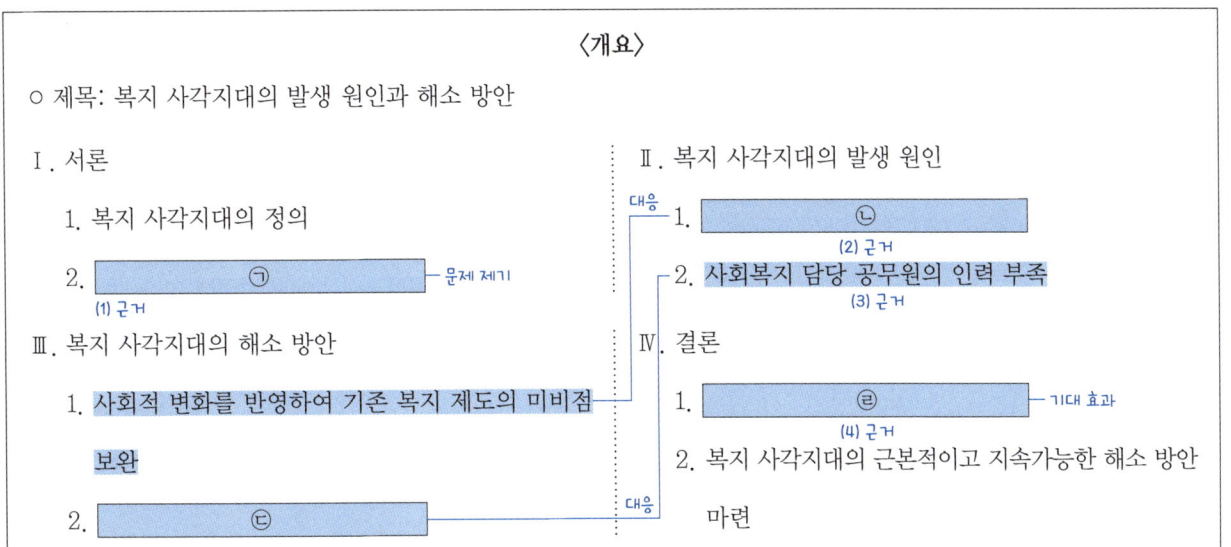

⟨개요⟩
○ 제목: 복지 사각지대의 발생 원인과 해소 방안

Ⅰ. 서론
　1. 복지 사각지대의 정의
　2. ㉠ — 문제 제기
　　(1) 근거
Ⅲ. 복지 사각지대의 해소 방안
　1. 사회적 변화를 반영하여 기존 복지 제도의 미비점 보완
　2. ㉢

Ⅱ. 복지 사각지대의 발생 원인
　1. ㉡ — 대응
　　(2) 근거
　2. 사회복지 담당 공무원의 인력 부족
　　(3) 근거
Ⅳ. 결론
　1. ㉣ — 기대 효과
　　(4) 근거
　2. 복지 사각지대의 근본적이고 지속가능한 해소 방안 마련 — 대응

(1) ⟨지침⟩에서 서론은 중심 소재의 개념 정의와 문제 제기를 1개의 장으로 작성하라고 하였다. 따라서 ㉠에는 '복지 사각지대의 발생에 따른 사회 문제의 증가'가 들어가야 한다. ◎ Ⅹ

▶ '지침'에서 '서론은 중심 소재의 개념 정의와 문제 제기를 1개의 장으로 작성할 것.'이라고 하였다. '서론 1.'에서 개념을 정의하고 있기 때문에, ㉠에는 '문제 제기'가 들어가는 것이 적절하다. 따라서 ㉠에 '복지 사각지대의 발생에 따른 사회 문제의 증가'가 들어가는 것은 적절하다.

(2) ⟨지침⟩에서 본론의 각 장의 하위 항목끼리 대응되도록 작성하라고 하였다. 따라서 ㉡에는 '사회적 변화를 반영하지 못한 기존 복지 제도의 한계'가 들어가야 한다. ◎ Ⅹ

▶ '지침'에서 '각 장의 하위 항목끼리 대응되도록 작성할 것.'이라고 하였다. 해소 방안 '1. 사회적 변화를 반영하여 기존 복지 제도의 미비점 보완'에 맞춰, ㉡에 '사회적 변화를 반영하지 못한 기존 복지 제도의 한계'가 들어가는 것은 적절하다.

(3) ⟨지침⟩에서 본론의 각 장의 하위 항목끼리 대응되도록 작성하라고 하였다. 따라서 ㉢에는 '사회복지 업무 경감을 통한 공무원 직무 만족도 증대'가 들어가야 한다. ○ Ⓧ

▶ '지침'에서 '각 장의 하위 항목끼리 대응되도록 작성할 것.'이라고 하였다. 따라서 ㉢에는 발생 원인 '2. 사회복지 담당 공무원의 인력 부족'에 대응하는 '해소 방안'이 들어가야 한다. 그런데 '사회복지 업무 경감을 통한 공무원 직무 만족도 증대'는 '복지 사각지대의 해소 방안'도 아니고, 두 번째 발생 원인과 대응되는 내용도 아니다. 따라서 ㉢에 들어갈 내용으로 적절하지 않다.

(4) ⟨지침⟩에서 결론은 기대 효과와 향후 과제를 1개의 장으로 작성하라고 하였다. 따라서 ㉣에는 '복지 혜택의 범위 확장을 통한 사회 안전망 강화'가 들어가야 한다. ◎ Ⅹ

▶ '지침'에 '결론은 기대 효과와 향후 과제를 1개의 장으로 작성할 것.'이라고 하였다. '2.'에 향후 과제는 제시하고 있기 때문에 ㉣에는 '기대 효과'가 들어가는 것이 적절하다. 따라서 ㉣에 '복지 혜택의 범위 확장을 통한 사회 안전망 강화'가 들어가는 것은 적절하다.

※ 원문의 선지는 따로 ⟨지침⟩에 나오는 내용을 근거로 제시하지 않고, 단순히 ㉠~㉣에 알맞은 말을 채우는 형식이었다.

기출 문제

01

선택의 딜레마 상황에 대한 네 사람의 생각은 다음과 같다.

소현	행위에 따른 결과가 선택의 기준이 된다. → 불가피하다면 죽는 사람의 수를 최소화해야 한다.
은주	행위에 따른 결과보다 행위 자체의 도덕성을 기준에 두어야 한다.
보은	생명의 가치를 수량화할 수 없다. + 불가피한 상황이라면 죽는 사람의 수를 최소화하는가가 그 기준이 되어야 한다.
영민	생명의 가치를 수량화할 수 없다. + 불가피한 상황이라면 죽는 사람의 수를 최소화하는가가 그 기준이 되어야 한다.

영민과 소현 모두 인명피해가 불가피한 선택의 상황에 놓인다면, 죽는 사람의 수를 최소화하는 선택을 해야 한다는 입장이다. 따라서 둘의 입장이 다르다는 분석은 적절하지 않다.

01 다음 대화를 분석한 내용으로 적절하지 않은 것은?

2025 국가직 9급

> **보은**: 기차가 달리고 있는 선로에 다섯 명의 인부가 일하고 있고, 그들에게 그 기차를 피할 시간적 여유는 없어. 그런데 스위치를 눌러서 선로를 변경하면 다섯 명의 인부 대신 다른 선로에 있는 한 사람이 죽게 돼. 이 선택의 딜레마 상황에서 너희들은 어떻게 할 거야?
>
> **소현**: 이런 경우엔 행위에 따른 결과가 선택의 기준이 된다고 생각해. 그래서 나는 스위치를 눌러서 한 명이 죽더라도 다섯 명을 살리는 선택을 할 거야. 그건 결과적으로 봤을 때 불가피한 조치 아니겠어?
>
> **은주**: 글쎄, 행위에 따른 결과보다 행위 자체의 도덕성을 기준에 두어야 하는 거 아니야? 행위 자체의 도덕성을 따진다면, 스위치를 눌러서 사람을 '죽이는 것'과 아무것도 하지 않고 '죽게 내버려 두는 것' 중에 당연히 살인에 해당하는 전자가 더 나쁘지.
>
> **보은**: 나도 그렇게 생각해. 스위치를 누르면 살인이고, 누르지 않으면 방관일 텐데, 법적인 측면에서 보더라도 전자는 후자보다 무겁게 처벌되잖아. 게다가 생명의 가치는 수량화할 수 없으니 한 사람보다 다섯 사람이 가지는 생명의 가치가 더 크다고 말할 수 없어.
>
> **영민**: 생명의 가치를 수량화할 수 없다는 데 원론적으로는 나도 동의해. 하지만 지금처럼 불가피한 선택의 상황에서 무엇보다 우선해야 할 것은 명확한 기준을 세우는 일이야. 나는 이 상황에서 어떻게 하면 죽는 사람의 수를 최소화하는가가 그 기준이 되어야 한다고 생각해.

① 스위치를 누르는 일을 살인으로 본다는 점에 대해 은주는 보은과 견해를 같이한다.

② 생명의 가치를 수량화할 수 없다는 점에 대해 영민은 원론적으로는 보은과 견해를 같이한다.

③ 선택의 딜레마 상황에서 소현은 행위에 따른 결과를, 은주는 행위 자체의 도덕성을 선택의 기준으로 삼는다.

④ 인명피해가 불가피한 선택의 상황에 놓인다면, 영민은 죽는 사람의 수를 최소화하는 선택을 하고, 소현은 그렇게 하지 않는다.

[정답]
01 ④

02 다음 대화를 분석한 내용으로 적절하지 않은 것은?

2025 지방직 9급

> 갑: 언어는 인간의 지각과 사고, 세계관 등을 결정해. 인간 사고의 내용과 구조는 언어에 의해 형성되며, 이 때문에 동일한 언어를 쓰는 민족은 그 언어에 의해 형성된 공통의 세계관을 갖게 되지. 사고가 언어에 영향을 미치는 것이 아니라 실은 그 반대야.
> 을: 나는 동의할 수 없어. 언어는 인간의 사고를 표현하는 도구에 불과해서 사고가 언어에 영향을 미친다고 봐야 해. 따라서 사고의 차이가 언어의 차이를 낳지.
> 병: 그렇긴 하지. 사고의 깊이가 깊은 사람은 그렇지 않은 사람에 비해 구사하는 언어의 수준이 높아. 하지만 나는 언어가 사고에 영향을 미친다는 것도 동의해. 남미의 어떤 부족은 방향을 표현할 때 '왼쪽'이나 '오른쪽'이 아니라 '북서쪽'과 같이 절대 방위로 표현하는데, 이 언어를 쓰는 사람들의 공간 감각은 이 언어를 쓰지 않는 사람들보다 더 뛰어나다고 하거든.
> 갑: 언어가 다르면 세계를 다르게 인식해. 어떤 언어의 화자가 자기 언어의 색채어에 맞추어 색깔을 구별하는 것을 그 사례로 들 수 있어. 이런 점에서 언어가 없다면 인식하고 사고할 수 없다는 말도 성립해.
> 을: 언어가 미숙한 유아라든지 언어가 없는 동물들도 자신들이 직면한 문제에 대해 사고하고 판단하잖아. 이건 언어가 사고에 영향을 미치지 못한다는 증거이지.
> 병: 나는 언어와 사고의 관계가 어느 한쪽이 일방적으로 영향을 주는 게 아니라 서로 영향을 주고받으면서 발전한다고 생각해.

① 언어와 사고가 서로 영향을 주고받는 관계라는 점에 대해 갑과 을은 동의하지 않지만 병은 동의한다.
② 사고가 언어에 영향을 미친다는 점에 대해 갑은 동의하지만 을은 동의하지 않는다.
③ 언어가 다르면 세계를 다르게 인식한다는 점에 대해 갑과 병은 동의한다.
④ 사고의 차이가 언어의 차이를 낳는다는 점에 대해 을과 병은 동의한다.

03 진행자의 말하기 방식에 대한 설명으로 적절하지 않은 것은?

2024 국가직 9급

> 진 행 자: 우리 시에서도 다음 달부터 시내 도심부에서의 제한 속도를 조정하기로 했습니다. 이와 관련하여, 강□□ 교수님 모시고 말씀 듣겠습니다. 교수님, 안녕하세요?
> 강 교수: 네, 안녕하세요?
> 진 행 자: 바뀌는 제도의 내용을 좀 더 구체적으로 설명해 주시죠.
> 강 교수: 네, 시내 도심부 간선도로에서의 제한 속도를 기존의 70km/h에서 60km/h로 낮추는 정책입니다.
> 진 행 자: 시의회에서 이 정책 도입에 중요한 역할을 하신 것으로 아는데, 어떤 효과를 얻을 것이라고 주장하셨나요?
> 강 교수: 차량 간 교통사고 발생 가능성을 줄이고 보행자 안전을 확보할 수 있다고 했습니다.
> 진 행 자: 그런데 일각에서는 그런 효과는 미미하고 오히려 교통체증을 유발하여 대기오염이 심화될 것이라며 이 정책에 반대합니다. 이에 대해 말씀해 주시겠어요?
> 강 교수: 그렇지 않습니다. ○○시가 작년에 7개 구간을 대상으로 이 제도를 시험 적용해 보니, 차가 막히는 시간은 2분 정도밖에 증가하지 않았습니다. 그런데 중상 이상의 인명 사고는 26.2% 감소했습니다. 또 이산화질소와 미세먼지 같은 오염물질도 각각 28%, 21%가량 오히려 감소한다는 연구 결과가 있습니다.
> 진 행 자: 아, 그러니까 속도를 10km/h 낮출 때 2분 정도 늦어지는 것이라면 인명 사고의 예방과 오염물질의 감소를 위해 충분히 감수할 만한 시간이라는 말씀이시군요.
> 강 교수: 네, 맞습니다.
> 진 행 자: 교통사고를 줄이고 보행자 안전을 확보할 수 있다는 점, 교통체증 유발은 미미할 것이라는 점, 오염물질 배출이 감소할 것이라는 점에서 이번의 제한 속도 조정 정책은 훌륭한 정책이라는 것이군요. 맞습니까?
> 강 교수: 네, 그렇게 정리할 수 있겠습니다.

① 상대방이 통계 수치를 제시한 의도를 자기 나름대로 풀어 설명한다.
② 상대방의 견해를 요약하며 자신이 이해한 바가 맞는지를 확인한다.
③ 상대방의 주장에 대한 이견을 소개하고 그에 대한 의견을 요청한다.
④ 상대방이 설명한 내용을 뒷받침할 수 있는 자신의 경험을 예시한다.

04 다음 대화를 분석한 내용으로 가장 적절한 것은? 2024 국가직 9급

> 갑: 고대 노예제 사회나 중세 봉건 사회는 타고난 신분에 따라 사회적 지위가 결정되는 계급사회였지만, 현대 사회는 계급사회가 아니라고 많이들 말해. 그런데 과연 그런지 의문이야.
> 을: 현대 사회는 고대나 중세만큼은 아니지만 귀속지위가 성취 지위를 결정하는 면이 없다고 할 수 없어. 빈부 격차에 따라 계급이 나뉘고 그에 따른 불평등이 엄연히 존재하잖아. '금수저', '흙수저'라는 유행어에서 볼 수 있듯 빈부 격차가 대물림되면서 개인의 계급이 결정되고 있어.
> 병: 현대 사회가 빈부 격차로 인해 계급이 나누어지는 것처럼 보인다고 해서 계급사회라고 단정할 수는 없어. 계급사회라고 말하려면 계급 체계 자체가 인간의 생활을 전적으로 규정할 수 있어야 하는데, 오늘날 각종 문화나 생활 방식 전체를 특정한 계급 논리만으로는 설명할 수 없어. 따라서 현대 사회를 계급사회로 보기는 어려워.
> 갑: 현대 사회의 문화가 다양하다는 것은 맞아. 하지만 인간 생활의 근간은 결국 경제 활동이고, 경제적 계급 논리로 현대 사회의 문화를 충분히 설명하고 규정할 수 있어. 또한 현대 사회에서 인간의 사회적 지위는 부모의 경제력과 직결되기 때문에 계급사회라고 말할 수 있어.

① 갑은 을의 주장 중 일부는 수용하고 일부는 반박한다.
② 을의 주장은 갑의 주장과 대립하지 않는다.
③ 갑과 병은 상이한 전제에서 유사한 결론을 도출하고 있다.
④ 병의 주장은 갑의 주장과는 대립하지 않지만 을의 주장과는 대립한다.

05

05 <개요>의 빈칸에 들어갈 내용으로 적절하지 않은 것은?　　　2025 국가직 9급

〈개요〉

○ 제목: 청소년 아르바이트의 실태와 노동 문제 개선 방안

Ⅰ. 청소년 아르바이트의 실태
　　1. 열악한 노동 환경 및 복지 혜택 부족
　　2. 임금 체불 및 최저 임금제 위반
　　3. 사업장 내의 빈번한 폭언 및 폭행 발생

Ⅱ. 청소년 아르바이트의 노동 문제 발생 원인
　　1. 청소년의 노동 환경에 대한 실효성 있는 제도 부족
　　2. 노동 관계법에 관한 청소년 고용 업주의 인식 부족
　　3. 청소년 노동자의 인권을 존중하지 않는 사회의 통념

Ⅲ. 청소년 아르바이트의 노동 문제 개선 방안
　　[　　　　　　]

① 청소년의 노동 환경 개선을 위한 제도 정비
② 청소년 고용 업주에 대한 노동 관계법 교육과 지도 확대
③ 청소년 노동자의 인권 보호를 위한 사회적 교육 기관 설립
④ 청소년 고용 업체 규모 축소를 위한 정부의 지속적인 감독과 단속

〈개요〉의 빈칸에는 '청소년 아르바이트의 노동 문제 개선 방안'이 들어가야 한다. 따라서 '개선 방안(해결 방안)'은 항상 '원인 내지 문제점'과 짝을 이룬다. 따라서 'Ⅱ. 청소년 아르바이트의 노동 문제 발생 원인'과 대응하는 내용이 빈칸에 들어가야 한다. 개선 방안에 '청소년 고용 업체 규모 축소를 위한 정부의 지속적인 감독과 단속'이 들어가려면, 'Ⅱ. 청소년 아르바이트의 노동 문제 발생 원인'에 현재 정보의 감독과 단속이 지속적으로 이루어지고 있지 않다는 내용이 나와야 한다. 그런데 이는 찾아볼 수 없기 때문에, 빈칸에 들어갈 내용으로 적절하지 않다.

오답체크
① '제도 정비'는 'Ⅱ. 1. 청소년의 노동 환경에 대한 실효성 있는 제도 부족'에 대한 개선 방안이다.
② '업주에 대한 교육과 지도 확대'는 'Ⅱ. 2. 노동 관계법에 관한 청소년 고용 업주의 인식 부족'에 대한 개선 방안이다.
③ '인권 보호를 위한 교육 기관 설립'은 'Ⅱ. 3. 청소년 노동자의 인권을 존중하지 않는 사회의 통념'에 대한 개선 방안이다.

[정답]
05 ④

06 <지침>에 따라 <개요>를 작성할 때 (가)~(라)에 들어갈 내용으로 적절하지 않은 것은?

2025 지방직 9급

〈지침〉
- 서론은 보고서 작성의 배경과 필요성을 포함할 것.
- 본론은 제목에서 밝힌 내용을 2개의 장으로 구성하되, 2장의 하위 항목이 3장의 하위 항목과 서로 대응하도록 할 것.
- 결론은 기대 효과와 향후 과제를 순서대로 제시할 것.

〈개요〉
- 제목: 국내 방송 산업의 친환경 제작 현황과 그 확산을 위한 정책 지원 방안

1장 서론
    1. 환경 위기에 대응하기 위한 해외 방송 산업의 정책 변화
    2. (가)

2장 국내 방송 산업의 친환경 제작 현황
    1. (나)
    2. 국내 친환경 방송 제작 관련 전문 인력 부재

3장 국내 방송 산업의 친환경 제작 확산을 위한 정책 지원 방안
    1. 국내 방송 산업의 특성을 반영한 친환경 제작 지침의 마련
    2. (다)

4장 결론
    1. (라)
    2. 현장 적용을 위한 정책 실행의 단계적 평가 및 개선

① (가): 국내 방송 산업의 친환경 제작 전략의 필요성
② (나): 국내 방송 산업 내 친환경 제작을 위한 지침 부재
③ (다): 국내 친환경 방송 제작 관련 전문 인력 채용의 제도화
④ (라): 친환경 방송 제작을 위한 세부 지침과 인력 채용 방안 제시

07

'해양 오염을 줄일 수 있는 생활 속 실천 방법', '설의적 표현', '비유적 표현'이라는 세 가지 조건을 모두 충족하는 것은 ③이다.

조건 1	'자기 쓰레기는 자기가 집으로 되가져가도록 합시다.'에서 생활 속 실천 방법을 제시하고 있다.
조건 2	'자기 집이라면 이렇게 함부로 쓰레기를 버렸을까요?'라는 설의적 표현을 활용하고 있다.
조건 3	'바다가 몸살을 앓는다.', '양심이 모래밭 위를 뒹굴고 있습니다.'에서 비유적 표현(의인법, 활유법)을 활용하고 있다.

오답체크

① '바다는 쓰레기 없는 푸른 날을 꿈꾸고 있습니다.'에서 비유적 표현을 활용하고 있다. 그러나 '생활 속 실천 방법'이 제시되어 있지 않고, '설의적 표현'도 활용하지 않았다.

② 철저한 분리수거와 일회용품 사용을 줄이는 것을 생활 속 실천 방법으로 제시하고 있다. 그러나 '설의적 표현'과 '비유적 표현'을 활용하지 않았다.

④ '이대로 가다간 인간도 고통받게 되지 않을까요?'에서 설의적 표현을, '바다는 쓰레기 무덤이 되고 말 것입니다.'에서 비유적 표현을 활용하고 있다. 그러나 해양 오염을 줄일 수 있는 생활 속 실천 방법이 아닌, 정부의 역할을 강조하고 있다.

[정답]
07 ③

---

07 '해양 오염'을 주제로 연설을 한다고 할 때, 다음에 제시된 조건을 모두 충족한 것은?

2023 국가직 9급

> ○ 해양 오염을 줄일 수 있는 생활 속 실천 방법을 포함할 것.
> ○ 설의적 표현과 비유적 표현을 활용할 것.

① 바다는 쓰레기 없는 푸른 날을 꿈꾸고 있습니다. 미세 플라스틱은 바다를 서서히 죽이는 보이지 않는 독입니다. 우리의 관심만이 다시 바다를 살릴 수 있을 것입니다.

② 우리가 버린 쓰레기는 바다로 흘러갔다가 해양 생물의 몸에 축적이 되어 해산물을 섭취하면 결국 다시 우리에게 돌아오게 됩니다. 분리수거를 철저히 하고 일회용품을 줄이는 것이 바다도 살리고 우리 자신도 살리는 길입니다.

③ 여름만 되면 피서객들이 마구 버린 쓰레기로 바다가 몸살을 앓는다고 합니다. 자기 집이라면 이렇게 함부로 쓰레기를 버렸을까요? 피서객들의 양심이 모래밭 위를 뒹굴고 있습니다. 자기 쓰레기는 자기가 집으로 되가져가도록 합시다.

④ 산업 폐기물이 바다로 흘러가 고래가 죽어 가는 장면을 다큐멘터리에서 본 적이 있습니다. 이대로 가다간 인간도 고통받게 되지 않을까요? 정부에서 산업 폐기물 관리 지침을 만들고 감독을 강화하지 않는다면 바다는 쓰레기 무덤이 되고 말 것입니다.

08 다음 글의 ③~② 중 어색한 곳을 찾아 가장 적절하게 수정한 것은?

2025 국가직 9급

소리는 보통 귀로 듣는다고 생각한다. 그렇지만 앰프에서 강력한 저음이 흘러나오는 것을 듣고 몸이 흔들리는 것을 경험할 때, 우리는 소리를 몸으로 느낀다고 생각하기도 한다. 가청 주파수 대역의 하한인 20Hz보다 낮은 주파수의 진동이 발생하면 ③ 우리의 몸은 흔들리지만 귀로는 아무것도 듣지 못한다. 우리는 이 들리지 않는 진동을 '초저주파음'이라고 부른다. ⓒ 귀에 들리지 않는 진동도 소리로 간주할 수 있다는 생각에서이다.

높은 주파수의 영역에서도 귀에 들리지 않는 진동이 있다. ⓒ 사람은 보통 20,000Hz 이상의 진동이 귀에 도달하면 소리로 인식한다. 가청 주파수 대역의 상한을 넘겨서 더 높은 주파수의 진동이 발생하면 사람의 귀에 들리지 않는 것이다. 이때의 음파를 '초음파'라고 부른다.

사람과 동물은 가청 주파수 대역이 다르다. 그래서 동물은 사람에게 들리지 않는 소리를 들을 수 있다. 예컨대 우리와 가까이 지내는 개의 경우, 가청 주파수 대역의 하한은 사람과 비슷하지만 50,000Hz의 진동까지 소리로 인식할 수 있다. 그래서 개는 사람이 듣지 못하는 기척을 알아차리기도 한다. 이는 개의 가청 주파수 대역이 ② 사람의 가청 주파수 대역보다 넓기 때문이다.

① ③: 우리의 몸이 흔들리지 않을 뿐 귀로는 저음을 들을 수 있다
② ⓒ: 귀에 들리지 않는 진동은 소리로 간주할 수 없다는 생각에서이다
③ ⓒ: 사람은 보통 20,000Hz 이상의 진동이 귀에 도달하면 소리로 인식하지 못한다
④ ②: 사람의 가청 주파수 대역보다 좁기 때문이다

08

ⓒ 바로 앞에서 "높은 주파수의 영역에서도 귀에 들리지 않는 진동이 있다."라고 하였고, 바로 뒤에서 "가청 주파수 대역의 상한을 넘겨서 더 높은 주파수의 진동이 발생하면 사람의 귀에 들리지 않는 것이다."라고 하였다. ⓒ의 앞뒤 모두 들리지 않는다는 내용이 반복되고 있다. 따라서 ⓒ에도 역시 들리지 않는다는 내용이 들어가는 것이 자연스럽다. 그런데 ⓒ은 "소리로 인식한다."라고 하였다. 따라서 ⓒ을 "소리로 인식하지 못한다."로 수정한 것이 자연스럽다.

[정답]
08 ③

09 다음 글의 ㉠~㉣ 중 문맥상 어색한 곳을 수정한 것으로 가장 적절한 것은?

2025 지방직 9급

> 면역반응에는 '자연면역'과 '획득면역'이 있다. 먼저, 자연면역이란 외부 이물질에 대해 내 몸이 태어날 때부터 지니게 된 저항 능력을 가리킨다. 자연면역에서는 항원과 항체 사이의 ㉠ 직접적인 일대일 반응 관계가 존재하지 않는다. 외부에서 들어온 특정 항원에만 반응하는 유일의 항체가 별도로 존재하지 않는다는 것이다. 자연면역은 세균과 같은 미생물 등을 외부 이물질로 인식하여 제거한다. 예컨대 코나 폐에는 점막조직이 발달해 있어 외부 이물질을 걸러 낸다. 세포 차원에서는 대식세포의 기능이 자연면역인데, 이 세포는 ㉡ 외부 미생물이 어떤 종류인지에 관계없이 대상을 제거한다.
>
> 특정 항원에만 반응하는 유일의 항체를 생성하는 면역반응을 획득면역이라고 한다. 획득면역에서는 자연면역과 달리 ㉢ 항원의 종류와 무관하게 특정 항원에 대해 여러 종류의 항체가 반응한다. 일례로 B림프구의 세포 표면에는 특정 항원을 인식하고 그 특정 항원에 결합하는 부위가 있는데, 이를 '항원 수용체'라고 한다. ㉣ 항원 수용체는 세포 표면에 형성되는 단백질의 일종으로, 항원에 의해 자극된다. 이 수용체가 림프구 세포로부터 떨어져 나와 혈액 안으로 들어간 단백질 단위를 항체라고 부른다.

① ㉠: 직접적인 일대일 반응 관계가 존재한다.
② ㉡: 특정한 외부 미생물에 유일하게 반응하며 그 외의 대상은 제거하지 않는다.
③ ㉢: 특정 항체가 특정 항원에 대해서만 반응한다.
④ ㉣: 항원 수용체는 세포 내부에 형성되는 단백질의 일종으로, 항체에 의해 자극된다.

10 다음 글을 퇴고할 때, ㉠~㉣ 중 어법상 수정할 필요가 있는 것은?

2024 국가직 9급

주지하듯이 ㉠ <u>기후 위기는 날이 갈수록 심각해지고 있다</u>. 극지방의 빙하가 녹고, 유럽에는 사상 최악의 폭염과 가뭄이 발생하고 그 반대편에서는 감당하기 어려울 정도의 폭우가 쏟아져 많은 사람이 고통받고 있다. ㉡ <u>우리의 삶을 지속적으로 위협하는 이러한 기상 재해 앞에서</u> 기후학자로서 자괴감이 든다. 무엇이 문제인지, 상황이 얼마나 심각한지 잘 알고 있으면서도 지구의 위기를 그저 바라만 볼 수밖에 없다.

그러나 우리가 기후 문제에 관심을 가지고 적극적으로 대처한다면 아직 희망이 있다. 크게는 신재생 에너지와 관련하여 ㉢ <u>국가 정책 수립과 국제 협약을 체결하기 위해</u> 힘을 기울여야 한다. 작게는 일상생활에서 불필요한 소비를 줄이고 에너지 절약을 습관화해야 한다. 만시지탄(晩時之歎)일 수는 있겠으나, ㉣ <u>지구가 파국으로 치닫는 것을 막을 기회는 아직 남아 있다</u>. 우리 모두 힘을 모아 지구의 위기를 극복하여야 한다.

① ㉠
② ㉡
③ ㉢
④ ㉣

10

㉢은 접속 부사 '와/과'로 앞뒤가 이어진 문장이다. 즉 'A와 B' 구조를 가진 문장이다. 그런데 ㉢의 A는 '명사 + 명사'의 구성이고, B는 '목적어 + 서술어'의 명사형 구성이다. 대등한 것끼리 접속할 때는 구조가 같은 표현을 사용해야 한다. 따라서 ㉢은 어법상 '국가 정책을 수립하고 국제 협약을 체결하기 위해'로 수정해야 한다.

[정답]
10 ③

실전 문제

01 다음 대화에 대한 설명으로 적절하지 않은 것은?

> 연 구 원: 저희 연구소에서는, 베개의 높이가 사람이 누웠을 때의 어깨 높이와 상관관계가 있다는, 그러한 연구 결과를 얻어냈습니다. 그 결과에 의하면 이상적인 베개의 높이는 대체로 6cm 내지 8cm로 나타났습니다. 이것으로 볼 때, 우리나라 사람들은 대체로 베개 높이를 좀 더 낮출 필요가 있다고 봅니다.
>
> 의   사: 우리 병원에는 목 근육 통증을 호소하는 환자들이 꾸준히 찾아옵니다. 그런데 이런 환자들은 대개 베개 높이가 통증의 주원인은 아닌지 궁금해하곤 합니다. 그런 경우, 지나치게 높은 베개는 목 디스크나 목 관절염을 초래할 수 있다고 말씀드리곤 합니다. 차가운 바닥에 얼굴을 대고 잘 경우, 온도 변화로 인해 안면 근육 마비가 오는 경우도 있습니다.
>
> 생 산 자: 요즘 소비자들은 베개의 모양뿐만 아니라, 높이는 과연 적당한지, 재질은 땀을 흡수하기에 적절한지 등을 꼼꼼하게 따져보고 베개를 고릅니다. 그래서 우리 회사에서는 매 분기마다 소비자의 선호도를 조사해서, 제품 생산에 충실히 반영하고 있습니다. 올 봄에는 척추환자용 특수 베개를 출시해서 좋은 반응을 얻고 있습니다.
>
> 소 비 자: 베개요? 아, 네. 어릴 적에 한 번은 할아버지 베개를 베고 잤다가 아주 혼이 났거든요. 왜 그 딱딱하고 높은 베개 있죠? 그런데 자고 나니 목뼈와 등 뒤의 어깨 근육이 무지 뻐근했어요. 그 후로 절대 높은 베개는 베지 않아요. 적당한 높이의 부드러운 베개를 사용해서인지 저는 요즘 늘 푹 자는 편이에요.

① '연구원'은 객관적인 자료를 근거로 자신의 견해를 제시하고 있다.
② '의사'는 전문가로서의 경험을 들어 발병 원인을 설명하고 있다.
③ '생산자'는 신제품의 특징을 구체적으로 드러내어 홍보 효과를 얻고 있다.
④ '소비자'는 경험을 예로 들면서 대상을 적절히 선택하는 게 중요하다고 강조하고 있다.

01
'생산자'는 신제품 출시의 배경과 소비자의 반응이 좋다는 사실에 대해서 말하고 있으나, 제품의 특성은 언급하고 있지 않다.

오답체크
① 연구원은 6cm~8cm라는 객관적 수치 자료를 제시함으로써 연구 결과에 대한 신뢰감을 주고 있다.
② 의사는 병원에서의 환자 치료 경험을 제시하면서 베개로 인한 목 부위 통증의 원인을 설명하고 있다
④ 소비자는 개인적 경험을 소개하면서 자신에게 알맞은 높이와 재질의 베개를 선택해서 사용하는 것이 중요하다고 말하고 있다.

[정답]
01 ③

02 다음 대화에서 확인할 수 없는 것은?

> A: (작은 목소리로) 혹시 주말에 시간 좀 내줄 수 있어?
> B: (A의 목소리가 너무 작아 말을 제대로 듣지 못했지만 미안한 표정으로) 미안해. 다른 생각하다가 못 들었어. 다시 한번 말해 줄래?
> A: 응. 뮤지컬 티켓이 두 장 생겼는데 주말에 함께 공연을 보러 가 줄 수 있어?
> B: 물론이지. 그럼 내일 공연장 앞에서 보자.
>
> (공연이 끝난 후)
> B: 오늘 네 덕분에 정말 좋은 뮤지컬을 봤어. 뮤지컬을 선택하는 너의 안목이 정말 뛰어난 것 같아. 고마워. 나는 이런 신나는 음악이 있는 뮤지컬을 정말 좋아하거든.
> A: 나도 신나는 음악이 있는 뮤지컬을 좋아해. 감동이 있으면서 마음껏 웃을 수 있는 내용이면 더 좋고.

① 관용의 격률
② 요령의 격률
③ 동의의 격률
④ 겸양의 격률

02

'겸양의 격률'은 '자기 자신에 대한 칭찬은 최소화하고 자신에 대한 비방을 극대화하는 것'을 말한다. 제시된 대화에서 '겸양의 격률'이 사용된 예는 확인할 수 없다.

오답체크

① '관용의 격률'은 자신에게 혜택이 되는 표현을 최소화하고 자신의 부담을 최대화하는 것을 말한다. B는 A의 목소리가 너무 작아 말을 알아듣지 못했음에도 '다른 생각하다가 못 들었어.'라고 말하며 자신의 부담을 최대화하고 있다.

② '요령의 격률'은 상대방에게 부담이 가는 표현은 최소화하고, 상대방에게 이익이 되는 쪽으로 말하는 것이다. 상대방에게 부탁을 할 때, 거절의 여지를 주면서 말하는 것이 이에 해당한다. '혹시 주말에 시간 좀 내줄 수 있어?'라고 말한 것은 '주말에 시간 좀 비워 놔'라고 말하는 것보다 상대의 부담을 줄여 준다.

③ '동의의 격률'은 상대방과의 공통점을 최대화하는 것이다. '신나는 음악이 있는 뮤지컬'을 좋아한다는 B의 말에 A는 자신도 그렇다고 말한 것은 동의의 격률을 지킨 것이다.

[정답]
02 ④

03 '전통 문화'를 제재로 글을 쓴다고 할 때, 다음에 제시된 조건을 모두 충족한 것은?

> ○ 대상의 개념을 정리할 것.
> ○ 비유를 통해 대상의 가치를 드러낼 것.
> ○ 예시를 통해 내용을 구체적으로 뒷받침할 것.

① 판소리나 탈춤, 고대 건축물 등과 같은 전통 문화에는, 오늘날 우리에게 지대한 영향을 미치고 있으며 또한 후대까지 보존하고 이어져야 할 우리만의 생활 모습과 사상, 그리고 조상의 얼이 담겨 있다.

② 우리가 전통 문화라고 부를 수 있는 많은 것들이 현대 산업화 시대 이후 변질되어 가고 있지만, 우리 민족 모두를 하나로 묶는 끈과 같은 전통 문화가 사라지는 것만은 우리 모두가 적극적으로 나서서 막아야 한다.

③ 영국과 프랑스, 이탈리아 같은 나라에서는 그들의 전통 문화를 소중히 다루어 관광 상품으로 개발하였지만, 우리나라는 아직도 전통 문화의 가치를 높게 평가하지 않고 이를 한낱 길가의 돌멩이처럼 취급하면서 무관심으로 일관하는 경향이 있다.

④ 전통 문화는 단순히 옛날의 문화만을 뜻하는 것이 아니라, 웃어른 공경, 친척 간의 유대 등과 같이 옛것 중에서 오늘에 되살릴 만한 가치가 있는 문화적·정신적 바탕을 의미하는 것으로, 우리가 이룩할 새로운 문화 창조에 없어서는 안 될 씨앗이요, 밑거름이다.

04 ㉠~㉣의 고쳐쓰기로 적절하지 않은 것은?

> 감정이란 어떤 현상이나 일에 대하여 일어나는 마음이다. 인간은 삶을 살아가면서 항상 감정적인 문제에 부딪친다. ㉠ 하지만, 감정이 없다면 인간의 삶이라고 말할 수 없다. 인간의 감정 중에서 가장 논란거리가 되는 것이 바로 '분노'이다.
>
> 분노에 대한 의견은 크게 부정적으로 보는 입장과 긍정적으로 보는 입장으로 ㉡ 분류된다. 스토아 학자들이 전자의 입장이다. 그들은 분노의 표출은 끔찍한 결과를 가져오므로 마땅히 억제하고 스스로 마음을 평안하게 유지해야 한다고 보았다. 반면, 후자는 아리스토텔레스가 대표적인데, 그는 분노를 억제하기보다는 적절한 시기, 적절한 정도에서 표출하는 것이 더 좋은 결과를 가져올 수 있다는 입장을 취하고 있다.
>
> 분노를 억제하면, 일시적으로 문제 상황을 종결하고 갈등을 종식시킬 수 있다. 그러나 분노를 표출하면서, 오히려 상황과 적극적인 방법으로 대면해 해결책을 찾는 데까지 도달할 수 있다. 따라서 ㉢ 적재적소에 분노를 표출하는 것이 상황을 더 긍정적으로 ㉣ 변화시킬 수 있는 힘이 있다.

① ㉠을 '따라서'로 고친다.
② ㉡을 '구분된다'로 고친다.
③ ㉢을 '적시적소'로 고친다.
④ ㉣을 '변화시킬 수 있는 힘을 가지고 있다.'로 고친다.

공무원 시험 전문 해커스공무원
gosi.Hackers.com

해커스공무원 혜원국어 적중 여신의 구조적 비문학 독해

[부록]
낯선 기출
1~20회

낯선 기출 1회

01

1문단의 첫 문장에서 "'있다, 없다'는 동사 성격과 형용사 성격을 모두 공유하고 있는데, 이를 중요시하여 따로 존재사를 설정하는 경우가 있다."라고 하면서, '있다, 없다'를 따로 존재사로 설정하는 견해가 있음을 제시하고 있다. 그 후 2문단의 첫 문장 "그러나 이 두 단어 때문에 새로운 품사를 설정하는 것은 바람직하지 않다고 본다."에서 글쓴이 자신의 견해를 밝히고 있다.

01 다음 글의 논지 전개 방식으로 가장 옳은 것은?

2011 지방직 9급

> '있다, 없다'는 동사 성격과 형용사 성격을 모두 공유하고 있는데, 이를 중요시하여 따로 존재사를 설정하는 경우가 있다. 예컨대, 동사에는 관형사형 어미 '-는'이 붙을 수 있고, 형용사에는 '-는'이 붙지 못하는 특성이 있는데, '있다, 없다'는 '있는, 없는'에서 보는 것처럼 둘 다 가능하다는 것이다. 그렇다고 이 둘이 의미상으로 동작의 움직임이나 과정을 나타내는 동사인가 하면, 그렇지도 않으니, 동사, 형용사 품사 배정에 어려움이 있다는 것이다. 따라서 동사, 형용사 두 가지 특성을 보이는 새로운 품사로 존재사라는 것을 설정하는 것이다.
>
> 그러나 이 두 단어 때문에 새로운 품사를 설정하는 것은 바람직하지 않다고 본다. 예컨대, '있다'는 '있는다, 있어라' 라는 표현이 가능한 점이 있으나 '없다'는 *'없는다, *없어라'가 불가능하니, 각각 동사와 형용사로 인정하는 게 나으리라 본다.

① 서로 다른 두 주장을 분석하여 차례대로 제시한 후, 이 두 주장을 균형 있게 종합적으로 절충하여 제3의 견해를 결론으로 제시하고 있다.
② 개별적인 사례로부터 일반적이고 보편적인 원리나 사실을 이끌어 내는 방식으로 논지를 전개하고 있다.
③ 다른 사람의 견해를 먼저 제시한 후, 그것을 반박하면서 자신의 견해를 제시하는 방식으로 논지를 전개하고 있다.
④ 범주가 이질적인 두 대상의 특수한 공통점을 발견하여 다른 점에서도 두 대상이 지닌 공통점이 인정된다는 것으로 결론을 내리는 방식으로 논지를 전개하고 있다.

[정답]
01 ③

02 다음 글의 중심 내용으로 가장 적절한 것은?

2014 지방직 7급

옛날 어느 나라에 장군이 있었다. 병사들과 생사고락을 같이하는, 능력 있는 장군이었다. 하루는 전쟁터에서 휘하의 군사들을 점검하다가 등창이 나서 고생하는 한 병사를 만났다. 장군은 그 병사의 종기에 입을 대고 피고름을 빨아냈다. 종기로 고생하던 병사는 물론 그 장면을 지켜본 모든 군사들이 장군의 태도에 감동했다. 하지만 이 소식을 들은 그 병사의 어머니는 슬퍼하며 소리 내어 울었다. 마을 사람들이 의아해하며 묻자 그 어머니는 말했다. 장차 내 아들이 전쟁터에서 죽게 될 텐데, 어찌 슬프지 않겠는가.

이 병사의 어머니는, 교환의 질서와 구분되는 증여의 질서를 정확하게 간파하고 있다. 말뜻 그대로 보자면 교환은 주고받는 것이고, 증여는 그냥 주는 것이다. 교환의 질서가 현재 우리 삶의 핵심적인 요소라는 점에는 긴 설명이 필요 없을 것이다. 자본주의 시장 경제의 으뜸가는 원리가 등가 교환이기 때문이다. 그렇다면 증여의 질서란 무엇인가. 단지 주기만 하는 것인가. 일단 간 것이 있는데 오는 것이 없기는 어렵다. 위의 예에서처럼 장군은 단지 자기 휘하 병사의 병을 걱정했을 뿐이지만 그 행위는 다른 형태로 보답받는다. 자기를 배려하고 인정해 준 장군에게 병사가 돌려줄 수 있는 최고의 것은 목숨을 건 충성일 것이다. 어머니가 슬퍼했던 것이 바로 그것이기도 했다. 내게 주어진 신뢰와 사랑이라는 무형의 선물을 목숨으로 갚아야 한다는 것.

그렇다면 교환이나 증여는 모두 주고받는 것이라는 점에서는 마찬가지가 아닌가. 이 둘은 어떻게 구분되는가. 최소한 세 가지 점을 지적할 수 있겠다. 첫째, 교환과 달리 증여는 계량 가능한 물질을 매개로 하지 않는다. 둘째, 교환에서는 주고받는 일이 동시적으로 이루어지지만, 선물을 둘러싼 증여와 답례는 시간을 두고 이루어진다. 그래서 증여는 '지연된 교환'이다. 셋째, 교환과는 달리 증여에는 이해관계가 개입하지 않는다.

① 증여와 교환의 차이
② 어머니의 자식 사랑
③ 자본주의 시장 경제의 원리
④ 장군의 헌신과 사랑

03 다음 글에서 알 수 있는 내용이 아닌 것은?

2015 교육행정직 9급

> 우리는 흔히 나무와 같은 식물이 대기 중에 이산화탄소로 존재하는 탄소를 처리해 주는 것으로 알고 있지만, 바다 또한 중요한 역할을 한다. 예를 들어 수없이 많은 작은 해양 생물들은 빗물에 섞인 탄소를 흡수한 후에 다른 것들과 합쳐서 껍질을 만드는 데 사용한다. 결국 해양 생물들은 껍질에 탄소를 가두어 둠으로써 탄소가 대기 중으로 다시 증발해서 위험한 온실가스로 축적되는 것을 막아 준다. 이들이 죽어서 바다 밑으로 가라앉으면 압력에 의해 석회석이 되는데, 이런 과정을 통해 땅속에 저장된 탄소의 양은 대기 중에 있는 것보다 수만 배나 되는 것으로 추정된다. 그 석회석 속의 탄소는 화산 분출로 다시 대기 중으로 방출되었다가 빗물과 함께 땅으로 떨어진다. 이 과정은 오랜 세월에 걸쳐 일어나는데, 이것이 장기적인 탄소 순환 과정이다. 특별한 다른 장애 요인이 없다면 이 과정은 원활하게 일어나 지구의 기후는 안정을 유지할 수 있다.
>
> 그러나 불행하게도 인간의 산업 활동은 자연이 제대로 처리할 수 없을 정도로 많은 양의 탄소를 대기 중으로 방출한다. 영국 기상대의 피터 쿡스에 따르면, 자연의 생물권이 우리가 방출하는 이산화탄소의 영향을 완충할 수 있는 데에는 한계가 있기 때문에, 그 한계를 넘어서면 이산화탄소의 영향이 더욱 증폭된다. 지구 온난화가 걷잡을 수 없이 일어나게 되는 것은 두려운 일이다. 지구 온난화에 적응을 하지 못한 식물들이 한꺼번에 죽어 부패해서 그 속에 가두어져 있는 탄소가 다시 대기로 방출되면 문제는 더욱 심각해질 것이기 때문이다.

① 식물이나 해양 생물은 기후 안정성을 유지하는 데에 기여한다.
② 생명체가 지니고 있던 탄소는 땅속으로 가기도 하고 대기로 가기도 한다.
③ 탄소는 화산 활동, 생명체의 부패, 인간의 산업 활동 등을 통해 대기로 방출된다.
④ 극심한 오염으로 생명체가 소멸되면 탄소의 순환 고리가 끊겨 대기 중의 탄소도 사라진다.

[정답]
03 ④

낯선 기출 2회

01 다음 글의 빈칸에 들어갈 내용으로 가장 적절한 것은?
2014 국회직 8급 변형

> 음식은 나라마다 특성이 있으며, 식사 예법 또한 일률적이지 않다. 요리에 필요한 재료와 조미료가 특히 다르며, 음식에 대한 사고 또한 다르다. 일본인은 시각으로 먹고, 인도인은 촉각으로 먹으며, 프랑스인은 미각으로 먹는다. 조용조용 소리 없이 먹는 경우가 대부분이어서 청각이 동원되는 예가 흔치 않지만, 우리의 경우는 다르다. 가령, 우리 여름철 음식의 대명사 격인 냉면은 스파게티 가락들을 포크에 돌돌 말아 먹듯 젓가락에 말아 먹어서는 제맛이 나지 않는다. 젓가락으로 휘휘 둘러서 적당량을 입 끝에 댄 다음 후루룩 입안에 넣어야 제맛이다. 청각이 동원되어야 하는 음식으로는 총각김치와 오이소박이도 빼놓을 수 없다. _____

① 음식의 특성이 바로 식사 예법을 결정한다.
② 먹다 보면 소리가 요란할 수밖에 없는 음식들이다.
③ '빨리빨리'의 사고방식을 여기에서도 확인할 수 있다.
④ 따라서 조용히 먹지 않는다고 홍보하는 것은 문제가 있다.

01

제시된 글에서는 조용히 먹는 음식으로 일본, 인도, 프랑스를 예로 들어 '청각이 동원되는 예가 적음.'을 이야기하면서, 우리나라는 그것과 다름, 즉 '청각이 동원되는 예가 많음.'을 이야기하고 있다. 또한 '냉면', '총각김치'와 '오이소박이'를 예로 들고 있으므로, 이들 음식의 공통점을 생각해 볼 때, 빈칸에는 '먹다 보면 소리가 요란할 수밖에 없는 음식들이다.'가 들어가는 것이 가장 적절하다.

오답체크

① 음식의 특성에 따라 식사 예절이 달라질 수 있다는 것이 맨 첫 문장에 나오고는 있으나, 이어질 내용은 이와 관련한 것이 아니다.
③ 한국인의 사고방식을 흔히 '빨리빨리'라고 하기는 하지만, 제시된 글에서 이러한 사고방식을 이야기할 만한 내용은 확인할 수 없다.
④ 각 나라마다 음식의 특성이 다르기 때문에 식사 예절이 다르다고 이야기하면서, 조용히 먹지 않음을 홍보하는 것이 문제가 있다는 결론을 이끌어 낼 수는 있다. 하지만 빈칸에는 '총각김치'와 '오이소박이'의 '소리 나는 특성'에 관한 내용이 와야 하므로, 적절하지 않다.

[정답]
01 ②

02

비판적 태도를 견지하는 과학자는 '경험적 근거와 논리적 추론'을 통해 과학 연구를 수행해야 한다고 하였다. 결국 비판적 태도는 논리와 경험을 중시한다는 말이다. 따라서 정답은 ①이다.

오답체크

② 2문단의 "전체주의와 역사주의에 대한 그의 비판은 ~"을 통해 그가 역사주의를 비판했음을 알 수 있다. 또한 비판적 태도가 역사주의의 이론적 근거가 되었다는 내용도 제시되어 있지 않다.

③ 2문단의 "결국에는 사회를 구성하는 개개인의 자발적 선택을 부각하는 입장으로 나아갔다."를 통해 사회보다 개인을 먼저 고려했음을 확인할 수 있다.

④ 1문단의 "긍정적으로 보면 끊임없이 더 나은 이론을 도출하려는 도전적 태도로, 부정적으로 보면 현실적인 대안을 확보하기 전에 무책임하게 ~ 이러한 입장을 그는 '비판적'이라고 규정했다."는 것은 비판적 태도가 타협을 찾지 않는 태도임을 보여 준다.

03

미괄식 구조의 글은 근거를 먼저 제시하고, 이를 바탕으로 도출한 결론(주장)을 적은 것이다. 따라서 결론(주장)에 해당하는 문장을 가장 나중에 둔 것을 찾으면 된다.

제시된 글은 인류가 과학 기술이 제공하는 편리함 속에서 지나치게 미래에 대해 낙관하고 있지만, 결코 낙관적이지만은 않다는 내용이다. 결론(주장)에 해당하는 문장은 'ⓔ'이다. 따라서 전개 순서가 옳은 것은 ③이다.

[정답]
02 ①
03 ③

02 다음 글의 내용으로 미루어 알 수 있는 내용으로 가장 적절한 것은?

2014 국가직 7급

과학 철학자 칼 포퍼는 과학 연구 과정에서 아무리 오랫동안 대표 이론으로 간주되었던 것이라도 그것의 장점이 아니라 문제점을 지속적으로 발견하려 노력해야 하며 문제점이 정말로 발견되었을 때는 기존 이론을 폐기하고 새로운 대안을 찾아야 한다고 주장했다. 긍정적으로 보면 끊임없이 더 나은 이론을 도출하려는 도전적 태도로, 부정적으로 보면 현실적인 대안을 확보하기 전에 무책임하게 여러 장점을 지닌 이론을 폐기하는 완고한 태도로도 읽힐 수 있는 이러한 입장을 그는 '비판적'이라고 규정했다. 이런 태도를 견지하는 과학자는 어떤 편견으로부터도 자유로우면서 순전히 경험적 근거와 논리적 추론을 통해 과학 연구를 수행해야 한다.

포퍼의 지적 영향력은 과학 철학 분야에만 머물지 않는다. 그는 매우 영향력 있는 정치 철학자이기도 했다. 전체주의와 역사주의에 대한 그의 비판은 극단적인 자유주의를 옹호하지는 않으면서도 결국에는 사회를 구성하는 개개인의 자발적 선택을 부각하는 입장으로 나아갔다. 개인의 자발적 선택을 강조하는 근거는, 역사란 미리 정해진 목표에 따라 계획되고 실현될 수 있는 것이 아니라 무수한 개인의 자발적 행동이 모여 개인의 수준에서는 의도하지 않았던 결과로 나타난다는 생각이었다.

① 비판적 태도는 논리와 경험을 중시한다.
② 비판적 태도는 역사주의의 이론적 근거가 된다.
③ 비판적 태도는 불특정 개인보다 사회를 먼저 고려한다.
④ 비판적 태도는 갈등하는 이념 간의 타협점을 찾는 데 유용하다.

03 다음 문장들을 미괄식 문단으로 구성하고자 할 때 문맥상 전개 순서로 가장 옳은 것은?

2015 서울시 9급

㉠ 숨 쉬고 마시는 공기와 물은 이미 심각한 수준으로 오염된 경우가 많고, 자원의 고갈, 생태계의 파괴는 더 이상 방치할 수 없는 지경에 이르고 있다.
㉡ 현대인들은 과학 기술이 제공하는 물질적 풍요와 생활의 편리함의 혜택 속에서 인류의 미래를 낙관적으로 전망하기도 한다.
㉢ 자연환경의 파괴뿐만 아니라 다양한 갈등으로 인한 전쟁의 발발 가능성은 도처에서 높아지고 있어서, 핵전쟁이라도 터진다면 인류의 생존은 불가능해질 수도 있다.
㉣ 이런 위기들이 현대 과학 기술과 밀접한 관계가 있다는 사실을 알게 되는 순간, 과학 기술에 대한 지나친 낙관적 전망이 얼마나 위험한 것인가를 깨닫게 된다.
㉤ 오늘날 주변을 돌아보면 낙관적인 미래 전망이 얼마나 가벼운 것인지를 깨닫게 해 주는 심각한 현상들을 쉽게 찾아볼 수 있다.

① ㉠-㉢-㉤-㉣-㉡
② ㉡-㉣-㉤-㉠-㉢
③ ㉡-㉤-㉠-㉢-㉣
④ ㉤-㉣-㉠-㉢-㉡

낯선 기출 3회

01 <보기>에 이어질 (가)~(다)의 순서로 가장 자연스러운 것은?

2015 교육행정직 9급

보기

우리는 왜 글을 쓰는가? 우리의 경험이나 사고를 기록해 두거나 타인에게 더욱 확실히 전달하기 위해서이다. 글을 쓰는 목적을 이렇게 규정하면, 경험이나 사고는 시간적으로나 논리적으로 언어에 선행하며 그것들은 언어와 서로 분리가 가능한 독립적인 존재처럼 보이기 쉽다.

(가) 글로 쓰이기 이전의 경험이나 사고는 의식 활동인 만큼 불확실하고 막연할 수밖에 없으며, 오래 지속되기도 어렵다. 의식 활동에 속하는 경험이나 사고는 언어로 기록될 때 비로소 그 내용이 더 확실해지고 섬세하며 복잡한 차원으로 발전될 수 있다. 우리가 글을 쓰는 것은 고차원의 경험과 사고를 위해서이다.

(나) 글을 쓰는 근본적인 이유는 이와 같은 고차원의 경험과 사고 과정에서 인생과 세계에 대해 더 잘 생각하고 더 정확히 인식해 보자는 데 있다. 우리는 글을 씀으로써 자신을 포함해 인간의 삶과 세계를 더욱 투명하게 파악하고자 하는 것이다.

(다) 그러나 경험이나 사고는 언어와 분리될 수 없다. 경험이나 사고는 언어에 의해 기록과 전달이 이루어진다는 점에서 그것은 곧 언어 활동이다. 이렇게 보면 글을 쓰는 이유는 경험이나 사고의 기록과 전달에만 있지 않다. 경험이나 사고를 복잡한 차원으로 발전시키기 위해서도 필요하다.

① (가) - (나) - (다)
② (가) - (다) - (나)
③ (다) - (가) - (나)
④ (다) - (나) - (가)

01

<보기>는 글의 목적을 기록과 전달로 볼 때, 언어와 사고가 분리 가능한 것처럼 보인다고 말하였다. 이는 (다)의 '그러나 ~ 분리될 수 없다.'라는 내용과 바로 연결된다. (가)는 (다)에서 주장하고 있는 글을 쓰는 목적인 '복잡한 사고의 발전'의 상세한 설명에 해당하고, (나)는 '이와 같은 고차원의 경험과 사고 과정'이라고 하여 (가)의 마지막 부분에 이어지면서, 글 전체 내용을 정리한 것이다. 따라서 '(다) - (가) - (나)'의 연결이 가장 자연스럽다.

[정답]
01 ③

02

제시된 글에서 글쓴이는 일부분만 바라보는 역사가의 시각을 문제시하면서 과거의 역사는 현재를 통해 보아야 새로운 전망과 시각을 가질 수 있다고 주장하고 있다. 마지막 문단의 마지막 문장 "즉 그가 참여하고 있는 행렬의 지점이 과거에 대한 그의 시각을 결정한다는 것이지요."는 현재를 통해 과거가 결정된다는 말이므로, 제시된 글의 핵심 논지는 '과거의 역사는 현재를 통해서 보아야 한다.'이다.

02 다음 글의 핵심 논지로 가장 적절한 것은?

2007 국회직 8급 변형

> 역사가는 하나의 개인입니다. 그와 동시에 다른 많은 개인들과 마찬가지로 그들은 하나의 사회적 현상이고, 자신이 속해 있는 사회의 산물인 동시에 의식적이건 무의식적이건 그 사회의 대변인인 것입니다. 바로 이러한 자격으로 그들은 역사적인 과거의 사실에 접근하는 것입니다.
>
> 우리는 가끔 역사 과정을 '진행하는 행렬'이라 말합니다. 이 비유는 그런대로 괜찮다고 할 수는 있겠지요. 하지만 이런 비유에 현혹되어 역사가들이, 우뚝 솟은 암벽 위에서 아래 경치를 내려다보는 독수리나 사열대에 선 중요 인물과 같은 위치에 서 있다고 생각해서는 안 됩니다. 이러한 비유는 사실 말도 안 되는 이야기입니다. 역사가도 이러한 행렬의 한 편에 끼어서 타박타박 걸어가고 있는 또 하나의 보잘것없는 인물밖에는 안 됩니다. 더구나 행렬이 구부러지거나, 우측 혹은 좌측으로 돌며, 때로는 거꾸로 되돌아오고 함에 따라, 행렬 각 부분의 상대적인 위치가 잘리게 되어 변하게 마련입니다.
>
> 따라서 1세기 전 우리들의 증조부들보다도 지금 우리들이 중세에 더 가깝다든가, 혹은 시저의 시대가 단테 시대보다 현대에 가깝다든가 하는 이야기는, 매우 좋은 의미를 갖는 경우도 될 수 있는 것입니다. 이 행렬 ― 그와 더불어 역사가들도 ― 이 움직여 나감에 따라서 새로운 전망과 새로운 시각은 끊임없이 나타나게 됩니다. 이처럼 역사가의 시각은 역사의 일부분만을 보는 데 지나지 않습니다. 즉 그가 참여하고 있는 행렬의 지점이 과거에 대한 그의 시각을 결정한다는 것이지요.

① 역사는 현재와 과거의 단절에 기초한다.
② 역사가와 사실의 관계는 평등한 관계이다.
③ 과거의 역사는 현재를 통해서 보아야 한다.
④ 역사가는 주관적으로 역사를 바라보아야 한다.

[정답]
02 ③

03 다음 글의 내용과 일치하지 않는 것은?

2015 교육행정직 9급

'화가의 눈'은 세상이 감추고 있는 의미를 찾아가는 '눈'이다. 그것은 예술가에게만 천부적으로 주어진 것이 아니라, 우리들 누구에게나 잠재해 있다. 단지 경험을 통해 확실히 아는 것에만 익숙해진 우리의 맹목적인 지식이 이러한 눈을 가리고 있을 뿐이다. 세잔의 지적처럼, 우리가 남에게 빌려 오지 않은 거짓 없는 눈으로 이 세상을 바라보기 시작한다면, 빛나는 비밀로 가득 찬 세상은 우리의 끊임없는 숨바꼭질을 기다리고 있을 것이다. 그 누구의 지식에도 오염되지 않은 어린이의 눈에 이 세상이 온통 비밀스러운 의미로 가득 차 보이는 것처럼 말이다.

화가의 눈으로 그려낸 작품은 이러한 숨바꼭질에서 번쩍이는 섬광처럼 찾아낸, 새로운 비밀을 지닌 소우주이다. 그것은 다시 반복되지 않는 삶처럼, 우리에게 무엇인가에 대한 낯섦과 기대감을 동시에 던져 준다. 그러나 그런 낯섦과 기대감을 동시에 품은 화가의 작품은 의미를 찾아내려고 하는 우리와의 숨바꼭질에서 그 본모습을 쉽게 드러내지 않는다.

그렇다고 해서 화가의 작품이 우리에게서 멀리 떨어져 박물관이나 전시장에 박제로 남아야 하는 것은 아니다. 우리에게는 화가의 작품처럼 온전히 파악하기 힘든 대상을 여러 관점에서 상상의 힘으로 이해하는 즐거움이 있기 때문이다. 화가의 눈으로 그린 작품의 의미를 온전히 파악하기 어려움에도 불구하고 우리가 전시장을 항시 기웃거리는 것도 바로 이 때문이다. 여기에 또 하나의 눈이 존재한다. 작품의 의미를 여러 관점에서 상상의 힘으로 이해하도록 하는 눈, 그것을 우리는 '대중의 눈'이라고 부를 수 있다. 대중의 눈은 우리의 눈으로서, 예술 작품의 의미를 다양하게 이끌어 내도록 돕는다는 점에서 의의가 있다.

① 모든 사람은 '화가의 눈'을 잠재적으로 가지고 있다.
② '화가의 눈'으로 그린 작품은 낯섦과 기대감을 동시에 준다.
③ 예술 작품은 온전히 파악될 수 있어야 예술적 가치가 있다.
④ '대중의 눈'은 예술 작품의 다양한 해석을 이끈다.

낯선 기출 4회

01 빈칸에 들어갈 말로 가장 적절한 것은?
2011 서울시 9급 변형

> _____ 사람과 사람이 직접 얼굴을 맞대고 하는 접촉이 라디오나 텔레비전 등의 매체를 통한 접촉보다 결정적인 영향력을 미친다는 것이 일반적인 견해로 알려져 있다. 매체는 어떤 마음의 자세를 준비하게 하는 구실을 하여 나중에 직접 어떤 사람에게서 새 어형을 접했을 때 그것이 텔레비전에서 자주 듣던 것이면 더 쉽게 그쪽으로 마음의 문을 열게 하는 면에서 영향력을 행사하기는 하지만, 새 어형이 전파되는 것은 매체를 통해서보다 상면하는 사람과의 직접적인 접촉에 의해서라는 것이 더 일반화된 견해이다. 사람들은 한두 사람의 말만 듣고 언어 변화에 가담하지는 않는다고 한다. 주위의 여러 사람들이 다 같은 새 어형을 쓸 때 비로소 그것을 받아들이게 된다고 한다. 매체를 통해서 보다 자주 접촉하는 사람들을 통해 언어 변화가 진전된다는 사실은 언어 변화의 여러 면을 바로 이해하는 한 핵심적인 내용이라 해도 좋을 것이다.

① 언어 변화는 결국 접촉에 의해 진행되는 현상이다.
② 접촉의 형식도 언어 변화에 영향을 미치는 요소로 지적되고 있다.
③ 매체의 발달이 언어 변화에 중요한 영향을 미치는 것으로 알려져 있다.
④ 언어 변화는 외부와의 접촉이 극히 제한되어 있는 곳일수록 그 속도가 느리다.

01
빈칸 바로 다음 문장에서 사람과 사람이 '직접 접촉'을 하는 것이 '매체를 통한 접촉'보다 결정적인 영향을 미친다고 하였다. 직접 접촉이든 간접 접촉이든 접촉의 형식이 언어 변화와 관계있다는 의미이므로, 빈칸에는 '접촉의 형식도 언어 변화에 영향을 미치는 요소로 지적되고 있다.'가 들어가는 것이 가장 적절하다.

오답체크
① '접촉' 자체가 아니라 접촉의 방식이 어떤 것인가에 따라 언어 변화가 진전된다는 것을 설명하고 있다.
③ 매체 발달이 언어 변화에 영향을 미치나, 직접 접촉보다는 영향력이 덜 하다고 말하고 있다.
④ 직접 접촉이 언어 변화에 미치는 영향을 말하고 있지만, 외부와의 접촉이 제한된 곳에 대한 설명은 제시되어 있지 않다.

[정답]
01 ②

02 다음 글의 내용에 부합하지 않는 것은?

2014 지방직 9급

> 책은 인간이 가진 그 독특한 네 가지 능력의 유지, 심화, 계발에 도움을 주는 유효한 매체이다. 하지만, 문자를 고안하고 책을 만들고 책을 읽는 일은 결코 '자연스러운' 행위가 아니다. 인간의 뇌는 애초부터 책을 읽으라고 설계된 것이 아니기 때문이다. 문자가 등장한 역사는 6천 년, 지금과 같은 형태의 책이 등장한 역사 또한 6백여 년에 불과하다. 책을 쓰고 읽는 기능은 생존에 필요한 다른 기능들을 수행하도록 설계된 뇌 건축물의 부수적 파생 효과 가운데 하나이다. 말하자면 그 능력은 덤으로 얻어진 것이다.
>
> 그런데 이 '덤'이 참으로 중요하다. 책이 없이도 인간은 기억하고 생각하고 상상하고 표현할 수 있기는 하나 책과 책 읽기는 인간이 이 능력을 키우고 발전시키는 데 중대한 차이를 낳기 때문이다. 또한 책을 읽는 문화와 책을 읽지 않는 문화는 기억, 사유, 상상, 표현의 층위에서 상당한 질적 차이를 가진 사회적 주체들을 생산한다. 그렇기는 해도 모든 사람이 맹목적인 책 예찬자가 될 필요는 없다. 그러나 중요한 것은, 인간을 더욱 인간적이게 하는 소중한 능력들을 지키고 발전시키기 위해서 책은 결코 희생할 수 없는 매체라는 사실이다.
>
> 그 능력을 지속적으로 발전시키는 데 드는 비용은 적지 않다. 무엇보다 책 읽기는 결코 손쉬운 일이 아니기 때문이다. 책 읽기에는 상당량의 정신 에너지와 훈련이 요구되며, 독서의 즐거움을 경험하는 습관 또한 요구된다.

① 책 읽기는 별다른 훈련이나 노력 없이도 마음만 먹으면 가능한 일이다.
② 책을 쓰고 읽는 기능은 인간 뇌의 본래적 기능은 아니다.
③ 책과 책 읽기는 인간의 기억, 사유, 상상 등과 관련된 능력을 키우는 데 상당히 중요한 변수로 작용한다.
④ 독서 문화는 특정 층위에서 사회적 주체들의 질적 차이를 유발한다.

03 다음 글에 이어질 내용으로 부적합한 것은?

2014 서울시 9급

> 인간은 흔히 자기 뇌의 10%도 쓰지 못하고 죽는다고 한다. 또 사람들은 천재 과학자인 아인슈타인조차 자기 뇌의 15% 이상을 쓰지 못했다는 말을 덧붙임으로써 이 말에 신빙성을 더한다. 이 주장을 처음 제기한 사람은 19세기 심리학자인 윌리엄 제임스로 추정된다. 그는 "보통 사람은 뇌의 10%를 사용하는데 천재는 15~20%를 사용한다."라고 말한 바 있다. 인류학자 마가렛 미드는 한발 더 나아가 그 비율이 10%가 아니라 6%라고 수정했다. 그러던 것이 1990년대에 와서는 인간이 두뇌를 단지 1% 이하로 활용하고 있다고 했다. 최근에는 인간의 두뇌 활용도가 단지 0.1%에 불과해서 자신의 재능을 사장시키고 있다는 연구 결과도 제기됐다.

① 인간의 두뇌가 가진 능력을 제대로 발휘하지 못하도록 하는 요소가 무엇인지 연구해야 한다.
② 어른들도 계속적인 연구와 노력을 통하여 자신의 능력을 충분히 발휘할 수 있도록 해야 한다.
③ 학교는 자라나는 학생이 재능을 발휘할 수 있도록 여건을 조성해 주어야 한다.
④ 인간의 두뇌 개발을 촉진시킬 수 있는 프로그램을 개발해야 한다.
⑤ 어린 시절부터 개성적인 인간으로 성장할 수 있도록 조기 교육을 실시해야 한다.

03
제시된 글의 요지는 '인간이 자기 뇌의 10%도 쓰지 못하고 죽으며, 심지어 더 낮은 수치의 활용도에 불과함을 보여주는 다른 주장들도 있다.'이다. 따라서 '개성적인 인간을 위한 조기 교육'은 글의 논지와 무관하므로, 이어질 내용으로 적절하지 않다.

[정답]
03 ⑤

낯선 기출 5회

01 다음은 어느 신문의 독자 투고 글이다. 이 글의 내용과 일치하지 않는 것은?

2015 서울시 7급

> 우리는 그동안 피땀 어린 노력으로 괄목할 만한 경제 성장을 이룩해 왔다. 그 결실로 국민 소득이 2만 달러에 이르렀고 경제 성장률 또한 세계 16위에 있다. 하지만 과연 우리 국민성은 어떠할까. 아직도 차량 문틈 사이로 함부로 담배꽁초를 버리는 사람들이 있는가 하면, 자기 앞에 있는 쓰레기를 줍기는커녕 음식을 먹고 쓰레기를 그대로 두고 가는 사람들이 더 많다. 주택가에서 술을 마시고 고성방가를 하고 그것도 모자라 출동한 경찰관에게 시비를 걸고 욕설을 일삼는 사람들을 자주 만날 수 있다. 아이의 손을 잡고 거리낌 없이 무단횡단을 하는 아주머니들을 볼 때면 착잡한 마음마저 들기도 한다.
>
> 물론 경찰의 강력한 단속과 처벌로 이러한 무질서를 바로잡을 수 있을지도 모른다. 하지만 이는 미봉책에 불과할 뿐, 국민 모두의 마음속에 기초 질서 정신이 자리 잡지 않고는 올바른 질서를 만들어 낼 수 없는 것이다. 무질서라는 전통을 후손에게 물려줄 것인지 스스로 반성하고 지금 우리 앞에 버려진 쓰레기를 줍는 것부터 시작해야 할 것이다.
>
> ― 2010년 11월 19일자 경남신문 독자 투고

① 경제 성장에 비해 국민성이 낮아 걱정이다.
② 경찰의 강력한 단속과 처벌로 무질서를 바로잡아야 한다.
③ 기초 질서 정신은 작은 실천에서 비롯된다.
④ 기초 질서를 어기는 사람들이 많다.

02

2문단의 "그러나 내가 국어의 혼탁을 걱정하지 않는 더 중요한 이유는 내가 불순함의 옹호자이기 때문이다." 부분을 볼 때, 제시된 글의 글쓴이는 '혼탁'과 '불순'에 대해 긍정적인 입장이다. 따라서 글쓴이는 이와 유사한 '감염', '섞임'에도 긍정적인 평가를 내릴 것이다.

긍정적으로 사용	부정적으로 사용
혼탁, 불순, 감염, 섞임, 자유·풍요, 세련	순결, 전체주의, 단색, 유니폼, 순화, 북벌

02 다음 글에서 글쓴이가 긍정적으로 평가하는 것만으로 묶인 것은?

2012 국가직 9급

언어 순결주의자들은 국어의 혼탁을 걱정한다. 그들은 국어의 어휘가 외래어에 감염되어 있다고 개탄하고, 국어의 문체가 번역 문투에 감염되어 있다고 지탄한다. 나는 국어가 혼탁하다는 그들의 진단에 동의한다. 그러나 그 혼탁을 걱정스럽게 생각하지는 않는다. 우선, 국어의 혼탁이 현실적으로 불가피한 일이기 때문이다. 외딴섬에 이상향을 세우고 쇄국의 빗장을 지르지 않는 한 국어의 혼탁을 막을 길은 없다.

그러나 내가 국어의 혼탁을 걱정하지 않는 더 중요한 이유는 내가 불순함의 옹호자이기 때문이다. 불순함을 옹호한다는 것은 전체주의나 집단주의의 단색 취향, 유니폼 취향을 혐오한다는 것이고, 자기와는 영 다르게 생겨 먹은 타인에게 너그러울 수 있다는 것이다. 나는 이른바 토박이말과 한자어(중국산이든 한국산이든 일본산이든)와 유럽계 어휘(영국제이든 프랑스제이든)가 마구 섞인 혼탁한 한국어 속에서 자유를 숨 쉰다. 나는 한문 투로 휘어지고 일본 문투로 굽어지고 서양 문투로 닳은 한국어 문장 속에서 풍요와 세련을 느낀다. 순수한 토박이말과 토박이 문체로 이루어진 한국어 속에서라면 나는 질식할 것 같다. 언어 순결주의, 즉 외국어의 그림자와 메아리에 대한 두려움에서 외국인 노동자에 대한 박해, 혼혈인 혐오, 북벌(北伐)·정왜(征倭)의 망상까지는 그리 먼 걸음이 아니다. 우리가 잊지 말아야 할 것은 '순화'의 충동이란 흔히 '죽임'의 충동이란 사실이다.

① 혼탁, 불순, 감염, 섞임
② 자유, 풍요, 세련, 순결
③ 외딴섬, 쇄국, 빗장, 북벌
④ 단색, 유니폼, 순화, 전체주의

[정답]
02 ①

03 다음 글의 괄호 안에 들어갈 말로 가장 적절한 것은?

2014 지방직 9급

우리는 대체로 머리끝에서 발끝까지를 서양식(西洋式)으로 꾸미고 있다. "목은 잘라도 머리털은 못 자른다."라고 하던 구한말(舊韓末)의 비분강개(悲憤慷慨)를 잊은 지 오래다. 외양(外樣)뿐 아니라, 우리가 신봉(信奉)하는 종교(宗敎), 우리가 따르는 사상(思想), 우리가 즐기는 예술(藝術), 이 모든 것이 대체로 서양식(西洋式)인 것이다.

우리가 연구하는 학문(學問) 또한 예외가 아니다. 피와 뼈와 살을 조상(祖上)에게서 물려받았을 뿐, 문화(文化)라고 일컬을 수 있는 거의 모든 것이 서양(西洋)에서 받아들인 듯싶다. 이러한 현실(現實)을 앞에 놓고서 민족 문화(民族文化)의 전통(傳統)을 찾고 이를 계승(繼承)하고자 한다면, 이것은 편협(偏狹)한 배타주의(排他主義)나 국수주의(國粹主義)로 오인(誤認)되기에 알맞은 이야기가 될 것 같다.

그러면 민족 문화의 전통을 말하는 것이 반드시 보수적(保守的)이라는 멍에를 메어야만 하는 것일까? 이 문제(問題)에 대한 올바른 해답(解答)을 얻기 위해서는, 전통이란 어떤 것이며, 또 (　　　)를 살펴보아야 할 것이다.

① 전통은 서구 문화와 어떤 관계를 맺고 있는가
② 전통은 어떻게 계승되어 왔는가
③ 전통은 앞으로 어떤 변화를 겪을 것인가
④ 전통은 서구 문화와 어떤 차이가 있는가

03
2문단에서 글쓴이는 앞으로 자신이 '민족 문화(民族文化)의 전통(傳統)을 찾고 이를 계승(繼承)하고자 한다.'고 밝히고 있다. 따라서 이를 위해 선행되어야 할 것은 '전통이란 무엇인가, 전통은 어떻게 계승되어 왔는가'에 대한 설명이며 그런 설명 뒤에 마지막으로 '이러한 전통을 계승하고자 한다.'라는 주장을 제기하는 것이 논리적이다.

[정답]
03 ②

낯선 기출 6회

01

01 다음 글에 비추어 볼 때 '합리주의적 입장'이 아닌 것은?　　2011 국회직 8급 변형

> 　어린이의 언어 습득을 설명하려는 이론으로는 두 가지가 있다. 하나는 경험주의적인 혹은 행동주의적인 이론이요, 다른 하나는 합리주의적인 이론이다.
> 　경험주의 이론에 의하면 어린이가 언어를 습득하는 것은 어떤 선천적인 능력에 의한 것이 아니라 경험적인 훈련에 의해서 오로지 후천적으로만 이루어지는 것이라는 것이다.
> 　한편, 합리주의적인 언어습득의 이론은 어린이가 언어를 습득하는 것은 거의 전적으로 타고난 특수한 언어 학습 능력과, 일반 언어 구조에 대한 추상적인 선험적 지식에 의해서 이루어지는 것이라고 한다.

① 언어가 극도로 추상적이고 고도로 복잡한데도 불구하고 어린이들이 짧은 시일 안에 언어를 습득한다.
② 언어 습득의 균일성이다. 즉 일정한 나이가 되면 모든 어린이가 예외가 없이 언어를 통달하게 된다.
③ 어린이는 완전히 백지 상태에서 출발하여 반복 연습과 시행착오와 그 교정에 의해서 언어라는 습관을 형성한다.
④ 언어의 완전한 달통성이다. 즉 많은 현실적 악조건에도 불구하고 어린이가 완전한 언어 능력을 갖출 수 있게 된다.

01
'경험주의 이론'은 언어 습득이 경험적인 훈련에 의해 후천적으로 이루어진 것임을 강조하고, '합리주의 이론'은 언어 습득이 타고난 특수한 언어 학습 능력, 선험적 지식에 의해서 이루어진 것임을 강조한다. 그런데 '백지 상태에서 반복 연습과 시행착오'는 훈련에 의해 이루어지는 것이므로 이는 '합리주의적 입장'이 아닌 '경험주의적 입장'이다.

오답체크
① '짧은 시일 안에 언어를 습득'에서 합리주의 이론임을 알 수 있다.
② '일정한 나이가 되면'에서 합리주의 이론임을 알 수 있다.
④ '악조건에도 불구하고 어린이가 완전한 언어 능력을 갖출 수 있게 된다.'에서 합리주의 이론임을 알 수 있다.

[정답]
01 ③

02 다음 글을 읽고 알 수 없는 것은?

2015 기상직 9급

역사란 무엇인가 하는 대단히 어려운 물음에 아주 쉽게 답한다면, 그것은 인간 사회의 지난날에 일어난 사실들 자체를 가리키기도 하고, 또 그 사실들에 관해 적어 놓은 기록들을 가리키기도 한다고 흔히 말할 수 있다. 그러나 지난날의 인간 사회에서 일어난 사실이 모두 역사가 되는 것은 아니다. 쉬운 예를 들면 김 총각과 박 처녀가 결혼한 사실은 역사가 될 수 없고, 한글이 만들어진 사실, 임진왜란이 일어난 사실 등은 역사가 되는 것이다. 이렇게 보면 사소한 일, 일상적으로 반복되는 일은 역사가 될 수 없고, 거대한 사실, 한 번만 일어나는 사실만이 역사가 될 것 같지만, 반드시 그런 것도 아니다.

고려 시대의 경우를 예로 들면 주기적으로 일어나는 자연 현상인 일식과 월식은 모두 역사로 기록되었으면서도 금속 활자가 세계에서 가장 먼저 발명된 사실은 역사로 기록되지 않았다. 이 때문에 우리는 지금 세계 최고의 금속 활자를 누가 몇 년에 처음으로 만들었는지 모르고 있다. 일식과 월식은 자연 현상이면서도 하늘이 인간 세계의 부조리를 경고하는 것이라 생각했기 때문에 역사가 되었고 목판본이나 목활자 인쇄술이 금속 활자로 넘어가는 중요성이 인식되지 않았기 때문에 그것은 역사로 될 수 없었던 것이다.

① 반복되는 일이 역사로 기록된 예
② 금속 활자가 발명된 사실이 기록되지 않은 이유
③ 거대하고 한 번만 일어나는 사실만이 역사가 되는 이유
④ 김 총각과 박 처녀가 결혼한 사실이 역사가 되지 않는 이유

03

철도 여행이 인간의 공간 감각을 뒤흔든다고 이야기하면서, 인간이 걸으면서 느낄 수 있는 공간 감각을 다루고 있으므로, 인간의 걷기에 관한 이야기가 이어져야 한다. 따라서 (다)보다는 (나)가 적절하다. 마찬가지로 걷기에 대한 내용이 (라)에 이어지고 있으므로, '(나) - (라)'의 순서가 자연스럽다. (가)에서 걷는 것과 차를 타고 이동하는 것이 다르다고 말하고 있고, 그 구체적인 설명이 (다)에 나타난다. 따라서 정답은 '(나) - (라) - (가) - (다)'이다.

03 다음 <보기>에 이어질 (가)~(라)의 연결 순서로 가장 자연스러운 것은? 2014 국회직 8급

보기

철도 여행은 인간의 공간 감각을 뒤흔든다. 인간은 걸으면서 유장하고 느리게 지나가는 주변 공간과 일 대 일로 맞대면하게 된다. 두 발로 대지에 선 인간은 자연과 일체감을 느낀다. 만유인력의 물리학적 법칙은 인간의 신체적 한계를 조건 짓는다. 산과 들, 강과 바다와 같은 주변 경관은 인간의 시선에 기하학적 질서로 파악된다. 새소리, 물소리, 바람 소리는 인간의 청각에 파동으로 전달되어 흔적을 남긴다.

(가) 브르통에게서 걷기는 기차와 자동차로 이동하는 것과 전혀 다른 체험이다. 걷기에서 인간이 능동적 형식의 명상에 빠져든다면, 기차나 자동차는 육체의 수동성과 세계를 멀리하는 길만 가르쳐 준다.

(나) 다비드 르 브르통은 ≪걷기 예찬≫에서 걷기의 심오한 철학을 풀어 간다. 그에게 걷기는 세계를 느끼는 관능으로 초대하는 것이다. 걷기에서 경험의 주도권은 인간에게 돌아온다.

(다) 기차 여행은 목표 지점에 대한 일직선적인 도달만을 욕망할 뿐 그 중간 과정은 어쩔 수 없이 견뎌야 하는 잉여의 이동일 뿐이다.

(라) 우리는 정처 없이 걸으면서 지나가는 시간을 음미하고 존재를 에돌아가서 길의 종착점에 더 확실하게 이르기 위해 걷는다. 전에 알지 못했던 장소들과 얼굴들을 발견하고 몸을 통해 무궁무진한 감각과 관능의 세계에 대한 지식을 확대하기 위해 걷는다. 걷기는 시간과 공간을 새로운 환희로 바꾸어 놓는 고즈넉한 방법이다.

① (나) - (다) - (가) - (라)
② (나) - (라) - (가) - (다)
③ (나) - (가) - (다) - (라)
④ (다) - (나) - (라) - (가)
⑤ (다) - (라) - (나) - (가)

[정답]
03 ②

낯선 기출 7회

01 다음 글의 중심 생각으로 가장 적절한 것은?

2010 국가직 7급

바야흐로 "21세기는 문화의 세기가 될 것이다."라는 전망과 주장은 단순한 바람의 차원을 넘어서 보편적 현상으로 인식되고 있다. 이러한 현상은 세계 질서가 유형의 자원이 힘이 되었던 산업 사회에서 눈에 보이지 않는 무형의 지식과 정보가 경쟁력의 원천이 되는 지식 정보 사회로 재편되는 것과 맥을 같이 한다.

지금까지의 산업 사회에서 문화와 경제는 각각 독자적 영역을 유지해 왔다. 그러나 지식 정보 사회에서는 경제 성장에 따라 소득 수준이 향상되고 교육 기회가 확대되면서 물질적 풍요를 뛰어넘는 삶의 질을 고민하게 되었고, 모든 재화와 서비스를 선택할 때 기능성을 능가하는 문화적·미적 가치를 고려하게 되었다. 뿐만 아니라 정보 통신이 급격하게 발달함에 따라 세계 각국의 다양한 문화를 보다 빠르게 수용하면서 문화적 욕구와 소비를 가속화시켰고, 그 상황 속에서 문화와 경제는 서로 도움이 되는 보완적 기능을 하게 되었다.

이제 문화는 배부른 자나 유한계급의 전유물이 아니라 생활 그 자체가 되었다. 고급문화와 대중문화의 경계가 무너지고 장르 간 구분이 모호해지면서 서로 다른 문화가 뒤섞여 새로운 문화가 생겨나고 있다. 이렇게 해서 나타나는 퓨전 문화가 대중적 관심을 끌고 있는 가운데, 이율배반적인 것처럼 보였던 문화와 경제의 공생 시대가 열린 것이다. 특히 경제적 측면에서 문화는 고전 경제학에서 말하는 생산의 3대 요소인 토지·노동·자본을 대체하는 생산 요소가 되었을 뿐만 아니라 경제적 자본 이상의 주요한 자본이 되고 있다.

① 21세기는 지식과 정보가 경쟁력의 원천이 되는 지식 정보 사회로 재편되었다.
② 고급문화와 대중문화의 경계가 무너지고 퓨전 문화가 새로이 등장하게 되었다.
③ 문화와 경제는 서로 간에 도움이 되는 상생의 기능을 하게 되었다.
④ 정보 통신의 급격한 발달은 문화적 욕구와 소비를 가속화시켰다.

01
2문단의 "문화와 경제는 서로 도움이 되는 보완적 기능을 하게 되었다."와 3문단의 "이율배반적인 것처럼 보였던 문화와 경제의 공생 시대가 열린 것이다." 부분을 볼 때, 제시된 글의 중심 생각은 '문화와 경제는 서로 간에 도움이 되는 상생의 기능을 하게 되었다.'이다.

[정답]
01 ③

02

2문단을 통해, '육식 여부, 즉 고기를 먹는지 여부'로 오스트랄로피테쿠스 속과 사람 속을 구분했던 것은 한때의 일로, 현재는 새로운 증거가 발견되어 오스트랄로피테쿠스도 고기를 먹었음을 결론 내리게 되었다. 따라서 육식 여부가 여전히 구분의 주요한 기준이라는 설명은 적절하지 않다.

02 다음 글의 내용과 일치하지 않는 것은?

2014 국가직 7급

> 우리는 도구를 사용하고, 다양한 종류의 음식을 먹는 본능과 소화력을 갖췄다. 어떤 동물은 한 가지 음식만 먹는다. 이렇게 음식 하나에 모든 것을 거는 '단일 식품 식생활'은 도박이다. 그 음식의 공급이 끊기면 그 동물도 끝이기 때문이다.
>
> 400만 년 전, 우리 인류의 전 주자였던 오스트랄로피테쿠스는 고기를 먹었다. 한때 오스트랄로피테쿠스가 과일만 먹었을 것이라고 믿은 적도 있었다. 따라서 오스트랄로피테쿠스 속과 사람 속을 가르는 선을 고기를 먹는지 여부로 정했었다. 그러나 남아프리카공화국의 한 동굴에서 발견된 200만 년 된 유골 4구의 치아에서는 이와 다른 증거가 발견됐다. 인류학자 맷 스폰하이머와 줄리아 리소프는 이 유골의 치아 사기질의 탄소 동위 원소 구성 중 ^{13}C의 비율이 과일만 먹은 치아보다 열대 목초를 먹은 치아와 훨씬 더 가깝다는 것을 발견했다. 식생활 동위원소는 체내 조직에 기록되기 때문에 이 발견은 오스트랄로피테쿠스가 상당히 많은 양의 풀을 먹었거나 이 풀을 먹은 동물을 먹었다는 추측을 가능케 한다. 그런데 같은 치아에서 풀을 씹어 먹을 때 생기는 마모는 전혀 보이지 않았기 때문에 오스트랄로피테쿠스 식단에서 풀을 먹는 동물이 큰 부분을 차지했다는 결론을 내릴 수 있다.
>
> 오래전에 멸종되어 260만 년이라는 긴 시간을 땅속에 묻혀 있던 동물의 뼈 옆에서는 석기들이 함께 발견되기도 한다. 이 뼈와 석기가 들려주는 이야기는 곧 우리의 이야기다. 어떤 뼈에는 이로 씹은 흔적 위에 도구로 자른 흔적이 겹쳐 있다. 그 반대의 흔적이 남은 뼈들도 있다. 도구로 자른 흔적 다음에 날카로운 이빨 자국이 남은 경우다. 이런 것은 무기를 가진 인간이 먼저 먹고 동물이 이빨로 뜯어 먹은 것이다. 우리의 사냥 역사는 정말 먼 옛날까지 거슬러 올라간다. 15만 세대 정도다.

① 한 가지 음식만 먹고 사는 동물은 멸종될 위험이 있다.
② 육식 여부는 현재도 오스트랄로피테쿠스 속과 사람 속을 구분하는 중요한 기준이다.
③ 석기와 함께 발굴된 동물 뼈의 흔적을 통해 인간이 오래 전부터 사냥을 했음을 알 수 있다.
④ 발굴된 유골의 치아 상태 조사를 통해 오스트랄로피테쿠스가 초식 동물을 먹었을 것이라 추측할 수 있다.

[정답]
02 ②

03 다음 발표에서 사용한 전략이 아닌 것은?

2014 국가직 9급

> 여러분은 지금부터 제 질문에 "받아들일 만하다!"와 "불공정하다!"의 두 가지 대답 중 하나만을 선택할 수 있습니다. 첫 번째 질문은 다음에 관한 내용입니다. 어떤 자동차가 매우 잘 팔려서 물량이 부족한 상황입니다. 이에 한 자동차 대리점은 지금까지와는 달리 상품 안내서에 표시된 가격에 20만 원을 덧붙여서 팔기로 했습니다. 자동차 대리점의 결정은 받아들일 만한 것일까요, 아니면 불공정한 것일까요?
>
> 두 번째 질문은 다음과 같습니다. 어떤 자동차가 매우 잘 팔려서 물량이 부족한 상황입니다. 20만 원 할인된 가격으로 차를 팔아 왔던 한 자동차 대리점이 할인을 중단하고 원래 가격대로 팔기로 했습니다. 이러한 결정은 받아들일 만한 것일까요, 아니면 불공정한 것일까요?
>
> 실제로 캐나다에서 130명을 상대로 이러한 질문을 했습니다. 그 결과에 따르면, 첫 번째 질문에 불공정하다고 답한 응답자는 71%인 반면, 두 번째 질문에 불공정하다고 답한 응답자는 42%에 불과합니다. 두 경우 모두 가격을 20만 원 올렸는데, 이러한 차이가 발생한 이유는 무엇일까요? 이에 대해 노벨 경제학상을 받은 대니얼 카너먼은 가격을 올리는 방식에 대해 정반대의 생각을 하기 때문이라고 했습니다. 기존의 가격에서 인상하는 것은 손해로, 할인을 없애는 것은 이득을 볼 기회를 잃어버리는 것으로 여긴다는 것입니다.

① 전문가의 견해를 인용하고 있다.
② 물음을 통해 청중의 주의를 환기하고 있다.
③ 구체적인 사례와 조사 결과를 제시하고 있다.
④ 매체의 특성을 고려해 발표 내용을 조절하고 있다.

03

제시된 글을 통해 알 수 있는 것은 발표하는 내용이라는 것일 뿐, 매체의 특성을 고려해 발표 내용을 조절하고 있는지는 전혀 알 수 없다.

오답체크

① 마지막 문단에서 노벨 경제학상을 받은 '대니얼 카너먼'의 말을 '인용'하고 있다.
② 1문단, 2문단 모두에서 청중에게 '질문을 던져 주의를 환기'하고 있다.
③ 3문단에서 캐나다의 '구체적 사례와 조사 결과를 제시'하고 있다.

[정답]
03 ④

낯선 기출 8회

01 다음 글의 내용에 부합하지 않은 것은?　　　　　　　　　2013 국가직 9급

> 오늘날 지구상에는 193종의 원숭이와 유인원이 살고 있다. 그 가운데 192종은 온몸이 털로 덮여 있고, 단 한 가지 별종이 있으니, 이른바 '호모 사피엔스'라고 자처하는 털 없는 원숭이가 그것이다. 지구상에서 대성공을 거둔 이 별종은 보다 고상한 욕구를 충족하느라 많은 시간을 보내고 있으나, 엄연히 존재하는 기본적 욕구를 애써 무시하려고 하는 데에도 똑같이 많은 시간을 소비한다. 그는 모든 영장류들 가운데 가장 큰 두뇌를 가졌다고 자랑하지만, 두뇌뿐 아니라 성기도 가장 크다는 사실은 애써 외면하면서 이 영광을 고릴라에게 떠넘기려고 한다. 그는 무척 말이 많고 탐구적이며 번식력이 왕성한 원숭이다. 나는 동물 학자이고 털 없는 원숭이는 동물이다. 따라서 털 없는 원숭이는 내 연구 대상으로서 적격이다. '호모 사피엔스'는 아주 박식해졌지만 그래도 여전히 원숭이이고, 숭고한 본능을 새로 얻었지만 옛날부터 갖고 있던 세속적 본능도 여전히 간직하고 있다. 이러한 오래된 충동은 수백만 년 동안 그와 함께해 왔고, 새로운 충동은 기껏해야 수천 년 전에 획득했을 뿐이다. 수백만 년 동안 진화를 거듭하면서 축적된 유산을 단번에 벗어던질 가망은 전혀 없다. 이 사실을 회피하지 말고 직면한다면, '호모 사피엔스'는 훨씬 느긋해지고 좀 더 많은 것을 성취할 수 있을 것이다. 이것이 바로 동물학자가 이바지할 수 있는 영역이다.

① 인간에 대해서도 동물학적 관점에서 탐구할 필요가 있다.
② 인간은 자신이 지닌 동물적 본능을 무시하거나 외면하려는 경향이 있다.
③ 인간의 박식과 숭고한 본능은 수백만 년 전에 획득했다.
④ 인간이 오랜 옛날부터 갖고 있던 동물적 본능은 오늘날에도 남아 있다.

02 다음 글의 연결 순서로 가장 적절한 것은?

2014 국가직 9급

> ㉠ 과학은 현재 있는 그대로의 실재에만 관심을 두고 그 실재가 앞으로 어떠해야 한다는 당위에는 관심을 가지지 않는다.
> ㉡ 그러나 각자 관심을 두지 않는 부분에 대해 상대방으로부터 도움을 받을 수 있기 때문에 상호 보완적이라고 보는 것이 더 합당하다.
> ㉢ 과학과 종교는 상호 배타적인 것이 아니며 상호 보완적이다.
> ㉣ 반면 종교는 현재 있는 그대로의 실재보다는 당위에 관심을 가진다.
> ㉤ 이처럼 과학과 종교는 서로 관심의 영역이 다르기 때문에 배타적이라고 볼 수 있다.

① ㉠ - ㉣ - ㉡ - ㉢ - ㉤
② ㉠ - ㉣ - ㉤ - ㉢ - ㉡
③ ㉢ - ㉠ - ㉣ - ㉤ - ㉡
④ ㉢ - ㉡ - ㉠ - ㉣ - ㉤

03 다음 글의 논지와 가장 거리가 먼 것은?

2008 지방직 7급

> 우리가 자유를 제한하지 않을 수 없는 이유는, 모든 사람들에게 무제한의 자유를 허용했을 경우에 생기게 마련인 혼란과 일반적 불이익에 있다. 모든 사람들이 제멋대로 행동하는 것을 허용한다면 서로가 서로의 길을 방해하게 될 것이고, 결국 대부분의 사람들이 심한 부자유의 고통을 받는 결과에 이르게 될 것이다. 자유의 역리(逆理)라고 부를 수 있는 이러한 모순을 방지하기 위하여 자유의 제한이 불가피하다. 자유를 제한하는 것이 바람직하기 때문이 아니라, 더 큰 악(惡)을 막기 위하여 자유를 제한한다는 이 사실을 근거로 우리는 하나의 원칙을 얻게 된다. 자유의 제한은 모든 사람들을 위해서 불가피할 경우에만 가해야 한다는 원칙이다. 자유에 대한 불필요한 제한은 정당화될 수 없다. 사회의 질서와 타인의 자유를 해치지 않는 한 최대한의 자유를 허용하는 것이 바람직하다.

① 모든 사람에게 무제한의 자유를 허용할 수는 없다.
② 자유의 역리 때문에 자유가 제한되어서는 안 된다.
③ 자유의 제한은 더 큰 악을 막기 위해서다.
④ 사회의 질서와 타인의 자유를 해치지 않기 위해서 어느 정도 자유를 제한할 수 있다.

낯선 기출 9회

01

구체적 상황을 진술하기 위해서는 적절한 예가 제시되어야 하는데, ㉢은 ㉡의 구체적인 예가 아니다. ㉢은 ㉣의 논지를 강조하기 위해 ㉠, ㉡과 상반된 시각인 일반적 견해를 제시해 논지의 폭을 넓히는 문장이다.

01 다음 문장들 간의 관계를 설명한 내용으로 적절하지 않은 것은?

2008 국회직 8급 변형

> ㉠ 어느 민족이나 민족의 존립 근거는 주체성이다. ㉡ 주체성은 민족 내부의 동질성을 보장하는 기반인 동시에 다른 민족과의 차별성을 드러내는 근거이기 때문이다. ㉢ 물론, 민족 또는 국가 간의 협력과 조화가 강조되는 오늘날의 국제화 시대에는 특수성에 기반을 둔 민족 주체성보다는 인류의 보편성이 중심 과제인 것처럼 보인다. ㉣ 하지만 국제화도 민족의 존립이 없다면 모래 위에 지은 집과 같다. ㉤ 민족의 존립에 근거하지 않은 국제화는 강대국의 이익만을 보장하는 허구에 지나지 않기 때문이다. ㉥ 이것은 약소국, 약소민족의 평화에 대한 보장 없이 세계 평화를 논하는 것과 같다.

① ㉡은 ㉠의 근거를 제시하고 있다.
② ㉢은 ㉡을 구체적 상황에 적용하고 있다.
③ ㉤은 ㉣의 이유를 설명하고 있다.
④ ㉥은 ㉤의 내용을 부연 설명하고 있다.

[정답]
01 ②

02 다음 <보기>의 글이 들어갈 위치로 가장 적절한 것은?

2013 국회직 8급

보기

아주 극단의 예로, 왕조 말의 시인 황매천(黃梅泉)은 합방의 소식을 듣고 '難作人間識字人', 사람 가운데도 식자나 한다는 사람 되기가 이렇게도 어렵구나 하는 시를 남기고 자결을 했다. 하물며 하루 세끼 밥 먹기 위해, 혹은 단지 호강하고 편히 살기 위해 직업을 택한다는 것은 지식인으로서 차마 취하지 못할 일인 것은 더 말할 것 없다.

(가) 직업이 그저 일신의 고식지계에 그치는 것이 아니라 그 직업을 통해 사회에 무엇인가 기여하는 것이고 또 그래야만 하는 것이라는 것은, 직업을 논하는 경우의 정석처럼 되어있는 대목이다. 지게를 지건 구두닦이를 하건, 자신이 의식하지 못하고 있더라도 그것은 훌륭히 사회에 기여를 하고 있다.

(나) 그러나 직업을 통해 사회에 기여해야 한다는 의식을 마땅히 가짐직한 사람들이 그것을 갖지 못하거나, 아예 그것을 귀찮다고 외면하는 수도 있다. 직업을 한낱 고식지계로 타락시켜 그것으로 만족하고 있는 수가 있다.

(다) 세상이 하고많은 부정부패가 있다고들 하고, 그 부정부패가 불학무식(不學無識)한 사람들에서보다 식자(識字)나 한다는 사람들 가운데서 더 심각하게 저질러지고 있는 것을 보면, 직업을 통한 사회적 분담이라는 의식은 그렇게 말처럼 쉬운 일이 아닌지도 모르겠다.

(라) 우수한 대학을 나오는 젊은이들 가운데도 경우에 따라서는 우선 직업을 얻는 데조차 힘이 드는 수도 있기는 할 것이다. 그런 정도로 오늘 현재의 우리 사회는 몹시 병든 구석이 있는 것도 사실이라 할 것이다. 그럼에도 불구하고, 또 비록 비현실적이라는 말을 듣는 한이 있더라도, 지식인의 직업은 역시 고식지계일 수는 없다.

(마) 자기의 개성에 따라, 이것이 나의 생계를 위할 뿐 아니라 사회에 대한 나의 참여, 분담, 공헌, 기여의 길이라고 확신하여 얻은 직업에는 자기의 전 생명을 기울여 마땅하다. 내 직업에 전 생명을 기울이는 가운데서, 비로소, 이 세상에 태어나 남들이라고 다 기회가 있는 것도 아닌 최고의 교육을 받은 사람으로서, 이 세상의 발전에 다소의 갚음이라도 할 수 있는 길이 트일 것으로 믿는다.

(바) 명예다, 부다, 그 밖에 세상에서 흔히 즐기는 가치들은 내 직업에 전 생명을 기울이는 부산물로서 와 주면 더욱 좋고, 아니 와 준다 해서 탓할 것 없는 것이 될 것으로 믿는다.

① (가)와 (나) 사이
② (나)와 (다) 사이
③ (다)와 (라) 사이
④ (라)와 (마) 사이
⑤ (마)와 (바) 사이

02

<보기>는 '예시'이며, "지식인의 직업은 단지 생계와 호강의 수단이 되어서는 안 된다."는 내용을 담고 있다. 따라서 지식인의 직업이 생계의 수단이 되어서만은 안 된다는 내용의 뒤에 오는 것이 자연스러우므로 (라)와 (마) 사이에 오는 것이 좋다.

[정답]
02 ④

03

'가까운 조음 위치나 비슷한 조음 방법을 사용할 경우'는 '동화'에 대한 설명이고, '청각적 효과가 높아진다.'는 '이화'에 대한 설명이다. 따라서 ④는 제시된 글의 내용과 일치하지 않는다.

오답체크

① 1문단의 "이렇게 소리가 변하는 원인 중 가장 중요한 것은 '노력 경제'와 '표현 효과' 두 가지이다."를 통해 확인할 수 있다.

② 3문단의 "음운의 변동에 '노력 경제'와는 상반된 심리 작용이 작동하기도 한다."를 통해 확인할 수 있다.

③ 3문단의 "발음상 힘이 더 들더라도 청각 효과를 높이는 방향으로 변동하는 현상을 '이화'라고 하며"를 통해 확인된다.

03 다음 글에 대한 이해로 적절하지 않은 것은?

2013 국가직 7급

음소들이 결합하여 음절이 되고, 이것들이 다시 결합하여 단어가 되고 문장이 되면서 언어의 주요 기능인 의미 전달이 이루어진다. '음소들이 결합될 때 음소들의 음성적 특성, 즉 음성 자질들의 특성에 따라 앞뒤 음소들이 변하게 되는데' 이것을 음운의 변동이라고 한다. 그런데 이렇게 소리가 변하는 원인 중 가장 중요한 것은 '노력 경제'와 '표현 효과' 두 가지이다. 즉, 소리는 발음할 때 힘이 덜 드는 방향으로 바뀌거나 아니면 표현을 더 효과적으로 할 수 있는 방향으로 변한다는 것이다.

가까운 조음 위치나 비슷한 조음 방법의 소리가 연속된 경우엔 그렇지 않은 경우에 비해 발음할 때 힘이 덜 들게 된다. 그래서 상이한 소리들이 비슷한 위치나 방법의 소리들로 닮아 가게 되는데 이것을 '동화'라고 한다. 곧 동화는 노력 경제에 부합하기 때문에 일어나는 현상이다.

이와 달리 음운의 변동에 '노력 경제'와는 상반된 심리 작용이 작동하기도 한다. 비슷한 특성을 가진 음소의 연결로 청각 효과가 약하다고 인지될 경우, 오히려 공통성이 적은 다른 음소로 바뀔 수 있다. 이처럼 발음상 힘이 더 들더라도 청각 효과를 높이는 방향으로 변동하는 현상을 '이화'라고 하며, 이에는 모음 조화 파괴 현상과 사잇소리 현상 등이 있다.

① '노력 경제'와 '표현 효과'는 음운 변동의 주요한 원인이다.
② 음운의 변동이 일어날 때에는 심리적 원인이 개입될 수 있다.
③ '표현 효과'를 높이기 위해서는 동화의 이점을 포기해야 한다.
④ 가까운 조음 위치나 비슷한 조음 방법을 사용할 경우 청각적 효과가 높아진다.

[정답]
03 ④

낯선 기출 10회

01 빈칸에 들어갈 문장으로 가장 적절한 것은?

2013 국가직 9급 변형

> 힐링(Healing)은 사회적 압박과 스트레스 등으로 손상된 몸과 마음을 치유하는 방법을 포괄적으로 일컫는 말이다. 우리보다 먼저 힐링이 정착된 서구에서는 질병 치유의 대체 요법 또는 영적·심리적 치료 요법 등을 지칭하고 있다. 국내에서도 최근 힐링과 관련된 갖가지 상품이 유행하고 있다. 간단한 인터넷 검색을 통해 수천 가지의 상품을 확인할 수 있을 정도다. 종교적 명상, 자연 요법, 운동 요법 등 다양한 형태의 힐링 상품이 존재한다. 심지어 고가의 힐링 여행이나 힐링 주택 등의 상품들도 나오고 있다. 그러나 _____ 우선 명상이나 기도 등을 통해 내면에 눈뜨고, 필라테스나 요가를 통해 육체적 건강을 회복하여 자신감을 얻는 것부터 출발할 수 있다.

① 자신을 진정으로 사랑하는 법을 알아야 할 것이다.
② 힐링이 먼저 정착된 서구의 힐링 상품들을 참고해야 할 것이다.
③ 이러한 상품들의 값이 터무니없이 비싸다고 느껴지지는 않을 것이다.
④ 많은 돈을 들이지 않고서도 쉽게 할 수 있는 일부터 찾는 것이 좋을 것이다.

01

빈칸 바로 앞에서 "심지어 고가의 힐링 여행이나 힐링 주택 등의 상품들도 나오고 있다."라고 하였고, 이어서 역접의 접속 부사 '그러나'가 나온다. 즉 '그러나' 뒤의 빈칸에는 '고가'와는 상반되는 내용이 와야 한다. 또한 빈칸 바로 뒤에서 "우선 명상이나 기도 등을 통해 내면에 눈뜨고"라고 한 것을 볼 때, 빈칸에는 '고가'와 상반되는 내용에 해당하는 '많은 돈을 들이지 않고서도 쉽게 할 수 있는 일부터 찾는 것이 좋을 것이다.'가 들어가는 것이 가장 적절하다.

[정답]
01 ④

02

02 다음 설명을 통해 알 수 있는 것은?

2013 국가직 7급

제시된 글은 ≪동의보감≫에서 인간을 '생식을 할 수 있는 자'와 '그렇지 못한 자'로 구분하고 '생식을 통해 후세를 이어 갈 수 있는 인간'만을 진정한 인간으로 정의하고 있음을 '남정'과 '모혈' 개념을 예로 들어 설명하고 있다.

> ≪동의보감≫에서는 인간을 '생식(生殖)'을 할 수 있는 자와 그렇지 못한 자'로 대별하였다. 남자 16세 이상, 여자 14세 이상의 성인과 그렇지 못한 소아의 구분이 그것으로, 남자는 16세 이상이 되어야 정(精)을 생산할 수 있고 여자의 경우 14세 이상이어야 월경을 통해 임신할 수 있는 능력이 형성되기 때문이다. 생식을 통해 후세를 이어 갈 수 있는 인간만이 참된 인간으로 정의된 것이다.
>
> 여기서 남정(男精)과 모혈(母血)의 개념이 중요하게 대두된다. 이러한 남녀의 구분법은 단순히 생리적인 성 차이를 드러낼 뿐만 아니라 생식을 중시한 표현이었다. 남정의 개념이 생식 가능한 남자를 중심에 놓고 있는 것처럼, 모혈 역시 생식 가능한 여성만을 고려한 표현이다. 이에 따라 남성에게는 정(精)이, 여성에게는 혈(血)과 자궁(子宮)이 중요한 기능으로 파악되었다.

① 혼인이라는 사회적 의례가 매우 중요하다.
② 성인이라 하여도 자녀를 생산할 수 없다면 진정한 인간이 될 수 없다.
③ 인간의 사회적 중요도는 성인 남자 → 성인 여자 → 어린이의 순서이다.
④ ≪동의보감≫에서는 질병의 원인에 따라 병을 분류한다.

03

03 (   ) 안에 들어갈 표현으로 가장 적절한 것은?

2013년 서울시 7급

표지 '다시 말해'를 볼 때 바로 앞에 제시된 "어떤 요인이 어떤 사건과 관계없다고 판단 내리기를 꺼리는 경향"과 같은 내용이 들어가야 한다. '어떤 요인이 어떤 사건과 관계없다.'라는 것은 '덜 복잡한 것'으로 보는 경향이고, '그러한 판단 내리기를 꺼리는 경향'은 그와 반대되는 '무수히 많은 요인이 어떤 사건과 관련되어 있다고 믿는 경향'이 된다.

> 서양인들은 동양인들에 비해 세상을 '덜 복잡한 곳'으로 파악하기 때문에 적은 수의 요인들만으로도 세상을 이해할 수 있다고 믿는다. 연구팀은 미국과 한국의 대학생들에게 어떤 사건을 간단히 요약하여 기술하고, 총 100여 개에 달하는 요인들을 제시해 준 다음 각 요인이 그 사건과 관련이 있는지 없는지 선택하게 했다. 그 결과, 한국 대학생들은 약 37%의 요인들만 그 사건과 관계없는 요인으로 판단했으나, 미국 대학생들은 55%에 이르는 요인들이 그 사건과 관계없다고 판단했다. 동양계 미국인 참가자들은 한국인과 미국인의 중간 정도에 해당하는 반응을 보였다. 연구팀은 '어떤 요인이 어떤 사건과 관계없다고 판단 내리기를 꺼리는 경향', 다시 말해 '(   )'이 종합주의적 사고와 관련이 있음을 발견했다.

① 무수히 많은 요인들이 어떤 사건에 관련되어 있다고 믿는 경향
② 인과론적으로 사건을 파악하려고 하는 경향
③ 세상을 덜 복잡한 곳으로 파악하고 관계를 판단하는 경향
④ 발생한 결과를 요인들로 미리 예측할 수 없다고 믿는 경향
⑤ 맥락이 중시되는 상황에서 맥락을 무시하려는 경향

[정답]
02 ②
03 ①

낯선 기출 11회

01 다음 주장의 전제로 가장 적절한 것은?
2011 국가직 9급

우리말을 가꾸기 위해서 무엇보다 중요한 것은 국어에 대한 우리의 관심과 의식이다. 지도자의 위치에 있는 사람들이 외국어를 함부로 사용하는 모습, 외국어투성이인 상품 이름이나 거리의 간판, 문법과 규범을 지키지 않은 문장 등을 손쉽게 접할 수 있는 우리의 언어 현실, 이러한 모두는 우리말을 사랑하는 정신이 아직도 제대로 뿌리를 내리지 못하는 데서 비롯된 것이다.

① 언어는 의사소통의 도구이다.
② 언어는 언중들 간의 사회적 약속이다.
③ 언어에는 그 민족의 정신이 담겨 있다.
④ 언어는 내용과 형식을 담고 있는 체계이다.

02 다음 중 (A)가 들어갈 위치로 가장 적절한 것은?
2013 서울시 9급

(A) 일어난 일에 대한 묘사는 본 사람이 무엇을 중요하게 판단하고, 무엇에 흥미를 가졌느냐에 따라 크게 다르다.

기억이 착오를 일으키는 프로세스는 인상적인 사물을 받아들이는 단계부터 이미 시작된다. (가) 감각적인 지각의 대부분은 무의식중에 기록되고 오래 유지되지 않는다. (나) 대개는 수 시간 안에 사라져 버리며, 약간의 본질만이 남아 장기 기억이 된다. 무엇이 남을지는 선택에 의해서이기도 하고, 그 사람의 견해에 따라서도 달라진다. (다) 분주하고 정신이 없는 장면을 주고, 나중에 그 모습에 대해서 이야기하게 해 보자. (라) 어느 부분에 주목하고, 또 어떻게 그것을 해석했는지에 따라 즐겁기도 하고 무섭기도 하다. (마) 단순히 정신 사나운 장면으로만 보이는 경우도 있다. 기억이란 원래 일어난 일을 단순하게 기록하는 것이 아니다.

① (가) ② (나) ③ (다) ④ (라) ⑤ (마)

01
제시된 글에서는 우리말을 가꾸지 않는 것은 우리말을 사랑하는 정신이 뿌리내리지 못했기 때문이라고 말하고 있다. 따라서 제시된 글의 전제는 언어에는 정신이 담겨 있다는 것이다.

02
제시된 글은 "일어난 일에 대한 묘사가 ~ 따라 다르다."로 구성되어 있다. 따라서 글의 흐름에 비추어 볼 때, '(나) 무엇이 남을지는 ~ 따라 달라진다. → (다) ~ 이야기하게 해 보자. → (A) 발생한 일에 대한 묘사가 ~ 따라 다르다. → (라) ~ 해석했는지에 따라 즐겁기도 하고 무섭기도 하다.'의 흐름이 논리에 맞다.

[정답]
01 ③
02 ④

03

03 글의 진술 방식이 다른 하나는?

2010 국가직 7급

(다)에만 시간의 흐름에 따라 사건을 전개하는 '서사'의 방식이 쓰였다.

오답체크

(가)는 레저, (나)는 새말, (라)는 속담 속 '김칫국'의 개념을 설명하고 있다.

> (가) 분주한 생활에 쫓기는 중년층 이후의 도시인에게 레저 활동은 대단히 중요하다. 레저(leisure) 또는 로와지르(loisir)란 '자기 일에서의 해방'이란 의미를 갖고 있다. 우리말의 여가, 한가로움, 안일 같은 소극적인 의미는 없고, 더구나 한가한 시간 보내기와는 전연 의미가 다르다. 소크라테스는 '최상의 재산은 레저'라고 하여 이 레저가 학문을 위한 레저라고 했고, 아리스토텔레스는 인생의 목적을 '지식, 행복, 레저'의 세 가지로 구분하고, 레저는 지식과 행복을 얻기 위한 조건이며 인생의 궁극 목표라고까지 하였다.
>
> (나) 우선 새말이란 무엇인가, 새말은 어떤 것을 지칭하는 것인가 하는 것부터 규정해야 할 필요가 있다. '새말'이란 이미 있었거나, 새로 생겨난 개념이나 사물을 표현하기 위해 지어낸 말, 그리고 이미 있던 말이라도 새 뜻이 주어진 것을 통틀어 일컫는다. 다른 언어로부터 사물과 함께 차용되는 외래어도 여기에 포함된다.
>
> (다) 그러나 한 걸음도 미처 발을 옮겨 놓을 사이도 없이 바께쓰는 철그렁 하는 소리와 함께 한 옆이 떨어지며 물이 좌르르 쏟아졌다. 손잡이의 한쪽 끝 갈고리가 고리 구멍에서 벗겨진 것이었다. 순식간에 방바닥은 물바다가 되고 말았다. 여지껏 꼼짝 않고 앉아 있던 동욱도 그제만은 냉큼 일어나 한 걸음 비켜서는 것이었다. 그 순간 동욱의 동작이 예사롭지가 않았다. 원구에게 또 하나 우울의 씨를 뿌려 주는 것이었다. 원피스 밑으로 드러난 동욱의 왼쪽 다리가 어린애의 손목같이 가늘고 짧았기 때문이다.
>
> (라) 우리나라 속담에 "떡 줄 사람은 생각도 없는데, 김칫국부터 마신다."는 말이 있는데, 여기서 말하는 '김칫국'은 '나박김치'를 말하는 것이지 일반 김치의 국물을 말함이 아니다. 그러나 요즈음 사람으로 '나박김치'의 뜻을 알고 먹는 이는 거의 없는 것 같다. '나박김치'의 '나박'은 곧 '나복(蘿蔔)'의 변음이며, 나복은 '무'의 한 음이니, '나박김치'는 무로 만든 김치를 말하는 것이다.

① (가)   ② (나)   ③ (다)   ④ (라)

[정답]
03 ③

낯선 기출 12회

01 다음 글의 주장을 뒷받침하는 예로서 적절하지 않은 것은?

2008 지방직 7급

> 우리는 언어가 사물과 현상에 대한 가치중립적 기호라고 생각하기 쉽다. 그러나 언어는 사회 가치로부터 자유롭기 어렵다. 우리가 사용하고 있는 말에는 이미 사회의 중심 가치와 권력 계층의 이념이 알게 모르게 반영되어 있다. 현재 우리가 사용하고 있는 어휘의 개념은 서양, 백인, 남성, 중산층, 성인, 비장애인 등 사회 중심 세력의 시각에서 형성된 것이 많다.

① 우리가 통상적으로 쓰고 있는 바다 이름 '남해(南海)'는 제주도 사람의 입장에서 보면 틀린 이름이다.
② '종이로 만든 작은 상자'라는 뜻에서 생긴 '지갑(紙匣)'이란 말은 요즘 지갑을 만드는 재료를 생각하면 현실과 맞지 않는다.
③ '유색 인종'은 백인과 다른 피부색을 가진 모든 사람을 대비한다는 점에서 백인 우월주의의 표현이다.
④ 한국 사람이 '동해(東海)'라고 부르는 바다를 일본 사람들은 '일본해(日本海)'라고 한다.

02 다음 글을 읽은 독자의 반응으로 적절한 것은?

2015 국가직 9급

> 인문학은 세상에 대한 종합적이고 비판적인 해석과 시각을 제공한다. 인문학이 해석하는 세상은 지금 우리가 살고 있는 세상이다. 현대 사회는 사회의 복잡성이 비교할 수 없을 정도로 증가함에 따라 위험과 불확실성이 커졌으며, 다양한 정보 통신 기술이 정보와 지식의 생산, 유통, 소비를 혁신적으로 바꾸면서 사람들 사이의 새로운 상호 의존 관계를 만들어 낸다는 점에서 과거와는 다른 차별성을 지니고 있다. 이것은 현대 사회가 불확실하고 복잡하며 매일매일 바쁘게 돌아가는 세상이 되었다는 것, 나아가 지구 구석구석에 존재하는 타인과의 상호 관계가 내 삶에 예기치 못한 영향을 미치는 세상이 되었다는 것을 의미한다. 이러한 세상을 살아가는 데에 인문학은 실질적인 지침을 제공해야 한다.

① 현대 사회에서 인문학이 담당해야 할 역할에 대해 말하고 있어.
② 현대 사회의 문제점을 부각시키면서 바람직한 해결 방안을 제시하고 있어.
③ 과거와 현대 사회의 모습을 구체적으로 대조하면서 현대 사회의 특징을 드러내고 있어.
④ 사회의 복잡성으로 인해 타인과의 소통에 장애가 생긴다는 점을 현대 사회의 주요한 특징으로 말하고 있어.

03

2문단의 첫 문장에서 "조선 사람들이 대개 완고하여 좋은 것이라도 남의 것은 본받기를 좋아 아니하고 조선 것을 지키기를 즐거워하나"라고 말하고 있으므로 ③은 적절하지 않다.

오답체크

① 2문단의 "백배나 나은 국문을 내버리고 어렵고 세상에 경계 없이 만든 청국 글을 배워"를 통해 국문은 한문보다 뛰어나다는 것을 확인할 수 있다.

② 3문단의 "지금 소위 공부하였다는 사람은 ~ 남보다 유식한 체하려니까"를 통해 한문을 배우는 사람들은 자신의 지식을 과시하려는 경향이 있음을 알 수 있다.

④ 1문단의 "나라가 독립이 되려면 ~ 남과 같아야 독립이 되는 것인데"를 통해 조선이 독립을 이루려면 다른 나라와 동등해져야 함을 알 수 있다.

⑤ 3문단의 "수효는 적으나 한문 하는 사람들이 ~ 그 나머지 전국 인민을 압제하려는 풍속이니"를 통해 지식인이 국문을 가볍게 여기는 것은 군림하기 위해서임을 알 수 있다.

[정답]
03 ③

03 다음 글에서 알 수 있는 내용 중 가장 적절하지 않은 것은?

2013 국회직 8급

나라가 독립(獨立)이 되려면 남과 달라 독립이 아니라 남과 같아야 독립이 되는 것인데, 내 나라에 좋은 것이 있으면 그것은 아무쪼록 내버리지 말고 특별히 배양하여 세상에 행세할 만큼 만들어 놓고 남을 대하여 말하되, 우리나라에도 이러 저러한 좋은 것이 있다고 자랑하는 것이 독립하는 사람의 승벽이거늘, 조선은 남을 대하여 자랑할 것이 별양(別樣) 없으니까, 아무쪼록 남의 좋은 것을 본받아 내 것을 만들고 몇 해 후에나 남을 대하여 우리나라에도 그만큼 좋은 것이 있다고 할 날이 있을 터이요, 본래는 어느 나라에서 본받아 왔든지 지금은 우리나라 것이 되었다고 할 터인데, 조선에 그중 생각 있고 학문 있게 만든 것은 조선 국문이라.

조선 사람들이 대개 완고하여 좋은 것이라도 남의 것은 본받기를 좋아 아니하고 조선 것은 지키기를 즐거워하나, 글에 당하여서는 좋은 조선 글은 내버리고 청국 글을 기어이 배워 그 글을 쓰기를 숭상하니, 매우 이상한 것이 조선 글이 청국 글만 못 할 것 같으면 암만 내 것이라도 내버리고 남의 나라 글을 숭상하는 것이 진보하는 사람의 일이거니와, 백배나 나은 국문을 내버리고 어렵고 세상에 경계 없이 만든 청국 글을 배워 그걸 숭상하기를 좋아하니, 대단히 우습고 개탄할 일이더라. 지금 조선에 조금이라도 공부한 사람들은 한문을 공부하였고 국문으로는 공부한 사람이 적은 고로 국문이 실상 어떻게 학문 있게 만든 글인 줄을 조선 사람들이 모르는지라. 나라마다 쓰는 글이라 하는 것은 하는 말과 같아 책을 읽어 들려주면 말하는 것과 일반이거늘, 조선은 한문으로 책을 만들고 문적을 만들어 읽으니 글과 말이 다른지라. 그리한 즉 말 공부 따로 하고 글공부 따로 하여야 할 터이요, 설령 글공부한 사람이라도 남이 책 읽는 것을 듣고는 무슨 말인지를 모를지라.

지금 소위 공부하였다는 사람은 국문을 숭상하기를 좋아 아니할 것이 한문을 하였은 즉, 그 배운 것을 가지고 남보다 유식한 체하려니까 만일 국문으로 책과 문적을 만들어 전국 인민이 다 학문 있게 되면 자기의 유식한 표가 드러나지 아니할까 두려워하고, 또 한문을 공부하였고 국문은 공부를 아니 한 고로 한문을 자기의 국문보다 더 아는지라. 그러하나 그런 사람이 국중(國中)에 몇이 있으리오. 수효는 적으나 한문 하는 사람들이 한문 아는 자세하고 권리를 모두 차지하야 그 나머지 전국 인민을 압제하려는 풍속이니, 국문 숭상하기를 어찌 이런 사람들이 좋아하리오. 그러하나 나라란 것은 몇 사람만 위해서 만든 것이 아니라 전국 인민을 모두 위하여 만든 것이요, 전국 인민이 모두 학문이 있고 지식이 있게 되어야 그 나라가 남에게 대접을 받고 자주 독립을 보호하며 사농공상이 늘어가는 법이라.

① 국문은 한문보다 뛰어나다.
② 한문을 배우는 사람들은 자신의 지식을 과시하려는 경향이 있다.
③ 조선 사람들은 문명국을 본받으려 노력하고 있다.
④ 조선이 독립을 이루려면 다른 나라와 동등해져야 한다.
⑤ 지식인이 국문을 가볍게 여기는 것은 군림하기 위해서이다.

낯선 기출 13회

01 다음 글의 내용과 부합하지 않는 것은?

2013 지방직 9급

> 소설 속에는 세 개의 욕망이 들끓고 있다. 하나는 소설가의 욕망이다. 소설가의 욕망은 세계를 변형시키려는 욕망이다. 소설가는 자기 욕망의 소리에 따라 세계를 자기 식으로 변모시키려고 애를 쓴다. 둘째 번의 욕망은 소설 속의 주인공들의 욕망이다. 소설 속의 인물들 역시 소설가의 욕망에 따라 혹은 그 욕망에 반대하여 자신의 욕망을 드러내고, 자신의 욕망에 따라 세계를 변형하려 한다. 주인공, 아니 인물들의 욕망은 서로 부딪쳐 다채로운 모습을 드러낸다. 마지막의 욕망은 소설을 읽는 독자의 욕망이다. 소설을 읽으면서 독자들은 소설 속의 인물들은 무슨 욕망에 시달리고 있는가를 무의식적으로 느끼고, 나아가 소설가의 욕망까지를 느낀다. 독자의 무의식적인 욕망은 그 욕망들과 부딪쳐 때로 소설 속의 인물들을 부인하기도 하고, 나아가 소설까지를 부인하기도 하며, 때로는 소설 속의 인물들에 빠져 그들을 모방하려 하기도 하고, 나아가 소설까지를 모방하려 한다. 그 과정에서 읽는 사람의 무의식 속에 숨어 있던 욕망은 그 욕망을 서서히 드러내, 자기가 세계를 어떻게 변형시키려 하는가를 깨닫게 한다. 소설 속의 인물들은 무엇 때문에 괴로워하는가, 그 괴로움은 나도 느낄 수 있는 것인가, 아니면 소설 속의 인물들은 왜 즐거워하는가, 그 즐거움에 나도 참여할 수 있는가, 그것들을 따지는 것이 독자가 자기의 욕망을 드러내는 양식이다.
>
> — 김현, 《소설은 왜 읽는가》 중에서

① 소설가는 자기의 욕망에 따라 세계를 변형시키고자 한다.
② 소설 속의 인물은 자신의 욕망을 소설가의 욕망에 일치시킨다.
③ 독자는 소설을 읽으면서 소설가의 욕망을 느낀다.
④ 독자는 소설을 통해 자신의 욕망을 깨닫게 된다.

01
"소설 속의 인물들 역시 소설가의 욕망에 따라 혹은 그 욕망에 반대하여 자신의 욕망을 드러내고, 자신의 욕망에 따라 세계를 변형하려 한다."를 볼 때, '소설 속의 인물은 자신의 욕망을 소설가의 욕망에 일치시킨다.'란 진술이 옳지 않음을 알 수 있다.

[정답]

01 ②

02

선지를 고려할 때, (가), (나) 중에서 첫 시작을 선택해야 하는데, '세금'에 대한 언급 후에 '탈세'를 언급하는 것이 논리적이므로 (나)가 자연스러운 시작이 된다. 더불어 (나)에서 '탈세자에 대한 관대함'을 언급하고 대상을 '특히 재계 인사들'로 한정한 (다)가 뒤에 오는 것이 자연스럽다.

따라서 제시된 글은 '(나) – (다) – (가) – (마) – (라)'로 배열하는 것이 가장 적절하다.

02 다음 글을 문맥에 맞게 배열한 것은?

2013 서울시 7급

(가) 탈세, 특히 재계 거물들의 탈세는 국가 권력의 기초를 허무는 것으로, 심각한 반국가 행위로 다스리는 것이 옳다.

(나) 우리가 세금에 대해 일반적으로 갖는 인식은 '억울하게 뜯기는 돈'인 경우가 많고 그래서 탈세자들에게도 굉장히 관대하다.

(다) 특히 재계 인사들이 탈세를 했다는 소식에는 '고래가 물을 뿜었나 보다.' 정도로 무덤덤하게 받아들일 때가 많다. 이러한 인식은 크게 잘못된 것이다.

(라) 병역을 기피한 자들과 똑같은 의미에서 '조세 도피자'라고 부르는 것이 옳다.

(마) 그런 의미에서 이들을 '조세 피난자'라고 불러서는 안 된다.

① (가) – (나) – (다) – (마) – (라)
② (나) – (다) – (가) – (마) – (라)
③ (나) – (가) – (다) – (라) – (마)
④ (나) – (가) – (마) – (다) – (라)
⑤ (가) – (나) – (다) – (라) – (마)

03

제시된 글에서는 그는 거름으로 내다 파는 하찮고 더러운 일을 하는 사람이지만 이런 일이 그의 청렴한 인격에는 아무런 손상을 가져오지 않았고 사람들도 그를 책망하지 않았다고 하였다. 즉 그 사람이 어떤 일을 하느냐보다는 그 사람의 '인격이 어떤지'가 더 중요하다고 볼 수 있으므로, '그의 언행과 성품, 태도를 먼저 고려해야 한다.'는 견해가 제시된 글의 입장을 가장 잘 표현한 것이다.

03 다음 글에 나타난 입장과 가장 부합하는 견해는?

2009 국회직 8급 변형

아침에는 부석거리며 일어나서 흙 삼태기를 메고 동네에 들어가서 뒷간을 쳐 나르고, 9월이 되어 비, 서리가 내리고 10월이 되어 엷은 얼음이 얼면, 뒷간의 남은 찌꺼기와 말똥 · 쇠똥 또는 횃대 밑의 닭 · 개 · 거위 따위의 똥이나, 또는 입회령 · 좌반룡 · 완월사 · 백정향 따위를 취하기를 마치 주옥(珠玉)처럼 소중히 여겼으나 이는 그 사람의 청렴한 인격에는 아무런 손상을 가져 오지 않았을 뿐더러, 혼자 그 이익을 차지하였으나 아무런 정의(情誼)에도 해로울 것이 없으며, 아무리 탐하여 많이 얻기 힘쓴다 하더라도 남들은 그에게 '사양할 줄 모른다.'고 책하지 않는다.

① 사람을 평가하고 판단함에 있어 그 사람이 하는 일을 준거로 삼는 것은 옳지 못하며, 그의 언행과 성품, 태도를 먼저 고려해야 한다.
② 사회의 가장 어둡고 비루한 곳에는 등불과도 같은 사람들이 있게 마련이며, 이들이야말로 사회의 부조리를 타파하는 동력이라 할 수 있다.
③ 마치 오케스트라가 교향곡을 연주하듯, 사회를 구성하는 각 성원들은 각자의 맡은 곳에서 그 역할을 다해야 하며, 이를 통해 인간 사회는 발전한다.
④ 노동의 가치는 신성한 것이며, 고단한 매일의 노동 속에서 느끼는 현세의 고달픔을 극복하고 절제와 청렴을 실천하는 삶이야말로 내세의 복락을 가능케 할 것이다.

[정답]
02 ②
03 ①

낯선 기출 14회

01 다음 글을 통해 알 수 있는 내용으로 적절하지 않은 것은?

2015 사회복지직 9급

> '쓰는 문화'가 책의 문화에서 가장 우선이다. 쓰는 이가 없이는 책이 나올 수가 없다. 그러나 지혜를 많이 갖고 있다는 것과 그것을 글로 옮길 줄 아는 것은 별개의 문제이다. 엄격하게 이야기해서 지혜는 어떤 한 가지 일에 지속적으로 매달린 사람이면 누구나 머릿속에 쌓아 두고 있는 것이다. 하지만 그것을 글로 옮기기 위해서는 특별하고도 고통스러운 훈련이 필요하다. 생각을 명료하게 정리할 줄과 글 맥을 이어갈 줄 알아야 하며, 그리고 줄기찬 노력을 바칠 준비가 되어 있어야 한다. 모든 국민이 책 한 권을 남길 수 있을 만큼 쓰는 문화가 발달한 사회가 도래하면, 그때에는 지혜의 르네상스가 가능할 것이다.
>
> '읽는 문화'의 실종, 그것이 바로 현대의 특징이다. 신문의 판매 부수가 날로 떨어져 가는 반면에 텔레비전의 시청률은 날로 증가하고 있다. 깨알 같은 글로 구성된 200쪽 이상의 책보다 그림과 여백이 압도적으로 많이 들어간 만화책 같은 것이 늘어나고 있다. 보는 문화가 읽는 문화를 대체해 가고 있다. 읽는 일에는 피로가 동반되지만 보는 놀이에는 휴식이 따라온다. 일을 저버리고 놀이만 좇는 문화가 범람하고 있지 않는가. 보는 놀이가 머리를 비게 하는 것은 너무나 당연하다. 읽는 일이 장려되지 않는 한 생각 없는 사회로 치달을 수밖에 없다. 책의 문화는 바로 읽는 일과 직결되며, 생각하는 사회를 만드는 지름길이다.

① 지혜가 많은 사람이라고 해서 반드시 글을 쓰는 것은 아니다.
② 쓰는 문화가 발달한 사회라야 지혜의 르네상스가 펼쳐진다.
③ 현대는 읽는 문화보다 보는 문화가 더 발달해 있다.
④ 생각하는 사회는 읽는 문화가 아니라 보는 문화가 만든다.

01
2문단의 "책의 문화는 바로 읽는 일과 직결되며, 생각하는 사회를 만드는 지름길이다."를 볼 때, 생각하는 사회를 만드는 것은 '읽는 문화'임을 짐작할 수 있다.

오답체크

① 1문단의 "지혜를 많이 갖고 있다는 것과 그것을 글로 옮길 줄 아는 것은 별개의 문제이다."를 통해 확인할 수 있다.
② 1문단의 "쓰는 문화가 발달한 사회가 도래하면, 그때에는 지혜의 르네상스가 가능할 것이다."를 통해 알 수 있다.
③ 2문단의 "'읽는 문화'의 실종, 그것이 바로 현대의 특징이다. ~ 보는 문화가 읽는 문화를 대체해 가고 있다."를 통해 알 수 있다.

[정답]
01 ④

02 다음 글에서 앞뒤 문맥을 고려할 때 ㉠~㉤의 순서를 바르게 배열한 것은?

2012 국회직 8급

세상에서는 흔히 학문밖에 모르는 상아탑 속의 연구 생활을 현실을 도피한 짓이라고 비난하기가 일쑤지만, 상아탑의 덕택이 큰 것임을 알아야 한다. 모든 점에서 편리해진 생활을 향락하고 있는 현대인이 있기 전에 그런 것이 가능하기 위해서도 오히려 그런 향락과는 담을 쌓고 진리 탐구에 몰두한 학자들의 상아탑 속에서 노고가 앞서 있었던 것이다. 그렇다고 남의 향락을 위하여 스스로는 고난의 길을 일부러 걷는 것이 학자는 아니다.

㉠ 상아탑이 나쁜 것이 아니라, 진리를 탐구해야 할 상아탑이 제 구실을 옳게 다 하지 못하는 것이 탈이다.
㉡ 학자는 그저 진리를 탐구하기 위하여 학문을 하는 것뿐이다.
㉢ 학문에 진리 탐구 이외의 다른 목적이 섣불리 앞장을 설 때, 그 학문은 자유를 잃고 왜곡될 염려조차 있다.
㉣ 진리 이외의 것을 목적으로 할 때, 그 학문은 한때의 신기루와도 같아 우선은 찬연함을 자랑할 수 있을지 모르나, 과연 학문이라고 할 수 있을까부터가 문제다.
㉤ 학문을 악용하기 때문에 오히려 좋지 못한 일을 하는 경우가 얼마나 많은가?

진리의 탐구가 학문의 유일한 목적일 때, 그리고 그 길로 매진할 때, 그 무엇에도 속박됨이 없는 숭고한 학적인 정신이 만난을 극복하는 기백을 길러 줄 것이요, 또 그것대로 우리의 인격 완성의 길로 통하게도 되는 것이다.

① ㉠-㉡-㉢-㉣-㉤
② ㉠-㉢-㉡-㉤-㉣
③ ㉡-㉠-㉢-㉤-㉣
④ ㉡-㉤-㉠-㉢-㉣
⑤ ㉡-㉤-㉢-㉠-㉣

02
첫 문단의 마무리 부분에서 학자의 길에 대해 이야기했으므로 ㉡이 먼저 나온다. 하지만 학자의 진리 탐구가 제 구실이 못할 때 문제가 생긴다(㉠). 이때 학문은 자유를 잃고 왜곡될 염려가 있다(㉢). 학문의 악용으로 인한 사례가 많다(㉤). 학문이 진리 탐구 이외의 목적으로 쓰일 때, 잠깐은 찬란할 수 있으나 그것을 학문이라고 말하기는 어렵다(㉣). 마지막 문단에서 진리 탐구가 학문의 유일한 목적일 때, 인격 완성의 길로 통하게 된다고 하였으므로 ㉣이 마지막에 오는 것이 적절하다.

[정답]
02 ③

03 빈칸에 들어갈 말로 가장 적절한 것은?

2012 국가직 7급

> 고양이는 영리한 편이지만 지능적으로 기억을 관장하는 전두엽이 발달하지 않아 썩 머리가 좋다고 할 수는 없다. 그러나 개와 더불어 고양이가 오랫동안 인간의 친구가 될 수 있었던 것은 _____ 때문이다. 주인이 슬퍼하면 고양이는 위로하듯이 응석을 부리고, 싸움이 나면 겁에 질려 걱정하고, 주인이 기뻐하면 함께 기뻐한다. 고양이는 인간의 말을 음성의 고저 등으로 이해한다. 말은 못하지만 고양이만큼 주인 마음에 민감한 동물도 없다. 어차피 동물이라 모를 거라고 무시했다가 큰코다칠 수 있다.

① 말귀를 잘 알아듣기
② 행동의 실천을 바로 하기
③ 감정의 이해가 아주 빠르기
④ 주인에게 충성하기

03

제시된 글에서 고양이는 주인이 슬퍼하면 위로하고, 싸움이 나면 겁에 질려 걱정하며, 주인이 기뻐하면 함께 기뻐하면서 주인의 감정을 이해하는 동물이라고 하였다. 따라서 빈칸에는 '감정의 이해가 아주 빠르기'가 들어가는 것이 가장 적절하다.

[정답]
03 ③

낯선 기출 15회

01

다섯 번째 문장을 보면 "그러나 '이기적 유전자' 혁명이 전하는 메시지는 인간이 철저하게 냉혹한 이기주의자라는 것이 아니다. 사실은 정반대이다."라고 했다. 따라서 ③은 잘못된 진술이다.

오답체크
① 두 번째 문장에서 알 수 있다.
② 마지막 두 문장에서 알 수 있다.
④ 마지막 문장에서 알 수 있다.

01 다음 글의 내용에 부합되지 않는 것은? 2012 지방직 9급

　1960년대 중반 생물학계에는 조지 윌리엄스와 윌리엄 해밀턴이 주도한 일대 혁명이 일어났다. 리처드 도킨스의 '이기적 유전자'라는 개념으로 널리 알려지게 된 이 혁명의 골자는, 어떤 개체의 행동을 결정하는 일관된 기준은 그 소속 집단이나 가족의 이익도 아니고 그 개체 자신의 이익도 아니고, 오로지 유전자의 이익이라는 것이다. 이 주장은 많은 사람들에게 충격으로 다가왔다. 인간은 또 하나의 동물일 뿐 아니라, 자신의 이익을 추구하는 유전자들로 구성된 협의체의 도구이자 일회용 노리개에 불과하다는 주장으로 이해되었기 때문이다. 그러나 '이기적 유전자' 혁명이 전하는 메시지는 인간이 철저하게 냉혹한 이기주의자라는 것이 아니다. 사실은 정반대이다. 그것은 오히려 인간이 왜 때로 이타적이고 다른 사람들과 잘 협력하는가를 잘 설명해 준다. 인간의 이타성과 협력이 유전자의 이익에도 도움이 되기 때문이다.

① 인간은 유전자의 이익에 따라 행동한다.
② 인간은 때로 이타적인 행동을 하기도 하고, 다른 사람과 협력을 하기도 한다.
③ '이기적인 유전자' 혁명은 인간이 유전자 때문에 철저하게 이기적으로 행동한다고 주장한다.
④ 유전자의 이익이라는 관점에서 인간의 이타적인 행동을 설명할 수 있다.

02

1문단은 아이러니가 고전 시대, 바로크 시대, 18세기에 어떤 식으로 논의되었는지 소개하고 있으며, 2문단은 아이러니의 현대적 유형인 '말의 아이러니와 극적 아이러니'를 설명하고 있으므로 ②가 적절하다.

02 다음 글의 제목으로 가장 적절한 것은? 2012 지방직 7급

　고전 시대의 수사학자들은 여러 종류의 아이러니를 구별하는 데 능하였고, 바로크 시인들과 비평가들은 아이러니를 의식적으로 개발하여 18세기 작가들에게 전달해 주었는데 슐레겔과 티크 등 독일 낭만주의자들은 아이러니를 실제의 역설적(逆說的) 본질을 표현하는 수단으로 파악하였다.
　이후 아이러니의 현대적 논의에서는 두 개의 주요한 유형인 말의 아이러니(verbal irony)와 극적 아이러니(dramatic irony)가 강조되고 있다. 말의 아이러니는 하나의 의미가 진술되고 정반대의 다른 의미가 의도되는 말하기의 한 형태이다. 반면에 극적 아이러니는 플롯 장치의 하나인데, 주로 등장인물이 적절하고 현명한 방법과는 반대로 반응하거나 등장인물과 상황들이 반어적 효과를 위해서 비교되거나 대조되는 경우를 지칭한다.

① 아이러니와 수사학의 정체성
② 아이러니의 역사와 유형
③ 아이러니의 내용과 창작
④ 아이러니의 현대적 계승과 사례

[정답]
01 ③
02 ②

03 내용 전개를 고려할 때, 빈칸에 들어갈 수 있는 사례로 가장 적절한 것은?

2007 국회직 8급 변형

> 광고는 얼핏 다양한 상품들을 선전함으로써 소비자에게 선택의 기회를 넓혀주는 것 같고 따라서 이상적인 포스트모더니즘의 한 형태인 것처럼 보인다. 그러나 자세히 고찰해 보면, 그것은 포스트모더니즘이 인식하고 심문해야 될 포스트모던적 현상일 뿐이라는 것이 명백해진다. 왜냐하면 광고는 특정 상품에 대한 구매를 강요함으로써 결국에는 소비자들로부터 모든 선택의 여지를 박탈해 가기 때문이다. 그러므로 광고의 성공은 곧 소비자의 실패라는 패러독스가 성립된다.
>
> _____
>
> 광고는 우리가 매일 대하는 시각적·언어적 현상들을 통해 하나의 암시, 리얼리티 또는 이데올로기를 만들어 낸다. 그것들을 인식하고 그것들이 부과하는 규범화와 순응화에 저항할 수 있도록 해주는 것이 바로 진정한 포스트모더니즘의 특성이다. 어떤 의미에서 절대적인 미의 상징으로 등장하는 화장품 모델은 모더니즘적 정전이라고도 볼 수 있다. 그렇다면 그 광고의 의도를 간파하고 각자의 개성미와 내면의 미를 추구하는 여성들은 포스트모더니즘적 다양성과 다원성을 상징한다고 볼 수 있을 것이다.

① 맥주를 홀짝거리며 전화 통화를 하는 모습을 담고 있는 맥주 광고
② 미모의 여성 모델이 제품을 사용하는 모습을 담고 있는 화장품 광고
③ 가족들의 사랑에 삶의 진정한 행복이 있음을 강조하는 전자 제품 광고
④ 타사 제품과 비교하면서 자사 제품의 우수성을 내세우고 있는 소주 광고

03

1문단에서 '광고는 특정 상품에 대한 구매를 강요함으로써 결국에는 소비자들로부터 모든 선택의 여지를 박탈해가는 것'이라고 하였다. 2문단에서는 그 예로 '절대적인 미의 상징으로 등장하는 화장품 모델은 모더니즘적 정전(스스로 앞장서서 싸움)'을 들고 있다. 따라서 두 단락 사이의 빈칸에 들어갈 수 있는 사례로 가장 적절한 것은 ②이다.

[정답]

03 ②

낯선 기출 16회

01
(라)-(나)의 연결을 파악하는 것이 핵심이다.

(라)에는 '학교 교육을 통해 사회 평등을 실현할 수 있다는 진보주의자들의 생각'이 나와 있고, (나)는 (라)의 내용 중 구체적으로 '하류 계층에서의 사회 평등'을 말하고 있다. 따라서 '(라)-(나)'가 연결된 '(다) – (라) – (나) – (가)'가 답이다

01 다음 글의 연결 순서로 가장 자연스러운 것은?

2012 지방직 7급

> (가) 갈등론자들은 이와 달리 교육을 통하여 사회 평등을 실현하는 것은 불가능하며 오히려 교육이 기존의 불평등 구조를 재생산한다고 주장한다. 그들에 따르면, 교육은 지배 계급의 이익을 보장해 주는 장치이기 때문에 학교 교육의 기회가 확대된다고 하더라도 결코 사회 평등의 실현에 기여할 수 없다.
>
> (나) 특히 하류 계층에게도 능력에 따라 적절한 수준의 학교 교육을 받게 하여 능력과 학력에 의한 사회적 계층 이동의 기회를 제공함으로써 사회 평등을 실현할 수 있다고 한다. 말하자면 학교 교육을 통하여 불평등의 세대 간 재생산을 감소시킬 수 있다는 것이다.
>
> (다) 학교 교육 기회가 확대되어 점점 더 많은 사람들이 점점 더 오랫동안 학교에 다니게 되고, 학교 교육이 사회적 선발 체제로 확립되어 감에 따라서 많은 학자들이 학교 교육과 사회적 지위 획득의 관계를 설명하려는 노력을 기울여 왔다.
>
> (라) 학교를 통해서 사회 평등을 실현할 수 있다는 믿음은 진보주의자 또는 자유주의자들에 의해 신봉되어 왔다. 그들은 교육 기회의 평등한 분배를 통하여 계층 이동이 원활해지고 결과적으로 사회 평등이 실현될 수 있다고 생각한다.

① (가) – (다) – (나) – (라)
② (나) – (다) – (가) – (라)
③ (다) – (라) – (나) – (가)
④ (라) – (가) – (나) – (다)

[정답]
01 ③

02 다음 글의 문맥상 ㉠에 들어갈 가장 적절한 표현은?

2011 국회직 8급 변형

아파트에서는 부엌이나 안방이나 화장실이나 거실이 다 같은 높이의 평면 위에 있다. 그것보다 밑에 또는 위에 있는 것은 다른 사람의 아파트이다. 좀 심한 표현을 쓴다면 아파트에서는 모든 것이 평면적이다. 깊이가 없는 것이다. 사물은 아파트에서 그 부피를 잃고 평면 위에 선으로 존재하는 그림과 같이 되어 버린다. 모든 것은 한 평면 위에 나열되어 있다. 그래서 한눈에 들어오게 되어 있다. 아파트에는 사람이나 물건이나 다 같이 자신을 숨길 데가 없다. 땅집에서는 사정이 전혀 딴판이다. 땅집에서는 모든 것이 자기 나름의 두께와 깊이를 가지고 있다. 같은 물건이라도 그것이 다락방에 있을 때와 안방에 있을 때와 부엌에 있을 때는 거의 다르다. 아니, 집 자체가 인간과 마찬가지의 두께와 깊이를 가지고 있다. 집이 아름다운 이유는 [㉠]. 다락방은 의식이며 지하실은 무의식이다.

① 인간을 닮았기 때문이다
② 안정을 뜻하기 때문이다
③ 휴식을 제공하기 때문이다
④ 세상을 조망할 수 있기 때문이다

02

㉠의 앞뒤 문장 "집 자체가 인간과 마찬가지의 두께와 깊이를 가지고 있다.", "다락방은 의식이며 지하실은 무의식이다."를 통해 집과 인간이 유사하다는 것을 알 수 있다. 따라서 빈칸에는 집과 인간이 유사하다는 의미를 가진 '인간을 닮았기 때문이다.'가 들어가는 것이 가장 적절하다.

[정답]
02 ①

03 다음 글의 필자가 궁극적으로 말하고자 하는 중심 내용은?

2008 지방직 9급

> 중국에서 역사가 독창적인 학문으로서의 길이 열리기 시작한 것은 중국의 위대한 역사학자 사마천(司馬遷)에서부터였다. 사마천은 ≪사기(史記)≫를 써서 오늘날 우리가 사용하는 '사(史)'라는 말의 근원을 밝히고 있다. 여기서 '사(史)'는 후한(後漢)의 ≪사연(辭淵)≫에 따르면 기사적서(記事的書), 즉 사건을 기록한 책을 의미하는 것이다. 고대의 역사 문헌인 ≪상서(尙書)≫와 ≪춘추(春秋)≫는 한(漢)나라 때 유교 경전으로 중시되었으나, 이런 경전으로부터 독립시켜 역사를 하나의 독자적인 학문으로 정립한 이는 사마천이었다. ≪사기≫는 중국 고대로부터 사마천 당시의 한무제에 이르는 약 3,000년의 역사를 인물 중심으로 기록한 통사(通史)이다.
>
> '역사'란 말은 '역(歷)'과 '사(史)'로 구성되어 있는데, 이 중에서 '사(史)'자는 입 구(口)와 사람 인(人)을 합친 글자이다. 따라서 이것은 '사람이 한 말' 또는 '말을 전하는 사람'의 의미를 가지고 있다. 또 다른 해석으로는 '사(史)'가 사람이 책을 받쳐 들고 있는 형상을 나타내므로 '사물이나 사건을 글로 써서 남기는 인간'의 의미를 가지고 있다고 할 수 있다. 결국 중국에서의 '사(史)'의 개념은 서양에서와 같이 역사적 사실 그 자체와 역사 서술이라는 이중의 뜻을 지니고 있는 동시에, 다른 한편으로는 역사를 기록하는 사람, 즉 사관(史官)이라는 의미가 강하게 내포되어 있음을 알 수 있다.

① 동양의 역사 개념은 서양의 역사 개념보다 다층적이다.

② 역사는 결국 사관의 기록일 뿐이다.

③ 경전과 사서는 서술 대상 및 서술 방식에서 차이가 있다.

④ 동양이든 서양이든 사서는 본래 인물을 중심으로 서술된다.

낯선 기출 17회

01 다음 글에 대한 설명으로 옳지 않은 것은?

2008 국회직 8급 변형

> ㉠ 결국 예술의 질서가 자연의 질서와 다르다는 것은 실제 인생이 곧 예술이 될 수 없다는 이론이 될 것이다. ㉡ 인생이 곧 예술이라면 예술을 좌우하는 것은 방법이 아니라 정신일 것이다. 정신이나 체험만으로 예술이 될 수 없다는 것은 너무나도 뻔하기 짝이 없는 이야기이다. ㉢ 일선에서 전투를 한 병사의 일기보다는 후방에서 신문만 읽고 앉아 있던 소설가가 전쟁 장면을 더 여실히 그릴 수 있다는 점은 실험을 해 봐도 알 수 있는 일이다. ㉣ 그런데도 불구하고 "문체는 인간이다."라는 말이 아직도 애용을 받고 있으니 웬일일까? 마크 쇼러도 지적하고 있듯이 만약 '문체가 인간'이라면 성자만이 성스러운 소설을 쓸 수 있고, 악한만이 악한 소설을 쓸 수 있다는 이야기가 될 것이다. ㉤ "문체는 인간이다."라는 명제는 "문체는 자연 발생적이다."라는 말로 고쳐질 수도 있다. 억지로 만드는 것이 아니라 인간 성품의 자연적인 투영이라고 보는 사고방식이다. 작문 수업을 하기 위해서는 인간 수업을 해야 된다는 식의 생각, 혹은 문체는 인위적으로 어찌할 수 없다는 생각과 같은 숙명론을 우리는 그대로 긍정할 수 없다.

① ㉠은 '예술의 질서와 자연의 질서가 서로 다르다'는 일반적인 명제에 대해 이야기한다.
② ㉡은 일반적 명제를 방법과 정신의 문제로 한정하고 있다.
③ ㉢에서는 구체적인 보기를 들어 그 관계를 이야기함으로써 더욱 특수화하고 있다.
④ ㉤은 ㉣에 대한 반론으로 ㉠, ㉡, ㉢의 내용을 일반화하면서 재확인시켜 주고 있다.

01

제시된 글에서는 예술에 있어 정신이나 체험보다 방법이 중요하다고 말하고 있다. ㉣은 "문체는 인간이다."라는 뷔퐁의 유명한 정의를 구체적인 보기를 들어 반론하면서 같은 인격체라도 방법과 정신에 따라 달라질 수 있음을 보여 주고 있으며 이를 강화하기 위해 구체적인 해석을 더하는 ㉤은 ㉣의 '부연' 설명하는 것이지 '반론'이 아니다.

[정답]
01 ④

02

제시된 글에서는 '그(사람)'의 외양을 묘사하고 있다. ③ 역시 '매미의 노랫소리'에 대한 '묘사'가 나타나 있다.

오답체크

① 영화와 연극의 공통점을 설명한 '비교'이다.

② 자전거와 오토바이의 차이점을 설명한 '대조'이다.

④ 사건을 설명하고 있는 '서사(시간+누구)'이다.

⑤ 지붕의 종류를 설명하는 '분류(구분)'이다.

02 다음 글의 진술 방식과 같은 것은?

2010 국회직 8급

> 고릴라의 뒷다린 듯싶게 오금이 굽고 발끝이 밖으로 벌어진 두 다리 위에, 그놈 등 뒤로 혹이 달린 짧은 동체(胴體)가 붙어 있고, 다시 그 위로 모가지는 있는 둥 마는 둥, 중대가리로 박박 깎은 박통만한 큰 머리가 괴상한 얼굴을 해 가지고는 올라앉은 양은, 하릴없이 세계 풍속 사진 같은 데 있는 아메리카 인디언의 토템이다. 그는 체격과 얼굴이 그렇기 때문에 나이는 지금 삼십이로되, 사십도 더 넘어 보인다.

① 영화는 스크린이라는 공간 위에 시간적으로 흐르는 예술이며, 연극 또한 무대라는 공간 위에 시간적으로 형상화된 예술의 한 분야이다.

② 자전거는 사람의 힘으로 바퀴를 돌려 움직이므로 다른 동력 장치가 필요 없다. 그러나 오토바이는 발동기의 힘으로 바퀴를 돌려 움직이므로 발동기를 움직일 비용이 필요하다.

③ 날씨가 좋고 바람도 없이 더운 한낮 가까운 때, 매미의 노래는 수초 동안 계속된다. 그리고 짧은 휴식으로 끊어진다. 다음 마디는 갑자기 시작되고 높아져, 아랫배를 빠르게 진동시키며 최고음에 이른다. 수초 동안 같은 세기를 유지한 뒤에 점차 약해져서 떨리는 소리로 변하고……

④ 최 상병은 쏟아지는 총탄을 뚫고 적의 기관차를 수류탄으로 폭파시켰다. 최 상병은 기관차를 향하여 철모를 힘껏 내던졌다. 순간, 기관차 속으로 자동 화기의 연발 총성이 십여 발 엉뚱한 방향으로 요란하게 울렸다. 그는 엉겁결에 머리를 풀 속에 묻었다.

⑤ 지붕은 어떤 자재를 써서 지붕을 구성하느냐에 따라 새 지붕, 너새 지붕, 너와 지붕, 굴피 지붕, 초가지붕, 기와지붕으로 나뉜다. 형태에 따라서는 맞배지붕, 팔작지붕, 우진각 지붕, 사모 지붕, 약모 지붕……

[정답]

02 ③

03 다음 글의 내용에 부합되지 않는 것은?

2012 지방직 7급

화폐의 기원 문제를 거론할 때, 일반적으로 가장 흔히 동원되는 설명 모델은 아마도 아담 스미스가 주장한 다음과 같은 내용이 아닌가 한다. 사람들이 필요로 하는 모든 것을 자급자족을 통해 해결할 수 있는 것은 아니었을 테고, 자신이 노동한 결과로 얻게 된 생산물로만 삶을 영위하는 것이 어차피 불가능하다면, 생산물 중 일부 잉여가 발생하는 부분에 대해서는 다른 사람과의 교환을 통해 그러한 문제점을 해결하려 들었을 것이다. 이때 교환 과정에서의 불편을 덜기 위한 현실적인 목적에서, 무언가 공동체 내에서 통용될 수 있는 생산물에 대한 객관적 가치 기준이 필요하게 되었는데, 그 결과 등장하게 된 것이 화폐라는 것이다.

그러나 이제껏 우리가 상식처럼 알고 있는 이런 식의 화폐 기원설에 대해, 지난 세기 사회학자와 경제학자들의 상당수는 비판적인 생각을 가지고 있다. 그들의 주장은 의외에도, 일반적인 교환 수단으로서의 화폐가 공동체 내부의 자연스러운 필요에 의해 창출된 것이 아닐 수도 있다는 점을 강조한다. 오히려 그것은 공동체의 내부가 아닌 공동체의 바깥, 좀 더 엄밀히 말한다면 공동체와 공동체 '사이'에서 이루어지는 거래 과정에서 파생된 결과물일 가능성이 높다는 것이다.

공동체 내부에서의 재화의 분배란 화폐와 같은 별도의 매개물이 개입되지 않더라도, 오랜 세월에 걸쳐 형성된 그들만의 고유한 안전장치나 질서 체계에 의해 유지되고 발전될 수 있었을 것으로 판단되기 때문이다. 반면에, 그러한 내부적 교환 규칙이나 코드 자체가 통용되지 않는 타 공동체와의 거래 시에 있어서는 문제가 전혀 다르다. 이른바 원격지 교역이나 역외 교역의 경우에는 상호 간의 서로 다른 교환 규칙을 매개해 줄 수 있는 제3의 완충 장치가 요구되었는데, 그러한 필요성의 결과로 탄생한 것이 바로 화폐 거래 시스템이라는 설명이다.

① 아담 스미스는 화폐란 공동체 내의 교환을 위해 등장하게 되었다고 주장했다.
② 화폐는 공동체 내부보다는 외부와의 거래의 필요에 의해 생겨난 것일 수도 있다는 주장이 있다.
③ 원격지 교역이나 역외 교역이 활성화되면 화폐의 사용은 점차 줄어들게 된다.
④ 공동체 내부의 거래에서는 오랜 기간 동안 축적된 그들만의 교환 규칙이 있었을 것이다.

낯선 기출 18회

01
제시된 글의 중심 문장은 "말로 표현되지 않으면 우리의 생각은 꼴 없이 불분명한 덩어리에 지나지 않는다."으로, 논지는 생각은 말이 있어야 분명히 파악된다는 것이다. 따라서 제시된 글의 전제는 '말과 생각이 관련이 있다.'이다.

01 다음 글의 전제로 가장 적절한 것은?

2009 지방직 9급

> 말로 표현되지 않으면 우리의 생각은 꼴 없이 불분명한 덩어리에 지나지 않는다. 기호의 도움 없이는 우리가 두 생각을 똑똑히 그리고 한결같이 구별하지 못하리란 것은 철학자나 언어학자나 다 같이 인정하는 바이다. 언어가 나타나기 전에는 미리 형성된 관념이 존재할 수 없으며 어떤 생각도 분명해질 수 없다.

① 인간은 언어 사용 이전에도 개념을 구분할 수 있다.
② 언어학자들은 언어를 통해 사고를 분석한다.
③ 말과 생각은 일정한 관련이 있다.
④ 생각은 말로 표현되어야 한다.

02
문맥상 혼동 이론의 관점을 적용한 내용이 ㉠에 들어가야 한다. 혼동 이론에서는 "상품의 종류가 달라서 동일하거나 유사한 상표의 사용이 혼동을 일으키지 않는다면, 상표권이 침해받지 않은 것이므로 그 행위를 규제할 수 없다."라고 하였다. 즉 '아사달'이라는 이름은 같지만, 상품의 종류가 다르기 때문에 상표권이 침해받지 않는다는 입장이다. 따라서 ⑤의 내용이 ㉠에 들어가는 것이 타당하다.

02 다음 글의 ㉠에 들어갈 내용으로 가장 적절한 것은?

2015 국회직 8급

> 상표 보호와 관련한 이론은 크게 혼동 이론과 희석화 이론 두 가지로 나눌 수 있다. 상표는 특정 상품이나 서비스의 출처를 표시하여, 상표가 부착된 상품과 그렇지 않은 상품을 식별하게 해 주는 기능을 한다. 이에 근거해서 혼동 이론은 타인이 동일하거나 유사한 상표를 사용하여 출처에 대한 혼동을 불러일으키는 경우에 상표권자의 상표가 보호받아야 한다고 보았다. 이 이론에 따르면 소위 '짝퉁'에 해당하는 동종 상품의 경우, 상표의 식별이 어려울 수 있어 상표를 침해하였다고 판단할 수 있다. 그러나 상품의 종류가 달라서 동일하거나 유사한 상표의 사용이 혼동을 일으키지 않는다면, 상표권이 침해받지 않은 것이므로 그 행위를 규제할 수 없다. 예를 들어 '아사달'이라는 상표의 가방이 큰 인기를 끌어 '아사달'이 유명 상표가 되었다고 하자. 이럴 경우 '아사달'이라는 상표는 상품의 인지도를 높여 판매를 촉진함과 동시에 이미지를 제고하게 된다. 그런데 누군가가 '아사달' 구두를 만들어 팔 경우, '아사달' 구두는 '아사달' 가방의 상표를 침해한 것인가? 이러한 경우에 혼동 이론에서는 '아사달' 구두가 '아사달'이라는 상표의 혼동을 일으킨다고 볼 수 없다고 판단한다. 왜냐하면 (㉠) 때문이다.

① '아사달' 구두와 '아사달' 가방은 상표에 차이가 나기
② '아사달' 구두가 '아사달' 가방의 고객을 잠식할 수 있기
③ '아사달' 구두가 '아사달' 가방의 판매율을 떨어뜨릴 수 있기
④ '아사달' 가방과 달리 '아사달' 구두는 상표 보호 대상이 아니기
⑤ '아사달' 구두와 '아사달' 가방을 동일하거나 유사한 상표로 보지 않기

[정답]
01 ③
02 ⑤

03 다음 글에 대한 이해로 적절하지 않은 것은?

2014 국가직 9급

> 한국 건축은 '사이'의 개념을 중요시한다. 그리고 '사이'의 크기는 기능과 사회적 위계에 영향을 받는다. 또한 공간, 시간, 인간 모두를 '사이'의 한 동류로 보기도 한다. 서양의 과학적 사고가 물체를 부분들로 구성되었다고 보고 불변하는 요소들을 분석함으로써 본질 파악을 추구하였다면, 동양은 사이 즉, 요소들 간의 관련성에 초점을 두고, 거기에서 가치와 의미의 원천을 찾았던 것이다. 서양의 건축이 내적 구성, 폐쇄적 조직을 강조한 객체의 형태를 추구했다면, 동양의 건축은 그보다 객체의 형태와 그것이 놓이는 상황 및 자연환경과의 어울림을 통해 미를 추구하였던 것이다.
>
> 동양의 목재 가구법(낱낱의 재료를 조립하여 구조물을 만드는 법)에 의한 건축 구성 양식에서 '사이'의 중요성을 알 수 있다. 이 양식은 조적식(돌·벽돌 따위를 쌓아 올리는 건축 방식)보다 환경에 개방적이고, 우기에도 환기를 좋게 할 뿐 아니라 내·외부 공간의 차단을 거부하고 자연과의 대화를 늘 강조한다. 그로 인해 건축이 무대나 액자를 설정하고 자연이 끝을 내 주는 기분을 느끼게 한다.

① 동양과 서양 건축 차이를 요소들 간의 관련성으로 설명하고 있다.
② 동양의 건축 재료로 석재보다 목재가 많이 쓰인 이유를 알 수 있다.
③ 한국 건축에서 '사이'의 개념은 공간, 시간, 인간 모두를 포함하고 있다.
④ 동양의 건축은 자연환경에 개방적이지만, 인공 조형물에 대해서는 폐쇄적이다.

03

제시된 글은 동양과 서양의 건축을 대조하는 글로 '서양의 건축이 내적, 폐쇄적'이라는 의미는 곧 '동양의 건축이 외적, 개방적'이라는 의미이며, 동양의 건축이 "객체의 형태와 그것이 놓이는 상황 및 자연환경과의 어울림을 추구"했다고 한 부분에서 '자연환경과 인공 조형물을 포함한 모든 것에 대해 개방적'이었음을 알 수 있다.

오답체크

① 동양과 서양의 건축의 차이를 대조하고 있는 글이며, 서양 건축은 불변하는 요소의 분석인 반면 '동양 건축은 요소들과의 관련성에 초점을 두고 있는 것'으로 대조하여 설명하고 있다.

② 글의 마지막에서, '동양 건축에서 목재가 많이 쓰인 이유는 환경에 개방적이고 자연과의 대화를 강조하는 소재여서 마지막을 자연이 장식하는 느낌을 주기 때문'이라고 밝히고 있다.

③ 글의 서두에서, '사이'의 개념이 '공간, 시간, 인간'을 모두 포함한다는 것을 밝히고 있다.

[정답]

03 ④

낯선 기출 19회

01

"어느 책이 유명하다거나 그것을 모르면 수치스럽다는 이유만으로 무리하게 책을 읽는 것은 그릇된 일"이라는 첫 문장과 "모든 사람은 자기에게 자연스러운 면에서 읽고, 알고, 사랑해야 할 것이다."는 둘째 문장을 통해 ③이 중심 내용으로 적절함을 알 수 있다.

01 다음 글의 중심 내용은?

2012 지방직 9급

> 헤르만 헤세는 어느 책이 유명하다거나 그것을 모르면 수치스럽다는 이유만으로 그 책을 무리하게 읽으려는 것은 참으로 그릇된 일이라 했다. 그는 이어서, "그렇게 하기보다는 모든 사람은 자기에게 자연스러운 면에서 읽고, 알고, 사랑해야 할 것이다. 어느 사람은 학생 시절의 초기에 벌써 아름다운 시구의 사랑을 자기 안에서 발견할 수 있으며, 혹은 어느 사람은 역사나 자기 고향의 전설에 마음이 끌리게 되고 또는 민요에 대한 기쁨이나 우리의 감정이 정밀하게 연구되고 뛰어난 지성으로써 해석된 것에 독서의 매력 있는 행복감을 가질 수 있을 것이다."라고 말한 바 있다.

① 문학 작품을 많이 읽으면 정서 함양에 도움이 된다.
② 학생 시절에 고전과 명작을 많이 읽어 교양을 쌓아야 한다.
③ 남들이 읽어야 한다고 말하는 책보다 자신이 읽고 싶은 책을 읽는 것이 좋다.
④ 자신이 속한 사회의 역사나 전설에 관한 책을 읽으면 애향심을 기를 수 있다.

[정답]
01 ③

02 다음 글을 통해 알 수 있는 것은?

2015 국가직 7급

> 요한 제바스티안 바흐는 '경건한 종교 음악가'로서 천직을 다하기 위한 이상적인 장소를 라이프치히라고 생각하여 27년 동안 그곳에서 열심히 칸타타를 써 나갔다고 알려졌다. 그러나 실은 7년째에 라이프치히의 칸토르(교회의 음악 감독)직으로는 가정을 꾸리기에 수입이 충분치 못해서 다른 일을 하기도 했고 다른 궁정에 자리를 알아보기도 했다. 그것이 계기가 되어 칸타타를 쓰지 않게 되었다는 사실이 최근의 연구에서 밝혀졌다. 또한 볼프강 아마데우스 모차르트의 경우에는 비극적으로 막을 내린 35년이라는 짧은 생애에 걸맞게 '하늘이 이 위대한 작곡가의 죽음을 비통해하듯' 천둥 치고 진눈깨비 흩날리는 가운데 장례식이 행해졌고 그 때문에 그의 묘지는 행방을 알 수 없게 되었다고 하는데, 그 후 이러한 이야기는 빈 기상대에 남아 있는 기상 자료와 일치하지 않는다는 사실도 밝혀졌다. 게다가 만년에 엄습해 온 빈곤에도 불구하고 다수의 걸작을 남기고 세상을 떠난 모차르트가 실제로는 그 정도로 수입이 적지는 않았다는 사실도 드러나 최근에는 도박벽으로 인한 빈곤설을 주장하는 학자까지 등장하기에 이르렀다.

① 바흐는 일이나 신앙 못지않게 처우를 중시했다.
② 바흐는 생애 중 7년 정도 칸타타를 작곡하였다.
③ 모차르트가 사망하던 당일 빈의 날씨는 궂었다.
④ 모차르트의 작품 수준은 자신의 경제적 상황과 반비례했다.

02

바흐는 '경건한 종교 음악가'였다는 것을 통해 신앙을 중시했으며, '천직을 다하기 위한'이라는 표현을 통해 일을 중시했음을 유추할 수 있고, "가정을 꾸리기에 수입이 충분치 못해서 다른 일을 하기도 했고 다른 궁정에 자리를 알아보기도 했다."를 통해 일이나 신앙 못지않게 처우를 중시했음을 알 수 있다.

오답체크

② 27년 동안 칸타타를 쓴 것은 사실이 아닐 수 있다고 언급하고 있으나, 7년째에 다른 일을 하거나 알아보았다고만 했을 뿐 7년 정도가 칸타타를 작곡한 시간이라고 언급하고 있지는 않다.
③ 모차르트의 사망 당일 날씨가 궂었다는 이야기가 있지만, "빈 기상대에 남아 있는 기상 자료와 일치하지 않는다."를 볼 때, 실제로 그렇지 않았음이 확인된다.
④ '모차르트가 실제로는 그 정도로 수입이 적지는 않았다는 사실'을 볼 때, 작품의 수준과 경제적 상황이 어느 정도 비례했음을 알 수 있다.

[정답]
02 ①

03 문단 (가)와 (나)의 내용상의 관계를 가장 잘 표현한 것은?

2013 서울시 9급 변형

> (가) 20세기 후반, 복잡한 시스템에 관한 연구에 몰두하던 일련의 물리학자들은 기존의 경제학 이론으로는 설명할 수 없었던 경제 현상을 이해하기 위해 물리적인 접근을 시도하기 시작했다. 보이지 않는 손과 시장의 균형, 완전한 합리성 등 신고전 경제학은 숨 막힐 정도로 정교하고 아름답지만, 불행히도 현실 경제는 왈라스나 애덤 스미스가 꿈꿨던 '한 치의 오차도 없이 맞물려 돌아가는 톱니바퀴'가 아니다. 물리학자들은 인간 세상의 불합리함과 혼잡함에 관심을 가지고 그것이 만들어 내는 패턴들과 열린 가능성에 주목했다.
>
> (나) 우리가 주류 경제학이라고 부르는 것은 왈라스 이후 체계가 잡힌 신고전 경제학을 말한다. 이 이론에 의하면, 모든 경제 주체는 완전한 합리성으로 무장하고 있으며, 항상 최선의 선택을 하며, 자신의 효용이나 이윤을 최적화한다. 개별 경제 주체의 공급 곡선과 수요 곡선을 합하면 시장에서의 공급 곡선과 수요 곡선이 얻어진다. 이 두 곡선이 만나는 점에서 가격과 판매량이 동시에 결정된다. 더 나아가 모든 주체가 합리적 판단을 하기 때문에 모든 시장은 동시에 균형에 이르게 된다.

① (가)로부터 (나)가 필연적으로 도출된다.
② (나)는 (가)의 한 부분에 대한 부연 설명이다.
③ (나)는 (가)를 수학적으로 다시 설명한 것이다.
④ (가)는 가정된 상황을, (나)는 실제 상황을 서술한 것이다.

03
(나)는 (가)의 한 부분인 '훌륭한 경제학자들'의 견해에 대한 부연 설명이다.

오답체크
① (가)로부터 경제학자들의 견해가 훌륭하다는 것만 알 수 있을 뿐, 필연적으로 (나)가 도출되는 것은 아니다.
③ (가), (나)는 단락의 핵심 주체가 다르다.
④ (가)는 실제 상황을, (나)는 가정된 이론을 서술하고 있다.

[정답]
03 ②

낯선 기출 20회

01 논지 전개상 빈칸에 들어갈 말로 가장 적절한 것은?

2011 지방직 9급

> 마젤란과 필리핀 막탄 섬의 족장 라풀라푸 사이에 있었던 1521년의 전투에서 이의 중요성을 확인해 보자. 당시 마젤란은 스페인의 지원을 받는 막강한 함대를 이끌고 있었다. 그의 배는 막탄 섬의 족장 라풀라푸가 전혀 보지 못했던 대포와 총으로 무장되어 있었다. 반면, 무적 스페인 함대를 맞이한 라풀라푸의 화력은 상대적으로 너무나 빈약했다. 그의 부족이 갖고 있는 무기란 고작 칼, 창, 활이 전부였다. 그런데 결과는 마젤란의 죽음으로 끝났다. 그 까닭은 어디에 있었을까?
>
> 마젤란의 생각은 칼, 창, 활로 무장된 적이란 오합지졸의 군대와 같은 것이기에 총과 대포로 이들을 간단히 제압할 수 있다는 것이었다. 그러나 막상 싸움이 시작되었을 때 마젤란 함대의 총포는 무용지물이었다. 당시 마젤란 함대에 무장된 총포의 유효 사거리가 오십 미터가 채 되지 않은 관계로 라풀라푸 족장이 그의 부족을 마젤란 함대로부터 철저히 오십 미터 이상의 거리가 유지되도록 하였기 때문이다.
>
> 마젤란이 갖고 있는 지식은 항해술이 대부분이었다. 이 항해술은 전쟁 수행과 관련해서 부분적인 도움을 줄 뿐이다. 분명 항해술에도 논리적이고 분석적인 면이 있지만 그렇다고 낯선 상황을 해결할 총체적인 백방의 지식이 이에 들어 있는 것은 아니다. 그런데도 마젤란은 항해술을 모든 문제 해결의 열쇠로 생각하였기에 끝내 죽음을 맞이하였다.
>
> 마젤란의 죽음은 왜 다양한 지식의 ☐☐☐ 에 근거한 문제 해결 능력을 키워야 하는지를 일깨워 준다.

① 분석   ② 경험   ③ 연역   ④ 통합

01

3문단의 "마젤란이 갖고 있는 지식은 항해술이 대부분이었다. ~ 분명 항해술에도 논리적이고 분석적인 면이 있지만 그렇다고 낯선 상황을 해결할 총체적인 백방의 지식이 이에 들어 있는 것은 아니다." 부분을 볼 때, 빈칸에는 '총체적인 백방의 지식'에 해당하는 '통합'이 들어가는 것이 가장 적절하다.

[정답]
01 ④

02

"영화가 점점 장편화되면서부터는 2명 내지 4명이 번갈아 무대에 등장하는 방식으로 바뀌었다."라고 제시되어 있다.

오답체크

① 한국에서는 변사가 막간극을 공연하기도 했지만, 일본에 대해서는 제시하지 않았다.
② 한국에서 변사가 본격적으로 등장한 것은 극장가가 형성된 '1910년부터'이다.
④ 둘째 문장의 "변사가 있었지만 ~ 자막과 반주 음악이 등장하면서 점차 소멸하였다."를 통해 잘못된 진술임을 알 수 있다.

02 다음 글의 내용과 일치하는 것은?

2012 국가직 9급

> 극의 진행과 등장인물의 대사 및 감정 등을 관객에게 설명했던 변사가 등장한 것은 1900년대이다. 미국이나 유럽에서도 변사가 있었지만 그 역할은 미미했을뿐더러 그마저도 자막과 반주 음악이 등장하면서 점차 소멸하였다. 하지만 주로 동양권, 특히 한국과 일본에서는 변사의 존재가 두드러졌다. 한국에서 변사가 본격적으로 등장한 것은 극장가가 형성된 1910년부터인데, 한국 최초의 변사는 우정식으로, 단성사를 운영하던 박승필이 내세운 인물이었다. 그 후, 김덕경, 서상호, 김영환, 박응면, 성동호 등이 변사로 활약했으며 당시 영화 흥행의 성패를 좌우할 정도로 그 비중이 컸었다. 단성사, 우미관, 조선 극장 등의 극장은 대개 5명 정도의 변사를 전속으로 두었으며 2명 내지 3명이 교대로 무대에 올라 한 영화를 담당하였다. 4명 내지 8명의 변사가 한 무대에 등장하여 영화의 대사를 교환하는 일본과는 달리, 한국에서는 한 명의 변사가 영화를 설명하는 방식을 취하였으며, 영화가 점점 장편화되면서부터는 2명 내지 4명이 번갈아 무대에 등장하는 방식으로 바뀌었다. 변사는 악단의 행진곡을 신호로 무대에 등장하였으며, 소위 전설(前說)을 하였는데 전설이란 활동사진을 상영하기 전에 그 개요를 앞서 설명하는 것이었다. 전설이 끝나면 활동사진을 상영하고 해설을 시작하였다. 변사는 전설과 해설 이외에도 막간극을 공연하기도 했는데 당시 영화관에는 영사기가 대체로 한 대밖에 없었기 때문에 필름을 교체하는 시간을 이용하여 코믹한 내용을 공연하였다.

① 한국과는 달리 일본에서는 변사가 막간극을 공연했다.
② 한국에 극장가가 형성되기 시작한 것은 1900년경이었다.
③ 한국은 영화의 장편화로 무대에 서는 변사의 수가 늘어났다.
④ 자막과 반주 음악의 등장으로 변사의 중요성이 더욱 높아졌다.

[정답]
02 ③

03 다음 단락을 논리적으로 의미가 잘 통하도록 바르게 배열한 것은?

2015 국회직 8급

(가) 일반적으로, 도서는 인류의 가장 우수한 지성인, 예지자들의 두뇌의 총화를 축적한 저장고라 하겠다. 그 속에는 인문 과학, 사회 과학, 자연 과학, 문학, 미술, 음악 등 학술과 예술에 관한 것은 물론, 기타 취미와 오락 등 인간 생활에 관계된 것으로 없는 것이 거의 없다.

(나) 모든 일은 첫술에 배부를 수가 없다. 그 방면의 서적 중에서 우선 적당하다고 생각되는 것을 내용과 차례 등에 의하여 선택해서 읽어 볼 일이다. 이와 같이 하기를 수삼 권 하면, 자연히 그 양부(良否)를 판단하여 가려낼 수 있게 될 것이다.

(다) 이러한 경우에는 자기가 요구하는 분야에 능통한 선배나 전문가에게 문의하는 편이 가장 손쉽고 편리하지만, 이것은 어느 경우나 가능한 일은 아니요, 또 타당한 일도 아니다. 때로는 자기 자신이 선택하지 않으면 안 될 경우가 많다.

(라) 학문의 연구는 이와 같이 하여 점점 깊이 들어가고 폭이 넓어지게 되는 것이니, 그러기 위해서는 물론 노력이 든다. 그리고 이러한 노력은 결코 아낄 것이 아니다. 매사가 정성과 노력을 안 들이고 공(空)으로 이루어지는 것은 하나도 없다. 또, 노력을 들이면 그 노력은 결코 허사로 돌아가는 것도 아니다. 그 노력의 효과는 언젠가는 어떠한 형식으로든지 거두어지게 마련이다.

(마) 요는 이와 같이 많은 도서 중에서 어떻게 하면 자기가 요구하는 서적을 찾아내며, 또 어떻게 하면 그 종류 중에서 가장 우량한 것을 찾아 낼 수 있겠는가가 문제 된다. 사람도 많으면 그중에는 선인도 있고 악인도 있듯이, 서적도 워낙 많으니까 그중에는 양서도 있고 악서도 있다. 그리하여 그 많은 도서 중에서 양서를 골라내는 것은 수월한 일이 아니다.

① (가) – (다) – (라) – (마) – (나)
② (가) – (마) – (나) – (다) – (라)
③ (가) – (마) – (다) – (나) – (라)
④ (나) – (다) – (가) – (마) – (라)
⑤ (나) – (라) – (마) – (다) – (가)

2026 대비 최신개정판

해커스공무원
혜원국어
적중 여신의
구조적
비문학 독해

개정 3판 1쇄 발행 2025년 7월 11일

지은이	고혜원
펴낸곳	해커스패스
펴낸이	해커스공무원 출판팀
주소	서울특별시 강남구 강남대로 428 해커스공무원
고객센터	1588-4055
교재 관련 문의	gosi@hackerspass.com
	해커스공무원 사이트(gosi.Hackers.com) 교재 Q&A 게시판
	카카오톡 플러스 친구 [해커스공무원 노량진캠퍼스]
학원 강의 및 동영상강의	gosi.Hackers.com
ISBN	979-11-7404-230-9 (13710)
Serial Number	03-01-01

저작권자 ⓒ 2025, 고혜원

이 책의 모든 내용, 이미지, 디자인, 편집 형태는 저작권법에 의해 보호받고 있습니다.

서면에 의한 저자와 출판사의 허락 없이 내용의 일부 혹은 전부를 인용, 발췌하거나 복제, 배포할 수 없습니다.

공무원 교육 1위,
해커스공무원 gosi.Hackers.com

해커스공무원

· **해커스공무원 학원 및 인강**(교재 내 인강 할인쿠폰 수록)
· 정확한 성적 분석으로 약점 극복이 가능한 **합격예측 온라인 모의고사**(교재 내 응시권 및 해설강의 수강권 수록)
· 해커스 스타강사의 **공무원 국어 무료 특강**
· 필수어휘와 사자성어를 편리하게 학습할 수 있는 **해커스 매일국어 어플**

한경비즈니스 2024 한국품질만족도 교육(온·오프라인 공무원학원) 1위

공무원 교육 1위* 해커스공무원

* [공무원 교육 1위 해커스공무원] 한경비즈니스 2024 한국품질만족도 교육(온·오프라인 공무원학원) 1위

공무원 수강료 최대 200% 환급
합격할 때까지 평생 무제한 패스

| 영어 비비안 | 국어 신민숙 | 행정법 함수민 | 행정학 서현 |

9·7급 공무원 인강
합격할 때까지 평생수강

국어, 영어, 한국사
기본서 3권 제공

* 교재 포함형 패스 구매시 제공

해커스PSAT 합격패스
50% 할인쿠폰 제공

상황판단 길규범 | 언어논리 조은정 | 자료해석 김용훈

7급 응시자격 단기 달성
토익, 지텔프, 한능검 강좌 무료

G-TELP 비비안 | 한능검 안지영 | TOEIC 재키

실제 시험 유사성 100% 출제
합격예측 모의고사 무료 제공

매일국어·기출보카
어플 무료 이용권 제공

* [최대 200% 환급] 미션 달성 시, 교재비 및 옵션가 제외, 제세공과금 본인 부담 / [평생] 불합격 인증 시 1년씩 연장

상담 및 문의전화
1588-4055

해커스공무원 gosi.Hackers.com
수강료 0원으로 공무원 전문강좌 무제한 수강하기 ▶